柔性行政方式类型化与法治化研究

莫于川 等 著

民主行政法论丛

本书系中国人民大学科学研究基金重大项目（项目号17XNL010）阶段成果

法律出版社
LAW PRESS·CHINA

作者简介

莫于川　中国人民大学法学院教授、博士研究生导师，法学博士，中国行政法研究所所长，中国法学会行政法学研究会副会长。

余凌云　清华大学法学院副院长，教授、博士研究生导师，法学博士，清华大学公法研究中心主任，中国法学会行政法学研究会副会长。

郭庆珠　天津师范大学法学院教授、硕士研究生导师，法学博士，中国法学会行政法学研究会理事。

禹竹蕊　四川省委党校党史党建教研部教授、硕士研究生导师，法学博士，中国法学会行政法学研究会理事。

哈书菊　黑龙江大学法学院院长，教授、博士研究生导师，法学博士、博士后，中国法学会行政法学研究会理事。

徐　琳　湖南大学法学院副教授、硕士研究生导师，法国尼斯大学公法学博士，中国法学会欧洲法研究会理事。

王宇飞　国家邮政局发展研究中心助理研究员，法学博士，交通运输部专家委员会邮政组常务秘书。

刘耀辉　湖南工业大学法学院副院长，副教授、硕士研究生导师，法学博士。

康枫翔　甘肃政法大学法学院副教授、硕士研究生导师，法学博士。

田文利　河北工业大学文法学院教授、硕士研究生导师，法学博士、博士后，中国法学会行政法学研究会理事。

曹海青　中央司法警官学院法学院副教授，法学博士。

林鸿潮　中国政法大学法治政府研究院教授、博士研究生导师，法学博士、博士后，应急管理法律与政策研究基地主任，中国应急管理学会理事。

殷守革　山西大学法学院讲师，法学博士。

王　晨　哈尔滨理工大学法学院教授、硕士研究生导师，法学博士。

王嘉贤　清华大学法学院博士研究生。

任肖容　中国人民大学法学院博士研究生。

学术秘书：

殷守革　王留一　任肖容　杨　震

总　序　如何走向民主行政法

——树立行政法治观念与创新行政法律制度

随着经济体制改革目标的艰难确立和政治体制改革的稳健展开，30 多年来，我国的行政法制发展取得了长足进步。与改革开放以前相比，经过恢复发展、规范发展、全面发展三个发展阶段的行政法制，逐渐发生了以下几个方面的重大变化：第一，法治观念逐步强化。改革开放以来，在反思传统人治观念的基础上，行政法逐步确立起核心的法治观念，20 世纪末期又把“依法治国”确立为基本治国方略，上升为宪法原则。第二，行政法的权力结构从重权力、轻权利向权力和权利并重转变。《行政诉讼法》的颁布，使权力结构的重心开始发生转移，《国家赔偿法》《行政处罚法》《行政复议法》《行政许可法》《行政强制法》的出台促进了这一调整，开始形成权力和权利良性互动的局面。第三，政府职能从全能型政府向有限政府、从管制型政府向服务型政府转变。随着对政府与市场、与社会、与中介组织关系的认识不断深化，政府开始逐步转变职能，将部分职能让渡于社会，发生了行政事务民营化的转变，同时也增加了新职能，如鼓励、支持非公有制经济发展的职能。第四，行政法机制从单纯的制约机制转变为制约和激励兼顾。第五，行政行为方式从纯粹的命令—服从模式发展成为强制与非强制手段并重、优先采取非强制手段的多样化局面。第六，在程序与实体的关系上，从重实体、轻程序，重结果、轻过程，发展到实体和程序并重，结果和过程并重。第七，在对行政的监督上，从单纯的权力监督，发展到权利救济和权力监督并重。这些变化是广泛和深刻的，对行政法制建设具有革命性影响。

我国行政法制获得的新近重要发展和面临的重大现实课题，从总体上反映了行政法文化革新、行政法制转型发展的成果和方向，适应了市场经济、民主政治和精神文明发展的客观要求，体现了行政法制追求民主化、科学化和法治化的趋势，也提出了行政法制更稳健发展的新任务。可以说，这对于完善中国行政法制的具体制度和学科体系，全面实施依法治国方略，促进行政法治目标的实现，从而推动社会经济、政治和文化的稳健发展，使行政法制能获得更快、更健康的发展，具有重大的理论和实践意义。

人们的观念就是人们的眼镜。戴什么眼镜就看到什么世界。具有不同的法制观念，对于客观事物会有不同的认识，也会产生不同的法制实践效果。在推动行政法制改革创新的新形势下、新进程中，应根据变化了的法律价值观，树立与之相适应的现代法治观念,否则难免在行动上发生重大偏差。这是摆在行政公务人员及其他社会人士面前的一个重大课题,主要包括:一是要树立以人为本、保障人权、尊重人格的观念;二是要树立宪法、法律至上,政府权力有限的观念;三是要树立行政民主、公众参与、共同治理的观念;四是要树立建设服务型政府、强化公共服务的观念;五是要树立政府诚信、社会诚信、官民互信的观念;六是要树立接受监督、责任到位、权利救济的观念。

理论指导实践,实践丰富理论。从宪政建设和法治政府建设的角度看,我国已经出现并将继续深刻表现出行政法制在增强民主性方面的如下几个方面的深刻变化(不仅是行政法制和行政法学,其他法律领域和制度也同样发生着相关的深刻变化和影响)。

1. 关于中国行政法基础理论的民主化发展。2004 年修宪时"人权入宪"后,新时期行政法制的民主化趋势日益受到学界关注和研究,行政民主论应当成为 21 世纪中国行政法学的基础理论之一而发挥其应有的指导作用。有关实务研究和理论创新的要点是:其一,从当今世界民主化潮流的角度审视现代行政法的民主性问题,分析民主化潮流对行政法治进程的影响;其二,探讨行政民主的基本概念、演进历程和各国特点,以及行政民主的理论构造、制度安排和制约因素,如协商行政民主、行政服务、应急法治的理念与制度;其三,探讨行政法制的民主走向和行政民主原则的确立,行政民主原则的含义、构成、成本和作用,及其在行政法制诸环节的运用和难题;其四,在前述基础上,探索在民主精神引导下进一步推动行政法制的观念更新与制度创新。

2. 关于中国行政法主体理论与制度的民主化发展。新时期行政法制建设的基本趋势是行政主体的多元化、多样化、社会化。转型发展过程中出现的复杂多样的行政管理组织形态,或者说公权力组织形态,亟须从理论和操作上得到廓清,更多的组织形态(如社会行政主体)将会具备行政被告资格。涉及的理论问题和实务问题非常多,例如,审议会、联席会议、非政府组织的角色和职责等,都涉及公民参与管理的权利得到实现。这方面的理论与实务发展,有赖于并有助于廓清公共行政与行政法的关系,也有赖于并有助于行政组织人员法制的发展。

3. 关于中国行政法行为理论与制度的民主化发展。基本趋势是行为方式的多样化、柔软化、简便化、规范化、高效化,行政行为理念将增加现代性,形成并普遍接受广义的行政行为概念。可以预料,行政机关制定规则和执行规则等传统行政行为将继续发展外,行政指导、行政合同(契约、协议)、行政规划、行政服务、行政资助(给付)、行政奖励、政府采购、行政和解、公民参与、合作行政、共同治理等柔软、互动的行政方式,将获得更快速、规范化的发展。特别是政府信息公开法制和行政应急法制需要获得更多关注、更大发展。

4. 关于中国行政法监督救济理论与制度的民主化发展。行政法制体系中的监督救济要素和过程,将出现多元化、多样化、系统化、便民化、民主化的发展趋势。出现的创新制度,如更有效果的行政调解制度、规范化的行政怨情处理(行政投诉)制度、人大监督专员制度,更有力的司法审查制度(包括抽象行为司法审查制度),更人性、公平、便民的行政赔偿制度和行政补偿制度。

我国的行政法制建设已经并正在逐渐经历民主化、科学化、法治化和精细化的艰难行程,这是行政法制的民主精神、科学精神、法治精神日益增强、紧密联系、相互影响的交叉复合进程,其与经济、政治、社会和思想文化生活等各个方面以及宪法监督、刑事法治等其他公法领域有着强烈深刻持久的交互影响。不断增强行政管理和行政法制的民主性、科学性和规范性,特别是行政法制的民主化趋势及其制度创新,逐步构建民主行政法,这是一个基本的发展脉络。我们应当正确认知和秉持符合中国国情和普世精神的法律价值观,以现代民主法治发展的眼光,根据行政法治发展的要求,从观念上、体制上、规范上和具体制度及方法技术上进行深入研究与思考,把握发展趋势,作出正确选择,通过深化改革积极推进观念更新和制度创新,深入推进依法行政,加快建设法治政府,努力推动行政法制和行政法学在新时期获得更大的发展,促进行政法治目标的完整实现,促进中国大陆经济与社会的快速、健康、和谐发展。

从依法有效保护行政相对人合法权益的角度出发,对民主行政、行政指导、行政合同、行政规划、行政应急、行政资助、行政奖励、参与行政、合作行政、城市治理、行政和解、行政调解等诸多行政法学新领域、新课题进行探索,有助于深化认识、形成共识、推动革新,获得对行政法制民主化发展趋势及其制度创新规律性的认识,加快法治政府和服务型政府建设的步伐,这是设立"民主行政法论丛"的立意,希望借此扩展视野、培养人才、多出成果、奉献社会。

谨以为序。

莫于川*

---

* 中国人民大学法学院宪法学与行政法学教授、博士研究生导师、法学博士,中国行政法研究所所长、中国法学会行政法学研究会副会长,多个中央国家机关和地方党政机关的法制顾问或咨询专家。

序　言　执法如山亦可如水，人本法治刚柔并济

莫于川教授对柔性行政方式的潜心研究已有20多年。我在20世纪即拜读过他的专著《行政指导论纲——非权力行政方式及其法治问题研究》。21世纪初他又出版了新的专著《行政指导要论——以行政指导法治化为中心》，与人合著《法治视野中的行政指导》，并在各种学术期刊上发表了多篇专论或兼论行政指导的学术论文，故被行政法学界誉为“莫指导”。行政指导是一种典型的柔性行政方式。“柔性行政方式”概念的提出是莫于川教授对行政法制建设的重大贡献。从理论的提出到实践的推广，行政一改高权、压制的面向，逐渐向具有温和、可接受的方向转变，莫于川教授对此功不可没。他从诸如行政指导、行政协议、行政和解、行政奖励等诸多行为方式中提炼和升华出“柔性行政方式”的概念，是其具有很强的学术敏感性和学术创新能力的表现。

在建设中国特色社会主义的新时代，推进国家治理体系和治理能力现代化是一项系统工程。在行政法治领域，推进这一工程建设需要通过观念更新和制度创新来实现行政治理体系和行政治理能力现代化。为此，除了对传统刚性行政方式进行民主化、科学化和法治化改造以外，还应当不断加强对柔性行政方式的研究、运用和推广，从而促进政经协调发展、建设和谐社会。

柔性行政方式是随着现代市场经济发展、行政民主化水平不断提高以及法治政府建设不断推进的背景下，许多中央政府部门和许多地方政府长时期探索和开展的行政治理创新。改革开放40多年来，我国行政管理方式发生了深刻的变革，这主要表现在从传统单方性、命令性、强制性的刚性行政方式，逐渐向体现双方或多方合意性、自愿性、协商性的柔性行政方式转变。行政领域开始出现刚柔并济、双管齐下、齐抓共管和协同治理的局面。我国行政治理方式、行政治理体系和行政治理能力发生了根本性的重大变化。行政法治建设的新思维、新模式、新举措引起了高层领导决策机关的重视。中共中央办公厅、国务院办公厅均在有关规范性文件中要求各级政府在行政管理实践中不断推广和运用柔性行政方式进行国家管理和社会治理。

与实务界积极推进柔性行政方式运用的态度不同，学术理论界对于这一机制的关注与研究则稍显冷清。一些学者至今仍对柔性行政方式还不大了解，甚至还有人（学术界和实务界均有人）对柔性行政方式持否定态度。这种情况显然不利于加强和推进柔性行政方式的推广运用。在建设社会主义法治国家以及推进国家治理体系和治理能力现代

化的背景下，我们必须改变上述倾向。为此，学术界应当加强对柔性行政方式的全面、系统和深入研究，以帮助人们正确认识柔性行政方式的概念、法律属性、功能以及基本原则，柔性行政方式在执法体系中所具有的包容性以及在行政法上所具有的正当性；了解各个国家和地区在这方面的具体做法、特点；明确柔性行政方式的适用条件、风险控制以及监督救济途径、柔性行政方式的效力以及柔性行政方式的行使限度；等等。

为了进一步全面、系统和深入解读柔性行政方式，加强各方面对柔性行政方式的认识，莫于川教授带领他的研究团队从理论和实践的视角，运用规范分析和实证研究相结合的方法，对当下最常见、最流行和最常用的 14 种柔性行政方式，即行政指导、行政规划、行政契约、行政备案、行政经营、行政购买（政府采购）、行政服务、行政给付、行政资助、行政协助、行政奖励、行政调解、行政和解、行政道歉逐一进行了研究。分析了每种柔性行政方式的概念、特征、功能和程序，并对实践中可能面临的问题、风险和矛盾进行了探析，并提出了法治化的对策。可以说，这是迄今为止在这一领域最系统的理论探索。

尽管目前人们对柔性行政方式的概念、特征、功能、风险、程序、监督、救济等内容的认识还存在较多争议，但柔性行政这种现象在实践中已经大量存在并有继续发展的趋势，从而迫切要求学术界加大深入研究的力度。学术研究是一个不断提出批评、反思和改进的过程，这个过程正是学术繁荣的途径。本书作者对柔性行政方式的研究及其成果，不仅对于推进行政法学在这一领域的研究具有重要作用，而且对于推进我国依法行政、建设法治政府、法治社会和法治国家亦具有一定的指导或参考作用。

近闻莫于川教授在工作之余研习太极拳法，这也在某种程度上契合了他提出的柔性行政方式。我们知道，太极拳是一种非常柔性的运动，但它对于促进身体健康是非常有效的，这也是莫教授以另一种方式分享他给我们的启示。

是为序。

并向广大读者推荐此书。

姜明安*
于北京大学法学院陈明楼
2019 年 9 月 10 日改定

* 北京大学法学院教授、博士研究生导师，中国法学会行政法学研究会副会长。

目　　录

引　言　柔性行政方式类型化与法治化研究是时代课题

随着20世纪下半叶在世界范围内出现的民主化潮流及其对各个领域的影响,现代行政管理和行政法制实践中越来越多地增加了民主因素,公民参与行政成为新的制度价值追求和民主判断标准,逐渐显现出行政法制民主化发展的趋向,对经济、政治、文化与社会生活的发展不断产生重大影响。同时,随着对政府与市场关系认识的不断深化,我国政府开始逐步转变职能,向有限政府、服务型政府转变。从建设法治政府、服务型政府出发,当下的行政行为理念应该增加现代性,形成并普遍接受广义的行政行为概念,其基本发展趋势应是行为方式的多样化、柔软化、简便化、规范化、高效化;除了将行政机关制定规则(行政立法和制定行政规范)和执行规则(行政执法)等传统行政行为进行民主改造、继续发展以外,行政指导、行政契约、行政规划、行政和解等柔软、互动的行政方式,正在得到更多和更广的运用,受到人们更多的关注和研究。

一、广泛运用的柔性行政方式是我国行政法治和法学发展的产物

行政方式可分为两大基本类型:一类是传统的刚性管理方式;另一类是当代新型的柔性管理方式。其中,传统的刚性管理方式包括行政命令、行政征收、行政征用、行政许可、行政检查、行政处罚、行政强制等;当代新型的柔性管理方式,主要包括行政指导、行政契约、行政规划、行政资助、行政给付、行政购买、行政服务、行政奖励、行政调解、行政和解等。党的十八届四中全会通过的《中共中央关于全面推进依法治国若干重大问题的决定》,总目标是建设中国特色社会主义法治体系,建设社会主义法治国家。要求将行政方式纳入法治轨道,确保其在法治范围内依法、合理、高效运行。

当代行政管理模式的发展趋势是从消极行政转向积极行政,从管理行政转向服务行政,从刚性管理方式转向刚柔相济且以柔性管理方式为主。我们应当正确认知、积极顺应这一发展趋势。传统的刚性管理方式犹如急救措施、重拳出击,或可立马见效、立显权威,也易于激化矛盾、小事变大,凸显和强化行政机关与行政相对人之间的对立和冲突,而这种对立和冲突原本多是人民内部矛盾。因此,刚性管理方式需要顺应现今行政民主化潮流做调整转变,通过及时灵活有效的“减熵措施”达到缓解、化解社会矛盾争议之效果,有利于政经协调发展、建设和谐社会。

柔性行政方式是指对应于刚性手段的一大类柔性、非强制性的行政手段,是现代行政法学的重要范畴，在当下行政监管执法和行政服务过程中运用得越来越多、越来越广，其品格鲜明、功用特殊、成效显著，但不规范、少依据、多争议等问题也较突出，故需将其纳入法治轨道加以积极、规范和配套地运用。对此，中央早已提出了明确要求。国务院于2004年颁布的《全面推进依法行政实施纲要》提出，要“改革行政管理方式……充分发挥行政规划、行政指导、行政合同等方式的作用……”。2015年颁布的中共中央、国务院《关于深入推进城市执法体制改革改进城市管理工作的指导意见》提出，要“改进执法方式……依法规范行使行政检查权和行政强制权，严禁随意采取强制执法措施。坚持处罚与教育相结合的原则，根据违法行为的性质和危害后果，灵活运用不同执法方式，对情节较轻或危害后果能够及时消除的，应当多做说服沟通工作，加强教育、告诫、引导。综合运用行政指导、行政奖励、行政扶助、行政调解等非强制行政手段，引导当事人自觉遵守法律法规，及时化解矛盾纷争，促进社会和谐稳定”。2015年由中共中央、国务院颁布的《法治政府建设实施纲要(2015—2020年)》也要求，要“创新行政执法方式……推广运用说服教育、劝导示范、行政指导、行政奖励等非强制性执法手段……”2012年1月1日起施行的《行政强制法》第5条、第6条也作出了与上述要求类似的明确规定：“行政强制的设定和实施，应当适当。采用非强制手段可以达到行政管理目的的，不得设定和实施行政强制。实施行政强制，应当坚持教育与强制相结合。”如何将上述政策要求和法律原则贯彻到行政管理和监管执法工作中，是我国推动行政法治健康发展的一项重大课题。

作为现代行政法学重要范畴的柔性行政方式，如行政指导、行政契约、行政规划、行政资助、行政给付、行政奖励、行政调解、行政和解等，是随着经济与社会的复杂多样化和民主化潮流，在行政模式由高权行政、管理行政、秩序行政转向民主行政、给付行政、服务行政的过程中日益增多的新型行政方式。此类柔性方式作为行政管理方式创新成果，与刚性方式相对应、相配合，体现了广泛参与、两造互动、平等协商、自由选择等行政民主性的基本要求，发挥出特殊的行政管理功效。近年来，在行政实务中运用得越来越多、越来越广，在常态和非常态状态下(后者也即突发事件行政应对过程中)都广泛适用，产生了有助于实现行政管理目标的积极效果，有助于形成行政机关与行政相对人的和谐关系。但如果处理不好，也会表现出不自觉、不规范、正负面效应交织、法治化程度较低的问题，亟须将其纳入法治化轨道。从世界范围来看，柔性方式的法治水平普遍不高，国内外学术界在此方面的研究也不多，特别是系统深入的研究成果少，亟须加大研究广度和深度。通过系统深入研究，获得创新性、可靠性、可行性、可生长性强的研究成果——理论与实践结合的学术论著，有助于提升柔性行政方式的认知运用水平，改善行政监管执法工作，促进实现深入推进依法行政、加快建设法治政府的法治发展目标，使依法理性配套有效的柔性行政方式成为我国行政法制实务和行政法学研究的创新亮点，本书正是在这方面的努力之一。

二、柔性行政方式开始受到国内外公法学界的关注和研究

柔性行政方式的兴起是伴随着服务型政府理念的发展而产生的，虽然有的学者已指出行政管理体制和机制转变对于建设服务型政府的功用非同一般，但具体如何转变，尤其是当今行政实务界已自觉或不自觉地践行着各种新型行政方式，这对于建设服务型政府究竟起着何种作用以及自身存在什么问题，虽有相关论述，但大多处于语焉不详、不成体系、深度不够的状态。柔性行政方式及其法治化这一行政法课题，迄今缺少系统深入重量的研究成果。建设服务型政府不仅仅是一种理念，更是一项制度创新和系统工程，它要求政府机关从施政理念、管理体制、运行机制、行政方式等各个方面，实现从传统向现代的转型和变革，而行政方式的革新发展是这一宏大工程的重要环节。

法学界和行政学界对于服务型政府的行为方式从不同角度作了初步探讨，安徽大学法学院程雁雷教授在《服务型政府的法治基础》一文中提出，服务型政府的法律特征之一是行政行为方式的多元化：行政指导、行政合同、政府采购等非强制行政方式广泛运用于各个行政领域，以私法方式实现行政目的也是普遍的行为方式。吉林大学行政学院刘雪华教授在《论服务型政府建设与政府职能转变》一文中也提出，建设服务型政府要求改进政府管理方式，由微观干预性的管理方式向宏观调控性的管理方式转变，由单纯行政性的管理方式向综合性的管理方式转变。在此背景下，2008 年的全国行政法学年会将“服务型政府与行政法”作为年会主题，旨在推动和深化相关研究，从根本上转变政府的管理方式。

随着柔性行政的兴起，学界开始关注此论题。2011 年厦门大学出版社出版了莫于川教授领衔与人合著的《柔性行政方式法治化研究——从建设法治政府、服务型政府的视角》，柔性行政方式日益获得学界和实务界肯定，许多行政机关尝试在监管执法中引入运用柔性行政方式。例如，2011 年新疆塔城地区乌苏市工商局杜志锋发表《基层工商行政指导“柔性执法”与依法监管中的问题与建议》，2011 年西北师范大学王玉丰等发表《浅析柔性管理在高校行政管理中的应用》，2012 年大连海事大学程静发表《海事行政执法柔性机制研究》，2013 年中南财经政法大学王俊发表《交通行政治理中柔性手段的应用探析》，2014 年南京大学法学院郝朝信等发表《柔性执法：税务行政行为方式之趋向与选择》，2016 年甘肃省地震局张广萍发表《地震监测设施和观测环境保护行政执法中的柔性行政行为探讨》等。同时，教育、工商、海事、交通等诸多行政机关也积极运用柔性行政方式进行治理取得明显成效。此外，中国人民大学法学院博士生曹伟撰写并答辩通过了博士学位论文《柔性公安行政方式法治化研究》，这是国内第一篇以此为题的部门法博士学位论文。由于对柔性行政方式的基本理论和基本制度认识不够清晰、全面、深入，所以行政实务中运用柔性行政方式尚不平衡、也不稳健。

三、柔性行政方式研究应有的基本思路、研究方法和本书重点

（一）柔性行政方式研究的基本思路

应根据我国实施依法治国方略、推进依法行政和构建社会主义和谐社会的现实需

要,通过对国外行政执法理论发展与制度实践的考察研究,通过对我国行政执法理论发展与制度实践现状与问题的调研分析,深刻认识在法制建设进入精细化、民主化发展阶段我国行政执法的发展趋势和特殊要求,以构建刚柔相济的行政执法机制为重点,系统地提出完善行政执法制度和理论发展的建设性意见,包括“存量的刚性行政管理方式”的民主化、法治化改造路径和“增量的柔性行政管理方式”的积极推广运用路径,以体现“广泛参与性、两造互动性、平等协商性、可自由选择性”的行政民主化潮流的基本特点,增强行政执法的合法性、合理性、正当性、简便性和高效性,适应深入推进依法行政、加快建设法治政府的主客观要求。

秉持上述基本思路,柔性行政方式的主要研究路径有二:其一,以刚性为主的传统行政方式的民主化改造路径。柔性行政方式的研讨不意味着对以刚性为主的传统行政方式的摒弃,本书除了研究柔性行政方式的一般理论之外,还要研究作为传统行政方式的行政命令、行政征收、行政征用、行政许可、行政检查、行政处罚、行政强制的基础理论、功能价值、程序制度、监督救济等内容,旨在探究传统行政方式的利弊得失及民主化改造路径,形成刚柔并济的监管执法格局。其二,以柔性为主的当代行政方式的法治化形塑路径。柔性行政方式是本书的主要研究内容,具体而言就是要研讨行政指导、行政合同、行政规划、行政协调、行政资助、行政给付、行政服务、行政奖励、行政调解、行政和解、行政道歉等柔性行政方式。而且,本书不仅研究柔性行政方式的基本概念、基础理论、构建原则和法律制度等,还要在基础理论和制度研究的基础上探寻符合我国实际的柔性行政方式法治化路径。

(二)柔性行政方式研究方法和创新

1. 本书对于柔性行政方式研究的基本方法为:运用法学、公共管理学、政府经济学、政治学、社会学、社会心理学、管理心理学、统计学等多种学科和交叉学科知识,充分利用网络资源及其他社会资源,借鉴国外相关研究成果,综合运用实地调查、文献研究、规范分析、定量分析、案例分析、交叉分析、比较研究、对策研究、价值研究等实证研究和规范分析方法。其中,以最具代表性的行政指导、行政规划、行政契约等柔性行政方式作为研究重点,包括对工商、城管、税务、质监、卫生、环保、旅游、交通、公安、民政、教育、科技等领域运用情况加以专门研究,由此探知中国特色的行政执法制度演进规律和发展路向,并系统地提出实现行政执法制度法治化的基本对策;在此基础上,对其他柔性行政方式及其法治化路径,以及对刚性行政方式的民主化革新及其法治化路径,加以系统和有重点的研究,从而形成关于刚柔相济的新型行政方式的科学结论和完善思路,从价值论、方法论和对策论的角度提出完善行政执法机制的思路。

2. 本书对于柔性行政方式研究,力图作出的创新贡献是:其一,对于传统的以刚性为主的行政方式进行民主化改造,发挥其优点,克服其缺陷,优化存量行政方式,适应我国行政法制建设进入精细化、科学化和民主化道路的现实,探索改进传统行政方式的路径;

同时,探索柔性行政方式的新体制、机制,通过观念更新、制度创新构建刚柔相济的和谐行政执法体系。其二,用国际眼光和比较方法,进行多角度、多层次、多元化研究,提升对柔性行政方式的认知水平,探寻建设服务型政府框架下的行政方式改造、创新、刚柔并济以及法治化的基本路向。其三,顺应行政法治发展潮流,构建有利于公众参与、共同治理、注重效率、保证公平的行政执法机制。其四,由单纯重视行政管制、处罚、强制向注重行政服务、指导、社会效果的行政执法新模式顺利转变。其五,坚持科学民主观和现代行政法治观,树立以人为本、执法为民、兼顾平衡、保护人权的执法理念。其六,树立行政法制建设的系统观、民主观和科学观,从行政执法的宗旨、观念、主体、依据、行为、方法、成本、效果、责任、环境等要素和环节加以综合考量和调整建构,为此提供新的理论和制度构想。

(三)本书重点进行柔性行政方式的类型化研究

向服务型政府、法治政府转变,是行政管理改革和行政法制革新的重要发展进程,体现了以人为本、为人民服务和推进依法行政的主导行政价值观。服务型政府和法治政府建设领域广泛、内容丰富、矛盾集聚,积极和规范地运用柔性行政方式是符合新时代行政法治实践的要求,选择柔性行政方式及其法治化研究更是一个重要突破口。本书作为中国人民大学科学研究基金项目“柔性行政方式及其法治化理论与制度研究”的第一阶段成果,在界定服务型政府和法治政府的基本理念、理论基础、构建原则和法律制度的基础上,系统深入地探索柔性行政方式的特殊性、规范化和法治化路径,特别是重点选择当下最常见和广泛使用、但也极易引发违法侵权争议的 14 种柔性行政方式进行了分类研究,就其理论问题和实务问题作了力求系统深入的分析论述,并提出了法治化路径建策。这些柔性行政方式为:行政指导、行政规划(行政计划)、行政契约(行政合同)、行政备案、行政经营、行政购买(政府采购)、行政服务(公共服务)、行政给付、行政资助、行政协助、行政奖励、行政调解、行政和解、行政道歉。就上述柔性行政方式及其法治化路径进行专题研究,构成本书共 14 章的基本内容,这对于创新行政管理、建设服务型政府和法治政府,改善行政机关与相对人之间的关系,促进和谐社会建设,具有重要的理论价值和实践意义,可谓新时代中国特色法治政府和服务型政府建设和行政法学发展的重大课题。

第一章　行政指导及其法治化

——从行政民主和服务型政府建设的视角

服务型政府是一种全新的行政模式选择，其在政府职能、公共服务、公共利益、公共理性、人性假设、行政理念、决策机制、行为方式、责任体系等方面，都与传统政府模式有着显著区别。政府行为从管理型向服务型的转变，是增强民主性、走向民主化的发展过程。由于原先的政府模式已经不能满足我国转型发展的实际需要，故明确提出了积极推动行政民主、建设服务型政府的要求。

一、从“管理型政府”向“服务型政府”转变及其中国贡献

自20世纪下半叶开始，人类社会开始了迈向后工业社会、经济与社会民主化的进程，社会治理主体呈现出多元化的趋势，原有的政府单一治理主体的局面逐渐被打破，从而要求政府重新定位，告别管理型政府而走向服务型政府。政府改革已成为当今各个国家应对新的社会发展和环境变化而进行的战略变革。在传统的管理型政府中，政府作为管理的主体，处于管理的核心位置，驱使着作为管理客体的整个社会围绕政府的活动运行。服务型政府与管理型政府不同，在制度上其切实保障服务理念贯穿于公共权力运作的全过程，严防政府凌驾于社会之上，成为驱使社会公众的力量。① 当然，管理型政府在实施对社会管理的时候，得到了一系列技术方案的支持，从而显得更加科学和更具有优势。但是，管理型政府赖以施展控制的前提是社会还处于一个低度复杂性和低度不确定性的历史状态中。到了20世纪后期，随着社会的复杂性和不确定性的迅速增长，管理型政府的“以不变应万变”的控制思路开始显现出失灵的情形，特别是进入21世纪，这种控制失灵的情形日益突出。而建立服务型政府就意味着政府由原来的控制者，改变为引导者和服务者，意味着施政目标由行政机关和专家决定，转到由民众希望和期待来决定，政府从以管理为要务转变为以提供服务为要务，管理目标由经济领域更多地转移到公共服务领域。服务型政府适应了我国面对工业化与后工业化两个过程一起走的现实，是一种更理性、有效率的政府模式。从管理型政府向服务型政府的转变，是政府管理模式的革命性改变，是对管理型政府的否定和扬弃。我们今天正处在这样一个历史性的转型时期，需要把握行政法治发展趋势，以建设服务型政府为切入点，系统研究服务型政府的各

---

① 参见张康之：《限制政府规模的理念》，载《行政论坛》2000年第4期。

种行政方式及其法律体系与法治化路径。

我国改革开放40多年来,随着经济改革逐渐深入和政治改革稳步推进,行政管理体制改革从提上日程到逐项展开乃至优先推进,行政管理方式和行政法律制度开始了走向民主化、科学化、法治化的革新进程。政府职能逐渐由全能无限转变为适度有限,政府规模逐渐由庞大转变为适中,行政方式正逐渐由单一、单向、强制转变为多样、互动、柔性,行政法制正逐渐转变为服务型、给付型、指导型、权力与权利平衡兼顾型。由于人们对政府角色调整、政府职能转变、政府管理方式革新逐渐有了新的认识和迫切愿望,促使许多地方、许多行政管理领域结合实际大胆探索,取得了积极成效和创新经验,但也亟须总结提高,明确改进方向,这也为行政法学对服务型政府的行政方式法治化研究提供了广阔的探索空间。

早在1938年,德国行政法学家厄斯特·福斯多夫在其代表性作品《当成是服务主体的行政》一文中最早提出了“服务行政”一词,后经我国台湾地区学者陈新民在《公法学札记》一书及其他一些相关文章中进行介绍与解读,陆续在大陆理论界得到引述和阐发。在中国大陆,学界在对国际上“服务行政”概念进行借鉴的基础上,顺应时代要求地提出了“服务型政府”的概念,做出了自己的理论贡献。“服务行政”概念的使用可以追溯到1995年。在这一时期,关于“服务行政”的论文主要是围绕我国市场经济体制改革的基本议题,所探讨的是由原来的计划经济向市场经济转变过程中关于行政法的定位和作用问题。也就是说,“服务行政”这个概念更多的是在行政法的语境中而得到理解和使用的。①

张康之教授较早地提出了“服务行政模式”建构问题。其论述体现了两个理论层面的内容:第一,建构“服务行政模式”是人类行政发展的历史必然性所决定的,是在“管理行政模式”取代“统治行政模式”之后的又一次革命性的历史运动;第二,行政改革的目标就是走向“服务行政模式”,只有致力于建构“服务行政模式”,才能使行政改革合乎历史发展的必然趋势,才能积累改革的成就而不至于陷入所谓“循环论”窠臼中去。② 之后,为了更准确地表述服务行政这个概念,学界明确提出“服务型政府”概念,将其作为中国政府改革的目标:服务型政府是指“在公民本位、社会本位理念指导下,在整个社会民主秩序的框架下通过法定程序,按照公民意志组建起来的以为公民服务为宗旨并承担着服务责任的政府”。③

在学者们的理论探索基础上,在借鉴国外有益经验的同时,建设服务型政府逐渐成

① 参见程倩:《“服务行政”:从概念到模式——考察当代中国“服务行政”理论的源头》,载《南京社会科学》2005年第5期。

② 参见张康之:《行政道德的制度保障》,载《浙江社会科学》1998年第4期。

③ 刘熙瑞:《“服务型政府”——经济全球化背景下中国政府改革的目标选择》,载《中国行政管理》2002年第7期。

为结合中国国情、具有中国特色的政府创新目标。中国共产党第十六次全国代表大会召开以来,逐渐清晰地把政府职能归结为经济调节、市场监管、社会管理和公共服务四项内容,逐渐明确地提出了以建设服务型政府为目标的政府改革方针,将"建设服务型政府,强化社会管理和公共服务职能"写入执政党的指导文件。服务型政府体现了我国人民主权国家的国家性质,彰显了政府"以人为本"的施政理念,体现了全心全意为人民服务的主导行政价值观。在这样的背景下,如何面对、理解、回应、推进这一社会改革实践,并为其提供法律制度保障,已成为行政法学界无法回避的时代使命。

因此,需要系统地探讨服务型政府的基本理念、理论基础、构建原则和法律制度。在梳理服务型政府建设的历史脉络的基础上,恰当定位服务型政府的内涵和外延,明确服务型政府的理论基础和构建原则,服务型政府的主体、行为、程序、监督、救济等基本制度构成,明确建设服务型政府的基本方向和重点目标。在此基础上,系统地探讨传统的行政方式在建设服务型政府框架下的长短优劣、利弊得失以及法治化改造路径,重点探讨了新型行政方式的特点、类型、功能和局限性,及其形成背景、现实需要、积极成效与现存问题,特别是将其纳入法治化轨道的基本路径,以适应服务型政府建设的法制保障需要。

二、行政法的民主化是建设服务型政府的正当性保障

传统的行政法理念认为,理想或标准的行政管理活动要素是:单一主体(行政机关),单一功能(通过管理实现行政秩序目标),单方意志(我命令、你服从),单一行为(许可、处罚、强制等管制性或曰强制性的行政行为),单一标准(国会制定的法律,即古典的"依法行政"),单一后果(或者合法或者违法)。故在传统的行政管理过程中,行政相对人只是作为单纯的行政管理对象,扮演非常被动的角色,没有积极参与管理过程的任何权利和权力可言,没有体现民主权利和权力制约的行政管理制度安排和法律制度选择。

随着20世纪下半叶在世界范围内出现的新一波民主潮流及其对各领域的影响,现代行政管理和行政法制实践中越来越多地增加了民主因素,公民参与行政成为新的制度价值追求和民主判断标准,逐渐显现出行政民主化趋向,对经济、政治、文化与社会生活的发展不断产生重大影响。从国外行政法律制度的历史发展轨迹来看,在新的民主理念引导下,直接体现现代参与民主精神的行政法律制度不断出现,如立法参与、执法参与、审议会、陈述申辩、听证、民意测验……不难看到,这一系列民主化跃迁中,有相当一部分是行政方式、行政程序和权利救济方面的制度创新。

行政法的民主化进程也就是行政民主性逐步增强,行政法的专制主义缓和、退缩进程。近年来,我国行政法民主化发展的制度表现丰富多彩。例如,被授权组织、受委托组织、特邀监察员等主体制度的发展;行政指导、行政契约、行政资助、行政奖励、行政和解等行为制度的发展;告知、听证、证据、公民参与等程序制度的发展;代表评议、行政申诉、行政复议、行政诉讼、国家赔偿等监督与救济制度的发展。这些制度或者直接赋予和保护公民的民主权利和其他合法权利,或者通过制约行政权力从而保护公民的民主权利和其他合法权利。

我国2004年修宪首次把"国家尊重和保障人权"以及相应的重要原则(如国家补偿原则)载入现行《宪法》,使公民基本权利获得更全面、更明确的宪法保障,进一步体现了在宪法层次为人权和公民基本权利的保护提供更全面、更明确、更有力的制定法依据这一修宪目标。这对于我国人权法制和行政法治的发展具有深刻影响,提出了更高要求。其中,我国行政法行为理论与制度的民主化发展趋势是:行为方式的多样化、柔软化、简便化、规范化、高效化,在增加行政行为理念的现代性基础上形成广义的行政行为概念。除了行政机关制定规则和执行规则等传统行政行为将继续发展以外,行政指导、行政契约、行政资助、行政奖励、行政和解等柔软、互动的新型行政方式方法,正在快速、广泛地发展运用。

当代行政法的民主性逐步增强的过程,表现形式丰富多样。特别是在中央提出要全面推进依法行政、努力建设法治政府和服务型政府的背景下,认真研究这一过程中表现出来的行政民主的发展特点,揭示出行政法制的民主精神之演进规律,在立法、执法、司法、守法、法制监督、法律救济等环节更有针对性地采取制度创新和方法创新措施,切实推动新时期我国行政法的民主化发展进程,回应对公共服务需求不断膨胀的客观现实,这在我国民主政治发展出现新机遇的形势下具有重大的实践指导意义。

各种体现民主精神的行政管理和行政法律的制度创新和方法创新,能够有力地推动行政法制根据经济与社会发展的客观要求而逐步得到完善,这在形态上表现为由传统行政法发展到近现代行政法再发展到当代行政法的过程,实质上也就是行政法的民主性逐渐增强,由行政专横逐步走向行政民主与法治的过程。简言之,我国行政法民主化发展的本质是从秩序法、管理法、规制法、单向法向给付法、服务法、放松规制法、双向参与法转变。所谓民主行政法,狭义上是指具有高度民主性的行政法制,广义上是指具有高度民主性的行政法文化系统,包括体现民主精神的行政法理念、规范、制度和环境,这正是服务型政府的法治保障。

三、对于服务型政府的不同认识带来理论发展的现实需求

服务型政府的概念虽已提出很多年了,总体来说已被学界接受,但至今仍有部分学者对此存有异议。中国社会科学院政治学研究所王一程、贠杰曾撰文指出,服务型政府在很大程度上是改革开放后通过引进西方相关学术理论形成的,其中有些观点、结论和政策建议明显脱离中国实际。① 南开大学的沈亚平教授认为,服务型政府的提法难以涵盖所有的政府职能要素,片面强调服务型政府并将其绝对化,不利于政府职能及其资源

① 参见王一程、贠杰:《中国行政管理体制改革的进展与面临的挑战》,载《政治学研究》2006年第3期。

的合理配置。[①] 上述观点虽然不是“通说”,但由此可见关于服务型政府的提法还存在认识分歧,远未达成普遍共识。这些不同意见表明,即便建设服务型政府已成为时代大潮和发展趋势,如何达成更广泛的共识仍是一个重大课题。

同时,法学界对服务型政府的政府行为方式从不同角度作了探讨。国家行政学院法学部杨小军教授撰文探讨了服务型政府的政府行为方式的多样化,认为除了利用法律规定的手段实施行政管理外,也经常使用非法律的手段,甚至采用商业性的手段等所谓的软性手段、提供手段、服务手段。[②] 安徽大学程雁雷教授也曾撰文指出,服务型政府的法律特征之一是政府行为方式的多元化:行政指导、行政合同、政府采购等非强制性行政方式被广泛运用于各个行政领域,以私法的方式实现行政目的是一种普遍的行为方式。[③]

上述关于服务型政府内涵及其建设路径的争论,内涵各异、外延有别、取向不一,但各有道理、各有所长、各有局限。有的看到了服务型政府对行政管理模式的影响,但没有深入分析如何影响以及应对影响作何调整;有的强调服务理念的导向,却忽视了实际操作的制度保障;有的认识到构建服务型政府的模式化方案,却难免挂一漏万;有的承认服务型政府构建的创新性特点,却没有注重明晰其创新内涵。更值得注意的是,虽然有的学者已经指出行政管理体制和机制的转变对于建设服务型政府的功用非同一般,但是具体如何转变,尤其是当今行政实务界已经自觉或不自觉地践行着各种新型行政方式,这对于建设服务型政府究竟起着何种作用,及其自身存在什么问题,虽有相关论述,但大多局限于语焉不详、不成体系、深度不够的状态,急待进一步梳理和整合。正是在此背景下,2008 年全国行政法学年会特意将“服务型政府与行政法”作为年会主题展开研讨,旨在推动和深化相关研究,也获得了一些新认识,提出了一些新思路。

总之,理论上的争议和实践上的探索,在一定程度上推动着我国的服务型政府建设进程,但人们的认知广度和深度不足,制度探索还比较表浅、零散、短暂,社会效果尚不稳定。同时,西方的“新公共管理理论”“新公共服务理论”“新行政法”等舶来品,对我国的服务型政府建设工程的参考价值还远远不能满足实际需求。因此,采用规范分析和实证研究相结合、理论探讨与制度创新相结合的研究方法,系统深入地研究解决创新和改革行政管理方式与建设服务型政府的关系,有助于科学有效地推动我国的服务型政府建设工程。

四、行政指导可以作为建设服务型政府的有力抓手

追求和建立一个优良政府、善治政府,始终是人类的美好愿望与理想,公民公共生活

---

① 参见沈亚平、郭琦:《从“公共服务型政府”到“社会取向型政府”》,载《生产力研究》2006 年第 10 期。

② 参见杨小军:《法治视野下的服务型政府建设——从法律视角看服务型政府》,载《法治论丛》(上海政法学院学报)2008 年第 6 期。

③ 参见程雁雷:《服务型政府的法治基础》,载《法治论丛》(上海政法学院学报)2008 年第 6 期。

的质量在很大程度上取决于治理公共事务的政府。建设服务型政府,对于我国当前社会而言,是一项重要、迫切和复杂的社会系统工程。作为行政学、政治学、公法学的重要命题,自20世纪90年代末以来,学界开始对服务型政府的一般构建问题进行过一些研究,但作为服务型政府的行政方式及其法治化这一行政法课题,迄今为止尚无系统深入的研究。建设服务型政府不仅是一种理念,更是一项制度创新和系统工程,它要求政府从施政理念、管理体制、运行机制、行政方式等各个方面,实现从传统向现代的转型和变革,而行政方式的革新发展是这一宏大工程的重要基础环节,因而本书具有重大的理论价值和现实意义。

(一)全面构建服务型政府的法律原则,为服务型社会提供法律保障

党和国家最高领导层将服务型政府作为我国行政管理体制改革的目标而一再加以强调和确认,揭示了未来政府发展的走向和远景,为实务层面建设服务型政府提供了重要的政策依据,指明了努力方向。但是,所阐述的内容具有高度的概括性和抽象性,尤其是从行政法学的角度来看,"建设服务型政府"的命题不能仅仅作为政治性的口号,而需要通过完善相关配套制度和机制,分类别、分层次、分阶段、循序渐进地推进建设工程。对于实务部门来说,何为服务型政府,如何建设服务型政府及其依据何在等,都是值得探讨的课题。在政府职能调整的基础上,从服务型政府的行政方式入手开展概念梳理分类,从行政法的视角认知相应的法律关系,完善有关体制、机制、具体制度和方式方法,是行政法学研究需要认真研究的重大课题。本书从行政法治视角,系统深入地研究服务型政府的基础理论、构建原则、法律制度等重要问题,为建设服务型政府提供法律保障,对于加快建设服务型政府具有特别重大的战略意义和策略、进路、操作等方法论意义。①

(二)推进传统行政方式的民主化,有利于建设和谐社会

当代行政管理模式的发展趋势是从消极行政转向积极行政,从管理行政转向服务行政,从集权行政转向民主行政,从高权管理转向良善治理,从刚性管理方式转向刚柔相济且以柔性管理方式为主,人们应当正确认知、积极顺应这一发展趋势。行政管理方式可分为两大基本类型:一类是传统的刚性管理方式;另一类是当代新型的柔性管理方式。其中,传统刚性管理方式包括行政命令、行政征收、行政征用、行政许可、行政检查、行政处罚、行政强制等,此类刚性管理方式好似重拳出击,或可立马见效、立显权威,但也易于激化矛盾、小事变大,强化行政机关与行政相对人之间的对立和冲突,而这种对立和冲突原本多是人民内部矛盾,因此刚性管理方式亟待且正在作出顺应当今行政民主化潮流的调整转变。本书针对传统管理方式"缺乏民主性、平衡性和灵活性"的缺陷进行系统研究

① 参见莫于川:《行政指导与建设服务型政府——中国的行政指导理论发展与实践探索》,中国人民大学出版社2015年版,第1~4页。

和民主改造,以期达到缓和社会矛盾、稳定社会关系之效果,有利于建设和谐社会。①

(三)探索新型行政方式的法治化,有利于建设法治国家

作为现代行政法学重要范畴的非权力行政方式,即本书重点研究的柔性管理方式,如行政指导、行政合同、行政规划、行政资助、行政奖励、行政调解、行政和解等,是随着经济与社会的复杂多样化和民主化潮流,在行政模式由管理行政、秩序行政向给付行政、服务行政转变过程中开始出现并日益增多的行政方式类型。此类柔性管理方式作为行政管理方式创新成果,与刚性管理方式相对应、相配合,体现了广泛参与、两造互动、平等协商、自由选择等行政民主性的基本要求,发挥出特殊的行政管理功效,近年来在行政实务中运用得越来越多、越来越广,产生了有助于实现行政管理目标的积极效果,有助于形成行政机关与行政相对人的和谐关系。但如果处理不好,也会表现出不自觉、不规范、正负面效应交织、法治化程度较低的问题。以行政指导为例:它作为最具代表性的新型柔性管理方式,具有及时灵活、广泛适应、便于操作、易见成效等特点,日益受到各地、各领域的行政机关和行政公务人员的高度关注、尝试运用,发挥出特别显著的行政服务职能作用。例如,工商行政管理机关近年来积极推行行政指导的柔性管理方式,取得了构建服务型工商机关、提高工商监管水平、实现和谐工商的积极效果。其他行政管理领域如质监、城管、环保、卫生、税务、海关、公安、教育、科技、旅游等,近年来也广泛运用行政指导,同样取得了改善政府与民众关系、提高行政服务水平的积极效果。

(四)推广运用行政指导也是建设法治政府的一项具体措施

2015 年 12 月,中共中央、国务院印发《法治政府建设实施纲要(2015—2020 年)》(中发〔2015〕36 号),提出建设法治政府的第四项主要任务是坚持严格规范公正文明执法。这项主要任务的目标为:权责统一、权威高效的行政执法体制建立健全,法律法规规章得到严格实施,各类违法行为得到及时查处和制裁,公民、法人和其他组织的合法权益得到切实保障,经济社会秩序得到有效维护,行政违法或不当行为明显减少,对行政执法的社会满意度显著提高。完成这项主要任务,须要采取六大方面的具体措施,第三项具体措施是创新行政执法方式,而且特别提出要"推广运用说服教育、劝导示范、行政指导、行政奖励等非强制性执法手段"。可见,积极和规范运用行政指导,是创新行政执法方式的题中之义,也是完整地坚持严格规范公正文明执法这一原则方针的内在要求。

尽管我国的行政指导研究已经取得一些进展,但在改革开放 40 多年后行政法制深度转型发展的形势下,面对建设服务型政府和法治政府的新要求,如何调整、发展并深化行政指导研究成果和其他新型行政方式研究成果,需要深入推进。由于以行政指导为代表的新型行政方式是行政改革创新进程中出现的新生事物,运用比较分散、不

① 参见莫于川:《民主行政法要论——中国行政法的民主化发展趋势及其制度创新研究》,法律出版社 2015 年版,第 5 ~ 15 页。

够规范、缺乏经验,立法建制水平不高,存在一系列问题、困难和矛盾,亟须将其纳入法治化轨道。

五、行政指导的概念、特征、功能与要件

(一)行政指导的概念

行政指导,是指行政机关在其职责范围内为实现一定行政目的而采取的符合法律精神、原则、规则或政策的指导、劝告、建议等不具有国家强制力的行为。

在以政府干预来弥补市场自我调节不足的同时,注重采用一些新的行为方式或者在传统行政管理和行政法制模式中不受重视的行为方式来弥补政府干预的缺陷,不仅是第二次世界大战后特别是近50年来出现经济行政民主化、柔软化潮流的一个重要表现,而且是作为通过行政相对人自愿同意和协力而起作用的行政指导行为得以产生和广泛运用的一个背景和动因。在现代市场经济条件下,政府机关在行政管理过程中积极采用具有柔软灵活特点的行政指导,是面向现实和未来、适应市场经济和社会发展趋势的一种理性的行为选择。

(二)行政指导的特征

行政指导具有如下重要特征:(1)非强制性。从行为的法律关系和拘束力角度看,行政指导是不具有强制性、无法律拘束力的行为。(2)主动补充性。从行为动因和目的角度看,行政指导是适应多样化的社会管理需求的主动行为。(3)主体优势性。从行为主体的角度看,行政指导主要是由具有综合优势和权威性的行政机关实施的行为。(4)相对单方性。从行为本身的角度看,尽管行政指导追求相对人的同意和协力,但行政指导毕竟是由行政机关单方实施即可成立的行为。(5)行为引导性。从行为品格的角度看,行政指导是具有利益诱导性或综合引导性、示范性的行为。(6)方法多样性。从行为方式的角度看,行政指导是适用范围广泛、方法灵活多样的行为。(7)实质合法性。从行为受约束的角度看,尽管某些行政指导行为可以没有行政作用法上的具体依据即可作出,但所有行政指导行为都是受到实质法治主义约束的行为。(8)事实行为性。从行为过程来看,行政指导是不改变法律关系、不直接产生法律效果的行为。①

(三)行政指导的基本功能

在现代市场经济条件下,行政指导广泛运用于经济、科技和社会管理领域,特别是在经济管理领域运用得更为普遍并发挥了多种功能。这些功能往往是交叉的而非孤立的,

① 参见莫于川:《行政指导要论——以行政指导法治化为中心》,人民法院出版社2002年版,第26~32页。

在行政指导活动中可以配合运用、综合发挥。① 从各国行政指导实践效果来看,符合现代行政民主和法治精神的行政指导,在现代行政管理过程中具有如下基本功能:

1. 行政指导的补充和替代功能。这一功能又可分为三种情况:其一,由于经济与社会生活加速发展等原因,难免出现立法跟不上、存在“法律空域”的现象,因此及时灵活地采取行政指导措施予以调整,以补充单纯法律手段之不足,就成为客观的要求。其二,采用法律强制手段尚不必要或不及时,或成本太高、效果较差、后遗问题较多,在此情况下也可通过“弱行为前置”的方式,即先行采取行政指导措施(属于弱行为),来替代强制性行政手段(属于强行为)进行调整,以期更为及时有效地实现行政目标。现实社会生活中这种情况也不少见。其三,法律明确规定可单独采取或作为行政命令行为的前置程序采取行政指导措施,当然就应依法采取行政指导措施。这种情况正逐渐增多。人们对此已有新的认识,将来在许多行政管理实务中,行政指导将时常作为首选的管理手段。

2. 行政指导的辅导和促进功能。由于行政机关在掌握知识、信息、政策上的优越性和宏观性,其实施的行政指导能有效地指引、促使社会经济与科技健康发展,具有启发、导向和促进作用。特别是在现代市场经济条件下,行政机关与相对人之间应当更多的是平等协商、相互尊重的关系,是服务者与纳税人的关系,前者不能随意向后者发号施令,更不能随意支配后者的行为或单方剥夺后者的权利。同时,在转型社会和经济快速增长期,日益增多和复杂化的行政管理需求,也呼唤政府实施积极和柔性的行政管理。而采取柔和、灵活的行政指导措施,特别能够有效地引导、影响、辅助行政相对人(市场主体)的行为选择,促进市场经济和社会秩序的健康发展。

---

① 例如,笔者实地调查了解到,泉州工商机关采用多种行政指导方式,综合发挥行政指导的多种功能,取得良好的行政监管和服务效果,如下案例就很能说明问题。2006年年初,泉州市部分中小学生家长集体投诉了当地一家电信企业——泉港区电信局。接到投诉后,泉港区工商局调查了解到,该企业开通的“家校通”亲情卡业务具有帮助家长及时掌握学生动态、便于履行监护义务的功能,但在开展此业务过程中,该企业工作粗糙、方法简单、操作失当,加之宣传不够、缺乏沟通,造成学生家长不满,引起了侵权纠纷。泉港区工商局没有简单地采取处罚措施,而是首先采用调停性行政指导来调处争议、缓解矛盾,该企业接受了指导意见,诚恳赔礼道歉、退回已缴费用,采取妥善措施纠正错误行为、消除侵权后果,得到学生家长的原谅,化解了电信企业与消费者之间的矛盾。同时,该工商局通过调查了解到,该电信企业还拟订了若干与“家校通”亲情卡配套或类似的电信业务发展计划,一旦随意推出也有可能造成与“家校通”亲情卡类似的侵权后果,于是采取规制性行政指导的方式劝阻其暂缓或放弃那些准备实施的不当计划,从而防患于未然。随后他们又根据该企业的请求,实施了助成性行政指导,帮助其深入具体了解有关法律规定,尽快完善内部规章制度,努力改善经营管理。企业根据这些指导意见,对“家校通”亲情卡业务作了调整,规范了业务办理程序并加大宣传力度,最终获得消费者的认可,“家校通”亲情卡的使用率迅速上升到70%以上,其他方面的业务也更加规范,同时取得了良好的社会效益和更好的经济效益。这一典型事例中,工商行政机关先后配套采用了三类主要的行政指导方式(调停性行政指导、规制性行政指导、助成性行政指导),使行政指导措施更为深入,指导效果更加明显,有效协调了各方利益关系,使权益纠纷得以缓解、转化、消失,最终维护了当地电信市场秩序和社会秩序的稳定,也有助于当地电信企业健康发展。

3.行政指导的协调和疏通功能。社会生活的多元主体之间的利益冲突和矛盾是难免的,在崇尚竞争、更具活力的市场经济社会,这种冲突和矛盾会有增无减。因此需要通过各种渠道和手段来予以协调,而行政指导正是这样一种比较灵活有效的协调手段。由于行政指导的非强制性和自主抉择性,以及行政指导主体相对于利益冲突的超脱性和中立性,使其在缓解、平衡各利益主体之间冲突和矛盾的过程中,起着一种特殊而有效的协调作用。特别是社会经济组织之间的冲突,更需要处于市场竞争主体之外的行政机关采用行政指导措施进行公正有效的协调和斡旋。还有某些一时发生隔阂、障碍的社会关系,也需要通过行政指导及时、便利地予以疏通和调停。

4.行政指导的预防和抑制功能。理论和实践已证明,在强烈的利益驱动之下,社会组织和个人(特别是经济组织)具有为增加自身利益而不惜损害社会利益的倾向(又称为"企业的反社会倾向"),对此需加以有效抑制,以降低社会成本。而在损害公益的行为尚处于酝酿阶段或萌芽状态或初现弊端时,最宜采用行政指导这种不具有国家强制力的柔性行政方式进行调整。换言之,行政指导对于可能发生的妨害经济秩序和公共利益的行为可起到防患于未然的预防作用,对于刚萌芽的妨害行为可起到防微杜渐的抑制作用,这些也可称为特殊的保安功能。

5.行政指导的动员和号召功能。行政指导是参与行政的具体实现方式,是行政权力社会化、民主化的表现。实施行政指导可以倡导公民参与行政管理,成为行政机关的合作伙伴,增强行政管理力量,提高行政管理效率,还可以通过公民的自主参与,引导其自觉遵守法律规范,降低行政监管的成本和难度。这项功能是由中国学者概括提出的,是中国特色行政指导理论的一个重要创新点。

(四)行政指导的构成要件

1.指导主体(指导方)。即作出指导行为的行政机关,包括一些得到授权而实施行政指导行为的组织,这是行政指导的最基本要素。

2.指导对象(受指导方)。指导行为所指向的行政相对人,包括特定的行政相对人和非特定的行政相对人,这也是行政指导的基本要素。但指导方是否接受某行政指导的内容并不是必然的,接受与否也不影响该指导行为的作出和成立。

3.指导内容。即指导方为一定行政目的而作出的指向受指导方的指导行为之具体内容,如劝告或建议相对人作出或不作出何种行为。

4.指导方式。即指导方采取指导行为的具体方式,表现各异,种类繁多,总的来说可分为抽象的指导行为、具体的指导行为,以及抽象具体两可的指导行为。

5.指导后果。即受指导方接受或不接受该项行政指导行为今后可能产生的实际结果,包括积极后果和消极后果,但不是直接和必然会产生的后果。

六、行政指导的依据、分类、形式和程序

(一)行政指导的法理依据

由于立法周期、费用、信息和知识等多方面局限,人大立法和行政立法工作不可能完全满足不断发展的社会公共管理的需要,不可能预先为行政活动设定面面俱到的法律依据和具体对策,必然存在法律未能覆盖的行政管理领域,或称“行政的法律空域”,因此,在某一公共管理领域出现社会需求而又存在法律空域时,有关的行政机关应及时灵活地采取行政措施进行调控,而不能以所谓“无法律处无行政”等传统行政法观念为由,采取消极态度对该事项不管不问、袖手旁观,这样做显然违背了立宪、立法的宗旨和对现代政府的角色要求。再则,法律规范是在对既往社会生活经验作最一般的考量和概括之后制定出来的,比较原则和相对稳定。而现实社会生活却是千变万化、丰富多彩的,有时会出现就某类事务而言虽有作出行政处罚、行政强制等行政行为之具体法律依据,但由于该具体事项的特殊性或新变化,已有的法律规范未必恰好切合实际,如果刻板地径行采取属于“强行为”性质的权力强制性法律措施,效果反而不及采取属于“弱行为”性质的行政指导等柔软灵活性措施,于是有必要通过“弱行为前置方式”先行采取行政指导措施进行调控,以求便宜地达到行政目的。而且,在行政指导行为不能达到预期目的时还可再依法采取强行为(狭义行政行为),并未丧失权力强制性行政行为的“用武之地”,在产生损害后果时还有申诉、复议、诉讼、赔偿等各种救济制度作为保障。

(二)行政指导的基本分类

关于行政指导的类型,可以从不同的角度加以划分。从国内外情况看,学者们一般是从行政指导具有何种功能、有无具体依据、如何加以救济等角度来划分的,其中又主要是从行政指导具有何种功能(作用)的角度来加以划分,各种划分方法存在某些交叉、相似和相通之处。其中,运用较多的是“功能角度三分说”的分类。这种分类是从功能分析的角度将行政指导划分为助成性指导、规制性指导、调停性指导三大类型,往下再划分为若干层次(见图1-1)。在此基础上,笔者根据行政指导的功能扩展趋势,明确提出需要增加一种具有动员和号召功能的参与性(合作性)的行政指导类型,动员性指导又可细分为动员号召型指导、参与合作型指导。

- 行政指导
  - 助成性指导
    - 信息服务型指导
    - 技术帮助型指导
  - 规制性指导
    - 直接规定型指导
    - 前置程序型指导
  - 调停性指导
    - 协调解纷型指导
    - 积极能动型指导

图1-1　行政指导的基本分类

除了从功能角度划分以外,有的学者也从行政指导行为有无具体的法律依据这一角度,将行政指导行为划分为如下三类:其一,有行政指导的具体法律依据,可直接采取劝告、鼓励、建议等行政指导行为。其二,无行政指导的具体法律依据,但就该事项来说已有可作出行政命令、许可、认可的具体法律依据,则可在行使行政权而作出命令、许可、认可行为之前,将行政指导行为作为其前置程序。其三,无任何行政法上的具体依据(既无行政指导的法律规定,又无相关行政命令方面的法律规定),但该事项属于行政机关的职能、职责或管辖事务范围内,则可基于行政组织法的一般授权而采取行政指导行为。①

(三)行政指导的形式

行政指导行为最突出的特点是灵活多样、不拘一格和追求效率,这与行政指导作为非权力强制行为的性质是相适应的。这一特点对于行政指导在行政实务中发挥积极作用来说具有重要意义,同时也是其伴生负面作用的原因之一。结合国内外行政指导的实施现状和研究成果,可以将行政指导的操作方式大致概括为抽象行政指导行为、具体行政指导行为、抽象具体两可型行政指导行为三大类。第一类是抽象的行政指导行为,包括:(1)指导性规划、指导性计划;②(2)导向性行政政策、行政纲要;(3)发布信息、公布实情。第二类是具体的行政指导行为,包括:(1)指导、引导、辅导、帮助;(2)劝告(规劝)、劝导、劝诫(告诫)、劝阻、说服;(3)告知、指点(说明)、提醒(提示、警示)、提议;(4)商讨、协商、沟通;(5)斡旋、调停、调和、协调;(6)问题约见(约谈)、事件回访。第三类是抽象具体两可的行政指导行为,包括:(1)建议、意见、主张;(2)赞同、支持、表彰、提倡;(3)宣传、示范、推荐、推广;(4)鼓励、激励、勉励;(5)动员、号召、启发(做工作)。上述行政指导的表现形式相辅相成、相互配合、相互补充,随着科学技术和社会生活的不断发展以及政府角色的演化,行政指导的表现形式还会日益增多。

(四)行政指导的程序

1. 行政指导的一般程序

行政指导程序是指行政机关实施行政指导行为应依循的方式、方法和步骤的总和,它具有规范行政活动、提高行政效率、有效保护行政相对人的功能,具有简明化、灵活性、便利性的特点。综观各国的行政指导实践,多样化的行政指导程序尽管存在不完全定型化、法定化程度不高等问题,但如下程序规定和实际做法是比较普遍的(其中一部分属于惯常做法而非法定程序),值得认真研究,可谓之行政指导一般程序:(1)关于行政指导行为之发动方式的规定和做法,大致分为依职权的发动方式和依申请的发动方式;(2)调

---

① 参见林纪东:《行政法》,台北,三民书局股份有限公司1988年版,第437页、第438页。第三种情形也可称为"组织法规范"的"行为法功用表现""将组织法规范替代当作行为法规范使用"。

② 行政规划可以作为与行政指导并列的行政活动方式,也可作为行政指导的一种表现形式而放在行政指导范畴内加以论述,这也是行政规划的复杂性质和丰富形态决定的。本书在此将其列入,一方面是表明理论和实务中有此划分方式;另一方面也更完整地为读者提供行政指导表现形式体系。

查了解真实情况，确定有无进行该指导行为的必要性；(3)在进行技术指导类的行政指导时，向专家和专业部门进行咨询论证；(4)与有关相对人进行商谈、协商或其他方式的交流，以取得理解、谅解和配合；(5)关于进行指导之时机的规定和做法；(6)关于指导行为的目的、内容、负责人员等的告知和说明，分为书面方式和口头方式；(7)主动或应请求提供与该指导行为有关的文件、资料、数据供利害关系人和有关方面参考；(8)主动听取利害关系人和其他行政相对人的意见；(9)提供机会给利害关系人辩明理由、提出意见，并作书面记载；(10)重大的行政指导行为，还可应相对人申请举行或主动举行听证会、专题审议会。

2. 行政指导程序的常见缺陷

行政指导也存在一些不可忽视的缺陷，在其制度实践中会产生一定的负面效应，这正是行政指导理论和制度还不够成熟和完善的表现。除了人们对行政指导的性质、作用、方式等的认识尚不一致以外，各国行政指导实务中普遍存在如下共性的缺陷：(1)行为不够透明；(2)动机不尽纯正；(3)关系尚未理顺；(4)保障变成强制；(5)责任不甚明确；(6)救济缺乏力度。特别是在有关行政指导程序法律规范方面也存在不少问题，主要包括：行政指导的程序规定过于粗疏；对于已有的行政指导程序规范不予认真执行；行政指导的公开程度不足、变相强制现象突出；对行政指导行为的程序约束规范执行不力。

3. 通过程序立法增强行政指导救济力度

通过专门立法特别是行政程序立法作出制度安排，如听取意见、协商、听证、提供陈述事实和辩明理由的机会、国民参与、专家咨询、行为过程公开等多样化的权利救济方式等程序设计，建立起对行政指导行为的有效监督与救济机制。这种以行政程序立法约束方式来实现行政指导法治化的思路，乃是符合现代法治理性和实际的行政指导法治化的路径选择，因而自 20 世纪后期以来日益受到各国和地区重视并被采用。例如，日本于 1993 年、韩国于 1996 年通过的各自的《行政程序法》，都以专章(分别为第四章、第六章、第六章)规定了有关行政指导程序约束的有关内容，这一动向和经验值得重视。

尽管以往我国各层次法律、法规文件中对行政指导行为作过一些分散的规定，2018 年 2 月 8 日起施行的最高人民法院《关于适用〈中华人民共和国行政诉讼法〉的解释》(学界简称为“163 条”)也继续对行政指导作出规定(遗憾的却是以完全排除司法审查的方式作出规定，该司法解释的第 1 条规定了行政指导行为不属于人民法院行政诉讼的受案范围)，但还远远不能满足发展市场经济和推进民主法治的客观要求。值得指出的是，2008 年 10 月 1 日起施行的《湖南省行政程序规定》首先以地方政府规章的形式，集中统一地创设了行政指导程序规范体系(该规定第五章第二节，第 99 ~ 108 条，共 10 条)，具有重大的制度创新意义。在全面实施依法治国方略、深入推进依法行政的新形势下，应加快相关立法建制的步伐，完善行政指导法律规范，加大对行政指导行为的法律约束力度，为行政指导制度建设提供必要的法律保障。为此，宜从如下四个方面加以立法完善：

一是通过完善行政诉讼法律规范将行政指导行为纳入司法审查范围;二是在行政程序法典中专门设置行政指导行为的程序约束条款;三是在条件成熟之际适时制定出专门的行政指导行为法;四是在各层次制定和完善配套的相关法律规范。

七、行政指导的违法侵权风险与监督救济机制

由于行政指导行为在行政管理过程中起着补充和替代、辅导和促进、协调和疏通、预防和抑制等积极作用,显现出特殊的功效性和适应性,因此20世纪后半期以来日益广泛地运用于各国的经济与行政管理过程中,成为当代行政科学特别是行政法学的重要范畴。从一些重要市场经济国家的情况看,近几十年来行政指导在行政实务中特别是经济管理活动中发挥了特殊的调整作用,产生了积极的社会影响。包括在2003年我国应对SARS疫情的公共危机管理过程中,各级政府和有关行政机关也采取了许多行政指导措施,并收到特殊的效果。① 同时,行政指导在实际运作中也显露出一定的负面效应,与行政指导行为有关的权益纠纷也不断产生。特别是,"由于行政指导本身的灵活性,并不需要法律的明确授权,在是否采用行政指导手段上有很大的自由裁量权,这就可能出现不受法律约束的行政活动"。② 因此,通过制度创新加大对于行政指导的监督力度,将行政指导行为纳入行政救济和司法救济的审查范围,形成比较完善的行政指导监督与救济机制,这对于维护行政相对人合法权益和行政机关认真履行职责的积极性,实现行政指导法治化,具有重大的行政法治实践意义,也成为行政法学的重大课题。

(一)行政指导实务中普遍存在的负面问题

从各国行政指导实务来看,行政指导一方面具有许多特点和特殊功用,但同时也存在一些不可忽视的缺陷,操作中会产生一定的负面效应,这正是行政指导制度还不够成熟和完善的表现。从我国现实的经济与社会生活来看,行政指导行为广泛存在、大量运用且很不规范,亟须加以有效的法律约束,以减小行政指导行为失范所带来的负面影响和社会成本。我们在对行政指导实务进行的实证研究中深感,行政指导的现实问题中,除了人们对行政指导的性质、作用、方式等的认识尚不一致,即普遍存在一系列认识问题以外,还较普遍地存在诸多规范性、制度性、实践性问题,需要按照行政法治原则加以系统研究并妥善解决。主要有如下八类:

1.行为界限模糊。

由于行政指导是政府职能转变过程中出现的一类积极行政活动方式,具有行为依据

---

① 例如,教育部于2003年4月28日公布的《对"五一"期间高校学生活动安排和学生管理工作的指导建议》,卫生部于2003年4月29日公布的《公众预防传染性非典型肺炎指导原则》,国家质检总局于2003年5月15日公布的《过氧乙酸消毒液安全使用指南》,北京市裕中西里社区民警张岩同志专门到本社区内非典疑似人员王某夫妇家反复劝说他们去医院隔离就诊而后者终于接受劝告等。这些应急性的行政指导措施与一些行政指令措施配合运用,收到了特殊效果和积极反响。

② 应松年主编:《行政行为法:中国行政法制建设的理论与实践》,人民出版社1993年版,第578页。

多样性、适用范围广泛性、运用时机灵活性、行为方式多样性、对于相关行为(如行政处罚行为)的替代性、前置性等诸多特点,加之目前人们对于行政指导行为的研究和知晓程度非常不够,因此它与行政主体的其他行为方式的区分界限尚不十分清晰。表现在行政实务中,许多行政公务人员尚不能自觉和规范地实施行政指导,行政相对人也往往难以辨析行政主体所实施的行政指导是否合法与适当,这就使行政指导行为的规范化和法治化存在某些特殊困难。

2. 行为不够透明。

尽管行政指导行为具有且需要保持及时灵活的特点,不宜设定过多过繁的程序规范捆住行政指导者的手脚,但最基本的程序约束也是行政指导法治化的内在要求,行政管理者的行为如果缺乏约束必然走向反面。从实际情况看,由于缺乏必要的程序规范约束,不少行政指导行为缺乏应有的透明度,少数的甚至是“暗箱操作”,因而极易产生弊端。这是行政指导在操作中最为人诟病的一个突出问题。俗话说,“阳光之下少霉菌”。解决此问题的基本思路,是通过一些程序制度设计来刚性约束行政指导行为,增加行政指导行为的透明度,做到行政指导公开化。①

3. 动机不尽纯正。

一般说来,行政机关实施行政指导是出于社会公共利益,为了积极履行法定职责。但是,在现实社会生活中也难免出现行政指导者在作出指导行为的过程中掺杂了一些不正当考虑的情况,如对应当考虑的因素不予考虑,对不应当考虑的因素却过多考虑,等等。加之行政指导行为总是由行政机关的工作人员来实施的,而对行政工作人员来说很难保证每一个人都有高素质和所有行为都出于正当考虑,所以某些行政指导行为的动机不尽纯正这一点,也是为人诟病、必须解决的问题。

4. 关系尚未理顺。

在实施行政指导的过程中,指导方与受指导方之间应是一种非拘束性的指导与受指导的关系。但在现实社会生活中,有关各方之间的关系常常比较微妙,难免会出现不能正确认识和扮演好自己的角色,因而发生角色和关系混乱的现象。例如,有的行政指导者实际上变成了发号施令者(行政命令者),本来具有行为选择权的相对人却出于不正当的自身考虑而一味盲目服从行政指导,指导者与受指导者之间形成一种不适当的“胶着”关系,等等。

5. 保障变成强制。

在相对人不接受、不配合行政指导的情况下,行政机关常常根据有关法律规定或行

① 事实上,进入20世纪90年代以来,一些大陆法国家和地区通过专门的行政程序立法来规范行政指导行为,已体现出一种以程序约束方式来实现行政指导法治化的思路。在全国人大常委会法工委行政立法研究组起草的我国行政程序法试拟稿中,也专门设了一章(第六章)来约束行政指导行为,遗憾的是该法至今未能出台,研究起草者的良好愿望一直停留在专家建议的纸面上。

政习惯采取某些保障措施,来确保行政指导的实效性,如要求相对人向行政机关作出报告,公布行政指导的意旨,公布该相对人不服从行政指导的事实,撤回已作出的授益行为,科以不利的处分,受理申请的保留,授益处分的保留,签约申请的保留,等等。这时,一旦掌握不好分寸,极易变异成实际上的强制行为,产生损害相对人合法权益的后果。这个问题在许多国家的行政实务中都是比较普遍和突出的,需要认真研究和妥善解决。

6. 监督力度不足。

俗话说,“失去监督的公共权力必然走向滥用和腐败”。由于行政指导行为具有公权力背景,而且还可能存在主观专断、公器私用、不正当考虑等情形,具有造成公民合法权利伤害和损害政府形象的可能性,因此必须予以有效的监督制约,防止发生偏差和滥用的情况。但实际上由于认识、体制、经验等方面原因,现在对于行政指导的监督机制远不完善,亟须通过考察借鉴完善监督机制,从内部监督和外部监督两个方面加大对于行政指导的监督制约。

7. 责任不甚明确。

由于行政指导行为不具有强制力,而且一部分指导行为没有具体的法律依据,相对人是否接受和配合该项行政指导措施也听凭自愿,加之行政指导的方式方法多种多样,因此一旦出现失误和造成损害,往往难以明确责任和及时纠正,不利于进行相应的救济。正因如此,某些责任不甚明确的行政指导行为或其保障措施,甚至被人们视为行政机关规避法律监督、逃避法律责任的一种表现。这也是行政指导目前受到某些批评的突出问题和重要原因之一。

8. 法律救济乏力。

因无明确具体的制定法规定和判例约束,行政相对人很难就有争议的行政指导行为申请复议、提起诉讼和要求赔偿,使行政指导造成的某些利益损害很难得到有效救济,这是许多国家目前比较普遍存在的问题,在行政法律救济制度尚不完善的我国亦如此。其直接原因还在于,尽管现在我国各层次法规性文件对行政指导已作出日益增多的规定(规定得比较零散且不尽规范),即已具有不少狭义上的行政指导法律依据,而且有关司法解释出台后作为行政法学术语的“行政指导”已成为正式的法律用语,①但这些制定法规范几乎都未对行政指导的法律救济问题作出明确的制度安排。这也从一个侧面反映

---

① 1999年11月24日由最高人民法院审判委员会第1088次会议通过、2000年3月10日起施行的最高人民法院《关于执行〈中华人民共和国行政诉讼法〉若干问题的解释》(法释〔2000〕8号,俗称“98条”)第1条第2款第4项,就“行政指导行为”能否纳入行政诉讼受案范围作出了规定,这是在我国法律文件中首次正式使用“行政指导行为”的提法,表明行政指导已成为正式的法律用语。尽管所作的是一种排斥性的规定,尚不能较直接、便利和制度化地对行政指导行为进行充分有效的诉讼救济,但这一具有制度创新意义的司法解释毕竟留下了扩展解释和再发展的余地,对于行政指导制度的发展及其法治化进程具有特殊意义。然而,2018年最高人民法院《关于适用〈中华人民共和国行政诉讼法〉的解释》(俗称“163条”)又对此作了改变,本书后面略作分析。

出我国法制建设实践(包括立法、执法、司法、监督等诸领域)中曾长期存在的"重权力分配和行使、轻权利保护和救济"之弊端。而任何缺乏必要法律救济制度保障的行政措施都难以得到国民认同和信任,难以达到预期的行政目的。故加强和完善行政指导救济机制,特别是建立健全有关的司法救济制度,改变对行政指导的救济乏力的状况,已成为当今行政指导制度建设的重要任务。

(二)如何确定与行政指导行为有关的法律责任

现代行政是责任行政,行政指导也不例外。采取行政指导措施既可能达到预期的行政目的,也可能失误失败和违法侵权而损害相对人的合法权益,这里就存在一个"有关责任由谁承担、如何承担"的问题。特别是为确保行政指导行为纳入行政复议审查和司法审查范围后得以有效运转,必须认真研究与行政指导有关的监督制约机制和责任归属问题,建立起由行政指导有关各方承担相应责任以及实施救济的机制。笔者认为,在研究与行政指导有关的责任归属问题时,应分别考量指导方的责任和受指导方的责任。具体来说,可从三个方面加以分析和把握:

1. 关于指导方的法律责任

尽管行政指导行为不具有国家强制力,听从指导与否听凭行政相对人的自愿,但如果行政指导行为本身违法、违反政策或不当,而行政相对人在接受指导时无法识别判断出这一点,因此听从指导并产生了危害后果,其责任应由指导方即实施该指导行为的行政机关承担(包括承担赔偿责任);①如果实施行政指导行为之后又出尔反尔予以否认,给行政相对人造成信赖利益损失,则应由指导者承担责任;②如果理应实施行政指导却害怕承担责任而不作出行政指导,则该行政机关(及该公务员)就未能尽到职责,应当受到行政效能监察的监督,承担违背行政组织法(以及公务员法)的失职责任;如果行政指导行为既不违反法律和政策,又无不当之处,即没有重大过失,则该行政机关不承担法律责

① 当然,如果行政机关履行了法定职责并尽到了注意的义务,只是由于一般意义上的有限理性(科学认识过程中某一阶段客观存在的普遍认识局限本身的原因)导致的指导失误,则可减轻其责任,因为这理应属于各方均应承担的社会成本。

② 曾有这样一个案例:陈先生打算到某地某经济开发区去投资开办一个电子企业,前往咨询有关政策时,开发区管委会办公室的工作人员劝说陈先生放弃此打算,建议他投资开办机械加工企业,称该开发区鼓励发展机械加工企业且有许多优惠政策;但陈先生接受建议开办机械加工企业后,不仅未能享受到优惠政策照顾,且因当地由于电力短缺出台了许多限制机械加工企业发展的政策措施(相对而言对电子企业影响不大),导致该企业生产经营困难;当陈先生前往交涉时,该公务员却否认做过上述劝说和建议(当时只是口头交谈,陈先生没有获取该公务员代表开发区进行劝说和建议的书面意见)。行政相对人信赖政府机关而听从其意见从事某种活动获得或理应获得的利益,却因政府机关的指导失误遭受损害,同时因行政指导者出尔反尔遭到重大的心理伤害。对于行政相对人的这种双重损害,同时也损害了政府的信誉,其全部责任理应由指导方承担,这是信赖利益保护原则的要求。参见莫于川:《行政程序约束:行政指导行为法治化的理性选择》,载《法制日报》2003 年 9 月 11 日,第 9 版。

任,如果产生了什么后果则由自愿接受指导而采取行动的相对人承担。笔者见到的一些国内外的行政指导判例,基本上体现了上述各项原则。①

在判断行政指导者的责任时,还应当特别注意到认识局限性问题,也即认知能力上的有限理性问题。在因行政指导行为产生了行政争议时,当事人切忌当"事后诸葛亮",而需要回归到当初实施行政指导行为的情形下来考量行政指导者应当承担的责任。我们认为,主要看实施行政指导行为之际全社会和专业界对于该事项的一般认识水平如何,以及行政指导者是否尽到了注意的义务。如果确是当时普遍的认识水平所限,行政机关和行政公务人员也尽到了注意的义务,而且实施行政指导的过程依循了有关法定程序或正当程序的要求,不存在变相强制等情形,则其行政指导行为不应承担法律责任和不利后果,否则会压抑行政机关和行政公务人员实施行政指导的积极性。

2. 关于受指导方的法律责任

行政机关在行政相对人可能作出违法行为时,对之进行劝告、告诫、提醒、建议等行政指导,如果相对人不听从指导,仍然实施了违法行为,其责任当然由相对人承担,这一点毫无疑问;如果行政相对人在接受行政指导时已识别判断出该行政指导措施违法、违反政策或不当,却出于个体利益的某些考虑而自愿服从指导并产生了损害后果,其责任由受指导方即该相对人自己承担;在相对人虽已识别判断出该行政指导行为违法、违反政策或不当,本来也不愿服从该行政指导,但事实上又服从了该行政指导的情况下,如果该行政相对人能提供关于行政机关实施行政指导时实际上已为此采取了或变相采取了强制措施来迫使自己就范之证明(实际强制力之证明),而且此证明能够得到确认,则该相对人可以免责,而由指导方承担责任。

3. 关于建立科学合理的行政指导责任与救济机制

行政指导行为与行政处分行为一样,难免会发生失误和造成损害,因此必须建立相应机制,以明确和追究责任,并在此基础上实施法律救济。就行政机关即指导方而言,其承担行政指导责任的原因、条件和形式是多种多样的,相应的救济渠道和方式也应是多种多样的,如专员申诉、苦情处理、复议、诉讼、赔偿、补偿等。建立科学合理的行政指导的责任机制和相应的救济制度,其目的首先是保护行政相对人的合法权益,同时要保护行政机关认真履行职责而实施行政指导,以维护社会公益、达成行政目标的积极性。

(三)按行政法治化的要求完善行政指导监督与救济制度

所谓行政指导救济制度,是指当受指导方认为在行政指导过程中因指导方的责任造

---

① 例如,国外的此类些行政指导判例很多,笔者所见的日美等国案例有:(1)广冈隆等人编的《行政法判例》(有斐阁 1987 年版)一书第五部分收入并讨论的 4 个行政指导判例;(2)关哲夫著的《行政指导》(行政株式会社 1991 年版)一书收录的 100 个行政指导判例;(3)施瓦茨的《行政法》(徐炳译,群众出版社 1986 年版)一书关于非正式裁决部分所讨论的 3 个行政指导案例。

成其合法权益受到损害时,或认为听从行政指导后其利益牺牲太大时,通过法定渠道就该行政指导行为及其后果进行争议,以求得到及时有效的裁断和救济的法律制度安排。按照现代法治的要求,“有损害必有救济”。而从国内外的情况看,行政指导目前存在的问题,除了行为透明度较低、行为方式不规范以外,对行政指导的法律救济制度远不完善甚至有的尚处于空白状态的问题比较突出。故亟须加以规范化、制度化、法定化,系统地建立起对于行政指导的监督与救济制度,从而保障相对人的合法权益和行政指导的正确实施,以适应行政法治发展的要求。建立健全行政指导监督与救济制度,至少应包括逐步创新与完善与行政指导有关的监督专员、行政苦情、行政复议、行政诉讼、行政赔偿、行政补偿等项制度,它们配套互补、共同作用,从多种角度发现行政指导行为的偏差失误,对行政指导的负面后果进行纠错和补救,促使行政指导行为加快走向合理化、规范化、制度化和法治化的轨道。

1. 建立人大监督专员制度与行政指导监督救济

一般所谓的“监察专员”,特指议会行政监察专员(ombudsman)。监察专员制度是指由代议机关任命的行政监察专员对行政机关等特定国家机关及其工作人员的职务行为之合法性、合理性进行宽泛的监督并对有关相对人予以救济的制度,它发端于瑞典的议会监察专员公署制度(Office of the Parliamentary Justice Ombudsman,JO)。监察专员独立地受理或间接受理行政相对人因行政机关的违法行为和不当行为受到权益损害后提出的申诉,并在调查基础上公开调查结果和向有关行政机关提出救济建议。[①] 第二次世界大战后特别是近20年来,监察专员制度在许多国家甚至行业性、区域性组织(如欧洲议会)得到发展,已成为许多国家监督体制的重要组成部分,而且在其地位、管辖、权限、受理程序等许多方面都发生了很大变化。到20世纪90年代中期,世界上就已有70多个国家建立了议会行政监察专员制度,仅国际监察专员协会就有50多个国家成员,各种类型的监察专员制度发挥的作用和影响日益增大,其成功经验值得重视。[②] 由于监察专员制度和行政指导制度的特点,如果设立议会行政监察专员,能够对不良行政指导行为进行更有效的监督和救济。就我国情况而言,笔者认为,在按照社会主义市场经济和民主法治的要求推动监督制度创新的过程中,应以大胆改革、积极探索的精神,尝试设立人大监督专员(称为监督专员可区别于我国现行行政监察体制中的监察专员),作为完善现行监督体制的一项重要改革措施,以拓展监督方式和救济渠道。在具体操作上,可先进行试点,由全国人大常委会有选择地向部分区域和特殊地区、机关派出监督专员,由其对相

① 行政不当行为也称不良行政,对它尚无非常明确的法律定义,大致包括行政过程中行政一方的偏见、疏忽、迟延、刚愎、专横以及其他不公平、不合理的行为或不作为。这类情况往往难以在法院立案受理得到司法救济,也使行政监察专员发挥特殊的监督和救济作用有了相当的空间。

② 参见中央纪委外事局、监察部外事局编:《外国监督制度与实践——纪检监察机关国外考察报告专辑》,中国方正出版社1995年版,第117页、第162页。

应区域、机关的行政权力行使过程实行一种比较及时、直接和有超越性、权威性的特别监督制约。因人大监督专员是一种独立性很强、管辖面很宽、跨区域设立的高级职位性监督机关(此项制度正式实施后,监督专员也不宜按行政区划和系统逐一派出,而应跨区域和有选择地派出),由全国人大常委会派出并接受其工作指导,拥有关于调查事实、人事处分和权益救济等多方面的调查权、通报权、建议权及临时处置权,故设立人大监督专员有助于避免地方(部门)保护主义和"说情风"对监督工作的干扰,能较好地满足某些特殊条件下加强监督行政法制和进行法律救济的客观需要。人大监督专员的设立可对常规监督与救济体制起到补充作用,有助于人大制度发展;同时也涉及观念上、体制上、政策上的一系列问题,故需学术界和实务界加以系统和认真的研究,并加以试点推行。设立这一制度后,也有助于对不良行政指导行为予以更及时有效的监督与救济。

2. 建立行政苦情制度与行政指导监督救济

行政苦情制度即行政苦情申诉与处理制度,简称苦情制度或怨情制度,它在广义上是指相对人因行政苦情而向有关行政机关提出申诉并由其受理后予以处理的一种行政内部救济制度,包括向行政指导行为者的上级提出申告获得直接救济,在狭义上是指相对人因行政苦情而向专门的苦情处理机关提出申诉并由其受理后在调查基础上向有关机关通报调查情况并提出处理建议的一种行政内部救济制度。[①] 苦情制度在各国行政法制中有不同形式的表现,如行政怨情申诉制度、行政请愿制度等,但都属于行政内部救济的范畴。设立这项制度的原因在于:现代行政管理的广度和深度是前所未有的,失误和不尽人意之处在所难免,因此需要予以救济;但任何一种救济方式都有其局限性,故需不断拓展行政法的救济渠道和完善救济制度;尽管已有行政复议、行政诉讼等非常正规的救济制度,但由于争讼行为性质、申告期限、当事人资格等的限制,在实践中真正受到行政复议、司法审查以及获得赔偿的行政纠纷只是少数而已,相对人认为受到行政伤害产生了苦情却无法通过上述渠道获得救济的情形仍然不少。例如,在行政执法过程中公民受到执法人员的恐吓或辱骂,公民听从和配合行政机关的行政指导后理应获得行政奖励而未能获得,公民向行政机关提出合理的咨询要求而得不到答复等,就难以通过复议、诉讼等渠道得到救济。因此有必要建立和完善行政苦情制度作为补充,并与人大监督专员制度相配合,从不同渠道对上述行政苦情(怨情)简便迅速地予以相应救济。就行政指导行为造成的合法权益损害而言,由于复议救济、诉讼救济等非常正规的救济制度无法给

---

① 行政苦情制度中的"苦情"一词源自日本。在日语里,"苦情"具有不平、不满、抱怨、牢骚、委屈、怨言等多种含义,相当于汉语的"怨情"。日本的行政苦情制度富有特色,在许多中央和地方行政机关都设立了专门的苦情处理机关和苦情商谈委员。苦情在各国行政活动过程都是大量存在的,但传统的行政法律制度对此缺乏有效救济。我国行政实务中现行的各种信访、上访接待、首长接待、申诉、投诉等制度与广义的行政苦情制度比较类似,但法定化、规范化和有效性不足,需要进一步进行系统配套的法治化改造来提高法律救济制度化水平。本章后面对此作了阐述。

予及时充分的救济保障,故建立相应的苦情救济机制尤显必要。

行政苦情制度的产生背景值得探讨。从行政法理论和制度发展的新动向来看,在被司法裁判洪水困扰的欧美国家,20 世纪 70 年代以来非司法化(dedudicialzation)的呼声高涨,出现了司法外代替型纷争解决制度(Alternative Dispute Resolution,ADR,也译为非审判型纠纷解决运动)的普及化倾向。这种倾向是西方国家进入后工业化社会以来出现的法文化转型,是法治现代化的表现之一。在这一制度创新内容中,除行政调解、行政仲裁、行政裁定等的完善以外,还包括出现较晚、正逐渐发展的行政苦情制度,这是一种新型有效的救济渠道。①

从我国的现实情况看,怨情申诉的法律调整机制尚不够健全,有关理论研究也相对滞后,亟须加以弥补。为适应我国市场经济条件下行政管理民主化和纳税人需求多样化的新情况,更好地体现人民政府全心全意为人民服务的宗旨,笔者认为,应在坚持和完善既有救济制度的基础上积极建立健全行政苦情制度,促进救济制度的系统化、规范化、简便化和高效化。通过建立健全行政苦情制度,能够弥补行政指导的失误和不足,使受到行政损害的相对人能首先通过行政渠道得到及时有效的救济,并促使行政指导行为更为合法、合理、合情。从法经济学的角度来考量,笔者认为,对我国现有的政府信访工作制度切实加以现代法治化改造,不失为一条稳健可行的路径。②

3. 完善行政复议制度与行政指导监督救济

行政复议也称为行政诉愿,是指行政相对人认为行政机关的行为侵犯其合法权益,而依法请求上一级行政机关或法定复议机关重新审查该行为是否合法、适当,并作出决定的活动。行政复议是针对行政机关的行为可能违法或不当,致使法律所保护的权益受到侵害而设立的一种比较正规、广泛通行、适用面较宽且弹性较强的行政救济制度安排,也是一种比较特殊的行政行为——行政司法行为,其实用性和有效性已在实践中稳定地

---

① 参见[日]南博方:《日本行政法的现状与课题》,杨建顺译,载《行政法学研究》1996 年第 1 期;季卫东:《中国法文化的蜕变与内在矛盾》,载北京大学法律系法学理论教研室、中国经济体制改革研究所法律室编:《法律社会学》,山西人民出版社 1988 年版,第 238 页。

② 我国政府信访工作多年来在维护社会稳定、改善政府与人民群众的关系方面发挥了一定作用。在社会转型发展进程中,各种利益矛盾突出,信访案件数量大、范围宽,信访工作面临许多新情况、新问题和新机遇,亟须系统深入地研究并加以法治化改造。具体而言,可有组织、有计划、分步骤地加强政府信访工作的制度建设和队伍建设,从根本上解决长期存在的政府信访工作法律定位不明、主观随意性大、权威性不足、职权和职责不落实等问题。改造后的政府信访机构应具有沟通、咨询、解释、指导、劝诫、建议、调查、协调、服务、投诉、公布事实等职能,同时完善相应的程序制度,使其能够解决一般的行政申诉并予以相应的权利救济,包括对于行政指导行为的行政申诉与救济,逐步做到政府信访工作的制度化、规范化、高效化和亲民化,从而有助于改善政府和行政机关的公众形象。为此,需要注意处理好信访与其他救济机制的关系,处理政府信访机构与政府系统以外各类信访机构的关系,处理好政府信访机构与其他监督救济机构的关系,综合协调地进行改革。同时要加强信访立法,在信访条例(尽管已作了一些局限性的修改)的基础上适时制定出我国的信访法,进一步提高信访工作法治化水平。

表现出来。许多国家的行政复议制度对复议范围规定得比较灵活,只要有"利益损害事实"和一定的联系因素存在,即可对包括行政指导行为在内的行政机关的绝大多数行为向法定机关申请复议。

从我国现行的行政复议制度来看,其要点有五:一是行政复议由法定的行政机关进行;二是行政复议是依申请的行为;三是行政复议是一种行政司法行为;四是行政复议的任务既包括对具体行政行为作合法性审查,又包括对之作合理性审查;五是行政复议按特定的程序进行,且一般不是解决行政争议的终局方式。尽管我国现行法律制度并未对行政指导的复议救济作出明确和具体的规定,但也没有作出排除性规定,而且从上述五个要点来看也符合行政指导行为救济的基本要求,所以将行政复议的现行法律规范加以扩大解释即可适用于行政指导行为救济。当然,如能通过立法将其更明确地纳入行政复议范围则更好一些。①

4. 完善行政诉讼制度与行政指导监督救济

按"有损害必有救济"的法治原则,当相对人的权益受到违法或不当行政的侵害时,该相对人有权得到救济。而到法院打官司,即通过诉讼获得司法判断和救济,则是相对人在权益受到侵害时寻求救济的最正式、最有力、最稳定的一个渠道,不少学者甚至将司法救济称为"公民权利保护的最后一道防线"。就行政指导所引起的纠纷和权益损害来说,诉讼救济机制的重要作用也是不言而喻的。但从许多国家的情况来看,由于行政指导制度发展尚不成熟,人们对它的认识尚不充分等原因,所以迄今为止能够对行政指导行为充分有效地、制度化地实施诉讼救济的国家还不多。即便是在行政指导措施运用得较多,制度化程度较高的日本,关于行政指导行为应否纳入与如何纳入诉讼救济范畴(尽管实际上已有不少这方面的判例了),在法学界和法律实务界也仍然存在一些争议。例如,由于行政指导行为的特殊性和复杂性,其能否纳入诉讼范畴,成为撤销请求诉讼和国家赔偿诉讼的对象,这在日本现实社会生活中仍然存在许多争议(已形成大量判例),实际上是尚未得到明确彻底和普遍解决的问题。

笔者认为,无论从法、理、情还是现实生活中的诸多案例及其效果来看,应以具有损害后果和一定的联系因素为判断标准,通过完善行政诉讼法律规范将行政指导行为逐步纳入司法审查的范围。并通过立法和司法及其解释,将行政指导纳入我国的司法审查范围。具体来说至少有 4 种可行的选择:其一,对我国 1990 年起施行的《行政诉讼法》第 12 条第 1 款第 12 项作扩大解释,把与行政指导行为有关的侵犯人身权、财产权等合法权益的受损事实作为联系因素,而将行政指导行为纳入司法审查范围;其二,根据我国《行政

① 我国《行政复议法》已将部分抽象行为纳入复议范围;如将该法有关条款再稍加扩大解释,即可适应对行政指导纠纷进行评判和救济的客观要求。从发展趋势看,通过立法或解释将行政指导行为(包括其中的抽象类的指导行为)明确列为复议对象,是比较简便的救济制度创新路径和方法。

诉讼法》第12条第2款规定的含义作出明确解释，如果由其他法律、法规对行政指导行为的可诉性作出规定的，当然属于受案范围，这将会是一个开放的口子，今后应注意制定这方面的法律规范；其三，通过法定修改程序，在我国《行政诉讼法》第12条增加一款（作为第3款），规定在实施第1款所列的某些具体行政行为之前采取行政指导行为时如果引起了权益受损的争议，或者能提出该行政指导行为变相具有实际强制力的证据，不服该行政指导行为的当事人也可提起诉讼；其四，通过新的司法解释对行政指导行为的可诉性重新作出规定，将其明确纳入人民法院行政诉讼的受案范围，至少可恢复为原先“九十八条”的规定，首先把那些违法不当且行政相对人有证据证明已变相具有实际强制力的行政指导行为纳入行政诉讼受案范围。① 这是因为，2014年11月1日修订之前和之后的我国《行政诉讼法》文本，均未将行政指导排除在人民法院行政诉讼的受案范围之外。② 立法精神本身既有助于防止行政机关的行为逃逸出法治轨道，又可对因行政指导行为受到权益损害的相对人予以司法救济。这是现代法治主义关于保障公民权利和规制公共权力的双重要求，也是审判机关起到常规状态下公民合法权利的“最后一道防线”作用的必要举措。我国的立法、行政和司法均应一致对此作出更为积极的回应。

5. 完善行政赔偿制度与行政指导监督救济

赔偿是最实在、最本质、最直接的救济形式之一。行政赔偿是行政机关在其违法公务行为侵害行政相对人合法权益造成损害后予以赔偿的法律制度，赔偿范围包括侵犯人

① 实际上，过去很多年我国已有一些基层法院和审判人员基于对有关司法解释条款的理解，在司法实践中积极探索，或者根据行政审判工作的实际需要勇于尝试，已开始出现与行政指导行为有关的诉讼个案，这是有价值的司法探索实践。例如，于2000年发生在江苏省的孙某利诉如皋市公安局道路交通事故责任重新认定案（如皋市人民法院2000年5月一审结案，南通市中级人民法院2000年11月二审结案），上诉人如皋市公安局在上诉状中就以自己的重新认定决定属于行政指导行为，并不直接确定当事人之间的权利义务，不属于行政诉讼受案范围作为主要抗辩理由；二审法院对上诉人的抗辩理由经过审理未予采纳，上诉人在二审败诉。尽管此案不是直接以“行政指导行为”作为争议对象起诉和受理的，但二审曾将其作为抗辩理由并进行了一定程度的司法审查，使这一行政诉讼案件具有了不可忽视的制度创新意义。可见，通过完善行政诉讼法律规范将行政指导行为明确地、制度化地纳入司法审查范围，具有很大的必要性、紧迫性和可行性。

② 但新的司法解释已导致立法意旨变得模糊、立法精神发生偏失。2017年11月13日由最高人民法院审判委员会第1726次会议通过、自2018年2月8日起施行的最高人民法院《关于适用〈中华人民共和国行政诉讼法〉的解释》第1条规定了，“行政指导行为”“不属于人民法院行政诉讼的受案范围”。这就给行政指导行为的司法审查亮了红灯。相比之下，之前于1999年11月24日由最高人民法院审判委员会第1088次会议通过、自2000年3月10日起施行的最高人民法院《关于执行〈中华人民共和国行政诉讼法〉若干问题的解释》第1条规定的是，“不具有强制力的行政指导行为”“不属于人民法院行政诉讼的受案范围”，在多年的司法实践中，许多地方法院受理了直接或间接以行政指导行为争议为审查救济诉求的行政案件，产生了积极的司法审查效果。如何理解和评价关于行政指导行为可诉性的司法解释前后变化？行政指导行为是否无须接受任何法律评价、无须承担任何法律责任？此乃需要重新反思和解决的重大课题。当然，即便行政指导行为的合法性在当下不能接受司法审查，但其接受行政自我审查纠错的大门并未关上，如何完善我国关于行政指导的行政监督救济法制值得研究。

身权的行为和侵害财产权的违法行为所造成的损害。因此,在行政相对人因违法的行政指导行为造成权益损害而谋求获得赔偿时,理应能够通过直接向行政机关申请赔偿救济的渠道获得救济,或通过赔偿诉讼、诉讼附带赔偿请求的渠道获得救济。从国内外的情况看,适用于违法行政指导行为的上述两种赔偿救济机制都不尽完善。对于我国而言,更需要通过法制创新来建立健全这方面的赔偿救济机制。具体来说就是要根据行政赔偿制度实践的客观要求,对现行的国家赔偿法进行系统而有重点的修改,将行政指导行为的损害赔偿纳入其中。

笔者认为,至少在出现下列情形之一时,行政机关应当予以赔偿:(1)行政机关采取或变相采取了强制措施迫使当事人听从、配合行政指导,致使当事人或利害关系人的合法利益受到损害的;(2)当事人听从、配合行政指导后,由于行政机关随意改变或否认该行政指导行为,致使当事人或利害关系人的合法利益受到损害的;(3)行政机关由于故意或重大过失而作出错误的行政指导,致使当事人或利害关系人的合法利益受到损害的。①

6. 完善行政补偿制度与行政指导监督救济

行政补偿又称为行政损失补偿,是指行政机关的某些合法行为造成相对人合法权益损失后由前者负责予以适当弥补。其主要法律特征有三:一是从形式上看行政机关的行为合法;二是该相对人受到特别损失;三是存在损害后果且与该合法行为有关。行政补偿制度肇始于法国,以后英、美、日等许多国家纷纷效法,现在已成为一种通行的救济制度,并普遍通过立法加以规范。行政补偿制度的产生是国家责任演变过程中的一次重大进步,其理论依据先后有"国家恩惠说""权利保障说""特别牺牲说"等。就行政指导而言,也存在相对人听从合法适当的行政指导后因此产生了较大的损害后果(特别损失),作为指导方的行政机关应根据公平正义原则予以适当补偿的情况。例如,相对人听从行政指导紧急抢救公共财产而受到人身伤害和利益损失,就理应得到行政补偿。故建立健全相应的行政补偿制度,对于行政指导的法治化具有重要意义。乘着2004年修宪已将私产和土地征收征用补偿明文载入宪法之机,应大力完善我国行政补偿法制,包括通过修改《国家赔偿法》更明确地规定行政补偿制度,或专门制定出我国统一的国家(行政)补偿法。在行政指导制度和行政补偿制度都远不完善的我国,完善行政补偿制度对于行政指导法治化的意义不言而喻。

---

① 如果行政机关对当事人或利害关系人的赔偿请求不予支持或不予答复时,该当事人或利害关系人理当可以先通过行政投诉、信访申告、申请复议等途径寻求救济,也可以直接提起行政诉讼寻求救济。下面讨论的行政补偿制度的构想与此同理。

第二章　行政规划及其法治化

随着社会的发展，社会关系日趋复杂多样，行政事务空前地繁多，行政规划已经广泛地进入国家行政与社会生活的各个方面。因此，随着行政职能的扩大与迈向积极的给付行政国家的变迁，行政规划不仅是行政主体的一种新型的柔性行为模式，而且日益成为行政作用的一个重要领域。在"规划行政"已经到来的时代背景下，如何在传统法治精神下推进我国依法治国、建设社会主义法治国家的重要方略，如何让行政权力在法律的驾驭之下合法行政与合理行政，如何让弱势的公民权利在强大的公权力面前得到充分的保障与救济，是新时代行政法学重大研究课题与挑战。

一、行政规划的兴盛是行政法治发展的新课题

综观当代行政管理和行政法制的发展进程，自20世纪中叶以来，随着对行政管理的社会需求不断增加，政府职能逐步扩大与活跃，特别是世界范围的民主化潮流的推动和国家的福利性质逐渐增强，行政规划在现代行政中发挥着越来越重要的作用，越来越多的国家在第二次世界大战后采用行政规划的手段，行政规划日益成为行政活动的重要方式之一。第二次世界大战后特别是20世纪60年代以来，随着经济高速发展，行政职能多样化、扩大化，行政规划亦被广泛运用于国土开发、环境保护、城市建设乃至文化等经济、社会生活各个领域，行政计划和基于行政计划的计划行政，被认为是现代国家行政的最新发展，是现代行政的重要特色之一。有学者把国家行政的发展进程总结为：侵害行政—给付行政—计划行政。① "随着行政职能的扩大与迈向积极的给付国家的变迁，计划行政逐渐成为行政作用的一项重要内容。行政作用覆盖着社会生活的方方面面，为有效处理行政事务，并预防临事仓皇的窘境，行政基于事预则立的原则，就必须预先顾及所有重大情况，对于有关行政中的利害关系作适当衡量与协调，因此，行政计划遂成为行政的重要项目。"②计划行政在经济、社会、文化等各个方面的广泛展开，使行政计划成为行政法上的重要研究课题之一。中国共产党第十七次全国代表大会报告强调指出，要注意"发挥国家发展规划、计划、产业政策在宏观调控中的导向作用"。国务院颁布的《全面推进依法行政实施纲要》中也明确规定，要改革行政管理方式，"充分发挥行政规划、行政

---

① 参见刘宗德：《现代行政与计划法制》，载《政大法律评论》1981年第45期。转引自皮纯协、张成福主编：《行政法学》，中国人民大学出版社2002年版，第302页。

② 蔡志方：《行政法三十六讲》，台北，成功大学法学研究所1997年版，第26页。

指导、行政合同等方式的作用……降低管理成本，创新管理方式，方便人民群众”。在我国的转型发展历史时期，对行政规划行为的法治化研究，不仅是新形势下行政法学研究的前沿课题，也是对规划行政为特色的现代行政法治的积极回应。中共中央、国务院印发的《法治政府建设实施纲要（2015—2020 年）》（中发〔2015〕36 号）也提出，要完善宏观调控。健全发展规划、投资管理、财政税收、金融等方面法律制度，加强发展战略、规划、政策、标准等的制定和实施。

二、行政规划法治化乃是迫切的现实需求

行政规划法治化不仅是规划行政时代背景下现代行政法的重大课题与挑战，而且有着迫切的现实需求。“行政规划必须走法制化道路，今天的国人对此不仅越来越有共识，而且越来越有迫切感了。这种共识和迫切感是怎么形成和催生出来的呢？20 世纪末宪法确立依法治国、建设法治国家的方略，21 世纪初中央提出依法行政、十年建设法治政府的目标自然是重要因素，但更重要的因素恐怕是近年来愈演愈烈的房屋拆迁、土地征用纠纷和在这些纠纷中凸显出来的侵权、滥权、腐败现象，以及由这些侵权、滥权、腐败现象造成的成千上万人的痛苦悲剧。”①行政规划法治化在我国面临着迫切的现实需求，主要表现在：

第一，我国的行政规划严重缺乏法律规制，行政规划制定随意且不甚合理，造成了国家与社会财富的巨大浪费，对行政规划的法律规制已经迫在眉睫。由于法律对行政规划的规制太少，行政规划在实践中的操作混乱，具有很大的随意性。在规划制定程序中公众参与的机会很少，透明度不高。操作的不规范导致行政规划结果常常不是最佳方案，进而引起公众的不满。上述种种行政规范的失范使诸多政绩工程现象严重，披着“行政规划”的外衣给国家和人民造成了损害，城市规划腐败更是给社会的发展带来了灾难。我国近年来因行政规划引起的争议频繁发生，同时由于行政规划一般涉及公共利益，容易造成恶劣的社会影响，如南京市规划局违反我国《风景名胜区建设管理规定》（1993 年）、《南京市总体规划》（2011 ~ 2020 年）和《南京市中山陵园风景区管理条例》（1998 年）的规定，批准在紫金山最高峰头陀岭建设观景台，计划投资 3000 万元，遭到了广大市民的反对。东南大学两位教授因此向南京市中级人民法院提起诉讼，但是中级人民法院认为其没有原告资格而不予受理。两教授又起诉到省高级人民法院，可是仍未受理。最终在有关部门的干涉下，决定爆破。然而，在爆破之前至少已投入了 1000 万元。② 除此以外，还有在圆明园防渗工程、四川大英县的死海工程等事件中暴露无遗的行政规划中存在的问题，也引起了社会各界与广大民众的关注。

第二，行政规划的制定与变更行为缺乏监督，严重侵犯公民权利但缺乏救济途径，并

---

① 姜明安：《行政规划的法制化路径》，载《郑州大学学报》（哲学社会科学版）2006 年第 1 期。

② 参见蒋德：《紫金山要建观景台——谁也无权破坏紫金山》，载《法制日报》2001 年 10 月 23 日，第 1 版。

由此引发了激烈的社会矛盾。根据我国《行政诉讼法》的规定,抽象行政行为不属于人民法院行政诉讼的受案范围。因此,因行政规划受到损害的权利基本上处于无救济状态。实践中,有关道路兴建、垃圾场建设、道路拓宽等方面的行政规划很容易引发大的争议,而近期涌现出的与房屋拆迁有关的备受瞩目的社会事件,引出了人们对于拆迁程序是否合法、拆迁补偿是否公平等问题的热烈讨论。对于此类案件,一般来说都是等到行政机关开始进行具体行政行为时才可以提起诉讼,如对相关部门的许可行为起诉、对强制拆迁起诉、对没收行为起诉等,严重侵犯了公民权利但是却缺乏有效及时的救济途径,使之在法律框架下得不到有效解决的情况下,而成为引发近年来连连发生的恶性事件的导火索。对行政规划的公民权利救济应该是行政规划制度中的一个极为重要的组成部分,这既是对公民权利的保护,也是行政行为的公信力和确定力的尊重。毫无疑问,这也是诚信政府、责任政府的内在要求。

我国正处在建设社会主义法治国家的进程中,法治理论和实践还不完善,还有一些政府行为的法治化较低,仍然游离于法治精神与制度的控制之外,行政规划就属于其中之一:制定与变更的程序不够规范,公民的意志表达与民主参与不够充分,公民的权利保护不够有力,行政裁量权的规制不够有效。如果我国长期不对行政规划进行法治化研究,不仅公民权利与公共利益将受到巨大的侵犯,而且政府的公信力与执政水平将受到严重的质疑。在我国社会转型的形成与法治社会的进程中,行政规划的法治化建设已经迫在眉睫。

三、我国行政规划理论研究现状处于薄弱状态

行政规划在现代行政中如此重要,但是我国行政规划的理论和实践还存在严重的不足,急需理论上的深入研究和法律上的全面规制。但是行政规划在行政法学研究中的地位和影响,与其在实践中的地位和影响远不一致。“行政规划在现代行政中扮演着愈来愈重要的角色,但在行政法学中的研究却起步较晚,尚未引起学者们的足够关注,具体实践与理论研究之间处于严重失衡的状态。”①从宏观的理论体系上考察,国内行政法学研究中,行政规划一直是比较薄弱的环节。甚至在很长一段时间里,在行政法学教材和专著中很难寻觅到行政规划的踪影;在行政行为的理论体系中也未给行政规划留下一席之地。现在有关研究情况虽然稍有改变,但由于研究的广度和深度不够,也不能完全回应现实的要求。总体上讲,我国对于行政规划的理论研究在广度和深度上都不足,表现在以下四个方面:第一,对行政规划的范畴研究较多,对其法律性质研究不足,无法在行政法上将其准确定位;第二,行政规划程序研究成果较多,行政规划实体法律关系研究成果较少;第三,对一般行政裁量研究较多,对规划裁量及其内部结构研究较少;第四,对于行

① 应松年:《政府职能的演变与行政规划》,载《郑州大学学报》(哲学社会科学版)2006 年第 1 期。

政规划的争议解决。行政调处和司法审查的研究都很少,司法审查机制研究尤为滞后。①

总体而言,我国学界的共识为:关于行政规划研究不足主要表现为两个方面:一是行政规划理论研究与具体实践不相适应;二是行政规划理论研究的自身体系不足。而造成理论研究不足的原因大致有先天认知偏差、行为制度缺失、立法司法滞后、学科封闭性、方法落后性等五个方面。② 具体而言,行政规划在行政法学研究领域相对薄弱、滞后的状况,与行政规划在现实中的存在状况不无关系,也有其独特的时代背景与学科背景。第一,是传统计划经济的弊端让中国人普遍对"计划"讳莫如深,一谈到行政计划就被认为是在谈计划经济,就是时代的倒退。正是由于这种避讳,理论和实践对行政计划都存有偏见。我国长期以来都只重视对宏观计划的研究,在理论上由经济法中的宏观调控法加以研究。行政管理学近年来对行政计划的研究有所突破,但仍把主要目光放在计划编制过程和方法上。第二,是行政规划在现实中大量存在于各个领域,类型与内容纷繁复杂,难以进行类型化研究,行政规划本身的存在状况增加了对其进行深入研究的难度。第三,是在传统的行政法学科体系中,行政规划容易处于被边缘化的地位。行政法学鼻祖奥托·迈耶(Otto Mayer)于1895年提出了"行政行为"这一法学范畴,开创了大陆法系对行政法学的研究模式。"20世纪的行政法学对此作了大量的逻辑处理工作,即寻求某类行政行为的共同素材,将具有相同素材的行政行为加以归类,再用一个行政行为的下位属概念加以命名和界定,从而形成各种不同模式或型式的行政行为,如行政许可、行政征收、行政裁决、行政处罚和行政强制措施等。社会的发展,行政行为的灵活性,使新的行政行为层出不穷、原有的行政行为也变幻莫测,如行政计划、行政合同、行政指导、行政私法行为和行政事实行为等。因此,行政行为的型式化将是行政法学的一项长期工作,也是概念法学持续不衰的原因。"③这种学科发展背景使行政规划这一"非型式化"的行政方式长期处于边缘的地位而无人问津。但是,客观存在的行政规划等行政方式的发展与兴盛并不以人的主观意志为转移。随着社会的发展,传统的行政法学研究对象已不能满足现实的需求。如前所述,对行政规划的研究与法律规制具有现实的极大的迫切性。

今天,我国改革开放已经取得公认成就,对计划讳莫如深的时代也已一去不复返。我国正处在建设社会主义现代法治国家的进程之中,对行政规划的法律规制符合历史潮流。并且我国的行政法理论和实践已经发展到了一定的程度,能够对行政规划的法治化进行理论上和实践上的支撑,已经具备了迎接规划时代的学科基础。因此,国务院于2004年3月颁布的我国纲要行政的重要法律文件《全面推进依法行政实施纲要》在"四、

① 参见莫于川、郭庆珠:《我国行政法学界关于行政规划的理论研究现状分析》,载《南都学坛》2007年第1期。

② 参见莫于川主编:《行政规划法治论》,法律出版社2016年版,第51~58页。

③ 叶必丰:《法学思潮与行政行为》,载《浙江社会科学》2000年第3期。

转变政府职能，深化行政管理体制改革”中对改革行政管理方式作出专门规定，强调提出要“充分发挥行政规划、行政指导、行政合同等方式的作用”。

加快我国行政规划法治化，依法规范行政规划确定和执行行为，有利于保护国家与公共利益及公民权利，有利于新形势下提高政府执政能力与建立良好的政府形象，是建设现代法治国家与民主国家的必然要求。

四、行政规划法治化的重要研究课题

应当通过“概念界定与基本问题—历史溯源与比较研究—法治主义与多维透视—法律规制与救济途径—样本研究与实证追踪”的研究路径，以理论建构为研究基础，以法律规制、权利救济为研究重点，以法治实践分析为最终归宿，努力逐层深入、点面结合探讨一系列行政规划的理论与实践问题。

第一，概念界定与基本问题。现实中行政规划无处不在，纷繁复杂。一方面决定了对行政规划理论研究的现实必要性；另一方面导致了对其进行概念抽象与性质界定的难度。什么是行政规划？行政规划的性质是什么？行政规划都有哪些特点与类型？厘清其概念、性质等基本问题是进行法律规制与法治化建设的理论基础，也是完善行政规划诉讼救济与司法审查可行性论证的理论前提。

第二，历史溯源与比较研究。对研究对象的纵向（历史方法）及横向（比较方法）研究，可以清楚地勾勒出我国行政规划的历史坐标与现实处境。欲知其实，必溯其史。对行政规划历史发展背景与脉络的梳理，可以看出规划行政时代的到来并非偶然，现代行政规划的必要性之多维度考察可以彰显出其重要的现实意义。他山之石，可以攻玉。择要对行政法治先进国家进行比较研究，对我国规划法治化建设具有重要的借鉴意义。

第三，法治主义与多维透视。相对法治主义传统来说，无论英美等普通法系国家的“rule of law”，还是德国那样的大陆法系国家的“法治国”（Rechtsstaat），对国家公权力的警惕和控制都是法治的重要内容。而较多地运用行政裁量权的行政规划如何实现法律对其的控制，其具有怎样的宪政基础，是不可回避的理论与实践课题。多维透视是指从不同学科的角度进行观察与透析，而从法哲学、法政治学与法社会学的不同学科角度对行政规划的多视角分析，会使行政规划的多元属性得以详尽、全面地呈现。

第四，法律规制与救济途径。对行政规划进行法律规制与对公民的权利进行救济，乃是研究重点与目的所在，也是我国当今行政规划实践亟待解决的重要课题，具有重要的实践指导意义。从行政规划的主体及程序方面对法律规制进行研究，纠纷解决与法律救济研究是对行政规划权利救济途径的全面综合研究，而对司法审查空间的探讨体现了在当前我国行政诉讼受案范围令人不甚理想的境况下，对司法救济的探析是学术研究永恒的追求。需要在逐层深入的思考轨迹下，对我国行政规划法治化路径进行探索。

第五，样本研究与实证追踪。行政法学是一门实践的学科，行政法学研究终究是要为我国行政法治与人权保障实践提供理论指导。因此，实证研究方法是行政法学研究的不可或缺的重要方法。对我国实践中的行政规划,如城市规划、科技规划、发展规划等进行样本研究与实证考察,具有重要的现实意义和创新价值。

五、行政规划的概念、特征与功用

(一)行政规划的概念①

行政规划,在静态上是指为处理行政事务、实施行政事业或制定行政政策而由行政机关确定的行政指导性目标;在动态上是指行政机关在实施行政事业及其他活动之前,综合地提示有关行政目标和制定出规划蓝图以具体明确行政目标,并进一步制定出为实现行政目标所必需的各项部署和安排的行政活动过程。

(二)行政规划的特征

行政规划不仅在一般行政领域得到广泛运用,在经济领域也有显著作用。正如一些公法学家所言,"在实施市场经济的国家,讲求自由竞争,但是国家也不能够采取放任的态度,必须以国家整体的立场规划出一个经济政策,且必须具有前瞻性,并且拟定执行与完成的年限。这是调和了市场经济制度的自由动力优点与规划经济的整体性与积极性特色"。②

从当今各主要市场经济国家的情况来看,行政规划具有如下特征:(1)它是用于实现一定政策的手段和工具;(2)它是实现行政目标的一个过程;(3)在时间上,它具有动态展开的要素,具有一定的持续性;(4)行政规划的内容具有非完结性,并留有一定的余地;(5)一般来说,单纯的综合性规划或指导性规划,并不一定要有具体的法律根据,但当行

① 与此相近、相通的概念是行政计划。严格说来,行政规划与行政计划是有区别的。在行政管理实务中,规划往往是指比较全面、长远的发展计划。例如,在我国的经济与社会生活中,中短期(5 年以内)的叫计划,如人们熟知的年度计划、五年计划;长期(超过 5 年)的叫规划,如《国民经济与社会发展 × × 年远景规划》。在现实生活中,规划有时含有具体规定的意思,是指由某个政府机关对某一事物或项目作出关于方式、方法或数量、质量等方面的具有强制性的决定及其决定的内容,有关行政相对人只能服从。例如,现阶段一些地方实施的公益性(有些是名为公益性,实属商业性)土地开发规划,就是由当地政府机关单方意志决定和操作的,利益相关的行政相对人却不能参与土地开发规划的形成过程以表达意愿,对规划内容也没有自主选择余地。这种含义上的规划实为行政指令性的决定(有的已具备专项地方政府规章或行政规范性文件的性质和形式)。但总的来说,行政规划与行政计划的相同之处甚多,而且在立法和实务中使用"规划""计划"也是不规范、不稳定甚至是混乱的,可将行政规划与行政计划视为一个概念的不同表达,故本节采用行政规划范畴并加以讨论。另需说明的是,从拘束强度来看,人们对于行政规划有广义和狭义的表达。广义的行政规划包括指导性(非拘束性)行政规划和指令性(拘束性)行政规划,还可包括介于二者之间的影响性行政规划。在现代市场经济国家,少有指令性行政规划,行政法学著述中提到的行政规划一般是指导性行政规划。从运用得最多的经济领域的情况看,我国实行市场体制后,指令性行政规划日益减少,更多运用指导性行政规划,故本章研讨对象主要是指导性行政规划。还需说明的是,由于讨论问题的需要和角度不同,国内外行政法学著作中,有的将行政规划作为与行政指导并列的行政活动方式加以论述,有的则将行政规划作为行政指导的一种表现形式而放在行政指导范畴内论述,在这里采取前一种方式来处理,具体地论述行政规划理论与制度。

② 陈新民:《中国行政法学原理》,中国政法大学出版社 2002 年版,第 239 页。

政规划(指拘束性行政规划)的决定将产生各种权利限制的效果时,则必须要有行政作用法上的具体法律根据。[①] 具有上述特征的行政规划制度,主要由行政规划的主体、对象(客体)、内容、形式等要素构成。

(三)行政规划的功能

在排斥市场机制作用的传统计划经济体制下,行政规划(主要是指令性规划)的作用被严重夸大,成为资源配置的主体性、基础性手段甚至唯一手段,实践证明,这并不能保证资源配置和经济发展的高效率。在现代市场经济条件下,市场作为资源配置的基础性手段在调节经济运行中发挥着重要作用。同时,行政规划(主要是指导性规划和影响性规划)作为宏观调控的有效手段,在社会经济运行中发挥着日益重要的作用。从我国市场经济体制下的经济领域来看,行政规划无论在形式上还是在作用上都不同于传统计划经济体制下的行政规划,它主要是通过行政规划体现的经济发展方针、政策和战略考虑(如产业政策、收入政策、技术政策、区域政策、进出口政策、基础设施建设方针等),来引导经济总量平衡和重大结构优化,促使国民经济快速、健康和稳定发展。因此,2004 年国务院颁布的《全面推进依法行政实施纲要》中提出,改革行政管理方式“要充分发挥行政规划、行政指导、行政合同等方式的作用”。

在现代市场经济社会中,行政规划的功能是设定指标性的行政目标来引导公民和组织以及行政主体自身的行为,因此它日益受到重视,并且被广泛运用,成为非常重要的行政调控手段。通过行政规划确立科学、合理、正当、稳定的行政目标,体现行政规划的基本功能,主要有以下几方面:

1. 向公民和组织提示行政目标。公民和组织的预期目标和行为方向是分散的,在实现过程中会有负面外部效应或称社会成本,也与负有生存照顾职能和秩序维护职能的行政机关的管理活动存在某些矛盾冲突,有了行政规划确定的行政目标的提示和指导,公民和组织的预期目标和行为方向就有了增加一致性的基础条件。

2. 明确行政机关履行指导服务职责的工作方向。现代行政机关的一个显著特征是日益增大行政指导和服务职能、职责,但忙于诸多职能、职责的行政机关往往会忽视、迷失和疏离行政指导和服务职能、职责,通过行政规划来明确和稳定地提示行政机关的有关职能、职责,能够促使行政机关依法积极作为,稳健促进经济和社会发展,有助于发挥服务型政府的角色。

3. 引导、联系和协调其他行政手段和综合手段。行政管理和服务是一个多要素、多环节的过程,实现行政目标的机制和手段很多,实施行政管理和服务的方式、方法很多,其难度、成本和依据各有特点,整合、配套运用并非易事。通过位于行政活动前端的行政规划活动,有助于引导、联系和协调其他行政手段和综合手段,形成行政管理和服务的最

① 参见[日]和田英夫:《现代行政法》,倪建民等译,中国广播电视出版社 1993 年版,第 216 页。

大合力。

4. 通过达成共识和协调政策提高行政活动效果。在行政管理和服务走向公众参与、政民合作、共同治理的新阶段,复杂多样的行政管理活动的基本主体和相关主体如何达成共识和协调政策,乃是提高行政活动效果的必要前提和关键因素。而行政规划的确立和实施过程恰好就是达成共识和协调政策的重要过程,是行政效果、法律效果和社会效果最大化的理性要求,也是现代行政民主与行政法治相统一的重要表现。

六、行政规划的类型、适用、确定与实施

(一)行政规划的主要类型

行政规划的法律形式和内容非常多,可从多种角度分类。例如,根据制定规划的主体不同,可分为中央政府的国家规划,中央各部的行业性规划,地方政府的区域发展规划等;根据规划内容可分为经济规划、开发规划、教育规划、产业规划等;根据规划的时间长短可分为长期规划、中期规划、短期规划、年度规划、临时规划等;根据规划的适用地域可分为全国规划、大区规划、省规划、市镇规划等;根据规划事项的范围可分为综合规划、专题规划等。

(二)行政规划的适用范围

在传统的市场经济国家,有限运用的行政规划主要是在国防事业、防灾救急、城市管理等方面,表现为国防规划、防灾规划、城市规划等保安性质的行政规划,其适用面较窄、政治色彩较浓。正如德国学者分析的那样:"规划的适用范围和强度,取决于国家活动的范围和强度。在十九世纪的自由法治国家时代,国家管理的范围限于排除危险,规划自然萎缩……在现代社会法治国家,危险排除行政之外的给付行政和社会塑造活动任务,使规划成为国家活动的重要手段。"①

第二次世界大战以后,随着国家干预增多和行政民主发展这一双向强化过程,行政规划在日益广泛的领域特别是经济、社会领域得到运用,行政规划的经济性和社会性大大增强。例如,日本在第二次世界大战后制定了综合经济规划、区域开发规划、土地利用规划等全国或地区规模的行政规划,其对象广泛涉及政治、财政、社会、教育、文化等几乎所有行政领域,特别是在空间保护行政领域里,行政规划的运用和发展尤为显著。②

(三)行政规划的确定程序

1. 行政规划确定程序的概念。行政法学界比较注重从程序法制的角度研究行政规划,有的国家(如德国)甚至在其行政程序法中作出专门规定,力图通过程序约束将行政规划纳入法治轨道。行政规划程序大致分为行政规划的确定程序、实施程序、监督程序三大类,其中最主要的是行政规划确定程序(或称为行政规划制定程序,也简称行政规划

① 参见[德]哈特穆特·毛雷尔:《行政法学总论》,高家伟译,法律出版社2000年版,第407页。

② 参见[日]南博方:《日本行政法》,杨建顺、周作彩译,中国人民大学出版社1988年版,第60页。

程序),它是指行政规划主体作出行政规划行为所必须遵循的方式和步骤的总和,属于特别要式程序。所谓方式,是指行政规划确定行为的表现形式,如调查情况、收集信息、公布草案、听取意见、说明理由等;所谓步骤,是指行政规划确定行为的时间关系,包括行为方式的先后顺序和每种方式、每一环节的时间限制。

2. 行政规划确定程序的规范形态。行政规划确定程序是通过各种具体规定和惯常做法来表达的,这些具体规定和惯常做法就是行政规划确定程序的规范形态。目前,各国的行政规划确定程序的规范形态是多种类、多层次的,其中最主要的有:(1)宪法中规定的;(2)法律中规定的;(3)法规(法令)中规定的;(4)政府(行政)规章中规定的;(5)一般规范性文件规定的;(6)纲要性文件附带规定的;(7)在政府(行政机关)工作中长期形成并惯常运用的。

3. 主要的行政规划确定程序。一般认为,出于程序正义的要求,对于涉及多数人权益的总括性行政规划,应规定最基本的程序标准来衡量行政规划确定行为,即要有行政程序最低限度保障。行政规划确定程序的法律规定和惯常做法主要包括:(1)确定规划主体(行政规划的制定机关)和规划对象(行政规划的范围和主题内容);(2)调查情况、收集信息、汇总资料和数据;(3)考虑直接有关的利益因素和比较分析相关因素、数据;(4)拟订草案并准备规划的背景说明及有关参考资料;(5)通过官方文件和有关传媒发出预告以征求利害关系人和广大民众及专家、专业部门的意见;(6)由各个方面提出意见;(7)由行政规划制定机关负责向公众说明理由和解释疑问;(8)召开公听会(必要时还可召开专门的审议会);(9)择纳合理意见,修改草案;(10)对有关的期日(如民众提出意见的时限等)加以规定;(11)经有关机关审批;(12)正式公告,周知民众。

(四)行政规划实施中的现实问题与完善路径

1. 行政规划实施中的现实问题。在我国的行政规划制度实践中,目前突出的问题和矛盾为:(1)在行政规划的立法上,以分散立法为主,缺少统一的行政规划基本法的指引;(2)在行政规划的程序上,行政规划确定过程的民主性不足,基本上是在行政机关内部封闭运行,忽视公民和组织的参与作用;(3)在行政规划的内容、手段和进度上,科学性、合理性、稳定性亟待加强;(4)在行政规划的效果上,行政规划的相对人和其他利害关系人的合法权益难以得到有效救济和保障,随意变更规划的行政机关难以被追究法律责任。①

2. 行政规划制度的完善路径。鉴于上述问题和矛盾,系统地采取切实有效的措施,才能促使我国行政规划走向规范化、制度化、高效化和法治化。具体如下:(1)进一步深化对行政规划法治化的认识,不断完善行政规划的制订依据、权利规范和责任机制;(2)加强行政规划程序立法,通过过程公开、公众参与、专家评估等程序制度,切实增强行政规划制度的民主性、科学性和高效性,将行政规划纳入法治轨道;(3)完善行政规划的

① 参见王克稳:《经济行政法基本论》,北京大学出版社 2004 年版,第 264 ~ 266 页。

信赖利益保护和权利救济机制，强化行政规划的行政约束和司法约束，切实保障行政规划的救济请求权，做到行政规划各方主体的利益平衡。① 这三个方面，涉及行政法的实体、程序和救济问题，都应予以重视并不断完善。

从2008年1月1日起施行的我国《城乡规划法》框架结构看，行政规划法律体系的要点包括：总体原则的要求，规划的制定，规划的实施，规划的修改，对于规划行为的监督检查，规划工作中的法律责任，附则的要求，等等。例如，就该法明确规定的城乡规划的实施而言，其涉及的内容主要包括：有计划、分步骤地组织实施规划，严格保护自然资源和生态环境，注重保护历史文化遗产和传统风貌，依法保护和合理利用风景名胜资源，按照规划进行城市地下空间的开发和利用，各级、各类规划应有配套衔接，近期建设规划应当明确重点内容、建设时序、发展方向和空间布局，禁止擅自改变规划用地的用途，划拨方式用地实行严格、专门的程序和许可证制度、审批制度，实行严格的变更和备案制度，临建特批特管制度，实行竣工验收后6个月内报送有关资料制度，等等。由此可见，行政规划实施制度具有丰富的内容和严格的程序。

例如，2019年4月23日第十三届全国人民代表大会常务委员会第十次会议《关于修改〈中华人民共和国建筑法〉等八部法律的决定》对《城乡规划法》第38条第2款作出了修改，将原先规定的签订出让合同后建设单位持有关批件和出让合同向主管部门领取规划许可证，调整为建设单位取得有关批件和签订出让合同后向主管部门领取规划许可证。该法修改后的实体和程序规范，显得更为科学合理、精细适用。②

---

① 一般认为，行政规划的救济请求权包括：规划存续请求权、规划执行请求权、过渡措施和补救措施请求权、补偿请求权等。行政规划是基于对未来预测作出的，伴随不确定性，须适应不断变化的情况作出具有弹性的变更。因此，在对信赖行政规划而获得信赖利益的行政相对人给予保护，与对行政规划进行具有弹性的变更之间，存在冲突且难以通过传统补救机制加以解决，需要创造出更适合行政规划的争讼方法来加以救济。参见[日]山下淳、小幡纯子、桥本博之：《行政法》，有斐阁2001年版，第155～156页。

② 2019年4月23日修改后的《城乡规划法》第38条第2款规定："以出让方式取得国有土地使用权的建设项目，建设单位在取得建设项目的批准、核准、备案文件和签订国有土地使用权出让合同后，向城市、县人民政府城乡规划主管部门领取建设用地规划许可证。"

第三章　行政契约及其法治化

——以混合契约的司法管辖为视角

大量混合契约形态及传统上的民事审判方式使行政契约的管辖权较为混乱。契约的属性定位不仅是行政法实体理论的基础,也关系管辖范围。与其僵化地将混合契约全部纳入行政审判范围,不如在现有管辖的基础上进行改良。从涉案公法因素和审判效果出发,针对个案具体考量。涉案契约若为法定的行政契约,则严格按照法律的规定由行政审判庭审理,对非法定的契约,放弃对契约的属性之争,转而根据涉案公法因素在案件中所起的作用进行划分。对适用私法规则无法完全解决纠纷的契约类型,划归行政审判庭管辖。同时,应当从案件的审判效果出发进一步考虑个案的管辖问题,行政审判方式所具有的独特的审判效果决定了某些特定案件必须由行政审判庭管辖。最后,在例外情况下,对于通过行政审判方式无法合理解决的混合契约,暂时由民事审判庭代为管辖以弥补行政诉讼结构的缺陷,以平衡公益与私益之间的冲突和矛盾。

由于我国法院内部民事审判庭和行政审判庭的组织机构设置,事实上认可了公法与私法的二元结构,在行政契约纠纷的救济问题上,首先遇到的问题就是管辖权(jurisdiction)的分工,到底是归民事审判庭主管?还是由行政审判庭审理?我国司法实践长期以来就行政契约的管辖问题偏向于两种做法:一是将其认定为民事契约,通过民事案件解决;二是将行政契约肢解,剥离出类似行政行为的东西,以便套入现有行政诉讼模式。究其原因:一是旧《行政诉讼法》中规定行政案件的受案范围是"具体行政行为",行政契约或者称为行政协议、行政合同是否属于"具体行政行为"还有争议;二是实践中契约的表现形式非常多样,更多情况下呈现"混合契约"的状态,单判断一个契约是否属于"行政契约",不同的法院也存在不同的认识。

所幸 2014 年 11 月 1 日对我国《行政诉讼法》作出第一次修改时针对这一问题作出了新的规定,对契约的管辖权问题有一定的规范意义。① 一方面,该法将旧法中的"具体行政行为"改为"行政行为",暂时缓解了行政契约的双方性和具体行政行为单方性两者

① 之后我国《行政诉讼法》又于 2017 年 6 月 27 日由第十二届全国人民代表大会常务委员会第二十八次会议作出了第二次修改,正式规定了行政公益诉讼制度,增大了对负有监督管理职责的行政机关的法律追究力度,回应了时代需要,增强了法治权威,有助于社会发展。

之间的冲突以及由此所带来的管辖权问题(至于行政契约能否包含于行政行为的范畴,有争议,这里暂且不谈),使行政契约纳入行政案件的审判范围;另一方面,也以不完全列举的方式规定政府特许经营协议、土地房屋征收补偿协议为行政契约,一定程度上为区分民事契约、行政契约提供思路和示范。因此,有学者主张把很多已经在民事审判庭中审理得不错的契约形态重新调整到行政审判庭,硬要将其打上行政契约的标签。

实际上,这种做法对实际问题的解决没有多少益处,针对该法所作出的修改,在现有管辖基础上的“改良”恐怕更为可行。从既有的审判效果出发,采取排除的方法,对私法已经解决很好的契约形态,承认其为私法契约之状态,不再争执;对以往民事审判中感到纯粹用民法规则解决起来比较棘手、必须适用一定的公法规则的契约形态,通过明确管辖权的路径,划归行政审判庭,认定为行政契约形态。这种方法可能非纯理性的色彩稍微浓厚些,但给法院管辖秩序带来的震动较小,也比较有说服力。

因此,纳入行政案件审理的契约类型可以初步总结为:第一,根据契约标的,也就是公法上法律关系,作为判断基础。第二,案件纠纷中涉及公法因素,无法用民法规则解决。第三,从审判效果上看,对个案纯粹适用民法规则会出现不合理的结果,或者不利于依法行政和法治政府建设目标的实现。

上述三个标准之间是依次递进关系,揭示了法官的思考和衡量路径。根据以往的诉讼经验,已经发现存在后两种情形的,应当果断将此类案件划入行政契约范畴。当然,这种付诸诉讼实践尝试的方法遇到的问题是,对受理案件之初无法判断其为何种属性的契约纠纷,必须等到法院审理进行到一定阶段(程度)时才能发现其属性类型。假如该案已由民事审判庭审理,发现是行政契约,就得移送至行政审判庭审理。

一、行政契约的界定及管辖

首先通过对契约标的的界定,以明确民、行案件的管辖范围。根据《行政诉讼法》的规定及司法实践,行政契约分为法定的行政契约和非法定的行政契约。我国法定的行政契约目前只有两类,即“政府特许经营协议”和“土地房屋征收补偿协议”,其余的行政契约则交由司法机关在具体个案中判断。

(一)法定行政契约的判断和管辖

针对立法已经明确为行政契约的这类契约,法律规定按行政案件审理,但司法实践中仍然存在争议。通过分析具体案例,笔者认为司法机关就法定行政契约需要解决两个基本问题:一是该协议是否属于政府特许经营协议和土地房屋征收补偿协议;二是政府特许经营协议和土地房屋征收补偿协议是否必须由行政审判庭审理。

针对第一个问题,立法规定的政府特许经营协议和土地房屋征收补偿协议,尤其是政府特许经营协议,是契约的一个类型,而非一个特定的、具体的协议,司法机关在具体判断某一协议是否包含于政府特许经营协议或土地房屋征收补偿协议有一定的裁量权。

例如,余某某、四川省福利彩票发行中心审查与审判监督案,原告认为其与被告不是民事平等关系，而是管理与被管理关系，二者签订的《福彩代销合同》属于政府特许经营协议，其性质属行政管理，因此法院有管辖权，但是法院认为：被申请人四川省福利彩票发行中心是福利彩票的经营组织，不是行政机关或者法律、法规授权的组织。其不具有作出行政行为的主体资格。故原审法院基于申请人对被上诉人提起行政诉讼，不符合《行政诉讼法》调整的受案范围，裁定不予受理正确，本院予以确认。

上述案件法院以"行政主体"这一标准来作为判断契约的性质，将《福彩代销合同》认定为民事合同，而非政府特许经营协议，排除法院的行政管辖。

同理，原告周某、刘某、戴某与被告湘潭市雨湖区人民政府、第三人湘潭九华示范区管理委员会确认资产收购协议无效案中，原告认为：

周某某（原告之父）所有的位于湘潭市响水乡九华村周家组的房屋属于被告湘潭市雨湖区人民政府发布的潭雨政（九华）征字〔2013〕01号《国有土地上房屋征收决定公告》确定的征收范围。第三人下属的征地拆迁事务所向原告隐瞒真实补偿项目和补偿标准，在评估价格未出台之前，变更行政征收程序为民事买卖程序，以民事主体身份与周某某签订《资产收购协议书》，严重损害了原告的合法权益。

因此，原告认为被告与周某某签订的《资产收购协议书》属于土地房屋征收补偿协议，应当由行政审判庭审理。被告辩称：

本案为民事纠纷，而不是行政纠纷。从涉案《资产收购协议书》的内容看，该协议属于民事合同。本案应为民事纠纷。即使本案属于行政纠纷，原告起诉已超过起诉期限。请求人民法院驳回起诉。

法院最终认定：周某某的房屋处于被告湘潭市雨湖区人民政府潭雨政（九华）征字〔2013〕01号《国有土地上房屋征收决定公告》确定的征收范围内。为了实现公共利益或者行政管理目标，湘潭经济技术开发区征拆事务所作为征拆机构与原告签订具有房产管理行政法上权利义务内容的协议，属于行政协议。

针对第二个问题，通过对案例的搜索和整理发现答案是否定的。即有些案例表明，法院即使认定所争议的契约为行政契约，也可能排除行政审判庭的审理。

例如，辉县市人民政府与河南新陵公路建设投资有限公司合同纠纷上诉案，原告认为被告未履行合同义务（路段两端的接线等相关问题的协调工作），致使其所修路桥为断头路，无法通行，致使合同目的不能实现，因而提起行政诉讼请求被告支付赔偿款。法院认为：

本案是典型的BOT模式的政府特许经营协议。本案合同并未仅就行政审批或行政许可事项本身进行约定，合同涉及的相关行政审批和行政许可等其他内容，为合同履行行为之一，属于合同的组成部分，不能决定案涉合同的性质。从本案合同的目的、职责、主体、行为、内容等方面看，合同具有明显的民商事法律关系性质，应当定性为民商事合同，不属于我国2014年《行政诉讼法》第12条第11项规定的情形。辉县市政府主张本案合同为行政合同及不能作为民事案件受理,没有法律依据。

该案非常典型,其判决发生在2014年《行政诉讼法》生效以后,法院已经明确所涉合同为政府特许经营协议,但是否定该协议为行政合同,这与法律规定不一致,针对这种情况,是否认为法院违法呢?

如果单从法律适用的角度,笔者认为法院的做法是违法的。2014年《行政诉讼法》中规定政府特许经营协议为行政合同,并且按行政案件审理,法院对此没有司法裁量权,法院只有在认定是否为政府特许经营协议这一环节具有裁量权。而本案中法院在已经认定涉案合同为政府特许经营协议的前提下,否定行政审判庭的管辖权,这明显是不合法的。

但是如果我们抛开现行法律的规定,单就案件事实看,如果法院认定为行政合同,原告就面临着被裁定驳回起诉,另行提起行政诉讼。反之,被告以"行政合同"作为抗辩理由的动机更多是为了利用管辖权异议程序结束民事案件,拖延诉讼进程。原告以同样的事实和诉求按照行政案件起诉,法院审理的法律依据、考量因素等并没有太大的差别,反而增加诉讼成本,不利于原告及时解决纠纷。从这一角度看,依法审判与诉讼效率之间存在一定的张力。

如何解决上述矛盾,笔者认为,还得回归到行政契约管辖权划分的意义和法律条文本身。

笔者认为,首先,尊重现行法律规范是第一位的。一旦法院认定某一合同为政府特许经营协议或土地房屋征收补偿协议,就应当按照行政案件进行审理,即使因此给原告带来不便,但是为了保证现行法的安定性和实效性,司法机关不应当突破法律的规定。其次,在界定政府特许经营协议或土地房屋征收补偿协议时,笔者建议通过发布司法解释或者典型案例以概括或列举的方式细化对行政契约的界定,以促进司法机关更好地适用法律,获得较好的审判效果。

(二)非法定行政契约的判断

在实践中法院更多面对的是未经法律明确规定的、除政府特许经营协议和土地房屋征收补偿协议以外的"混合契约",这类契约具有民事性质也具有行政性质,如何确定契约的属性及其管辖争议很大。

从德国的经验看,相对趋于成熟的方法是,看契约合致之权利与义务是否有法规依据,若有法规依据,则根据该法规本身属于公法或私法,来辨识契约的公、私法属性。若没有法规依据,则根据公法作为国家特别法的通说,视契约合致之权利与义务本身究系唯公行政主体始得拥有(履行)或任何人皆能拥有(履行)来认定。在前者情形,是公法契约;后者情形,则是私法契约。但是,这种判断方法在很多情形下使用起来也不顺利,因为作为这种判断方法的基础,公法与私法属性的判断就很不容易。行政契约本身的复杂性源自其多是在公法与私法的边缘交叉之处产生的特点,可能有着混杂的法律关系交织在一起,这个事实更增加了上述判断方法的使用难度。契约内容倘若有部分是公法,也有部分是私法,也就是我们说的“混合契约”,整体契约又该如何定性?是拆开分别定性,或一体定性?德国通说认为应一体定性。基本上,只要契约合致内容“非不重要的”(nicht unwesentlich)一部属公法者,则全部定位为公法。但是,什么算是“非不重要的”或者“不重要的”,又很难客观界定。在解决问题上不断出现一个又一个概念循环,始终寻找不到走出循环的路径,最终的解决仍然在很大程度上还是非纯理性的。比如,德国一般认为,乡镇等地方自治团体特许某特定私人企业经营水、电、瓦斯等供应的“特许契约”(Konzessionsvertrag)是私法契约。①

所以,我国台湾地区学者许宗力先生在研究之后提出,与其让学界与实务界继续花费精力去钻研注定会徒劳无功的法规主体说、修正的法规主体说,乃至综合考察说,倒不如化繁为简,干脆透过立法途径或直接采行为主体说,将一切契约,只要有行政机关参与为契约当事人者,无论有没有法规依据,都一律划定为公法契约。这种方法也不无法理依据,私法契约毕竟是建立在私法自治的基础上,而“国家”不是基本权主体,不能主张自由发展的人格权,也就不能主张私法自治。②

由于行政契约多产生于公法与私法的交叉边缘之处,在法律关系以及法的适用上多交互适用公法与私法。所以,以公法与私法属性来判断契约类型,的确很难;以公法与私法在契约中所占比重来衡量,更难,因为彼此的比重很难量化,言人人殊。在这一点上,笔者同意许宗力先生的分析。许宗力先生提出的上述解决方法有点类似普通法国家将有公共机构参与的契约统统归为“政府合同”(government contract)。但是,从普通法的经验看,即便有公共机构参与的契约,不见得都要适用特别规则,都会与私人之间签订的合同有什么差别,这已是被普通法的实践反复证明了的。况且,简单地用主体鉴别的方法会带来法院管辖秩序的混乱和重新整合,(尽管可能只是暂时的),但更棘手的是观念上的认同与转变,将更费周折,说服难度更大。因此,笔者建议,在无法判断契约标的时,转入第二步判断涉案契约中公法因素能否由民法规则解决。

二、公法因素对法律规范类型的选择和影响

我国实践中针对性质不明确的契约纠纷,法院初步按照原告的起诉方式划分案件的管辖权,即原告以民事案件的方式起诉由民事审判庭审理,原告以行政案件的方式起诉则由行政审判庭审理。因为行政契约本身包含的两个变量——合意的程度和存在类似于行政行为的权力因素(公法因素),在不同的具体的契约成分不同。因此,实践中出现两类契约:一类是合意程度较高、公法因素不影响案件审理结果,通过民事规则可以解决

① 参见许宗力:《双方行政行为——以非正式协商、协定与行政契约为中心》,载杨解君编:《行政契约与政府信息公开——2001 年海峡两岸行政法学术研讨会实录》,东南大学出版社 2002 年版,第 64~65 页。

② 同上书,第 66~67 页。

的契约；另一类是涉案公法因素较多，且为案件争议点，必须适用行政规则予以解决的契约。

（一）案件争议点不涉及公法因素的契约的管辖权

对这类契约，虽具有公法因素，但是案件争议焦点与公法因素无关，单靠民事规则就可以解决纠纷，其与民事契约的审判结果相似性更大，法院并不需要适用只能由行政案件适用的行政法规则，同时因为行政案件并不排斥适用民法规则，因此，实际上民、行审判方式均能解决纠纷，因此笔者主张对这类契约，原告有自主选择管辖方式的权利。

秉承上述理念，笔者认为，针对已经提起诉讼的契约，按照原告选择的诉讼方式（民事诉讼或行政诉讼）继续诉讼程序，不再严格界定民事契约或行政契约，一方面，便于原告快速解决纠纷，保障权益；另一方面，给法院管辖秩序带来的震动较小，符合现行的管辖习惯。

例如，上海中淮投资发展有限公司与连云港市赣榆区班庄镇人民政府房地产开发经营合同纠纷上诉案，原告上海中淮投资发展有限公司以民事案件起诉连云港市赣榆区班庄镇人民政府房地产开发经营合同纠纷，一审法院认为：从班庄镇政府与中淮公司签订的《协议书》及《补充协议》的内容来看，有关项目区域内的动迁补偿，土地征用，土地的招、拍、挂流程，洪评，环评手续的办理等内容均属于人民政府及其职能部门行使行政权的范畴，并非班庄镇政府可以自由处分的民事权利……中淮公司诉争的纠纷，不属于平等民事主体之间具有民事权利义务的纠纷，不属于人民法院民事案件受案范围。综上所述，中淮公司提起的本案诉讼不属于人民法院受理民事案件范围，依法应予驳回。

原告上诉，二审法院认为：上诉人中淮公司与被上诉人班庄镇政府签订的涉案《协议书》《补充协议》虽含有行政协议的内容，但依据当时的法律规定和人民法院处理此类纠纷的通常做法，一般不纳入行政诉讼受案范围，故本案应由一审法院作为民事案件审理。

笔者认为，针对上述一类契约，既可以当作民事案件审理，也可以当作行政案件审理。契约虽具有行政性质，但涉及的公法因素并非案件的争议点，也不需要适用行政规则，因此我们完全可以采取很务实的态度，不必严格地将含有行政性质的契约纠纷按照行政案件处理，对于那些在民法体系和民事审判庭中已经得到处理而且处理效果也不错的契约，①没有必要再重新调整管辖权。也是在这一点上，笔者很欣赏我国台湾地区学者杨智杰尖锐的质疑："既然以前行政契约'公法遁入私法'，一样能在民事法院得到救济，那么为何学者会认为这是行政契约不发达的原因。这只能说行政契约被当作私法契约

---

① 这里的"契约"，严格来讲，是指在民商法和行政法学者之间有争议的契约，到底属于行政契约还是民事合同还不是很清楚。至于行政法上存在的利用纯粹民事合同履行公务或者辅助公务的活动，因为原本形成的契约关系的确为民事法律关系，不存在混杂的法律关系问题，也理应由民事审判庭管辖。所以，在管辖权问题上也就没有再讨论之必要。

来处理,但这并不当然就会阻碍行政机关使用契约方式来履行其职务。而现在用行政诉讼法来救济,与以前用民事体系救济,真会有多大的不同吗?"①

同时,针对这类"混合合同"的定性问题,笔者主张,不需要强行判断其是民事契约还是行政契约,很多契约具有行政性和民事性两个特点,因此应当尊重现存的法律审判秩序,只要案件争议能够及时有效地解决,当事人的合法权益能够获得及时有效的保护,就应当继续诉讼程序,不再继续讨论(争议)其契约属性。因此,笔者不完全赞同吴庚教授的看法:"行政契约争议的解决,如在习惯上,而由普通法院管辖者,故不妨仍依民事诉讼程序处理,但此时民事法院应体认行政契约之公法性质,适用正确之法则,不能与一般民事事件同等看待,当然受民法之支配。"②

(二)案件争议点涉及公法因素的契约的管辖权

混合契约中一定会涉及公法因素,但是并非所有涉及公法因素的混合契约都必须通过行政案件进行解决。笔者认为,只有当案件争议点涉及公法因素时,无法适用或者适用民事规则解释较为棘手,才通过行政管辖解决纠纷。

公法因素在行政契约中突出表现为特权条款和责任条款,这些条款不要求必须在合同中明确规定,性质更接近于法定而非意定。

1. 特权条款

特权条款具体表现为行政主体在契约各个阶段所享有的法定权利。在契约缔结阶段,行政主体享有的特权表现为行政主体能够根据实际情况和要求,选择适当的契约相对人,虽然法律对行政主体的这一权力有限制,如我国《招标投标法》对相对方的资质和契约程序进行了规范,但总体上讲,行政主体具有缔约的特权,只要没有法律上的明确根据和正当理由,任何组织和个人都不得拒绝行政机关的选择。③ 在契约履行阶段,行政主体享有的特权表现为行政主体对行政契约的内容和履行方式享有单方变更权和解除权。行政契约的目的在于更好地实现公共利益,因此根据法律法规的变化,以及社会经济形式的变迁,为了随时保持和公共利益的一致性,行政机关有权未经相对方的同意变更契约内容和履行方式,或者解除契约。这种规定与民事契约强调"合同一经订立不得随意更改"、禁反言等核心价值相反。同时,在契约履行过程中,行政主体为了使契约相对方更好地履行契约义务,实现契约目的,促进公共利益的实现,有权对契约相对人的履约进行监督和指导。最后,在行政契约中,一方面,行政主体充当契约的当事人,有义务履行契约义务;另一方面,有权对不履行或不充分履行义务的契约相对人进行制裁。

---

① 参见(台)云林科技大学科技法律研究所杨智杰教授此前在学术研讨会所做专题报告交流稿,载中大网校网:http://www.wangxiao.cn/lunwen/9391501971.html,最后访问日期:2020 年 5 月 6 日。

② 参见张剑寒、吴庚:《行政契约之理论与实际》(下),载《中山文化学术季刊》第 27 集。

③ 参见杨建顺:《行政规制和权利保障》,中国人民大学出版社 2007 年版,第 402 页。

对于案件涉及的特权条款必须适用行政规范这一观点,应当说是没有争议的,但是司法实践的难点更多在于判断特权是否存在。正如上文所提到的,这种特权条款更多的并非明确规定在契约条文中,而是属于法定权利。因此,法院是否承认契约中特权条款的存在,决定案件是否适用行政规则,从而是否按行政案件审理。

例如,何某某诉江安县留耕镇人民政府房屋不履行法定职责案中,被告于 2009 年 10 月 19 日公布了《某镇小北街旧房拆迁改建补偿方案》。2009 年 11 月 6 日,原、被告签订了《某镇小北街旧房拆迁还房协议》,约定:"根据乙方预定选购的住房面积约 90 平方米,和现有的住房结构面积,相互折抵后,超出面积单价按本工程同楼层销售价格的 5% 给予优惠,由乙方付给甲方房款约 32,000 元人民币。"协议签订后,原告按约交出了房屋,被告采用招、拍、挂的形式委托第三人泸州市龙城房地产开发有限公司进行房屋建设,经过竣工验收后,被告及第三人于 2015 年 6 月 11 日、19 日、23 日通知小北街的所有被拆迁户商讨安置还房事宜,经过征求多数人的意见后,第三人公布了《某镇小北街改造安置还房方案》,重新确定了各楼层房屋超出面积的补差价格。因原告认为补差价格已在协议中约定,不同意该补差价格,为此双方对房屋的超面积补差价格发生争议,原告遂诉至本院,要求被告继续履行协议。

法院认为:本案争议的焦点是原、被告双方对安置房超面积部分是按照《某镇小北街旧房拆迁还房协议》第 4 条第 1 项约定的补差单价来履行,还是按《某镇小北街改造安置还房方案》约定的补差单价履行。

即案件的争议点在于被告是否有权单方变更合同内容。若按照民事规范审理,则毫无疑问被告没有单方变更权,但结合本案合同的订立目的(实现旧城改造的行政管理目标)和公共利益的考量,法院认为被告对合同的履行享有民事合同主体所不能享有的包括单方变更权和解除权在内的行政优益权。因此,适用行政规范,案件划入行政管辖范围。同时,笔者想强调的是,法院适用行政规则处理这类契约并非完全等同于决定地支持行政主体的特权行为,而是通过行政规则审查行政主体是否正当地行使特权。正如本案,法院一方面适用行政规则肯定行政主体享有行政优益权;另一方面也强调行使这种特权需要满足特定的条件,即虽然行政主体对行政合同的履行享有特权,但是行政主体只有在合同订立后出现了由于公共利益的需要或法律政策的重大调整,必须变更或解除时,才能行使单方变更、解除权。

相对比,在湛江市霞山区教育局诉湛江市霞山福利友谊印刷有限公司承揽合同纠纷再审案中,原告湛江市霞山福利友谊印刷有限公司与被告湛江市霞山区教育局签订《关于印刷业务的合同书》,约定被告就其属下各中小学的各科单元测验卷、期中期末考试卷、调研、模拟考试卷及学校的办公、文印资料交由原告承印。双方合同履行至 2007 年,被告单位领导班子调整后,被告单方违约,私自把印刷业务交由其他单位,不再送样本稿件给原告印刷,造成原告机器设备及场地、员工工资等经济损失。因此,请求被告履行合同。被告辩称：

被告属行政法人，其在本案中的行为系行政行为，不是一般的民事行为。2005年8月，为支持残疾人福利事业和方便教育行政管理，与原告签订了印刷合同。被告在行政行为中享有行政优益权。由于国家中小学教育收费政策的变化，被告再施行强制性的“统一印刷试卷”的管理目标已不符合法律和政策规定。为保障行政行为的合法性，被告依据行政优益权终止涉案合同业务的行为并未构成违约。因此，原告的诉讼请求没有事实和法律依据，应予以驳回。

因此，本案涉及是否支持被告主张的“行政优益权”的问题。法院认为：

原、被告自愿签订的《关于印刷业务的合同书》，从合同条款的内容及履行合同的行为方式来看，被告虽然是政府机关，但在此合同中，其是以与原告平等的民事主体身份参与民事活动，作为独立的机关法人与原告订立有关民事权利义务的协议，并不是以主权者或者管理者的行政主体身份出现。因此，原、被告履行合同的行为属平等主体之间的民事行为，双方订立的该合同属一般民事合同范畴。原、被告达成的民事合同合法有效，对双方具有法律约束力，双方应当按照约定履行自己的义务，不得擅自变更或者解除合同。

从上述两个案例可以看出，通过特权条款在一定程度上能够划清民事、行政的管辖界限，但是同时法院对特权条款本身的认定也存在一定的司法裁量权，必须结合公共利益和契约订立的具体目的进一步判断。

2. 责任条款

行政主体在行政契约中不仅享有特权，还承担着责任，这种责任突破甚至根本未采用普通契约的违约规则及其契约责任制度，而是以国家行政责任理论为依据。

例如，行政案件相较于民事案件增设越权无效之诉，用于处理行政契约中行政主体超越职权范围与行政相对人订立契约这样的纠纷类型，相对比民事案件，即使民事契约内容超越法人的经营范围，除例外情况，原则上契约仍然有效。同时，行政规范也规定，在客观情况发生变化时，继续履行原契约义务无法实现契约目的，或者严重侵犯一方的正当利益，可以变更或者解除原契约，但民事规则与行政规则的不同点在于行政规范规定在此种情况下，行政主体仍旧负有无过错责任，即行政主体有责任对契约相对人因为变更或者解除原契约而受到的损失承担补偿责任，典型的如行政相对人的信赖保护利益。

同理，像特权条款一样，虽然责任条款在一定程度上能够划清民事、行政审判管辖界限，但是本身对责任条款的认定也存在司法裁量权。

基于上述判断的不易，笔者认为，在具体考量契约的公法因素对案件争议的影响时，还应当结合具体个案的法律效果，进一步界分案件的管辖问题。

三、基于案件审判效果划分管辖权

从审判效果上看,有些案件纯粹适用民法规则虽不违法,但会出现不合理的结果,或者不利于依法行政和法治政府建设目标的实现。笔者认为,针对这类契约,应当由行政审判庭进行审理。

笔者通过对案件的梳理和分析,总结行政案件相较于民事案件具有以下两点审判优势:一是行政案件更侧重于对公共利益的维护;二是行政案件更尊重行政机关的公权行为。

(一)行政审判方式侧重于对公共利益的保护

我国《合同法》和《行政诉讼法》均对公共利益有所规定,但两者适用的范围不同。

民事契约考虑公共利益主要针对合同无效的情况。根据我国《合同法》第 52 条第 4 项的规定,损害社会公共利益,合同无效。即当合同的继续履行损害到社会公共利益时,法院才会介入进行审查。民事契约即使在客观上是有利于社会公共利益的,但是也应当尊重民事主体的意思自治,不得以法律手段强制契约存续。

而行政契约中对公共利益的考虑范围更广。主观上,行政机关签订行政契约的目的是实现公共利益;客观上,行政契约至少不得损害公共利益。这不仅意味着当合同继续存续会损害公共利益时,行政机关能通过主动终止行政契约的方式或司法机关通过裁判的方式终止合同的继续,而且当违法或违约的行政契约客观上有利于公共利益的实现时,司法机关应当主动判定行政契约继续有效,只能确认行政契约中行政机关的行为违法,但是不撤销行政行为。我国《行政诉讼法》第 74 条第 1 款第 1 项规定,行政行为依法应当撤销,但撤销会给国家利益、社会公共利益造成重大损害的,人民法院判决确认违法,但不撤销行政行为。

例如,益民公司诉河南省周口市政府等行政行为违法案。本案是在我国 2014 年修改的《行政诉讼法》生效之前审理的,因旧法并未明确将行政合同纳入司法审判的范围,因此本案争议标的虽然实质上是被告河南省周口市政府与本案第三人河南亿星实业集团有限公司达成的周口市天然气管网项经营许可合同,但实际将合同行为肢解,以被告作出的“具体行政行为”——《招标方案》《中标通知书》、周政文〔2003〕54 号文违法按照行政案件起诉。

法院审理认为:本案中被告与第三人达成的周口市天然气管网项经营许可合同在订立过程中存在违法,虽然市计委作出《招标方案》、发出《中标通知书》及市政府作出 54 号文的行为存在适用法律错误、违反法定程序之情形,且影响了上诉人益民公司的信赖利益,但是如果判决撤销上述行政行为,将使公共利益受到损害。

因此,法院判决确认被诉行政行为违法,但不撤销,契约继续有效。

本案被告与第三人之间的契约关系具有民事因素,也存在行政因素。本案若按照民事案件进行审理,则利益衡量过程较为简单,被告与第三人之间的合同侵犯原告的合法预期,且第三人对于原告的存在也知悉,审判结果会侧重保护原告的正当权益,而非公共利益。因此,笔者认为,对于这类涉及公共利益的契约的管辖权问题,应当权衡私人利益与公共利益之间的比重,根据案件的审判效果进行个案的判断。

(二)行政审判方式更加尊重行政机关的公权行为

行政机关在很大程度上能单方决定行政契约的订立、变更、解除和终止。司法机关不能越权通过判断行政契约双方的合意性来替代行政机关行使权力。因此,对于这类契约,应当排除民事审判,根据行政审判程序依据行政规则和相关政策等进行审理。

例如,大庆市振富房地产开发有限公司与大庆市人民政府债务纠纷案中,原告大庆市振富房地产开发有限公司响应被告大庆市政府号召,以向被告书面请示报告并经被告审批同意的形式介入市政建设,事实上形成了合同关系。后被告在不通知原告参加的情况下单方就原告介入市政建设而享有的优惠政策作出决定,客观上影响原告的利益,原告提起民事诉讼,法院认为涉案契约为行政契约。

振富公司接受政府办公会议决定后,其职责是按照政府行政文书确定的权利义务履行,并无与市政府平等协商修订市政府优惠政策文件的余地。讼争供热项目建成后,市政府优惠政策使用不足部分能否以现金抵顶,也是由市政府单方决定的,是由政府审计、计划、建设、开发等行政管理单位按照市政府领导行政命令单方审核确定下来的。讼争供热建设项目优惠政策的确定、振富公司介入的形式以及讼争工程结算款的确定等诸多方面都是市政府单方决定的。尽管双方当事人之间在本案讼争建设项目上不存在领导关系、隶属关系,但上述案件事实表明,市政府在制定和执行优惠政策方面居于支配和主导地位。振富公司虽然具有是否承担讼争项目建设的决定权,以及对优惠政策如何理解、如何执行的建议权,但从整体上讲,在介入方式、优惠政策制定及如何履行优惠政策等方面,振富公司居于次要和服从的地位,双方当事人尚未形成民法意义上的平等主体之间的民事关系。

针对行政契约中的权力性因素,法院肯定行政机关的特权行为,主张行政主体能够以单方决定的方式确定双方权利义务,法院不得僭越司法权替代行政机关行使权力或者解释权力内容。假设该案以民事案件审理,对契约未规定或未明确规定的内容,法院或主动根据契约订立目的进行解释和确定,或由契约双方继续协商加以确定,不支持契约主体单方面的解释。

四、例外:排除行政审判的情形和标准

笔者的本意,是从传统上通过民事诉讼解决的行政契约或混合契约纠纷中抽离出必须由行政管辖的契约类型,确定行政审判庭的管辖范围,同时保留民事诉讼方式审理混合契约的目的更多是尽可能维持现有的管辖秩序和方便当事人诉讼,且行政案件能够适用民事规则。因此从理论上讲,任何一个混合契约都能通过行政诉讼的方式解决。但是笔者通过梳理发现实践中存在一类特殊的契约,其不能通过行政诉讼解决纠纷,或者通过行政诉讼审理案件,原告的合法权益无法得到救济。究其原因有两个:一是我国现行行政诉讼结构的不完善;二是我国现行行政诉讼的审理范围的有限性。因此,笔者从实际需求出发,建议针对这类契约纠纷,借助民事审判方式审理,弥补行政审判的不足,暂时性解决纠纷,保护当事人合法权益。

(一)行政主体基于行政诉讼的单向性构造无法提起行政诉讼

我国现行行政诉讼结构是以审查单方性具体行政行为的诉讼救济模式,但司法实践表明对于行政契约的审查不仅要涉及行政机关一方,对于行政相对人的履约行为也需要进行判断,即现实会出现行政机关作为原告请求法院判令行政相对人履行合同义务或者承担赔偿责任等情况。

例如,唐某与华蓥市国土资源局建设用地使用权出让合同纠纷上诉案中,原告华蓥市国土资源局通过民事案件的形式起诉请求法院判令唐某支付建设用地使用权出让合同中约定的土地出让金及迟延付款的利息。一审法院支持原告诉求。被告上诉辩称:

国有土地出让合同系行政合同,一审法院按普通民事案件予以受理是错误的。

二审法院并未支持原告的抗辩理由,仍按照民事案件进行审判。另一相似案件承德市国土资源局等诉秦皇岛超华房地产开发有限公司建设用地使用权出让合同纠纷案中,原告也是行政机关(承德市国土资源局),其提起民事诉讼请求法院判令被告(行政相对人)补交国有土地使用权出让金并支付利息。

一审法院认为,建设用地使用权出让合同实质是一种行政行为,土地出让合同是一种行政合同。根据最高人民法院《关于规范行政案件案由的通知》的规定,已将行政合同作为行政行为的一种来确定行政案件的案由,2014 年《行政诉讼法》亦将其统一纳入行政诉讼受案范围。同时,一审法院认为该案的争议点为土地出让金补缴纠纷,认为收应补缴的土地出让金,既是其法定职权,亦是其法定职责,故原告向被告征收应补缴的土地出让金的行为系一种行政征收行为,因行政征收行为引发的行政争议,即土地出让金补缴纠纷,亦应属于行政诉讼法调整范畴,不属于人民法院民事案件受理范围。

原告不服上诉二审法院,二审法院驳回上诉,维持一审法院裁定。针对这两个相似的案件,法院对契约性质作出了不同的判断,貌似并不能比较出孰是孰非,但当我们从法律救济的角度思考,第二个案件中法院的做法则有失偏颇。

第二个案件中涉案契约性质有争议,法院将这类契约纠纷认定为行政合同虽然不违法,但是一旦被认为是行政契约且排除民事审判,那么实际上该案中原告的救济途径就被剥夺了。我国现今行政诉讼构造规定行政案件的被告恒定且只能为行政机关。上述案件的共同之处在于原告为行政机关,被告为行政相对人,若将该类案件严格限定只能提起行政诉讼,事实上原告无法提起行政诉讼,这体现了我国现行单向性行政诉讼结构与行政契约纠纷解决二者之间的矛盾。因此,笔者建议,针对这一类案件,一是从立法上独立于具体行政行为之外,建构专门针对解决行政契约纠纷的双向性行政诉讼结构;二是在现行的行政诉讼结构未完善之前，该类契约暂时由民事审判程序进行审理以实际解决纠纷。

（二）扩大对私人正当利益的保护范围

现行的审判架构是建立在对具体行政行为的合法性的审查基础之上的。我国《行政诉讼法》第6条规定，人民法院审理行政案件，对行政行为是否合法进行审查。这种规定与我国长期以“行政行为”作为研究中心的研究方式密不可分。针对具体行政行为，司法审查主要关注主体、权限、内容、程序等是否合法，即使对于行政裁量行为的司法审查也是建立在法定裁量范围内的合法性的审查。

而行政契约与具体行政行为的区别之一是其合意的存在，这决定了契约法律关系中不仅包括法定权利义务，还有约定权利义务。法院当然可以对法定权利义务进行司法审查，但是法院是否有权审查约定权利义务？如果能审查，审查程度如何？合约性审查与合法性审查之间如何进行整合？

最高人民检察院发布的典型案例“某县建委与某开发公司城建行政合同纠纷抗诉案”涉及这一问题。原告某开发公司与被告某县建委签订《梓桐小区旧城改造开发小区项目协议》，约定：“由甲方（某县建委）负责协调该项目上下左右的关系，牵头负责协调解决涉及该项目开发建设的相关问题，由甲方负责提供地质灾害评估意见。”后原告提起行政诉讼要求被告建委履行协议约定的义务，协调涉案建设项目的供地事宜。

一审、二审、再审均认为：某县建委违反协议约定，没有牵头协调相关职能部门办理项目用地的拆迁、安置和土地出让等事宜及有关手续，也未向某开发公司提供项目用地的地质灾害评估意见，未能全面履行其约定义务，判决某县建委与某开发公司继续履行双方签订的《梓桐小区旧城改造开发小区项目协议》。

该案后经再审，终审法院认为：

从协议第4条约定来看，某开发公司要求某县建委协调什么关系和解决什么问题并不具体；该协调义务是否属于某县建委的法定职责范围也不明确；某县建委如何协调、能否协调均不确定。

因此，某开发公司的诉讼请求不具体，其起诉不符合法律规定的条件，裁定撤销原一审、二审和再审判决，驳回了某开发公司的起诉。

从上述案件的审理结果看，我国行政审判并不排斥对于行政契约中约定权利义务的审查，这表明在一定程度上司法审查打破现有规定的合法性审查模式，不排除对行政契约中“合意”部分的审查。但本案的关键点在于确定法院的审查范围，即法院能否对约定的“协调权”的具体内容进行解释。

笔者认为，这个问题与该类契约的管辖权有关。若将这类审查“合意”部分的契约案件作为民事案件处理，弱化个案的权力性因素，那么法院更多的是将契约双方视为平等主体，以独立第三方的角色对双方约定的权利义务的内容进行解释，能够平衡行政主体和行政相对人之间事实的不平等,更有利于保护行政相对人的正当权益。

若将这类契约按照行政案件处理,则对约定的权利义务的审查在事实上除了涉及"合约性"的审查,还会涉及司法权与行政权的界限问题。并不涉及合法性,而是适当性,法院是否有权解释?"合意"部分虽然同公权因素之间存在界限,更多体现民事性质,但是"合意"部分的制定主体一方仍然是行政主体,其无法完全剥离掉行政性质。因此,笔者认为,如将这类契约纳入行政审判范围,则可能会出现如上述案件的情况,即法院保持其司法的谦抑性,严格尊重合法性审查原则,不主动解释约定权利义务的具体内容,这样导致的审判效果是法院看似支持了原告享有的协调权,但由于协调权本身不明确,因而驳回了原告的起诉,通过程序回避了对协调义务的界定,客观上不利于保护原告的正当权益。因此,笔者认为,这类契约以民事案件审判为宜。

综上,笔者认为,不应当笼统地、一般地界定"混合契约"的管辖权,而是通过层层递进的判断标准,针对具体个案进行具体分析。首先,根据契约标的,也就是公法上法律关系,判断案件管辖权。当无法清晰地界定法律关系是民事契约还是行政契约时,转而判断涉案公法因素是否为案件争议点且能否由民法规则加以解决,若无法用民法规则解决,则果断地划归行政诉讼管辖。其次,从总体上考虑个案的审判效果,对于纯粹适用民法规则会出现不合理的结果,或者不利于依法行政和法治政府建设目标实现的契约纠纷,划归行政诉讼管辖。最后,在例外的情况下排除行政管辖,暂时由民事审判庭代为审理,弥补现行行政审判结构的不足,提供法律救济途径及时解决纠纷,保障当事人正当权益。

第四章　行政备案及其法治化

行政备案是实践中较为常见的行为之一，是行政机关进行公共管理的重要手段，对公民、法人或其他组织的权益有着重要影响。我国相关立法和规范性文件中也有诸多条款对“行政备案”进行规定和约束，但是规范中的“备案”内涵并不是完全一致的。与此相对应，不同的“备案”在实践中发挥的作用也并不完全一致。在“依法治国、建设社会主义法治国家”的大背景下，如何才能科学地把握行政备案的内涵并实现法治化的要求是一个具有现实意义的时代课题。这里结合我国相关实践，对此略作探讨。

一、行政备案界说及其作用的发挥

（一）行政备案界说

根据《现代汉语词典》的解释，备案是指“把情况以书面形式报告给主管部门，供存档备查”。① 这可以说是有关“备案”的最基本的语意解释。但是，立法和实践中，在遵循上述基本含义的前提下，赋予了备案不同的法律效力和功能。为了更好地探讨行政备案的法治化路径，对其内涵给予科学的界定是十分必要的，否则很可能就会失去统一对话的平台，造成各说各话的局面，进而不利于公民、法人或其他组织权益的保障。

1. 实践中行政备案的类型化考察

考察我国现行的立法，对于“行政备案”的规定可以总体上归为两种情况：一是作为内部行为的备案；二是作为外部行为的备案。

所谓作为内部行为的备案，主要是指备案主要发生在行政机关内部上下级之间，并不对外部的相对人直接发生作用的行为。作为内部行为的备案又可以分为三种情况：

一是行政立法和行政规范性文件制定过程中的备案。比如，我国曾经制定《法规规章备案条例》，其中就具体规定了规章制定后备案的内容，包括不同的规章向哪些上级机关备案和如何备案、备案的程序等。对此，《规章制定程序条例》中也有相关的规定。对于行政规范性文件的制定，目前我国全国层面上尚没有统一的立法对此予以规范，但是各省、直辖市和自治区基本上都颁布实施了各自的行政规范性文件制定办法，在相关地方性立法中往往规定了备案的内容。

二是行政机关作出重大行政决定时，要向上级行政机关备案。例如，《大连市重大行

---

① 参见中国社会科学院语言研究所词典编辑室编：《现代汉语词典》（第6版），商务印书馆2012年版，第56页。

政许可事项备案制度》《安徽省重大行政处罚备案规定》《南京市重大行政许可决定备案审查规定(试行)》《内蒙古自治区重大行政处罚备案监督办法》等地方性立法、文件等都明确规定了重大的行政许可、行政处罚等要报上级行政机关备案。

三是对于当场作出的行政决定,要及时报所在的行政机关备案。例如,《行政处罚法》第34条第3款规定:“执法人员当场作出的行政处罚决定,必须报所属行政机关备案。”

考察作为内部行为的备案,可以看出,除了“存档备查”的目的外,最主要的目的是发挥内部监督的作用,上级行政机关通过备案过程中的法制审核等保障抽象行政行为或具体行政行为的合法性和合理性。

与作为内部行为的备案相对应的是作为外部行为的备案,是指备案发生在行政机关和外部相对人之间,并会对相对人的权益产生直接影响的行为。此类作为外部行为的备案又可以分为两种情况:

一是产生实体效果的备案,即备案可以直接对公民、法人或其他组织的实体权利和义务产生影响。实践中主要包括两种类型:

(1)类许可型备案。此种情况下,虽名为“备案”,但是其法律效果和行政许可并无区别,在未获“备案”的情况下,相对人不具有从事特定行为的资格。例如,《出口食品生产企业备案管理规定》第6条规定,出口食品生产企业未依法履行备案法定义务或者经备案审查不符合要求的,其产品不予出口。再如,《出版管理条例》第20条第1款规定:“图书出版社、音像出版社和电子出版物出版社的年度出版计划及涉及国家安全、社会安定等方面的重大选题,应当经所在地省、自治区、直辖市人民政府出版行政主管部门审核后报国务院出版行政主管部门备案;涉及重大选题,未在出版前报备案的出版物,不得出版。具体办法由国务院出版行政主管部门制定。”很显然,上述情况下,虽然立法条文中规定的为“备案”,但是从法律效果上来看,其作用和行政许可并无二致,故而笔者将其称为类许可型备案。

(2)类登记型备案。此种备案会产生确认的法律效果,类似于非许可的行政登记行为。例如,我国《商标法》第43条第3款规定:“许可他人使用其注册商标的,许可人应当将其商标使用许可报商标局备案,由商标局公告。商标使用许可未经备案不得对抗善意第三人。”根据上述的规定,“备案”显然产生了行政确认的法律效果,虽名为“备案”,实为登记。

二是程序性备案,即行政机关要求公民、法人或其他组织对某些事项备案的目的不在于对实体上的权利、义务产生影响,而在于及时地获取相关资讯,进而为后续的行政监督、检查等打下基础。因而,此种意义上的备案只是增加了公民、法人或其他组织程序上的义务,并不产生实体意义上的效果。程序性的备案在实践中较为常见,也是立法和行政规范性文件中规定最多的备案形式,如《青岛市企业产品标准备案管理实施细则》第2

条规定:企业生产的产品没有国家标准、行业标准的,应当制定企业标准。企业制定的产品标准须按本细则的规定进行备案。企业制定严于国家标准和行业标准的企业标准和其他仅在企业内部适用的企业标准不需备案。

比较产生实体效果的备案和程序性备案,二者的差异是明显的,但是二者也有基本的共性特征,即都可以起到信息收集、信息披露和存档备查的作用。当然,对于产生实体效果的备案而言,信息收集、信息披露和存档备查只是其附随作用,其核心作用在于许可和确认的效果。

2. 行政备案的范围界定

针对以上实践中出现的各种"备案",笔者认为,在研究其法治化的过程中首先应该把作为内部行为的备案排除在外。原因在于此类备案只是行政机关内部的一种行为,并不对公民、法人或其他组织的权利和义务产生直接的影响,传统的研究范式并不把其纳入其中。行政机关基于工作的便利可以采取相对灵活的方式。当我们谈到行政备案的法治化时,应该是针对作为外部行为的备案而言的,是行政机关进行公共管理的一种重要方式,但是在上述作为外部行为的备案中,对于范围问题依然有进一步探讨的必要。

笔者认为,实践中产生实体效果的备案虽然名称上叫作"备案",但是从实质上来看,完全可以归入行政许可和行政确认的范畴。在我国简政放权、放管结合、优化服务的大背景下,国务院和各地政府取消了部分行政许可,以便更好地激发市场经济的活力,但是值得警惕的是部分行政许可披上了"备案"的外衣,其实质并没有发生根本性的变化,这既不符合简政放权、放管结合、优化服务的本意,也与备案应有的"存档备查"的最核心内涵相去甚远。"行政备案作为已取消行政许可的替代品,实践中有一种从行政许可遁入行政备案的倾向,值得我们警惕与思考。"①对于实质上为行政确认的"备案"而言,也存在大致相同的问题,极容易在实践中造成困扰和混乱,应该尽可能地恢复其作为"登记"的本来面目。

因而,从备案的基本内涵出发,产生实体效果的备案也应该被排除在备案的范围之外,本书所谈的行政备案仅仅是指程序性备案。

3. 行政备案的概念及其法律性质

结合前述对于行政备案的考察,可以对行政备案做一个概念上的界定。所谓行政备案,是指行政机关基于公共管理的需要,依法要求公民、法人或其他组织在从事特定活动之后报送有关的资料,以便存档备查的行为。行政备案有以下几个方面的特征:

一是行政备案的主体是行政机关,目的是公共管理的需要。我国实践中的备案是多种多样的,如根据《立法法》的规定,有向人大常委会进行的备案,根据刑事诉讼法律、法规的规定,有向司法机关进行的备案等。而行政备案是向行政机关进行的备案,从而与

① 张红:《论行政备案的边界》,载《国家行政学院学报》2016 年第 3 期。

前述向立法机关和司法机关进行的备案区别开来。同时，还应该看到，虽然行政备案只是一种程序性行为，但也是为了公共管理的需要，对于已经通过其他方式达到公共管理目的的，就不应该再进行相关的备案活动。

二是应该进行行政备案的事项只是公民、法人或其他组织从事的特定活动，并非所有的事项都要进行备案。对于已经通过行政许可、行政确认等进行事前规制的事项，不必进行备案，对于与国家利益或社会利益关系不大的事项一般也不需要备案。需要备案的往往是不必事前许可、确认等，但是又对公共管理有重要影响的事项，出于监督和检查的需要，需要公民、法人或其他组织及时向行政机关进行备案。

三是从时间上来看，行政备案发生在公民、法人或其他组织从事特定活动之后，把相关的活动资料提交给行政机关存档备查。对于发生在活动之前的行为，即使立法或规范性文件将其称为“备案”，那也不属于本书所讲的备案，应该归入许可、确认等范畴。

四是行政备案是一种程序性行为，仅仅是要求公民、法人或其他组织在从事特定活动之后把相关资料报送给行政机关以存档备查，对公民、法人或其他组织的实体权利和义务并不产生直接的影响。

就法律性质上而言，行政备案应该属于行政事实行为。“行政事实行为是与行政法上之法律行为相对之行为。事实行为的结果并不涉及法律关系，也就是不为了产生、变更或消灭一个行政法上的权利或义务关系，而仅仅是产生了‘事实效果’。”①换言之，行政事实行为并不以追求某种法律效果为目的，即并不从法律上追求产生、变更或消灭公民、法人或其他组织的权利或义务，只是在事实上产生了某种结果。行政备案只是为了信息收集、信息披露，并把相关的资料存档备查以便为后续的监督、检查服务。“对于相对人而言，这种行政备案只是一种程序性行为，行为的结果并不对相对人权利、义务产生直接影响，即不会直接产生、变更或消灭一个行政法上的权利、义务关系……行政备案是一种程序性的事实行为。”②

（二）行政备案作用的发挥

作为一种行政规制的手段而言，相对于事前的行政许可，事后行政备案的控制性要明显弱化很多。在我国简政放权、放管结合、优化服务的改革过程中，行政机关在取消了部分行政许可之后，往往会设定相关的行政备案。由于行政备案本身并不直接影响公民、法人或其他组织的权利、义务，而且备案行为是发生在公民、法人或其他组织从事特定活动之后，是一种较为缓和的规制行为。

行政备案作为一种行政事实行为，其本身并没有法律效果，因而其作用的发挥主要体现为其他行为如检查、监督、决策等提供资料和信息，为事后监管行为打下基础。事实

---

① 陈新民：《中国行政法学原理》，中国政法大学出版社2002年版，第231页。

② 朱最新、刘云甫：《行政备案制度研究》，知识产权出版社2012年版，第23～24页。

证明在某些行政机关不宜过分干预的领域，事后监管相对于事前干预更有利于社会的发展、进步。“行政备案制度陆续推出以来，其在转变政府职能，提高行政效率，从而在促进城乡综合配套改革，推动社会、经济又好又快发展方面，无疑起到了十分积极的作用。”① 比如，在市场经济的发展过程中，在不违背公共利益的情况下，把某些事前的行政许可改为事后的备案，有利于激发市场经济的活力，减少行政机关不当的干预，更好地发挥市场竞争机制。例如，《全国人大常委会关于授权国务院在中国（广东）、中国（天津）、中国（福建）自由贸易试验区以及中国（上海）自由贸易试验区扩展区域暂时调整有关法律规定的行政审批的决定》中就明确规定在自由贸易试验区暂时停止实施某些行政审批，改为备案管理。

二、行政备案在法律实践中存在的问题

行政备案虽然只是一种事实行为，但是它依然为公民、法人或其他组织设定了程序义务，是社会生活中较为常见的公共管理手段之一，在法律实践中也暴露出了诸多问题。一般来说，实践中存在的问题也应该是法治化过程中需要重点关注的核心。

有人把行政备案存在的问题归结为“滥”“乱”“散”“慢”四个方面。具体而言，“滥”是指备案设立随意，事项过多过滥；“乱”是指事项边界模糊，错位越位严重；“散”是指备案程序不清，缺乏统一标准；“慢”是指规矩意识不牢，办事效率低下。行政备案领域很容易成为公共管理服务领域的“灰色地带”，如果管理不当，会引发降低政府行政效能、提供权力寻租土壤、增加行政相对人负担等一系列严重问题。②

应当说，前述学者对于行政备案存在问题的阐释都是客观存在的，但是缺乏从法理视角的分析。参考上述阐释，笔者认为，行政备案在法律实践中主要存在以下方面的问题：

1. 概念使用混乱，甚至在某些情况下异化为行政许可、行政确认等行为的替代用语。目前，“备案”一词在立法和规范性文件中较为常见，但是在不同的条文中，备案的含义并不完全相同，这就造成了适用中的混乱，很可能导致相对人在实践中无所适从。尤其是有些规定中虽名为备案，实质上却是行政许可、行政确认等其他行为。但是在此情况下，行政机关却可以以备案之名名正言顺地逃避《行政许可法》等法律、法规的适用，不仅使相对人的权益很难保障，而且对于行政机关的公信力也是极大的危害。

2. 对于行政备案的规范设定缺乏统一的规定。实践中上至法律、下至基层行政机关的规范性文件都可以设定行政备案，某些规范设定的正当性值得思考。行政备案虽然只是一种事实行为，并不对相对人的实体权利义务产生直接影响，但是确是实实在在地为相对人设定了程序上的义务，即相对人要按照行政机关的要求把相关的资料报送行政机

① 梁光晨、廖军：《行政备案的误区与矫正》，载《成都行政学院学报》2009 年第 1 期。

② 参见胡小飞：《关于加强和改进行政备案工作的调研报告》，载《机构与行政》2016 年第 6 期。

关。根据一般的行政法理,立法以外的其他规范性文件一般不得减损公民的权利和增加公民的义务,那么实践中大量的行政规范性文件设定行政备案的正当性是值得商榷的。

3. 对于何种事项可以设定行政备案缺乏统一的认知,实践中滥设行政备案的情况较为严重。实践中,行政机关基于自身便宜的需要,往往会倾向于不分事项地设定行政备案,多多益善,因为这样行政机关就可以方便地获取相关的资讯,但这对于相对人而言显然是不利的。

4. 对于备案的程序缺乏清晰明确的规定,尤其是在当今资讯高度发达的时代,缺乏相应便民化措施的规定。考察现有的规定,行政备案程序往往较为模糊,如对于备案的时间、备案的方式、备案的步骤等一般都缺乏清晰的规定。而且实践中行政机关往往都会要求相对人必须采取书面的方式且需要递交到行政机关,在电子通信和互联网技术发达的当代,上述做法显然没有考虑新时代便民化的需求。

5. 对于行政备案的法律责任规定的不够具体、清晰。考察现有的规定,往往只有少量的立法和规范性文件规定了备案的法律责任,主要是针对相对人的。例如,根据《民用爆炸物品安全管理条例》第46条规定:"违反本条例规定,有下列情形之一的,由公安机关责令限期改正,处5万元以上20万元以下的罚款;逾期不改正的,责令停产停业整顿:……(五)销售、购买、进出口民用爆炸物品,未按照规定向公安机关备案的……"但是整体来看,像这个条例这样把行政备案法律责任规定的较为详细的比较少见,导致的直接后果就是很多备案形同虚设,相对人并不真正履行自己的程序义务,这对法律的权威性和政府的公信力也是一种损害。还应该看到,我国相关的立法和文件中很少有规定行政机关在备案中的法律责任,这也有改进的余地。

三、完善行政备案的法律规制

行政备案虽然只是一种事实行为,对相对人的实体权利义务并不产生直接的影响,但是由于其适用的广泛性和增加了相对人的程序义务,在现实生活中的规制作用还是显而易见的,加强行政备案的法律制度建设,强化其法律规制依然是十分必要的。笔者认为,可以从以下几个方面着手:

1. 进一步强化行政程序立法,并在相关立法中明确界定备案的概念,和实质为行政许可、行政确认等行为的"伪备案""假备案"等做一个清晰的区隔。行政备案的法治化首先要做的是概念的法治化界定,这是行政备案行为法治化的基础。否则,实践中的混乱局面就无法得到根本性的改变。而且明确行政备案的概念,把其界定为事后向行政机关报送资讯的行为,也有助于法律理念的培养,改变行政机关事事都要事前干预的传统做法,更好地发挥事后监管的作用。目前,我国尚没有统一的、全国性的行政程序立法,对于行政备案也缺乏全国性的立法界定,这对于行政备案的法治化是不利的,也不利于相对人权益的保障,在未来的行政程序立法中确实有进一步明确规定的必要。

2. 对于行政备案的规范设定应该限于法律、法规和规章,把规章以下的行政规范性文件排除在规范设定之外。因为行政备案虽然没有直接影响相对人实体上的权利、义务,但是为相对人设定了一个程序义务,会直接增加相对人的成本和付出,作为文件对此义务进行设定是不妥的。国务院于2010年颁布实施的《关于加强法治政府建设的意见》规定:"各类规范性文件不得设定行政许可、行政处罚、行政强制等事项,不得违法增加公民、法人和其他组织的义务。"只有法律、法规或规章对行政备案作了规定的情况下,文件可以做具体化的实施性规定,但不宜作出设定。

3. 通过立法进一步明确行政备案适用的事项。前文中已经提到并非公民、法人或其他组织从事的所有事项都应该设定行政备案,只应该是与国家利益或社会利益有重大影响的事项才需要相对人向行政机关备案。若公民、法人或其他组织从事的所有事项都向行政机关备案的话既无必要,也必然会不利于社会的自由竞争和发展,同时也会增加行政机关的负担。同时,在现代社会行政机关获取资讯的渠道是多元化的,对于可以通过其他渠道获取资讯的行为,也应该避免设定行政备案。在当前的实践中,行政机关有扩大设定行政备案的趋势,这是应该值得警惕的一个倾向。

4. 通过立法进一步明确行政备案的程序,规定相关的便民化措施。规定明确的程序既是对相对人的约束,也是对行政机关的规制,有助于防止行政备案过程中的无序和混乱。"行政机关在制定实施行政备案中,一方面要降低行政成本,实施程序统一化、简单化、标准化,追求行政效率最大化;另一方面要强化服务理念,尽量多地从保障相对人权利的角度去考虑问题,体现行政备案的便民化。"①对于行政备案的时间、方式、步骤等都应该明确地规定,以便于行政相对人及时准备相关资料并完成备案工作。同时,基于便民的需要,可以尝试规定允许相对人通过互联网、电子数据交换等完成备案,这样既有助于相对人节约成本,也有助于行政资源的节约。

5. 通过立法进一步明确行政备案的法律责任。主要包括两个层面:一是明确规定行政机关在行政备案中的法律责任,防止行政机关在备案的过程中不作为或故意刁难相对人;二是明确规定相对人在行政备案中的法律责任,对于相对人不履行行政备案义务的,可以采取责令改正、罚款等方式促使相对人履行相关义务。同时,也可以通过行政奖励的方式鼓励相对人积极履行备案的义务,促进相关行政目标的实现。

---

① 胡小飞:《关于加强和改进行政备案工作的调研报告》,载《机构与行政》2016年第6期。

第五章　行政经营及其法治化

——以英国近代政府改革的启示为视角

肇始于新公共管理运动的行政经营，是近代政府改革的产物，是对政府职能发生重大转变的现实回应。虽然行政经营将企业经营的理念引入了公共管理，但并不意味着政府在行政管理的过程中要经商获利，也不意味着政府在资源配置和优化的过程中应该一味追求利益最大化，而忽视公共产品和公共服务的提供。随着民主法治的发展和现代治理理念的普及，行政经营在逐步走向规范化和法治化，其本质始终是强调公共服务，并以此决定其价值取向和组织架构。

行政经营这一现象早在多年前就已经出现，并随着新公共管理运动在全球的普及被引入我国，在我国的行政管理中逐渐占据了一席之地。然而，"政企分开"是我国行政管理和改革一直倡导的旋律，从国情出发，行政与经营似乎不该有丝毫的勾连。加之法治的目的是规范权力，是要将公权力装进制度的笼子，又如何容得下行政权去经营谋利？因此，尽管政治学、经济学、管理学等多个领域早已围绕行政经营展开了诸多讨论，法学界却鲜有关注。然而法学理论的研究不能脱离现实，并终将回归现实并指导实践，行政经营既然在实践中广泛存在，就必定有其合理性，不能因为传统行政法理论的不容就对其采取回避和否认。尤其是今日，在加快建设法治政府、全面推进依法治国的大背景下，更有必要厘清相关问题，以期切实提升各级政府行政经营的能力，促进各级政府更好地提供公共服务，为民众创造福祉。

一、行政经营的产生和发展背景

20 世纪 80 年代末期，英国保守党在撒切尔夫人带领下致力于政府改革，拉开了"新公共管理运动"的序幕，从而将企业经营的理念成功引入政府的行政管理。而在此之后，英国政府的系列改革则反映出行政经营发展的历程。

（一）新公共管理运动

第二次世界大战之后，英国高举凯恩斯主义的大旗，通过政府干预来保证就业，建立福利国家。虽然此等举措取得的成绩不俗，但从 20 世纪 60 年代开始，问题逐步凸显：福利费用不断增加引得税收不断提高，从而引发工资加速膨胀，政府为了持续增加福利开支只得提高税收，导致了恶性循环，致使通货膨胀日趋严重，经济发展的速度越来越缓慢,失业人数大大增加,人民生活水平不断下降,民怨积重难返。① 在这样的背景下,撒切尔夫人率领的保守党从执政之初,就遵循当初竞选时提出的口号——减少"浪费、官僚主义和过度政府(over goverment)",遵循市场化和管理主义从四个方面来倡导改革:第一,推崇市场机制,减少政府干预;第二,通过削减税收减少政府开支来推行廉洁小型的政府,通过激励私人投资带来经济繁荣;第三,认为政府官僚体系导致管理效率低下以及浪费,因此加强对高级文官的政治控制,大量裁汰公务员;第四,将私营部门的管理方法和手段引入公共部门的管理之中。② 总体而言,就是在政府管理过程中运用市场化的方法,不断削减政府管理规模,以"3E"(效率、效果和效能)作为衡量政府绩效的唯一标准。③

之所以会将私营部门的管理方法和手段引入政府的行政管理,主要是因为当时内阁办公室聘请的以雷纳勋爵为首的效率小组在对政府各个部门的工作进行调查、研究和评估之后,发现传统的行政管理方式存在诸多问题:(1)政府更多地关注投入而忽视成本,且政府浪费现象严重;(2)政府部门存在很多过时的机构与工作内容;(3)机构设置和工作程序不合理;(4)公共部门工作效率低下,部门间的上下沟通不畅。④ 为打破官僚制组织弊病,新公共管理运动以"新右派"、制度经济学、新泰勒主义以及新合同主义等理论为基础提出了诊断良方。通过私有化、外包等方式不断削弱政府职能范围,同时引入竞争机制,重视绩效管理,强调管理过程中的"3E"。⑤

由于撒切尔政府面临的最严峻问题是财政危机,因此前期保守党的改革主要集中在提高政府效率、效应与经济的目标上,大力减少政府开支。但随着改革的深入,政府在追求效率的同时却忽视了公共服务质量。梅杰执政后,便将改革的重心放到推进公共服务质量上,保守党进一步提出公民宪章运动和竞争求质量运动。公民宪章运动被称为20世纪90年代英国政府政策的核心,涉及英国公共服务的多个领域,要求建立以顾客为中心的公共产品和服务的提供模式,不仅要求政府要给出明确的服务标准,包括服务效率、服务质量方面的具体要求,还强调在尽可能的情况下与顾客进行协商,向公众提供选择服务机构的机会;同时,所有的服务必须围绕顾客而展开,公共人员在提供公共服务的过

---

① 参见曾令发:《探寻政府合作之路:英国布莱尔政府改革研究(1997—2007)》,人民出版社2010年版,第39~42页。

② J. Greenwood and D. Wilson, *Public Administration in Britain Today*, London: Unwin Hyman, 1989, pp. 121-122. 转引自曾令发:《探寻政府合作之路:英国布莱尔政府改革研究(1997—2007)》,人民出版社2010年版,第43页。

③ 参见曾令发:《论作为第三条道路的合作政府》,载《四川行政学院学报》2007年第5期。

④ 参见曾令发:《探寻政府合作之路:英国布莱尔政府改革研究(1997—2007)》,人民出版社2010年版,第47~48页。

⑤ 曾令发:《探寻政府合作之路:英国布莱尔政府改革研究(1997—2007)》,人民出版社2010年版,第32页、第35页、第38页。

程中,必须礼貌对待顾客,尊重其隐私权、文化和宗教信仰以及人格尊严。[①] 总体而言,公民宪章运动包括服务承诺和实现机制两大内容,提出了明确的服务程序和时限承诺,政府还确立了内部管理机制和外部监督机制,最终提高了公共服务的质量,提升了公民的满意度。随后,梅杰政府又发表了《为质量而竞争》的白皮书,除了要求在公共服务提供中使用前期改革提出的私有化、合同外包、顾客导向等原则外,还引入了"市场检验"的机制,确保公共服务中的公私竞争,打破公共服务只能由公共部门提供的传统,并进一步形成制度。[②]

毋庸置疑,从撒切尔政府到梅杰政府,英国保守党倡导的改革,持续的新公共管理运动深切地影响了英国行政体制的结构、运行和精神特质,不仅降低了行政成本,也提高了公共管理的效率,使一些高级文官更加富有创新和企业家精神。而这一切,正是得益于将企业经营的理念引入行政管理。随着新公共管理运动席卷全球,行政经营这一理念也在全球范围内逐步推广,日渐受到各国政府的重视。

(二)合作政府

由于过度依赖市场机制,新公共管理运动在推行若干年后陷入了市场失灵的泥沼,还造成政府的碎片化和空心化,削弱了公共治理的能力,主要表现在:(1)公共责任的缺失。公共部门过于追求利益最大化,忘记社会责任、公平正义才是自己应有的目标,带来了一系列社会问题,为政府发展埋下隐患。(2)公共产品提供的弱化。大规模的私有化,通过合同外包、采购以及让地方政府通过强制性竞标等市场化的方法来为公众提供高质量、个性化的公共产品,会使公共部门与私营企业之间的责任界限越来越模糊,弱化了政府提供公共产品和服务的输出能力。(3)政府的碎片化。为克服部门主义大量采用执行局,在一定程度上提升了政策的执行力,却使公共管理出现了碎片化的趋势,缺乏整体思维和行动能力。[③] 进入 20 世纪 80 年代,公共管理变得更加碎片化。

在历经三次大选的失败后,英国工党在吸收老左派和新右派理念的基础上提出了"要超越左右对立、兼顾发展与正义以及均衡权利与义务"的国家治理总体思想,终于在 1997 年凭借这一"第三条道路"理念获取了大选的胜利,再次执政。第三条道路是现代化的社会民主主义,核心内容包括:(1)强调机会均等;(2)重视价值上的平等;(3)提出无权利则无责任;(4)重视社区的作用。第三条道路承认了第二次世界大战以来一直被忽视的社会力量,承认其在国家治理中扮演着重要角色,尤其是在公共产品和公共服务的提供中,社会比国家和市场更接近普通公众,具有优越性。此外,第三条道路还指出,

---

① 曾令发:《探寻政府合作之路:英国布莱尔政府改革研究(1997—2007)》,人民出版社 2010 年版,第 61 页。

② 同上书,第 51 ~ 53 页。

③ 同上书,第 94 ~ 167 页。

必须对国家进行重构，提高公共管理的效率与效益，摒弃官僚制度，从工商管理的实践中吸取经验教训，促使国家、市场和社会力量协调发展、共同作用。①

布莱尔上台执政之后，全力打造"合作政府"（Joined-Up Government）来应对经济全球化以及风险社会的到来，也是对新公共管理运动过程中导致的政府部门碎片化以及政府责任缺失的回应。② JUC 并不仅仅意味着政府组织之间的联合，更多的是在强调合作、伙伴关系，即政府不同组织之间的合作，政府和市场、社会的合作，通过联合这些机构来实施整体战略，力争构建一个无缝隙、以公民为中心的政府，这是第三条道路强调政府、市场与社会三者合作理念的体现。创建合作政府，一是强化核心行政部门的控制能力，将国家目标自上而下地推行。二是强化部门之间的横向合作，打破组织框架的壁垒，打破人为的政策制定和提供的障碍，鼓励各个部门更多地思考合作的优先目标及预算共享，并共同努力工作来提升公共服务的质量。三是通过强化区域政府的功能来向上谋求协作以实现政府合作，确保中央与地方在国家优先发展目标上的一致性。四是赋予地方政府在提供公共服务方面的"适度自治""有限授权"以及公众参与，地方政府建立绩效评价体系来阐明和挑战自己的服务目标，通过与公众协商，同其他服务提供者比较、竞争来确定是否为公众提供了公共服务的最佳价值。③

（三）大社会、小政府

2010 年，英国保守党再次执政，卡梅伦政府启动"大社会、小政府"计划，致力于打造一个将权力从政治家手中让渡到人民手中的社会，④尤其是鼓励拓宽公共服务提供渠道，对社会开放公共服务，把越来越多的公共服务功能下放到地方和民间，发挥非营利组织在社会公共服务中的作用。2011 年卡梅伦政府颁布了《开放公共服务白皮书》，明确规划英国政府改进公共服务的方向与路径，本着五个原则推进公共服务现代化：（1）增加选择，在任何可能的领域增加公民和社区选择公共服务的机会。（2）去中心化，权力最大限度下沉到底层。（3）保证多样，公共服务对各种各样的提供方尽可能地开放，让更多的社会组织参与公共服务公平竞标，保障公共服务能够更好地满足人民多样化的需求。（4）保障公平，每个公民都有享受高质量的公共服务的权利。（5）接受问责，用户和纳税

① 参见曾令发：《探寻政府合作之路：英国布莱尔政府改革研究（1997—2007）》，人民出版社 2010 年版，第 79 ~ 94 页。

② 参见曾令发：《嬗变中的新公共管理》，载《行政论坛》2008 年第 2 期。

③ 参见曾令发：《合作政府：后新公共管理时代英国政府改革模式探析》，载《国家行政学院学报》2008 年第 2 期。

④ 参见成晓叶、凌宁：《英国保守党语境中"大社会小政府"的特点、困局及与我国的对比》，载《天津行政学院学报》2013 年第 5 期。

人对公共服务的问责应该被接受。①

二、行政经营的本质分析

可见,正是随着新公共管理运动席卷全球,行政经营这一理念才得以在全球范围内逐步推广,并日渐受到各国政府的重视。目前,行政经营在我国也很常见,最为典型的就是社会保障基金的投资。众所周知,全国社会保障基金是中央政府集中的社会保障资金,是我国国家重要的战略储备,主要用于弥补今后人口老龄化高峰时期的社会保障需要。作为国务院直属正部级事业单位,全国社会保障基金理事会是负责管理运营全国社会保障基金的独立法人机构,在财政部、劳动和社会保障部、中国证券监督管理委员会和中国人民银行的监督下,依据《全国社会保障基金投资管理暂行办法》的规定进行行政经营,目的就是实现基金资产的增值,②避免社保基金入不敷出,从而充分实现其经济补偿的职能。

那么,行政经营的本质到底是什么?是经营,还是行政?还是带有经营性质的行政,抑或是带有行政特色的经营?行政和经营之间到底能不能出现融合?两者若是相勾连,是否违背了行政的初衷?

(一)何为经营

很多人抵触"行政经营"这一提法,最大的原因乃是对"经营"一词有误解。实际上,"经营"一词含义较广,具有筹划、谋划、计划、规划、组织、治理、管理等含义。最常见的有下面几层意思:(1)筹划经管;组织计划。(2)规划治理。(3)周旋;往来。(4)经办管理。③

从词典的解释来看,经营并不等同于经商盈利,绝不能简单地在两者之间画等号。从某种程度上说,经营更多带有谋划管理的意味,与行政管理的初衷并不背离。

(二)何为行政经营

通过英国政府的系列改革可以看出,行政经营是指政府在行政管理的过程中引入经济学中的经营理念,以市场经济手段对所管辖的各种资源等进行优化整合和市场化营运,透过充分发挥其自主性,改善和提高其综合面貌、综合能力、综合经济实力,并向公众提供优质公共服务的一个系统工程。④

---

① 参见王楠、杨银付:《英国"开放公共服务"改革框架及启示——以卡梅伦政府〈开放公共服务白皮书〉为主要分析对象》,载《中国行政管理》2016 年第 3 期。

② 《全国社会保障基金投资管理暂行办法》第 3 条规定:"社保基金投资运作的基本原则是,在保证基金资产安全性、流动性的前提下,实现基金资产的增值。"

③ 参见王同亿主编:《现代汉语大词典》,海南出版社 1992 年版,第 685 页;罗竹风主编:《汉语大词典》(9),汉语大词典出版社 1992 年版,第 868 页。

④ 参见禹竹蕊:《行政经营及其法治化》,载莫于川等:《柔性行政方式法治化研究——从建设法治政府、服务型政府的视角》,厦门大学出版社 2011 年版,第 325 页。

确切地说,行政经营并非传统释义学上独立的行政行为,与行政处罚、行政强制、行政许可等不同,它是现代治理发展过程中的产物,更多强调的是经营理念与行政管理的融合,政府的整个公共管理活动都可以视作行政经营。究其本质,行政经营主要蕴含了以下内容:(1)行政经营是政府一种特殊的经济职能,是政府为实现其发展战略目标而整合各种资源并进行市场化运作的活动,是融入了企业经营理念的行政管理系统工程,表明当下政府提供公共服务不再单纯走以往只靠财政拨款的老路,其提供公共服务和公共产品的经费,一部分来自财政拨款,很大一部分则来自政府对其掌握的公共资源的积极经营。(2)行政经营绝非政府生产,政府是公共资源的经营者而非公共产品的生产者。同时,政府对公共资源的经营绝非为了谋取部门利益和地方利益,而仅仅是为了摆脱有限财政带给公共服务的掣肘,是为了创造更好的条件来提供更优质的公共服务。(3)行政经营打破了政府是公共服务和公共产品唯一供给者的局面,承认了公共服务和公共产品供给主体的多元化。政府将经营性和准经营性的资产推向市场,通过市场机制的作用提高公共物品和服务的供给水平和供给效率,有效缓解了政府的财政负担。同时,对于非经营性资产,政府提供财政支持,但这种财政支持不再是过去的无偿划拨,而是专款专用。因此,行政经营必须纳入财政预算的范畴,行政经营的收支情况都需要在政府的财政预算中详细列明,以此杜绝以权谋私和腐败滋生。(4)除了通过行政许可来实现特许经营,行政经营更多采用柔性行政方式,如通过行政契约实现公共服务外包和政府采购,通过行政资助和行政奖励发展一些虽不盈利、但对于公共服务而言不可或缺的项目。(5)尽管行政经营的过程中引入了企业化组织和企业化的管理,鼓励市场竞争,运行机制向市场化方向发展,但从本质上讲,行政经营还是一种行政行为,是市场经济条件下的政府行为。同时,行政经营的整体性特征决定了其他非政府组织也应该在行政经营中发挥积极的作用。尽管中国现阶段的体制背景决定了公共资源不能完全交给市场来运作,政府在行政经营过程中发挥了主导作用,但这并不意味着政府是行政经营的唯一主体。

三、行政经营法治化的价值取向

一个政府行政经营能力的高低,更多地表现在观念的差距和把握市场机会的能力上。① 其中,观念的认知决定着行政经营的价值取向。作为民主法治发展进程中,在政府职能转化的变革中出现的一种治理理念,行政经营如果认知产生偏差,就会导致观念错误,从而导致价值理性迷失。

以往常见的价值错位有:(1)误将行政经营等同于经营。认为政府在行政经营过程中谋取利益乃天经地义,“自利化”倾向导致政府的自利空间不断扩大,以追求 GDP 为名,以“经营”为名侵蚀民众的合法权益,偏离了服务人民的宗旨和根本,损害了政府形

① 参见刘文丽:《浅议提高地方政府的行政经营能力——兼论西部大开发中地方政府的经营能力问题》,载《中国行政管理》2001 年第 10 期。

象,降低了政府的公信力。(2)忽视公共服务职能的培育。过分强调经营,过分看重市场,只在意能否为招商引资提供良好的市场环境,却忽视政府应该肩负的公共服务职能,没有为经济和社会的协调发展提供普遍优良的公共产品和高效便民的公共服务。(3)将行政经营当作谋取政绩的手段。注重形象工程、政绩工程,各项建设没有真正以人民的需求为导向,可持续发展性严重匮乏。

行政经营要想走向法治化,必须有正确的价值取向,只有恪守应有的价值理念,才不会背离民主法治发展的方向。

(一)以人为本

近代英国政府的系列改革说明政府学习企业优秀经营理念,转变思维和传统管理模式进行行政经营,其首要的价值选择应该是"以人为本",是以提供更好更多的公共产品和更优质的公共产品和公共服务为价值取向,力争为民众创造福祉,而绝非追求利润最大化。这与我国公共行政的主导价值完全一致,即政府代表最广大人民的根本利益,政府进行行政管理是为了给人民创造更多的福祉。行政经营通过对公共服务领域的市场化改革,最大限度地对市场开放公共服务,政府由以前的公共服务提供者变为了购买者,退出公共服务的直接供给。但这并不意味着政府可以推卸其在公共服务领域的相应责任。相反,政府应该建立健全相应机制,确保公共服务供应渠道的多样化,确保公共服务的质量,带领人民走向幸福最大化。党的十九大报告指出,"我国社会主要矛盾已经转化为人民日益增长的美好生活需要和不平衡不充分的发展之间的矛盾"。这就更需要我们在以后的行政经营中坚持"以人为本",坚持在发展中保障和改善民生,建设好涉及民众切身利益的教育、医疗、就业、住房、社会保障等各项民生工程,提供更优质的公共服务,提高就业质量和人民生活水平。

(二)诚实守信

市场经济是一种自由经济体系,在这种体系下,产品和服务的生产与销售均由市场引导。相比传统的计划经济,市场经济崇尚自由公平、诚实守信,这也就意味着经营者必须重视自己的信用,否则将被消费者和市场抛弃。同样的,在行政经营法治化中,诚实守信也是政府应有的价值取向。单一追求经济建设职能已经不适应现代社会的发展趋势,政府职能转变更多的是强调公务服务职能。这就要求政府不能只看行政经营为财政收入带来了什么成效,不能只看行政经营提供了多少公共服务和公共产品,还必须关注在行政经营的过程中,政府信用的增减问题。一个讲诚信、负责任的政府,在行政经营中自然会注重公信力建设,绝不会朝令夕改,更不会言而无信。政府要避免决策变动给伙伴或利益相关人的合法权益造成克减,一旦发生这种情况,政府应该主动给予相应补偿或赔偿。这样方能提升政府的公信力,引领整个社会的诚信建设。同时,公共资源天然具有稀缺性和竞争性。随着社会的发展,民众对公共服务和公共产品的需求却在与日俱增,政府必须从效率、效能和效果三大维度出发,尊重市场经济的客观规律,尊重民众的合法诉求与利益,选取诚实守信的合作伙伴共同经营,提升核心竞争力,优化公共服务,引领社会新风尚。

(三)合作共赢

人是社会人,单打独斗无法获得利益最大化和幸福最大化,唯有抱团作战,才能合作共赢,这显然也是行政经营走向法治化的重要价值取向。

1. 部门合作

1998 年,英国布莱尔政府推出了公共服务协议,这是财政部与各个部门就未来 3 年的公共服务目标达成的协议,不仅是政府各个部门之间就各自负责的公共服务目标、财政部分配资金所达成的一种协议,更重要的是政府与公众之间签订的协议,它向公众表明了政府各个部门在公共服务领域承诺将要提供的服务,在公共服务中发挥了重要作用。公共服务协议清楚地表明了政府想要获得什么,为政府制定出改善公共服务的目标以及优先发展的重点,防止政府在公共服务的提供中出现碎片化。因为协调了各个部门的优先目标,所以公共服务协议可以很好地避免不必要的重复和浪费,并激发各个部门在统一规划下发挥自己服务功能的积极性,有效实现政府控制与部门自主性的平衡。应当说,公共服务协议不但为公众和政府提供了清晰的政策结果,还为政府各个部门的绩效监督提供了基础,也增强了各个部门的公共责任,也便于公众对政府公共服务的实施开展监督。①

可见,行政经营要想取得良好的效果,行政组织内部必须首先做到齐抓共管、协作共赢。这不但包括不同机构之间的协作,还包括了中央政府和地方政府的协作,还包括了不同地方政府之间的协作。随着我国行政体制改革的深化,各级政府都拥有了更多的自主权,也有了越来越独立的经济利益。各级政府在与上级政府总体目标和利益一致的基础上,也存在相对独立的权责和利益,②要打破地方保护主义,冲破局部利益的壁垒,携手共进,才能真正建成党的十九大报告所倡导的“共建共治共享”的社会治理新格局,也才能真正实现行政经营的合作共赢。

2. 政民合作

行政经营使政府退出公共服务的直接供给,由公共服务提供者变为了购买者,大量的公共服务外包、特许经营和政府采购使得政府与企业、社会组织和公民之间的合作日趋广泛。政府应该创造机会,让更多符合条件的企业、社会组织和公民参与公共服务公平竞标,保障公共服务能够更好地满足民众日益多样化的公共产品需求。行政经营法治

---

① 参见曾令发:《探寻政府合作之路:英国布莱尔政府改革研究(1997—2007)》,人民出版社 2010 年版,第 183 ~ 187 页。

② 参见刘文丽:《浅议提高地方政府的行政经营能力——兼论西部大开发中地方政府的经营能力问题》,载《中国行政管理》2001 年第 10 期。

化倡导政民合作,政府必须将企业、社会组织和公民看作合作伙伴,利益共享、责任共担。若将行政经营看作一支交响乐团,政府就是指挥家,其各个职能部门是重要的演奏者,而企业、社会组织和公民也是乐队成员,他们参与其中,协助政府更好地完成公共服务的目标,使交响乐团最终能奏出美丽的华章。

(四)公开公正

在现代治理中,信息公开不但是最好的防腐剂,还可以使公众的知情权得到保障。具体到行政经营中,就像卡梅伦政府的公共服务改革,在个人服务方面,保障公共服务用户的知情权,使公民可以利用有效数据来进行个人选择,根据自己的实际需要选择公共服务、定制个人服务。① 更为重要的是,信息公开还有一定的反向作用,它使公众更为积极地参与公共政策的讨论和制定,确保公共问题汇集成问题溪流、政策"原汤"和政治源流,从而敲开政策之窗、登上政策议程,确保政策参与各方的利益得到平衡和妥协,使理性决策成为公共政策的主流模式。② 这是确保行政经营决策民主化、科学化和法治化的重要保障。因此,行政经营走向法治化,自然也要以公开透明为价值取向。

同时,行政经营既然倡导"以人为本",那就应该注重社会公正,尤其要注意经济效益与公正公平之间的冲突问题。行政经营的目标是要提供更好的公共产品和公共服务,那么其经济收益就应该从社会实际、从民众的真正需求来做最佳配置,逐步缩小贫富差距,创造财富帮助弱势群体,公共决策力争做到相对公正,完善社会保障体系,针对不同人群提供不同服务,确保每个公民都能享受到高质量的公共服务。

(五)有限经营

行政经营是政府以市场经济手段对所管辖的各种资源进行优化整合和市场化营运。换言之,经营的对象是有限的,绝不能理解为政府可以将自己所有行政职能通过外包的方式交给其他机构或社会组织去完成,这是懒政、怠政,更是行政本质所不容的。现阶段,行政经营的对象主要是经营性资产和准经营性资产,包括有形资产和无形资产。其中,有形资产包括土地、基础设施、公用设施、环境设施、旅游设施及其附属物等;无形资产包括开发权、使用权、经营权、冠名权、广告权等相关权益。当然,在城市经营中,城市形象、城市品牌等无形资产也是行政经营的重要领域。

(六)责任明确

鉴于行政经营的特殊性,在经营过程中推行行政问责制是非常有必要和非常有意义的。不仅可以防止官员腐败,还可以防止由于官员随意决策而给地区发展带来的毁灭性灾难。行政经营既然倡导合作,那就更需要明晰责任,要尽快通过梳理权力清单、责任清

---

① 参见王楠、杨银付:《英国"开放公共服务"改革框架及启示》,载《中国行政管理》2016 年第 3 期。

② 参见曾令发:《政策溪流:议程设立的多源流分析——约翰·W. 金登的政策理论述评》,载《理论探讨》2007 年第 3 期。

单和负面清单来厘清各级政府及职能部门各自所享有的权力和承担的责任,并对没有履行职责、不能提供民众满意的公共产品和公共服务的部门进行追责。只有明确责任,才能更好地问责,这是行政经营走向法治化的价值选择。

四、行政经营法治化的组织架构

美国行政学大师沃尔多断言,在追求管理效率和效益的过程中,不断壮大的国家官僚机制完全有可能会侵蚀民主,成为不受欢迎的权力机构。人们可能会生活在一个高效能的社会中,但自主权、选择权,都会被一个高能量的、强大的社会官僚机制所剥夺。① 因此,行政经营法治化,行政组织的架构应该坚持两大原则:(1)网络扁平化原则。即在行政组织机构规模确定的前提下,通过组织设计和网络手段的应用,设计出管理幅度大、管理层次小的组织结构形态,加快信息传递速度的同时确保信息传递不失真,帮助高层尽快发现问题,并及时采取相应的纠偏措施。(2)柔性流动原则。即行政组织内部各种资源可用根据外部环境变化和行政内部发展需求迅速作出反应,包括及时组成项目组、内部单元组织和人员的调整重组,体现出对外部环境适应的高度柔韧性。②

我们可以借鉴英国的经验,在整体治理的理念上构建任务型组织。

首先,即在组织架构上,以合作为导向,实现三个方面的整合:(1)不同层级或同一层级上治理的整合,包括地方政府、地方以及中央政府的代理机构的整合;(2)治理功能的整合,包括同一机构内部不同功能上的整合,也包括不同功能部门之间的整合;(3)公私部门的整合,包括政府部门、私人部门以及非营利性机构之间的整合。③ 部门的设置应该根据行政管理领域的相关性进行必要合并,减少横向协调的困难。近年来,我国不少地区将工商局、质检局和食药监局合并成为市场监管局,正是建立权责统一的行政执法体制的一种积极探索,有利于改变分段监管、监管空白和权力交叉等情况,提高人、财、物等执法资源的配置效率。而下一步,国家机构的调整,大部制的深入推进,都将更有利于部门之间的整合和任务型组织的建构。

其次,在整合的基础上,以服务性为导向来构建任务型组织,除了更强调组织的目标任务导向而非规则导向之外,理想的组织结构应该是逐步实现小型化、团队化和弹性化,以提升组织的灵活和效率。各级政府可以组建一个核心执行部门,并增强其执行能力。在推进综合执法体制改革的同时,最重要的是要赋予这个核心执行部门掌舵和协调的能力,确保政府能够按照战略方向运行。目前,我国成立了全面依法治国领导小组、全面深化改革领导小组、中央网络安全和信息化领导小组,中央财经领导小组等各种中央领导小组,对推进国家治理和社会发展起到了重要作用。地方政府也可以借鉴这一做法,在

① 参见[德]马克斯·韦伯:《经济与社会》(下卷),阎克文译,商务印书馆2004年版,第314页。

② 参见曾俊锋:《将经营理念引入行政管理的若干思考》,载《金融经济》2005年第6期。

③ 参见曾令发:《任务型组织的发展:从新公共管理到整体型治理》,载《学海》2007年第4期。

地方上大量启用任务型组织，达致以下目标：(1)鼓励基层政府更多自治的同时提供全面的中央指导；(2)赋予基层政府和部门多样性和灵活性的同时保证一定程度上的一致性；(3)强化地方政府责任的同时加强管理的经济与效率。

最后，随着信息化技术的更新，政府要加快电子政府的建立，打破组织边界，通过"一站式"的政府网站形式，实现跨部门、"一站式"的公共服务供给，在线处理各种事务，提高公共服务的效率和水平，降低治理成本，更为紧密地联系政府、社会和公民。①

① 参见曾令发：《探寻政府合作之路：英国布莱尔政府改革研究(1997—2007)》，人民出版社2010年版，第209~210页。

第六章　行政购买(政府采购)及其法治化

时代的发展,促使传统的行政执法目标模式发生了变化,行政行为方式也随之发生了很多变化,具有行政管理目的的购买活动也即行政购买行为也逐渐增多,成为一种新的行政现象。在我国的行政管理和行政法制实务中,行政购买行为主要表现于、称呼为政府采购活动及其制度,本章简称政府采购。

当代行政管理模式的发展趋势从消极行政、管理行政、集权行政和高权管理向积极行政、服务行政、民主行政和良善治理转变,从刚性管理方式向刚柔相济转变且以柔性管理方式为主。① 我国现代的政府采购制度正是在此背景下形成发展起来的。

1996 年我国开始试行政府采购制度,经过各级政府采购管理部门和集中采购机构以及审计、监察等有关部门的共同努力,政府采购活动逐步走上法制化、规范化运行轨道。但是由于起步较晚,我国政府采购制度还存在法律法规不健全、管理机制不完善、采购手段落后效率低等很多不完善的地方。本章在分析问题的基础上,提出要以实现政府采购经济目标和其他社会经济目标为前提,进一步完善政府采购法律法规制度,优化政府采购制度的组织管理,完善政府采购制度监管机制,建立符合我国国情的政府采购制度,提高政府财政资金使用效率,以防范腐败现象。

一、政府采购的基本理论

(一)政府采购的基本含义

1. 政府采购的内涵

理论界对政府采购的认识存在一定程度的差异,但通常认为政府采购,是指各级政府为了开展日常政务活动或为公众提供公共服务的需要,在财政部门的监督下,以法定的方式、方法和程序,利用国家财政性资金或政府借款从开放的市场为政府部门或所属公共部门购买商品、工程及服务的行为。政府采购不仅是指具体的采购过程,而且是采购政策、采购程序及采购管理的总称。② 我国《政府采购法》第 2 条第 2 款规定:“本法所称政府采购,是指各级国家机关、事业单位和团体组织,使用财政性资金采购依法制定的集中采购目录以内的或者采购限额标准以上的货物、工程和服务的行为。”这也是目前国内多数学者引用的表述。

---

① 参见莫于川:《柔性行政方式是深化“放管服”改革的抓手》,载《法制日报》2017 年 3 月 29 日,第 12 版。

② 参见柯世涛、冯艳婷:《关于完善我国政府采购制度的思考》,载《云南社会科学》2002 年第 2 期。

政府采购制度是政府调节经济和社会生活的一种重要手段,也是财政支出管理的一个重要环节。完善合理的政府采购制度能够有效提高财政资金的利用效率。政府采购制度的功能表现为以下方面:从宏观角度看,实施政府采购制度有利于强化政府的宏观经济调控功能,这一功能是指政府部门在满足自身采购需求的同时,利用政府采购的特殊性,对于宏观经济的发展予以一定的指导。① 其可以相应地抑制社会需求和增加有效的社会供给,以此拉动社会内部有效的需求和刺激消费。由于政府采购的规模巨大,政府采购的数量、品种和频率能够对社会需求施加影响。同时,通过政策性的调整又可以在稳定物价、保护民族工业以及改善投资环境等方面发挥积极的作用。从微观角度看,政府采购制度有利于节约财政支出,降低行政成本,提高财政资金的使用效益。政府采购应该以最有利的价格等条件采购到符合质量要求的货物、工程或服务并体现出物有所值的原则,达到节约采购资金和政府运行成本的目的。② 政府支出具有自然的扩张性,每个国家都面临着公共支出膨胀的问题。对政府采购进行制度性的约束,可以有效抑制政府的支出膨胀和人员膨胀。政府采购制度中的财政预算、集中采购、竞争机制,监督采购等制度可以加强财政支出管理,减少浪费。从廉政建设角度看,实施政府采购制度有利于增加行政透明度。由专门的政府采购机构负责采购,使用单位不再直接拥有采购的权力,只负责最后的验收,而采购资金由财政部门统一负责向供应商直接拨付。将政府采购行为置于财政、供应商和社会公众等全方位监督的机制当中,在公开、公正、透明的环境中动作,可以有效地防止腐败行为的发生。

2. 政府采购的性质

政府采购的性质究竟属于"行政",还是属于"民事",学者们一直存在争议。完整的政府采购过程大体包括三个阶段:政府采购合同的意向形成阶段、合同签订阶段、合同履行与管理阶段。不同阶段,政府采购表现的法律属性是不同的。

第一阶段和第三阶段被多数学者认为是偏重于行政性质。第二阶段的性质归属,学界存在较大争议。政府采购活动中,合同是最有效的确定法律关系、平衡合同双方权利义务的形式,是整个政府采购法律调整体系中的一个重要环节。政府采购行为无论以何种方式进行,最终都将在采购人与供应商之间以合同的形式来履行。因此,政府采购的性质在某种程度上可以说取决于政府采购合同的性质。

对于政府采购合同的法律属性,学者们历来分歧较大,主要有三种代表性的观点:

第一种观点是行政合同说,认为政府采购合同是行政合同,理由是采购契约代表了游离在民事契约和行政行为之间的行政契约的一种典型形态,识别行政契约的标准可以

---

① 参见杨劲松:《关于完善我国政府采购对于宏观经济调控功能的研究》,载《商业时代》2013 年第 6 期。

② 参见孙宏英:《浅谈政府采购如何才能"真正"节约财政资金》,载《技术与市场》2014 年第 7 期。

延伸到政府采购契约,只要经行政性的采购程序签订采购契约,都应该认定为行政契约。[①] 政府采购的优益性特点使政府采购合同具有区别于民事合同的合法性质,这使该合同的设立、履行、变更和解除等方面均呈现法定化的特点。政府机关必须在法定授权范围内缔结合同,并要严格遵守物有所值的原则。出于公共利益的考虑,政府机关在采购活动中还享有一定限度的行政特权,如政府机关享有合同履行的监督控制权。

第二种观点是民事合同说,认为政府采购合同是政府机关作为平等的民事主体与其他公民法人之间订立的有关民事权利义务的民事合同,如购买文具、修缮房屋、新建大楼等合同,仍然应受合同法调整。当国家以国有资产为基础参与各种民事法律关系时,国家是以民事主体身份出现的。政府各种采购行为是一种民事行为,尽管对此种行为要制定专门的政府采购法予以规范,但由此所产生的合同关系也应当适用合同法。国家机关和实行预算管理的事业单位、团体组织,一旦同供应商签订了政府采购合同,双方就是平等的民事主体之间的关系,采购人必须严格遵守合同。

第三种观点是混合说,认为政府采购合同兼具民事性和行政性。“采购契约应该是一种‘混合契约’(Mischvertrag)。它代表了游离在民事契约和行政行为之间的行政契约的一种典型形态。”[②]持此观点的学者认为“政府采购合同是政府利用商业机制实现经济和社会政策的工具,具有维护公共利益实现公共职能和在商业市场中平等有偿交易的双重特征,将政府采购合同简单地和绝对地归属于普通的民事债权合同或者一般的行政合同,都不能全面地反映政府采购合同的特征和功能。”[③]

对比上述三种观点,笔者较为赞同第三种观点,理由为“在一定程度上,在政府采购的过程中实现了依法行政与意思自治之间的调和。政府利用其在政府采购中拥有的经济上或讨价还价的能力来对那些与合同主要目标多少有些关联的事项进行规制,在实现采购本身目的之外,同时实现政府预期的某些政策目标如反通货膨胀、工作条件标准等,即所谓利用合同的规制”。[④] 但笔者同时认为,政府采购合同属于偏重于行政性的混合型合同。一方面,作为市场经济社会中的一个重要消费者,在西方资本主义社会中,国家极少通过国有企业来生产和制造行政机关履行公务所必需的商品和劳务,行政机关通常要到市场上去定购所需物品。这实际上反映的是公法私法化及私法精神的合理延伸与渗透。在一定程度上,政府采购合同吸纳了私法自治基础上平等、自愿等原则和契约形式,并以此来实现公共意志、公共利益,是私法精神向“公”的领域合理地延伸与渗透。但政府采购合同又不同于一般的民事合同,“在特定情况下,采购契约却有可能与一般商业

① 参见余凌云:《行政契约论》,中国人民大学出版社 2000 年版,第 232 页。

② 张照东:《政府采购的法律属性》,载中国政府采购网:http://www.ccgp.gov.cn,最后访问日期:2002 年 11 月 5 日。

③ 于安:《政府采购合同》,载《法制日报》2002 年 7 月 7 日,第 3 版。

④ 郑瑞志:《中国政府采购的特殊性及其影响——从经济和法律的视角》,载《社会科学》2002 年第 7 期。

契约有着实质的区别,发生性质的转变。而促成变化的原因首先根源于政府采购所具有的经济重要性和其本身所蕴含的公益性”。[①] 在政府采购合同中,由于权力要素的渗透,合同双方不再是两个“任意性”的个体意志,其中一个属于公共意志,使财产性因素和权力性因素相结合,导致了“组织性与财产性”法律关系的产生。另一方面,民事合同的相对性决定了民事合同法律关系的不透明性,政府采购主体和行为性质的特殊性,以及利益相关者的参与、监督的公众性,要约与承诺制度的公开化受到限制性,决定了政府采购合同制度和合同法律关系的复杂性,它需要通过具体的制度安排将政府采购合同的整个缔结过程,合同的主要条款内容,合同的履行、监督与管理,各政府采购法律关系主体的权利、义务、责任及相关诉讼和救济制度都予以明确化、公开化、透明化。[②] “采购契约中一方当事人被视为公共利益的代表,这就决定了公法契约(public contract)有别于纯属私人之间签订的契约的特殊性(specificity)。他们的契约行为所受到的来自预算和政治上的约束,契约本身所蕴含的公共利益,以及对契约履行必须施加严格的监督,所有这些都使公法契约行为(public contracting activities)构成独自的法律类别,要受到特别规则和原则的调整。”[③]政府采购作为国家的政策工具对增加就业机会、照顾少数民族或偏远落后地区的经济发展,实现其他有助于社会发展的政治公益目的都将起到重大的作用。随着民主思潮、福利国家、给付行政等新型国家目的观的出现,行政作用不再限于传统秩序国家所确立的保护国家安全和独立、维持社会公共秩序以及确保财政收入的消极秩序作用,而是向积极整备环境、经济、地域空间等秩序行政方面,以及社会保障、公共义务的供给、资金补助等给付行政方面扩展,为达到上述行政目的,就存在使用多种多样的行政手段。[④] 政府采购恰恰是这种趋势在社会实践中的反映。

3. 政府采购的特征

对政府采购特征的描述归纳起来有如下几点:一是采购的资金主要表现为财政性资金,而且政府采购应当严格按照批准的预算执行;二是采购的目的主要是实现政府的行政职能,是为了规范政府采购行为,提高政府采购资金的使用效益,维护国家利益和社会公共利益;三是采购要严格遵守法定的采购程序,即政府采购工程进行招标投标的,适用招标投标法;四是政府采购应当遵循公开透明原则、公平竞争原则、公正原则和诚实信用原则;五是政府采购的信息要公开,除了涉及商业秘密的政府采购信息外,其余政府采购信息应当在政府采购监督管理部门指定的媒体上及时向社会公开发布。

---

① 余凌云:《行政契约论》,中国人民大学出版社 2000 年版,第 189 页。

② 参见赵忠江:《论政府采购制度的法律特征》,载《大连理工大学学报》(社会科学版)2003 年第 1 期。

③ Cf. Jose M. Fernandez Martin, op. cit., p. 1. 转引自余凌云:《行政契约论》,中国人民大学出版社 2000 年版,第 192 页。

④ 参见[日]石井昇:《行政契约的理论和程序》,东京弘文堂 1998 年版,第 5 页。

(二)政府采购的基本原则

政府采购的基本原则是指在进行政府采购的一系列活动中所应遵循的基本指导思想。关于政府采购的基本原则学者们众说纷纭。[①]《政府采购法》第3条规定:"政府采购应当遵循公开透明原则、公平竞争原则、公正原则和诚实信用原则。"

1. 公开透明原则

政府采购的公开透明原则是指有关政府采购的法律政策、采购程序和采购活动等诸项内容都要保证公开透明,并保证其能被及时了解和查证。

公开透明原则是政府采购制度中的首要原则,是世界各国管理公共支出的一个共同原则。世界贸易组织的《政府采购协议》(1994年版)序言中明确提出"本协议各缔约国承认各方期望提高政府采购规则、程序和措施的透明性",第17条进一步强调了政府采购的透明度问题,指出"每一缔约方应鼓励其实体说明来自本协议缔约方国家投标的条件,包括背离竞争性招标程序或援引诉讼程序的条件,以确保每个实体授予合同的透明度"。政府采购遵循公开透明原则的目的在于提高政府采购决策的透明度,防止"暗箱操作""钱权交易"等腐败现象的滋生。遵循公开透明原则既能适应市场经济的客观要求,又有利于发挥市场机制在支出管理中的重要作用,实现政府与市场在支出管理领域的最佳结合。[②]

2. 公平竞争原则

政府采购的公平竞争原则是指政府采购合同的签订要通过招投标等公平竞争的方式进行,所有有意参与投标的人在机会、待遇平等的条件下依靠自己的实力获取中标。

"公平竞争原则是政府采购制度的灵魂,没有竞争就没有政府采购制度。"[③]一方面,市场经济本质就是在公平有序的环境中实现竞争,以此推动社会向前发展。可以说,竞争性的政府采购对于高新技术产业的发育起到非常大的激励和促进作用。另一方面,"政府采购的一个重要假设,是竞争价格,是一种合理价格,其采购利益要通过供应商间最大限度的竞争来实现"。[④] 通过公平有效的竞争,政府采购可形成买方市场,促使供应商提供优质、高效、廉价的商品和服务,形成对采购方有利的竞争局面。

---

① 诸如,"五项说一",即公开透明原则、公平竞争原则、公正原则、诚实信用原则和经济有效紧密结合原则,参见王亚琴编著:《政府采购与行政权利救济》,人民法院出版社2004年版,第16~21页。"五项说二",即公开公平公正原则、效率原则、适度集权原则、与政府政策目标相一致原则和财政主导原则。"六项说一",即公开性原则、公正性原则、公平性原则、竞争性原则、高效性原则和透明度原则,参见王亚星:《政府采购制度创新》,中国时代经济出版社2002年版,第22~27页。"六项说二",即竞争性原则;公开性原则;公平性原则;保护民族经济,提高国民竞争力原则;扩大政府采购的范围与规模原则;逐步国际化原则。参见杨灿明、李景友主持:《政府采购问题研究》,经济科学出版社2004年版,第226~229页。

② 参见胡家诗、杨志安:《政府采购研究》,辽宁大学出版社2002年版,第48页。

③ 杨灿明、李景友主持:《政府采购问题研究》,经济科学出版社2004年版,第25页。

④ 王亚星:《政府采购制度创新》,中国时代经济出版社2002年版,第25页。

3. 公正原则

政府采购的公正原则是所有参加竞争的投标商都能获得平等的竞争机会并受到同等待遇。政府采购作为政府参与市场活动的一种形式,必须履行市场准入规则,公正地对待所有投标企业,给予他们平等的机会。人们寻求公正,自远古以来公正就一直是人类追求的终极目标。① 在政府采购中,公正也尤为重要。政府采购作为政府参与市场活动的一种形式,必须履行市场准入规则,对所有参与投标的企业一视同仁。公正原则一方面,要求实现形式意义上的公正,即为所有可能参加竞争的供应商提供平等的机会,采购主体向所有的供应商提供的信息一致,资格预审或投标评价对所有的供应商适用同一标准。另一方面,要求实现实质意义上的公平,即平等并不意味着相等,对于弱势的民族企业、中小企业的照顾不是对公正原则的破坏,而是实质公正的实现。这种公正不仅保护了政府采购当事人的合法权益,更促进了政府采购程序健康有序地运行。"行政公正原则在政府采购中的实现,对行政主体来说,有利于树立起行政权的权威,对行政相对人来说,能真正信服行政权,最终实现政府采购的目的正义性。"②

4. 诚实信用原则

诚实信用原则的内涵是"一切法律关系应各就其具体的情形,依正义衡平理念加以调整,而求其具体的社会妥当"。③ 其是发展市场经济的内在要求。

诚实信用虽然是一项私法原则,但笔者认为也应当成为公法(行政法)中的重要原则。"在行政法上,诚信原则既是维系和指导政府与人民关系的根本准则,又应是规范和调整行政机关与公民个人关系的指导原则。"④诚实信用原则要求政府采购的双方,即供应商与政府都应遵守商业交易的普遍规则,做到诚实守信,童叟无欺。一方面,政府不得因其享有的行政权力和具有的优势地位,而侵犯供应商的合法利益。另一方面,供应商也不得以获得不正当利益为目的贿赂相关行政人员、更不得伪造、变造、隐匿、销毁需要依法保存的采购文件,规避法律法规。当今社会,政府在加强公民诚信教育的同时,更应以身作则,建立"诚信政府",将诚实信用作为最基本的义务,将为人民服务作为唯一的宗旨,做到不辜负人民的信任。

二、政府采购制度的运行状况

(一)背景问题

政府采购制度和其他法律制度一样都经历了从无到有、从低到高的演变过程。由于

① 参见宋冰:《程序、正义与现代化——外国法学家在华演讲录》,中国政法大学出版社 1998 年版,第 327 页。

② 林鸿铭:《试论政府采购法之基本原则》,载《台港澳法学》2001 年第 3 期。

③ 史际春、邓锋:《经济(政府商事)合同研究——以政府采购合同为中心》,载《河南大学学报》(社会科学版)2000 年第 4 期。

④ 刘莘、邓毅:《行政法上之诚信原则刍议》,载《行政法学研究》2002 年第 4 期。

历史发展和文化传统及经济发展的差异,中外政府采购制度的发展也存在较大的差异。

比较而言,从国际的角度来看,政府采购行为随着国家的出现就已产生,而政府采购制度则是在近代资本主义制度形成以后才出现的。人类社会很早就出现了政府采购行为,最早的一张采购单可追溯到公元前2800年到公元前2400年的叙利亚,它写在红色的陶制木板上;公元前3世纪的雅典也有政府采购的记录,人们还发现了恺撒军团的采购订单。[①] 随着政治体制的民主化和经济体制的市场化,政府采购活动与过去相比,已经发生了质的变化。随着资本主义国家对政府采购管理逐步成熟,政府采购制度也就应运而生了。政府采购制度最先出现在英国,随后很多西方法制较为发达的国家也纷纷建立了政府采购制度。近年来,随着世界经济一体化进程的加快,政府采购开始进入了国际贸易领域。从促进全球贸易自由化的角度出发,一些国际组织制定了一系列关于政府采购的协议,为政府采购在法律、规则、原则与程序等方面设立了统一的国际标准。

我国政府采购的历史是源远流长的,春秋战国时期已有文献记载,但我国现代意义上的政府采购制度发展相对滞后。1995~1998年是我国政府采购制度的试点阶段,1995年党的十四届五中全会通过的《中共中央关于制定国民经济和社会发展"九五"计划和2010年远景目标的建议》中明确提出,"实现'九五'和2010年的奋斗目标,关键是实行两个具有全局意义的根本性转变,一是经济体制从传统的计划经济体制向社会主义市场经济体制转变,二是经济增长方式从粗放型向集约型转变,促进国民经济持续、快速、健康发展和社会全面进步"。在这种背景下,为加强财政宏观调控能力、强化财政职能、基本消灭财政赤字等财政改革的目标,我国上海等地陆续开展了政府采购的实践。1996年上海财政局和卫生局决定,联合各大医院以"公开招标,集中采购"的方法,并根据合同约定金额给各大医院拨款。这一举措打破了我国传统的财政支付方式,"阳光采购"的试点工作正式开始起步。1998年我国第一次"政府采购试点会议"召开,同时在财政部预算司设立政府采购处,专门管理政府采购工作,此举标志着政府采购工作在全国全面启动。1999~2002年是我国政府采购制度的推广阶段,1999年中央国家机关的政府采购工作逐步展开,民政部、原卫生部等部门开展了政府采购商品的尝试,原国务院机关事务管理局等部门还制定了具体办法。至1999年年底,政府采购机构在全国28个省、自治区、直辖市和计划单列市纷纷建立。至2002年6月第九届全国人民代表大会常务委员会第二十八次会议通过了《政府采购法》,该法于2003年1月1日起正式实施,奠定了我国政府采购制度的法律基础,也标志着我国政府采购进入立法规范阶段。为规范政府采购行为,提高政府采购资金的使用效益,维护国家利益和社会公共利益,保护政府采购当事人的合法权益,促进廉政建设制定,2014年8月第十二届全国人大常委会修订了《政府采购法》。与之相适应,2014年12月31日国务院第七十五次常务会议通过了《政府采购法实

① See Charles K. Coe, *Public Financial Management*, Prentice-Hall lnc. ,1989, p. 87.

施条例》(以下简称《采购条例》),并于2015年3月1日起正式实施。随着我国政府招标采购制度的不断完善和发展,政府采购已经步入正轨。①

(二)政府采购当事人

我国《政府采购法》第14条规定,政府采购当事人是指在政府采购活动中享有权利和承担义务的各类主体,包括采购人、供应商和采购代理机构等。

采购人,又称采购方、采购主体或采购实体,是指依法使用财政性资金采购工程、货物和服务的当事人,采购人作为政府采购法律关系的一方当事人,其身份是买方,在政府采购活动中居于主导地位,②属于需求方主体。按照我国《政府采购法》第15条的规定,采购人是指使用财政性资金依法进行政府采购的国家机关、事业单位、团体组织。显然,这里的采购人不同于一般的民事买方主体。第一,采购人所使用的资金是财政性资金;第二,采购人的购买目的是为公益而非私益;第三,购买程序依法进行,不同于私法领域中依当事人意思自治;第四,采购人身份只能是国家机关、事业单位和团体组织。

采购代理机构又称集中采购机构,根据《政府采购法》第16条的规定,设区的市、自治州以上人民政府根据本级政府采购项目组织集中采购的需要设立集中采购机构。集中采购机构是非营利事业法人,根据采购人的委托办理采购事宜。我国政府采购实行集中采购与分散采购相结合的采购模式。政府集中采购机构的职责一般应包括:负责组织本级人民政府集中采购目录的实施工作,即汇总各采购单位的集中采购计划,对各采购需求进行整合,拟定具体的实施方案,编制相关采购文件,并负责监督政府采购合同的履行和验收等;接受各采购单位的委托代理业务,办理集中采购目录之外的采购项目事宜;负责政府集中采购机构采购操作人员的业务培训。③ 从国际经验看,集中采购通常是由集中采购机构负责组织实施事务。我国在政府采购制度刚刚起步和发展的情况下,设置集中采购机构是必要的,其承担集中采购任务可以促进采购的专业化,更好地发挥集中采购的优越性。

供应商属于供方主体,按照我国《政府采购法》第21条的规定,供应商是指向采购人提供货物、工程或者服务的法人、其他组织或者自然人。供应商是指国内供应商,理由如下:第一,是政府采购本质属性的要求。因为政府采购的主要资金来自纳税人,因此也应当将供货的机会给予纳税人,这种做法从根本上说,是为了保护公共利益和国家利益。从国际上看,世界上也没有一个国家的政府采购市场是完全开放的。第二,虽然世界贸易组织的《政府采购协议》规定政府采购的供应商不应局限于本国供应商,但我国并未签署该协议,因此不必受其约束。第三,对国内供应商提供的实质性保护,不仅可以引导企

---

① 参见沈琦:《新形势下我国政府采购现状及发展趋势》,河南大学2013年硕士学位论文,第16页。

② 参见胡兰玲:《政府采购制度创制研究》,南开大学2013年博士学位论文,第28页。

③ 参见张定安、刘杰:《我国政府集中采购体制对采购绩效的影响》,载《行政论坛》2010年第5期。

业的投资方向，而且可以在一定程度上改善本国的产业结构。

政府采购当事人应当严格依照政府采购制度的规定进行政府采购活动，不得相互串通损害国家、社会和他人的合法权益，不得以任何手段排斥其他供应商参与竞争。采购代理机构不得以不正当手段谋取非法利益。供应商是市场主体，以营利为目的，应通过正当渠道获得商业机会，不得以不正当手段谋取中标或成交。

（三）政府采购方式

政府采购属于政府性行为，各采购人为履行政府职能而购买货物、工程和服务的活动必须规范。规范采购方式，明确各采购方式所适用的范围，以免在实际工作中出现随意选用采购方式的问题是非常必要的。我国《政府采购法》第 26 条规定，政府采购方式为公开招标、邀请招标、竞争性谈判、单一来源采购、询价和国务院政府采购监督管理部门认定的其他采购方式等六种。此六种方式可以按照是否采用招投标方式分为两大类：招标性采购和非招标性采购。其中，招标性采购包括公开招标、邀请招标两种，非招标性采购包括竞争性谈判、单一来源采购、询价和国务院政府采购监督管理部门认定的其他采购方式等四种。

1. 招标性采购

招标性采购是指通过招标的方式，邀请特定或不特定的供应商参加投标，采购人通过某种事先确定并公布的标准从所有投标中评选出中标的供应商，并与之签订合同的一种采购形式。

招标性采购包括了公开招标和邀请招标两种，其中公开招标是指采购人按照法定程序，通过发布招标公告的方式，邀请所有潜在的、不特定的供应商参加投标，采购人通过事先确定的标准，从所有投标者中择优选择中标的供应商，然后，采购人与政府签订采购合同的一种采购方式。① 该种采购方式应是政府采购的主要采购方式，它与其他采购方式相比，无论是透明度上，还是程序上，都是最富有竞争力和规范的采购方式，也能最大限度地实现公开、公正、公平原则。世界银行《采购指南》把公开招标作为最能充分实现资金的经济和效率要求的方式，要求借款国以此作为最基本的采购方式。我国《政府采购法》第 28 条规定，采购人不得将应当以公开招标方式采购的货物或者服务化整为零或者以其他任何方式规避公开招标采购。依此来强调公开招标的应然使用性。

公开招标与其他采购方式不是并行关系，是政府采购的首选方式。但公开招标存在程序环节多、采购周期长、费用较高等缺陷。作为对公开招标方式的一种补充，我国《政府采购法》第 29 条规定了邀请招标的方式及其适用情形。所谓邀请招标，也称选择性招标，由采购人根据供应商或承包商的资信和业绩，选择一定数目的法人或其他组织（不少于 3 家），向其发出招标邀请书，邀请他们参加投标竞争，从中选定中标的供应商。邀请

① 参见胡兰玲：《政府采购制度创制研究》，南开大学 2013 年博士学位论文，第 75 页。

招标方式适用于两种情形:一是采购项目具有特殊性,潜在供应商数量较少,公开招标与不公开招标均不影响提供产品供应商数量的;二是若采用公开招标方式,所需时间和费用占政府采购项目总价值的比例过大的。

2. 非招标性采购

非招标性采购是指除招标性采购以外的采购方式,主要适用于采购有时间限制、采购来源单一等采购项目。非招标性采购的方式包括竞争性谈判、单一来源采购、询价、国务院政府采购监督管理部门认定的其他采购方式四种方式。

竞争性谈判方式采购是指采购人或代理机构通过与多家供应商(不少于3家)进行谈判,最后从中确定最优供应商的一种采购方式。[①] 我国《政府采购法》第30条规定:"符合下列情形之一的货物或者服务,可以依照本法采用竞争性谈判方式采购:(一)招标后没有供应商投标或者没有合格标的或者重新招标未能成立的;(二)技术复杂或者性质特殊,不能确定详细规格或者具体要求的;(三)采用招标所需时间不能满足用户紧急需要的;(四)不能事先计算出价格总额的。"单一来源方式采购是指没有竞争性的采购,主要由于所采购产品的来源渠道单一或属知识产权类商品或后续维修扩充等特殊情况的采购。询价采购方式,就是我们通常所说的货比三家,这是一种相对简单而又快速的采购方式,即采购人向有关供应商发出询价通知书让其报价,然后在报价的基础上进行比较并确定最优供应商的一种采购方式。值得注意的是,询价采购方式只允许供应商报出不得更改的报价。法律规定采购的货物规格、标准统一、现货货源充足且价格变化幅度小的政府采购项目,可以采用询价方式采购。国务院政府采购监督管理部门认定的其他采购方式是一项弹性条款,授权国务院政府采购监督管理部门认定其他的采购方式是必要的。这些其他采购方式在程序上应当由国务院政府采购监督管理部门认定,应符合政府采购实践的要求。

(四)政府采购程序

政府采购程序有广义和狭义之分,广义的政府采购程序是指一个政府采购项目自开始确定立项采购直至采购活动完全结束的完整的运作过程,主要包括以下几个阶段:确定采购需求;预测采购风险;选择采购方式;供应商资格审查;执行采购计划;签订和履行采购合同;采购验收、资金支付和文件的管理。狭义的政府采购程序是指为实现政府采购目标,根据所确立的政府采购方式的特点,法律规定的执行该政府采购方式所应遵循的步骤。[②] 这里所说的政府采购程序实质上就是签订政府采购合同的广义程序,主要包括前面所说的三个阶段。

---

① 参见胡兰玲:《政府采购制度创制研究》,南开大学2013年博士学位论文,第76页。

② 参见何红锋主编:《政府采购法详解》,知识产权出版社2002年版,第84~86页。

1. 签订合同的意向形成阶段

通常情况下,政府采购的第一步是首先由采购主体提出采购需求,报财政部门审核,得到批准后才能进行采购。财政部门在审核时既要考虑采购预算的限额,又要考虑各采购主体采购要求的合理性。从政府采购工作看,开展采购工作的前提是,预算中有安排,并且项目要具体,资金预算要明确。只有这样,才能为政府采购监督管理部门有的放矢地制订政府采购计划,实施有效监督管理提供依据;同时,方便采购人和集中采购机构有计划地开展采购活动,为供应商了解年度政府采购市场的规模和结构,并客观地作出经营策略提供依据。我国《政府采购法》第 33 条规定,负有编制部门预算职责的部门在编制下一财政年度部门预算时,应当将该财政年度政府采购的项目及资金预算列出,报本级财政部门汇总。部门预算的审批,按预算管理权限和程序进行。按照该条规定,各部门在编制部门预算时,凡是属于该法规定的政府采购项目,都应在部门预算的相关科目中详细列明,包括项目具体名称和预算等事项。人民代表大会批准了部门预算,也就批准了其中的政府采购预算。只有经人民代表大会批准的采购项目,才能开展采购活动。

2. 合同签订阶段

按照我国现行的相关法律,采购人对于采取什么样的采购方式拥有较大的自主权。一般来说,选择采购方式应结合每个项目的具体情况予以确定。适宜的采购方式可以节约采购时间和成本,实现社会资源的最大公益化。

要约和承诺是合同成立的必经阶段,政府采购合同也不例外。由于政府采购方式的多样性,因而每种不同的采购方式所反映的要约与承诺的层次组合也不尽相同。以政府采购中最常用的公开招标方式为例,其签订合同的程序大体是:第一,发布招标公告。发布招标公告时,应尽量发布内容翔实、程序严明的预审公告,限制参与企业资质,避免浪费。第二,投标。由有意参与此次政府采购活动的供应商根据自己的实力进行投标。货物和服务项目实行招标方式采购的,自招标文件发出之日起至投标人提交投标文件截止之日止,不得少于 20 日,要求采购人或集中采购机构必须为投标人提交投标书留有最低限度的时间,确保投标人及时对其采购意向作出响应,避免因时间过短或者过长而给采购工作带来负面影响。第三,开标。采购人必须按招标文件规定的时间、地点和规则进行,采取公开的方式,做好唱标工作并记录开标的全过程。第四,评标和决标。由专门委员会对所有有效的投标进行评价,按照“最低评标价法”与“综合评分法”等方法进行评比,选择对于此次采购最有利的投标。用最低评标价法评标是国际惯例。我国招标的最低评标价法在实施中有多种形式,为规范政府采购招标的评标活动,《采购条例》对最低评标价法进行了规范。其是指投标文件满足招标文件全部实质性要求且投标报价最低的供应商为中标候选人的评标方法。其适用于技术、服务等标准统一的货物和服务项目招标。在采购实践中,除了技术复杂、性质特殊的招标项目外,原则上都应当采用最低评标价法评标。而从招标实践看,综合评价的方法是目前最常用的一种评标方法。综合评价的具体方法很多,招标实践中可以依据不同的评价值进行综合评定,如用分值、排名、投票得票数以及投标价格的加减等方法,其中综合评分法最为常见。《采购条例》在总结政府采购招标实践的基础上.对综合评价方法进行了规范。明确了综合评分法是指投标文件满足招标文件全部实质性要求且按评审因素的量化指标评审得分最高的供应商为中标候选人的评标方法。采用综合评分法评标时,要将采购需求中除实质性条款外的其他因素用折算后的分值体现。评审因素一般包括价格、商务、技术和服务四部分内容,货物、服务和工程三类项目。

值得注意的是,采购人、采购代理机构无论是采用最低评标价法,还是综合评分法,其评价标准必须以招标文件规定的标准为依据,招标文件中没有规定的评标标准不得作为评审的依据。①

中标、成交通知书对采购人和中标、成交供应商均具有法律效力。采购人与中标、成交供应商应当在中标、成交通知书发出之日起30日内,按照采购文件确定的事项签订政府采购合同。中标、成交通知书发出后,采购人改变中标、成交结果的,或者中标、成交供应商放弃中标、成交项目的,应当依法承担法律责任。国务院政府采购监督管理部门应当会同国务院有关部门,规定政府采购合同必须具备的条款。在实践中经常出现供应商被确定为中标或者成交人之后,拒绝与采购人签订合同的情形,其原因是多样的,既包括中标或成交供应商主观方面的原因也有客观方面的原因,既有正当的原因也有非正当的原因。因此,由于中标或成交供应商拒绝与采购人签订合同而产生的不良后果时有发生。中标或成交供应商拒签合同,必须要有明确的意思表示,如中标或成交供应商向采购人或采购代理机构书面申明放弃合同。在实践中,中标或成交供应商为规避拒签合同的法律责任,并不会直接明确地表示其拒绝与采购人签订合同,而主要采取一些默示的方式,如中标或成交供应商在合同签订时向采购人提出非法的附加条件,中标或成交供应商无正当理由而拖延推脱等。因此《采购条例》第49条进行了相关的规定,中标或成交供应商拒绝与采购人签订合同的,采购人可以按照评审报告推荐的中标或者成交候选人名单排序,确定下一候选人为中标或者成交供应商,也可以重新开展采购活动。

3. 合同履行与管理阶段

第一,履行采购合同。在该阶段,供应商必须按照合同的各项规定,向采购人提供货物、工程或服务并有权获得相应价款。为保障合同的顺利履行,《采购条例》第48条专门增加了关于履约保证金的规定。虽然《政府采购法》中对于履约保证金并未做规定,但在实践中,采购人或采购代理机构向中标或成交供应商收取履约保证金的现象较为普遍。因此,更应规范政府采购活动中的履约保证金收取行为,维护供应商的合法权益。实际

① 参见陈渊鑫:《〈中华人民共和国政府采购法实施条例〉的理解与适用(三)》,载《财政监督》2017年第17期。

上,履约保证金是中标者按照文件要求为保证顺利履行合同而向采购人或采购代理机构提供的一种担保。其目的是促使中标或成交供应商全面履行合同。《采购条例》对履约保证金的形式和金额上限作出了规定。以便更好地发挥履约保证金的积极作用,减轻中标或成交供应商的负担,履约保证金采取了正向列举和反向禁比相结合的方式,并规定履约保证金应以非现金形式支付,金额最高不得超过采购合同金额的10%,这种规定兼顾了与《招标投标法实施条例》的衔接。①

双方当事人不得擅自变更、中止或者终止合同,否则属于违约。但是,如果政府采购合同继续履行将损害国家利益和社会公共利益的,双方当事人应当变更、中止或者终止合同。有过错的一方应当承担赔偿责任,双方都有过错的,各自承担相应的责任。

第二,合同的管理。政府采购项目的采购合同自签订之日起7个工作日内,采购人应当将合同副本报同级政府采购监督管理部门和有关部门备案。采购人、采购代理机构对政府采购项目每项采购活动的采购文件应当妥善保存,不得伪造、变造、隐匿或者销毁。采购文件的保存期限为从采购结束之日起至少保存15年。采购文件包括采购活动记录、采购预算、招标文件、投标文件、评标标准、评估报告、定标文件、合同文本、验收证明、质疑答复、投诉处理决定及其他有关文件、资料。

在政府采购合同执行过程中或执行完毕后,采购实体要对合同执行的最终结果进行效益评估。采购人或者其委托的采购代理机构应当组织对供应商履约的验收。大型或者复杂的政府采购项目,应当邀请国家认可的质量检测机构参加验收工作。验收方成员应当在验收书上签字,并承担相应的法律责任。采购人在采购活动完成后,应当将采购结果予以公布。政府采购监督管理部门应当对政府采购项目的采购活动进行检查,政府采购当事人应当如实反映情况,提供有关材料。政府采购监督管理部门应当对集中采购机构的采购价格、节约资金效果、服务质量、信誉状况、有无违法行为等事项进行考核,并定期如实公布考核结果。审计机关应当对政府采购进行审计监督。政府采购监督管理部门、政府采购各当事人有关政府采购活动,应当接受审计机关的审计监督。监察机关应当加强对参与政府采购活动的国家机关、国家公务员和国家行政机关任命的其他人员实施监察。任何单位和个人对政府采购活动中的违法行为,有权控告和检举,有关部门、机关应当依照各自职责及时处理。

(五)政府采购纠纷的解决机制

政府采购从开始到结束的整个过程来讲,在不同的阶段会发生不同的纠纷。如在政府采购合同订立之前,由于采购机关违反招标程序,使供应商没有得到公平竞争的机会,从而引起纠纷。在合同订立后履行中,也可能因合同履行不当给当事人一方造成损害引

① 参见陈渊鑫:《〈中华人民共和国政府采购法实施条例〉的理解与适用(三)》,载《财政监督》2017年第17期。

起纠纷。在合同履行后,因政府采购监督管理部门实施监督管理职能不当,也能发生纠纷。因引起纠纷的事实不同,导致纠纷的性质也不尽相同,所以对纠纷的解决也相应采取不同的救济方式。国际上政府采购合同纠纷的解决有三种方式:一是由独立的仲裁机构受理,如加拿大的国际贸易仲裁法庭、日本的政府采购审查委员会。二是由财政部门负责解决,如新加坡和韩国。三是由地方法院受理。[①] 我国《政府采购法》有关政府采购纠纷解决机制的规定是模糊不清的,从其内容来看,基本上可以分为:按照合同纠纷解决机制的解决方式和行政内部救济解决方式。但还是偏行政内部解决方式。究其原因,我国政府采购合同系行政契约的一种变形这一观点是被普遍接受的。基于此,我国现行政府采购制度的具体内容分析,政府采购活动中产生的纠纷按照其性质的不同,可以分为两大类:民事性采购合同纠纷和行政性采购活动纠纷。采取的救济方式:一种是民事司法救济方式,即通过协商、调解、仲裁和诉讼的方式解决纠纷,这种方式通常适用于解决采购人和供应商在合同的效力、履行和违约责任等方面发生的纠纷。另一种是行政救济方式,即通过质疑、投诉、行政复议和行政诉讼的方式解决纠纷。这种方式通常适用于解决采购人和供应商在合同的订立方式、监督管理等方面发生的纠纷。

1. 民事司法救济方式

我国《政府采购法》第 43 条规定,"政府采购合同适用合同法"。由于《政府采购法》在这一规定中并没有对合同法使用书名号,没有将"合同法"界定为狭义的《合同法》,那么,我们就有理由推定只要是规范合同行为的法律法规均可以规范政府采购行为,包括实体规范与诉讼程序规范。

采购人和供应商之间的权利和义务,应当按照平等、自愿的原则以合同方式约定。这一规定合理与否我们暂且不论,但是,它似乎表明了这样一种含义,即政府采购合同是处于平等法律地位的采购人与供应商之间设立、变更、终止民事权利义务关系的协议,也就意味着《合同法》的基本原则、合同的订立与效力、合同的履行、变更和转让、合同的权利义务终止以及违约责任等规定都适用于政府采购合同。同时也说明,政府采购合同的当事人之间的法律地位平等,一方不得将自己的意志强加给另一方当事人。依法成立的采购合同对双方当事人都具有法律约束力。依此,有学者指出,因政府采购合同发生的纠纷,适用民事诉讼或仲裁来解决。[②] 这一观点仍需值得商榷。

2. 行政救济方式

之所以在上述第一点中认为"值得商榷",是因为我国《政府采购法》第六章"质疑与投诉"的规范的存在。尤其是该法第 58 条规定:"投诉人对政府采购监督管理部门的投诉处理决定不服或者政府采购监督管理部门逾期未作处理的,可以依法申请行政复议或

① 参见刘燕:《政府采购合同的性质及其纠纷解决机制》,载《中国财政》2002 年第 10 期。

② 参见杨灿明、李景友主持:《政府采购问题研究》,经济科学出版社 2004 年版,第 240 页。

者向人民法院提起行政诉讼。”显然,《政府采购法》的这两条规定给学者们留下了广泛的讨论空间,其中不免产生许多歧义。

在政府采购活动中,由采购人发布采购信息,包括采购的对象、采购的标准、供应商的准入条件、实行的采购方式等。因此,采购人往往处于主动地位,供应商则相对比较被动。如果采购人再存在某些不透明行为,就有可能对供应商产生不利影响。从维护供应商合法权益的角度出发,《政府采购法》第六章“质疑与投诉”中明确规定了供应商对政府采购活动存在异议或认为采购行为损害其合法权益时可以寻求的救济方式。这些方式包括询问、质疑、投诉、行政复议或行政诉讼。从性质上看,前四种属于非诉讼纠纷解决机制,或称为行政内部纠纷解决机制。①

第一,询问。我国《政府采购法》第51条规定:“供应商对政府采购活动事项有疑问的,可以向采购人提出询问,采购人应当及时作出答复,但答复的内容不得涉及商业秘密。”这里需要注意以下几个问题:一是所有供应商都享有对政府采购活动事项进行询问的权利;二是询问对象为采购人和采购代理机构;三是对于供应商的询问,采购人、采购代理机构必须及时作出答复,但答复的内容不得涉及商业秘密;四是供应商对政府采购活动事项提出询问以及对方作出答复的方式,可采取书面或口头方式。可以看出,法条赋予供应商询问权旨在保证其知情权。但询问不是严格意义上的纠纷解决机制,因为此时供应商只是对采购活动存在疑问,未进入纠纷阶段。因此,该法第51条规定的启动询问程序十分简单,只要供应商对采购活动存在疑问就可以询问采购人,而且采购人有义务为询问权人答疑解惑。

第二,质疑与投诉。我国《政府采购法》于第52条至第57条详细地规定了供应商质疑与投诉的内容、对象、时间、形式以及采购人和采购监管部门对供应商投诉的处理程序。供应商认为采购文件、采购过程和中标、成交结果使自己的权益受到损害的,可以在知道或者应该知道其权益受到损害之日起7个工作日内,以书面形式向采购人、采购代理机构提出质疑。采购人、采购代理机构应当在收到供应商的书面质疑后7个工作日内作出答复,并以书面形式通知质疑供应商和其他有关供应商,答复的内容不得涉及商业秘密。显然,与询问相比,质疑的提出受到了一些限制,如质疑的范围、条件、时限和书面形式等。质疑供应商对采购人、采购代理机构的答复不满意或者采购人、采购代理机构未在规定的时间内作出答复的,可以在答复期满后15个工作日内向同级政府采购监督管理部门投诉。政府采购监督管理部门应当在收到投诉后30个工作日内,对投诉事项作出处理决定,并以书面形式通知投诉人和与投诉事项有关的当事人。政府采购监督管理部门在处理投诉事项期间,可以视具体情况书面通知采购人暂停采购活动,但暂停时

① 参见李宁:《我国政府购买公共服务的纠纷解决机制及其完善》,载《山东大学学报》(哲学社会科学版)2015年第2期。

间最长不得超过30日。投诉人对政府采购监督管理部门的投诉处理决定不服或者政府采购监督管理部门逾期未作处理的,可以依法申请行政复议或者向人民法院提起行政诉讼。在此,《政府采购法》为真正体现执政为民、行政的最大公益化,对政府采购活动的行政救济与司法救济措施的规定是值得肯定的。

同询问相比,质疑与投诉更为正式。对于维护合同授予之前供应商的利益和保障采购合同所完成的公共职能而言,质疑与投诉机制至关重要,所以为各个国家或地区的立法所确立。质疑与投诉发生于合同缔结之前,因为合同尚未缔结,供应商因缺乏相关请求权基础而无法依据适用于合同履行阶段的《政府采购法》第43条提起民事诉讼,"《政府采购法》将行政诉讼受案范围仅限于政府采购监督管理部门关于投诉的处理决定或不作为",①供应商也无法提起行政诉讼。也正因如此,才有学者认为:"异议与申诉制度,应属整部政府采购法的精髓所在。对于厂商而言,政府采购法其条文对厂商权益的保障,都必须依赖异议与申诉制度给予维护;在厂商受到不公平或不当的待遇时,若不能提供有效的救济方式,将使整个采购制度的目的,沦为空谈。"②

除此以外,为贯彻政府采购制度的基本原则,实现政府采购的根本目标,《政府采购法》以专章的形式分别规定了政府采购当事人应当承担的法律责任,并明确规定,"政府采购监督管理部门应当加强对政府采购活动及集中采购机构的监督检查"。这里的监督检查,应当是全方位、多层次的监督检查,既包括对采购人、采购代理机构的采购活动进行检查,也包括对供应商参加政府采购活动的情况进行监督检查,尤其要对集中采购机构加强检查。也就是说,凡是涉及政府采购活动的,政府采购监督管理部门都必须加强监督检查,及时发现问题,解决问题,并对违法行为依法进行处理,直至追究刑事责任。

从理论上说,政府采购合同的性质直接决定政府采购合同的救济方式,按照这个逻辑政府采购合同要么适用行政救济程序,要么适用民事救济程序。但实际上无论政府采购合同属于何种性质,最后都是行政救济与民事救济二者兼而有之,这不仅是我国《政府采购法》的规定,也是世界各国通行的做法。行政救济与民事救济同时适用于政府采购活动,一方面与政府采购当事人的身份不同有关,另一方面与救济的目的有关。政府采购活动中产生的纠纷其本质是公共利益和个体利益的冲突,科学公正的救济机制其目的在于均衡公共利益与个体利益的冲突,在保护供应商合法权益的同时,实现政府采购的制度目标。政府采购活动中在行政救济的同时适用民事救济也正是均衡公共利益与个体利益的过程。③

---

① 肖北庚:《政府采购法关于行政诉讼受案范围规定之缺失》,载《行政法学研究》2005年第2期。

② 罗昌发:《政府采购法与政府采购协定论析》,台北,元照出版公司2008年版,第339页。

③ 参见刘燕:《政府采购合同的性质及其纠纷解决机制》,载《中国财政》2002年第10期。

三、对政府采购制度的反思

(一)我国政府采购存在的问题

对于我国来说,政府采购制度属于"舶来品",国内没有现成的经验,国外的做法也不能完全照搬。因此,在实际运作中存在很多问题亟待完善,如政府采购结构失衡现象没有得到根本改变,政府采购法不健全,政府服务类采购范围和规模仍然较小等。综观我国政府采购制度,问题主要体现在三个方面:

1."行政系管理权"的错误思想认识依然存在。受传统思想的影响,许多人认为,在行政法律关系中,行政机关处于管理者的地位,公民处于被管理者的地位,两者不可能平等。因此,政府采购被认为是政府财政部门想垄断采购事务,改变支出单位的既得利益。也有人认为政府采购就是政府针对其部门的控购,有人更是认为政府采购是倒退到计划经济时代的统购统销。还有人认为在政府采购制度这一大框架下,政府集中采购改革这一大方向本身加剧了政府采购行为的垄断。这些实质上都是对政府采购制度的一种误读。或者说这些看起来颇为激烈的争议,"实际上就是因为它比较直接地,或者在很大程度上涉及传统体制转轨过程中的既得利益格局。因为有这样一个既得利益起很大作用的背景下"①对政府采购制度本身以及改革方向的质疑更多的是期盼固守现状,不想因制度而损失既得利益而对其进行消极理解。其实,政府采购制度体现的正是现代行政法的新理念,即国家应当在"维护、监督行政主体依法行政与保护公民、法人、其他组织的合法权益之间谋求一种平衡——一种通过对行政主体与行政相对方的有效激励和制约、实现行政权与相对方权利的结构性均衡,以兼顾公共利益和个人利益,确保社会的持续、稳定发展"。② 因此,要认识到在市场经济社会中,纳税人纳税的前提是建立在其与政府之间存在一种社会管理的契约关系。纳税人是委托方,政府是受委托方,受委托方没有不为委托方谋利的理由。同时,也要强化集约理财的观念,树立政府也是消费者的意识。

2.财政制度不配套、不完善。万事开头难,政府采购的第一步需要进行有效的财政预算。虽然,目前财政部门规定了预算单位必须制定滚动预算和部门预算,但由于我国的预算管理体制的不尽完善,诸如资金预算仍然存在不细致,编制周期短,编制项目比较粗,不够细化等问题。在这种预算编制和审批制度下,项目不具体,预算不准确,预算执行的随意性较大。反映到政府采购上,就出现了无预算采购、重复采购、盲目采购等现象,"在现实生活中又对企业并不十分重视政府预算,对于政府下放的采购任务,做不到编制完整的采购目录和各类信息,影响政府采购工作的开展,从而降低了采购工作的效

---

① 贾康:《贾康自选集——理论创新 制度变革 政策优化》(中卷),人民出版社2013年版,第669页。

② 罗豪才主编:《现代行政法制的发展趋势》,法律出版社2004年版,第7页。

率和质量”。[①] 政府采购工作也因项目不明确,缺乏计划性,难以全面推行。财政部门分散的审批制度使一本预算往往批了再批,批准预算时间不统一,与此同时,存在行业或者地区封锁也成为政府采购提速的“拦路虎”,直接影响了政府采购效率。目前,政府采购在资金管理方面也存在不少问题。主要体现在:政府采购资金预算约束力不强;采购资金总量分散失控;采购资金运作效率低下;采购资金结算控管不强;集中支付制度尚未建立,缺少必要的制约手段。[②] “这就需要建立独立系统的考评体系应对只有八个人的采购办对每年几千个项目、几百家采购人进行考评这种理论与现实存在的冲突。”[③]另外,我国现行的国库管理和会计核算方面也存在着诸多的问题,不适应政府采购制度改革的需要。

3. 法律制度层面存在的问题。西方政府采购制度发达的国家都有完备的法律法规体系来统一规范政府采购行为,促进政府采购目标的实现。例如,美国有关政府采购的法律法规据不完全统计有 500 多个。我国近年来也相继出台了一系列的政府采购法规,但只有《政府采购法》和《招标投标法》是由全国人大常委会颁布实施的,其余的大部分是部门规章、地方规定、办法等,立法层次较低,规定不统一,约束力明显不强。具体实施方面,《采购条例》以 2014 年修订的《政府采购法》为框架制定,是近年来政府采购方面的新进展,各地方政府也纷纷紧随其后制定细则,但是大体以国务院颁布的为蓝本,改动较少。除此以外,现行法律所规定的采购程序也不够完善和规范。例如,《招标投标法》对邀请招标的规定很少,尤其是对邀请招标中邀请对象的选择未作出明确规定。这使很多人认为邀请招标就是公开招标的一种简化方式,约束力相对于公开招标来讲要低。只要采用这种方式,并且任意邀请 3 家以上供应商就行。因此,在实施过程中,招标单位以种种理由回避公开招标采购方式,选择邀请招标方式。由此产生的一系列问题,诸如假招标、人情标、串通投标等现象的大量产生,导致招标质量得不到保证,资金使用效益不高。此外修订的《政府采购法》仍存在诸多问题需要进一步细化完善,如根据中国社会科学院《政府采购透明度评估报告(2016)》,我国政府采购信息的公开程度依然比较低。从信息公开来看地市一级的信息公开程度较差,从内容看协议供货的许多重要信息并未公布,从公开渠道来看信息发布平台建设不统一,信息发布碎片化,发布渠道不统一,公众难以查询等问题。信息不全面或部分重复,信息发布较为随意;栏目空白、信息陈旧、更新滞后,都是较为常见的问题。其中公开采购合同内容方面,协议供货模式项目下的信息公开情况整体较差,普遍较少公开招标入围信息、详细采购结果等依规应当公开的

---

① 田金莹、李羽飞:《我国政府采购中的问题及其治理》,载《中国市场》2017 年第 26 期。

② 参见杨灿明、李景友主持:《政府采购问题研究》,经济科学出版社 2004 年版,第 207 ~211 页。

③ 黄杰敏:《我国政府采购评价体系问题及对策分析》,载《内蒙古科技与经济》2016 年第 12 期。

信息。[①]《政府采购法》中采购供应商资质审核的规范大而笼统,其规定在第 23 条:"采购人可以要求参加政府采购的供应商提供有关资质证明文件和业绩情况,并根据本法规定的供应商条件和采购项目对供应商的特定要求,对供应商的资格进行审查。"但《采购条例》中不见有细则跟进,此方面不足仍需今后改善。而救济程序难落实和监督体系中监督主体及其责任规定不明确也仍然困扰着政府采购制度改革。

(二)值得借鉴的域外实践经验

1. 国外政府采购的经验

政府采购制度最先出现在英国。英国近代政府采购制首先在政府办公用品方面推行。1782 年英国废除了以前政府采购中的分散制,设立了专门的采购机构文具公用局(Stationery Office),凡属于各机关公文之印刷、用具之购买,均归其执掌。英国的文具公用局,专司政府部门所需办公用品的采购,该局后来发展为物资供应部,专门负责采购政府各部门所需物资。英国当时设立专司政府采购机构的目的在于满足政府日常管理职能需要,提高政府资金的使用效率。因此,它考虑的是商品的价值因素和质量因素,以最低廉的价格获得质量最佳的产品,满足使用者的需要。[②] 由于给予了采购者对于选择供应商一定的自由裁量权,使采购者往往背离公共资金所有者的意图去追求个人好处,不完全依据商品价值和质量因素选择供应商。为杜绝这种现象的发生,英国政府在随后的政府采购法中确立了"物有所值"的原则。[③] 具体而言根据英国政府采购制度的规定,除了宣传设施的采购必须由专门的部门负责外,其他各部门均可以对自己的采购决定负责,但是他们的决定必须在财政预算的范围内,同时还必须就所有的财政支出向议会负责。英国政府采购过程受议会公共支出委员会的监控,该委员会受全国审计办公室的监督;监督的主要任务和功能是对财政资金的使用情况拥有充分的调查权,调查了解采购的产品和服务是否物有所值。[④] 英国的重要贡献在于首先对政府采购行为进行立法,从而对政府采购实行法制化管理,规范了政府采购行为,为日后政府采购制度的发展奠定了基础。

英国的政府采购法制化对早期的美国产生了一定的影响。美国的政府采购最早可以追溯到独立战争时期,当时的采购对象主要是军需物资。由于战时所需要的物资往往是急需的,并且采购数额巨大,直接的采购方式又使采购主体具有很大的自由裁量权,依此政府采购领域中不断出现徇私舞弊的丑闻。出于规范采购行为的需要,1861 年美国国会通过了一项联邦法案,对政府采购方式、程序及必须实行公开招标的采购等内容作出

① 参见马海涛、王晨:《我国政府采购监督问题与建议》,载《财政监督》2017 年第 5 期。

② 参见肖北庚:《国际组织政府采购规则比较研究》,中国方正出版社 2003 年版,第 11 页。

③ 物有所值是指所采购物品在价格、质量等方面都必须满足使用者的要求。

④ 参见翟小武:《美英政府采购及启示》,载《中国物流与采购》2004 年第 3 期。

了详细的规定,这些规定为美国以后的政府采购立法奠定了基础。① 美国政府规定采购方式必须依照法定的方式进行,并针对不同的采购方式进行了不同的立法。目前,涉及政府采购方面的法律有500多部,规定的采购方式主要有三种,即小额采购、大额采购和电子贸易。贯彻诸如公开竞争、公平公正、公众利益与承包商利益平衡等政府采购原则,形成了比较完善的招标采购制度。从整体讲,美国的政府采购制度具有这样几个特点:规则完备、充分竞争、申诉监督。② 此外,美国政府采购透明度较高,信息发布的服务平台相对完善,联邦政府设立集中采购机关为联邦总务署(General Services Administration,GSA),GSA及其下属部门基本做到了统一发布信息和管理。通过联邦政府采购中心(Federal Acquisition Service,FAS)建立、更新、维护联邦商机信息系统和联邦采购数据系统。同时与联邦技术中心联网让政府部门通过庞大的供应商信息库和商品信息库了解市场。FAS对内部人员也重视人才培养机制的建设,对于专业的采购人员实行聘用严格筛选,管理等级专业化,以及定期培训和定期审批上岗资格。③

在亚洲地区,韩国的政府采购主要由采购供应厅负责。该机构下设直接由厅长管辖的"规格制定委员会"、聘请专家、顾问组织进行招标文件和合同文本中规格的设计和监督。其采购的主要特点有:一是韩国的政府采购范围广,它主要包括中央、地方机关团体和其他政府组织的经济活动以及政府投资的项目。二是韩国政府采购法律法规详尽。韩国的政府采购法有基本法规也有实施细则,各项规章十分详尽,法规对于招标采购前后的每一过程都有一个专门的条文或文件,集合起来有几十种。三是韩国实行竞争性的集中采购制度。由专门的政府负责公共部门所需物资的计划审批、合同的制定、价格的确定、签订合同以及货物的供应。④ 日本按照WTO《政府采购协议》(Agreement on Government Procurement,GPA),制定了国内地方自治法规适应协议的采购实体和范围。⑤

2. 我国特别行政区的政府采购制度

根据"一国两制"的方针,我国香港特别行政区、澳门特别行政区都实行独立的政府采购制度。1997年5月,香港特别行政区加入了世界贸易组织的《政府采购协议》,作为《政府采购协议》的成员,应当保证其政府采购制度与《政府采购协议》的原则与目标一致。香港特别行政区政府采购的主管机构是香港特别行政区政府的财政司,其主要任务

---

① Steven Kelman Procurement and Public Management Publisher for American Enterprise institute Washington,D. C,1996,p. 15. 转引自肖北庚:《国际组织政府采购规则比较研究》,中国方正出版社2003年版,第12页。

② 参见王亚琴编著:《政府采购与行政权利救济》,人民法院出版社2004年版,第109~111页。

③ 参见李成钢:《基于美国政府采购制度的比较与借鉴》,载《中国发展观察》2010年第9期。

④ 参见王治:《美、欧、韩与香港的政府采购特点与启示》,载《中国物流与采购》2004年第21期。

⑤ 参见李成政等:《俄罗斯、日本政府采购概况及借鉴》,载《当代经济》2006年第12期。

是确保政府采购活动得以有效地贯彻和执行。香港特别行政区的政府采购实行责任原则、物有所值原则、公开透明原则和公平竞争原则。除小额物品由各政府部门直接采购外,政府采购均实行集中、直接采购制度,不涉及任何中介机构。目前,我国香港特别行政区的政府采购正在进行着积极的改革,主要体现在:推行采购卡,加强小额采购管理。建立电子系统,提高采购效率。改善采购管理系统,增加监管功能。兴建政府物料营运中心,强化统一管理。[①] 在招标投标管理制度方面,香港特别行政区的政府采购整体政策,遵循符合最佳经济效益原则和保持公开、公平竞争原则,决定了在采购过程中,香港特别行政区的政府采购招投标管理非常严谨透明,表现在采购方式、采购信息发布、定标权利和责任、投诉、供应商管理等方面坚持高度透明的采购程序及作业方法。此外建立了畅通的投诉机制。任何投标商认为其投标没有获得公正的评审,均可向政府物流服务署或其他招标机构的首长投诉。如果采购活动中涉嫌腐败行为,投标商也可以向廉政公署投诉。如果是采购程序选择不当,投标商还可以向申诉专员公署投诉。香港特别行政区于 1998 年 12 月成立了一个独立的投标投诉审裁组织,专门负责处理供应商对政府采购活动中声称违反世界贸易组织《政府采购协议》的行为提出的投诉。[②] 澳门早在回归祖国之前就以葡萄牙政府管辖地区的身份加入了关贸总协定及其《政府采购协议》,回归后仍然在“一国两制”原则的指导下履行其作为《政府采购协议》成员方的义务。由于澳门特别行政区实行独立的财税制度,并且实行低税率政策,所以其财源是有限的。这在一定程度上决定了其政府采购规模相对较小,采购数量较少。从澳门特别行政区财政支出看,政府采购主要集中在三个方面:政府行政方面的采购;建设投资采购;地区自治机构的行政和建设所需采购。

3. 国际组织的主要采购制度

随着世界经济一体化和国际贸易自由化的进程,政府采购制度受到了国际一体化的影响,带有了国际化的趋势。

1993 年达成的并于 1996 年对签约方正式生效的《政府采购协议》是世界贸易组织协议之一,其宗旨是建立一个有效的关于政府采购的法律、规则、程序和做法方面的权利与义务的多边框架,以实现世界贸易的扩大和更大程度的自由化,改善协调世界贸易运行的国际框架。该协议对政府采购主体、采购对象、采购方式以及采购的基本原则与规则、技术规格、招标程序、资料提供的义务、质疑程序、政府采购委员会争端的解决、协议的例外等都作了较为翔实的规定。作为具有国际性质的公共规则,这一协议在各国的政府采购制度的设定过程中已越来越受到重视。

《政府采购协议》是 1994 年由联合国贸易法委员会在第 27 届年会上通过的《联合国

① 参见王亚琴编著:《政府采购与行政权利救济》,人民法院出版社 2004 年版,第 138 ~ 146 页。

② 参见白积洋:《香港特区政府采购制度的可取之处》,载《中国政府采购》2016 年第 3 期。

贸易法委员会货物、工程和服务采购示范法》(以下简称《示范法》)以及与之配套的文件《立法指南》的简称,它是迄今为止联合国贸易法委员会关于货物、工程和服务采购方面制定的较为完善的示范性法律文件。值得注意的是,《示范法》不是法,对任何国家都没有约束作用,它存在的意义是重在示范。《示范法》就其力争实现的目标、适用范围、供应商的资格审查、采购的方法与适用条件、招标程序以及审查等问题作出了示范性的规定。

(三)我国政府采购制度的完善路径

政府采购制度在我国的成熟与完善是一个复杂的系统工程,应总结我国现行政府采购制度存在的问题,借鉴国外的成功经验,从思想层面、制度层面等多角度正确认识政府采购制度的本质属性。

1. 寻找理论基础

任何一种制度的产生,都离不开理论的支撑。为政府采购制度寻找充分的理论基础,对于完善这一制度无疑具有重要的意义。支撑政府采购的理论可以从政治、经济、法治等几个角度来理顺。

政府采购是现代行政的新方式,其通过优化配置财政资源、合理分配收入,从而实现政府职能与百姓利益的整合。公共管理理论认为,行政就是管理,作为管理的政府在决策方面的角色是资源分配者。资源分配者是管理者组织战略制定的核心,而资源分配中的资源不仅包括时间、金钱、物质材料、人力以及信誉等管理者分配的一级资源,而且包括管理者通过购买行为对资源的再分配。① 这样,政府的购买行为就被看作分配公共财产、解决劳动力就业的重要形式。

政府采购制度与经济生活关系密切,布坎南的寻租理论是政府采购制度得以建立的重要经济支撑点。在布坎南的寻租理论中,租金随着寻租的程序是由于政府实施的市场进入限制造成了有租可寻的稀缺机会。稀缺机会是有弹性的,如果不实行某种平等的分配制度,这种弹性就使人们有可能以低于潜在的租金的代价获得这种稀缺机会。所以,租金的产生既在于政府控制造成的利益差别,也在于政府控制的分配弹性。因此,在分析当前我国实现政府购买性支出时所出现的寻租现象,就要考虑政府的控制范围和政府的实际控制力这两个因素。②

任何一项制度的建立都应当是以法制的态势表现出来,综观政府采购制度的法学理论基础,主要借助于以下三个方面:

第一,"以人为本"的宪治理念。人权是我国宪法明确的基本人权。传统的以国家为本位的权利结构价值取向,使权利的享有依赖于国家权力的赋予,在这种情况下,不仅造

① See Mintzberg ,H. ,The Nature of Managerial Work,Harper and Roe Press 1973. pp. 147 – 148. 转引自肖北庚:《国际组织政府采购规则比较研究》,中国方正出版社 2003 年版,第 22 页。

② 参见胡家诗、杨志安:《政府采购研究》,辽宁大学出版社 2002 年版,第 5 页。

成了个人权利的残缺,而且使社会资源分配成为一种权力关系。权力在其中大行其道。国家权力伸入社会的每一个角落以及经济中个人生活的每一个方面。[①] 2004 年《宪法修正案》以"国家尊重和保障人权"这样明示性的条款确认了宪法的基本人权原则,同时,也根据权利价值理念转型的实际进一步充实了包括财产权在内的一些基本权利内容。党的十九大报告指出,坚持全面依法治国,完善以宪法为核心的中国特色社会主义法律体系,坚持依法治国、依法执政、依法行政共同推进,坚持法治国家、法治政府、法治社会一体建设,深化司法体制改革,深化依法治国实践。通过成立中央全面依法治国领导小组,加强对法治中国建设的统一领导。加强宪法实施和监督,明确提出推进合宪性审查工作,维护宪法权威。

第二,确立"服务公共"的政府采购价值目标。政府采购程序应当服从于服务公共的价值目标。政府采购的整套管理系统是使其真正发挥宏观调控、完善公共服务和节约财政资金的多重功能。政府采购应当重在管理、指导、协调和服务,而不应当重在监督、审批和处罚。从公共管理角度来说,采购是手段,服务公共是目标。

第三,现代行政法治理念。法制建设与法治理念密不可分,现代行政法制建设,必然要有法治理念的引导。行政法制观念与行政法律制度之间具有较强的互动性,行政权无论是在人们的观念上,还是在制度的设计中都在由过分积极向适度积极转变;由管理行政向服务行政转变;由单一的、强制的方式向多样的、弹性的方式转变;由无限自由裁量权向适度自由裁量权转变。作为行政法制项下的政府采购法律制度在建设与完善的过程中必然要与现代行政法制理念保持一个脉络。

2. 完善制度构建

目前,关于政府采购的规则不论从经济角度还是从法律规范的角度,都还存在许多欠缺,要求我们进一步加大改革的力度。从宏观的角度看,国家政策、法律法规、经济制度等都会对政府采购产生巨大的影响,稳定国家政策、完善经济与法律制度就成了我们当前的重大任务。现行有关政府采购的法律法规在一定程度上为我国的政府采购制度奠定了法律基础,弥补了原有的立法空白,但是相关法律法规的数量和质量有待进一步提高,形成科学化、体系化的政策法规仍然是今后一段时日内政府采购立法的主流。而且对于政府采购的鼓励政策仍然存在盲点,应加强对于绿色采购、科技创新采购,以及民族产业的扶持与保护。例如,政府采购对于产品差异较小,功能相近的国货产品,应予以优先考虑。在制定推荐产品的采购清单时,应强制规定国货在总产品中的比例。[②] 从微

① 参见张树义:《中国社会结构变迁的法学透视——行政法学背景分析》,中国政法大学出版社 2002 年版,第 92 页。

② 参见赵心宇:《我国政府采购制度存在的问题与解决对策》,载《山东省青年管理干部学院学报》2008 年第 1 期。

观的角度看,目前我国大部分省市的政府采购范围通常集中在交通工具、医疗设备和办公用品等。例如,与其他国家相比,我国政府采购的规模小,范围较窄。[①] 因此,需要扩大我国政府采购范围。再如,我国现有的政府采购队伍的专业化水平还不是很高,建设高素质人才队伍应当提到日程。而政府采购作为一项全新的系统工程,由于政策性强、涉及面广,因此培养掌握专业领域知识的政府采购人员也是当务之急。此外,针对政府采购信息沟通渠道不畅、政府采购标准不统一、管理机制不健全的问题,都需要从法律制度层面来认知和完善。

同时,对于任何一个有效的政府采购制度而言,仅仅进行采购规则的立法建设是远远不够的,与采购过程的规制建设相对应,还有一个至关重要的、不可忽视的机制建设,即完善当事人的权利救济制度。政府采购作为市场经济条件下将权力与权利结合并加以强化、提高行政效率和经济效率的法律程序和契约方式,除市场经济主体地位独立、权利自由和公正的市场规则之外,还要求完善的法律救济制度。[②] 救济程序是政府采购制度不可缺少的一项内容。在政府采购制度受到某种破坏的情况下,有效而完善的救济程序能保证制度的健康运行。在政府采购制度中建立、健全争议解决机制或权利救济机制,是现代社会法治的基本要求,也是一个国家行政法治水平的重要体现。遗憾的是,《政府采购法》关于政府采购救济制度的规定尚存在矛盾与空白之处。笔者认为,在处理政府采购纠纷时,如何选择适用公法性的行政法和私法性的合同法乃是一个疑难问题,单纯适用行政法或单纯适用合同法都难以获得公益与私益的平衡。政府采购合同应当是行政规则与合同法条款的特殊结合。《政府采购法》在设计的救济制度时还要理顺以下几个方面的问题:

第一,政府采购活动与政府采购合同的关系,两者是并列的关系还是包容的关系或是交叉的关系;第二,权利救济的"被救主体"是否是广义的采购当事人;第三,如何克服民事诉讼当事人地位的"完全平等"与政府采购性质的不完全适合,以及如何克服行政诉讼"被救主体"的单方性;第四,是否要在政府采购的救济制度中设计公益诉讼制度;第五,如何在政府采购中整合各种救济方式。

3. 加强政府采购管理职能

"徒法不足以自行"。虽然我国《政府采购法》在规范政府采购行为,提高资金使用效益,维护国家和社会公益,以及防范腐败、支持节能环保和促进自主创新等方面设立了相应完备的规则,但实践中,一些单位却存在规避政府采购,操作执行环节的不规范,由

---

① 根据国际经验,一个国家政府采购的规模一般为 GDP 的 10%,或为财政支出的 30% 左右。按前一个口径计算,我国政府采购规模应在 11,000 亿元以上,按后一个口径计算,也应在 7000 亿元左右。而 2003 年我国地方政府采购的采购规模仅为 1396.6 亿元左右,中央政府的采购规模为 262.8 亿元左右。

② 参见王亚琴编著:《政府采购与行政权利救济》,人民法院出版社 2004 年版,第 226 页。

于监督处罚不到位，部分政府采购效率低、价格高等问题仍然比较突出，一些违反法纪、贪污腐败的现象时有发生，造成财政资金损失浪费。为切实解决这些问题，全面深化政府采购制度改革，结合国务院2009年就进一步加强政府采购管理工作出台的国务院办公厅《关于进一步加强政府采购管理工作的意见》，应当从以下几方面着手：一是政府采购坚持应采尽采，进一步强化和实现全过程依法采购，切实保障财政资金预算编制及时有效落实。完善政府采购法律体系，进一步完善实施细则等配套政策，规范集中采购管理模式，进一步缩减分散采购空间，形成更加科学完备的制度，依法采购整体布局。二是坚持管采分离，进一步完善监管和运行机制。一方面，要建立有效制衡的政府采购内控机制，按照“分事行权、分岗设权”的原则建立内控机制，强化政府采购内部流程控制。另一方面，要建立透明高效的政府采购工作机制，通过强化预算管理，严格审批管理，规范专家抽取，放宽供应商准入条件等，营造透明高效的政府采购环境。此外，要建立严格问责的政府采购监管机制，通过强化日常监管、建立信用体系等措施，对政府采购活动中违法违规行为严格追究责任。[①] 三是坚持预算约束，进一步提高政府采购的效率和质量。预算管理在政府采购管理中发挥着重要的作用，预算编制的质量和政府采购工作的质量息息相关。不断强化政府采购预算管理，在充分调查的基础上编制合理的预算，并促进预算编制、计划以及执行可以有效地进行衔接，对所有的采购计划都需要经过上级部门的审批，对于超预算采购政府不予支付采购资金，从而避免政府采购出现随意性的情况。对于没有编入采购计划的项目，如果必须要追加采购，要严格按照相关的程序进行上报审批。[②] 四是坚持体系建设，进一步推进电子化政府采购。应当注意改善电子平台的维护和资料更新工作。实现政府采购电子化，增强公平公开的政府采购透明化建设。此外，加强对采购信息网络平台的构建和完善，健全和更新采购工作的各类信息数据库，并通过专业技术将其进行数据链接和资源共享，提高各部门、科室采购信息的统一性和关联性。同时，还要着重加强对采购信息网络安全的关注和重视，聘请专业网络技术人员对采购信息管理系统软件安全技术的设置和升级，提高管理人员的网络信息安全意识，以便更好地提高政府采购的信息化水平。[③] 五是坚持考核培训，进一步加强政府采购队伍建设。注重采购人员的专业化：(1)要严格提高采购专员的准入门槛和人员考察；(2)要注重定期专业培训和定期考核，提高采购人员的业务素质，组建高素质的人才队伍。

---

① 参见金志刚：《我国政府采购管理问题及对策》，载《北方经贸》2016年第10期。

② 参见陈俊琦：《我国政府采购制度存在的问题及对策研究》，载《现代经济信息》2016年第7期。

③ 参见王艳杰：《我国政府采购管理与监督问题研究》，载《时代金融》(下旬)2016年第6期。

第七章 行政服务及其法治化

谈及行政服务，一般公众会在脑海中浮现出如下几个关联的概念或意象：服务型政府、公共服务、行政服务中心抑或只是单纯的行政机关及其工作人员的服务行为等，甚至还会联想到正在深入推进的“放管服”改革。其实，除了这些关联的概念或意象，还需要从行政法学意义上去思考什么是行政服务，其是否构成一类行政行为，如果构成又该如何规范这类行为等一系列问题。本章即着眼于我国当前行政实践中普遍存在的一类服务现象，意图抽象出这类现象的共性并将其构建为我国行政法中行政行为的新类型——行政服务，通过深入研究，设计出规范该类行为的法律制度，从而进一步促进我国行政法治建设事业的发展。

一、行政服务现象的捕捉

（一）“服务型政府”理念的导引

20世纪80年代以来，国内外公共行政学界推陈出新，将行政模式从传统的“秩序行政”“管制行政”中解放出来，陆续提出“新公共管理模式”（盛行时间约自1980年前后至2000年前后）、“新公共服务模式”（2000年前后至今）和“新治理模式”（晚近的一个新发展）等新的治理模式。与此相适应，西方各国掀起一场持续至今的公共行政改革浪潮，其重要价值导向之一就是逐步实现由“以政府为中心”的管制模式向“以满足人民的需求为中心”的服务模式转变。这一系列改革浪潮对中国的行政管理体制改革也产生了重要影响。

进入21世纪，面对我国“入世”后的新形势，借鉴国外公共管理改革的理论，反思我国现阶段的主要矛盾问题，这是对政府社会管理和公共服务职能的重要考验，一些学者和地方官员提出建设“服务型政府”的问题，并很快得到高层认可。2004年，时任总理温家宝在中央党校省部级主要领导干部“树立和落实科学发展观”专题研究班结业仪式上，以“提高认识、统一思想、牢固树立和认真落实科学发展观”为题发表讲话，首次提出我国要建设“服务型政府”的目标。同年3月8日，在参加全国人大会议期间，温家宝又强调：“我们要把政府办成一个服务型的政府，为市场主体服务，为社会服务，最终是为人民服务。”2005年3月5日，温家宝在第十届全国人大第三次会议上所作的《政府工作报告》中，用一个完整部分来论述服务型政府建设，要求创新政府管理方式，寓管理于服务之中，更好地为基层、企业和社会公众服务；整合行政资源，降低行政成本，提高行政效率和服务水平;政府各部门要各司其职,加强协调配合;健全社会公示、社会听证等制度,让人民群众更广泛地参与公共事务管理;大力推进政务公开,加强电子政务建设,增强政府工作透明度,提高政府公信力。2007年10月15日,在党的十七大报告中,时任总书记胡锦涛进一步强调要"加快行政管理体制改革,建设服务型政府",①从而最终把建设服务型政府提到了空前的战略高度。2013年,在党的十八大报告中,明确提出了基本公共服务均等化总体实现的目标:着力推进基本公共服务均等化,努力实现惠及全体人民的基本公共服务均等化目标,是人们共享现代化成果的重要举措,是改善民生、统筹城乡发展、构建和谐社会的重要任务。2017年10月召开的党的十九大报告再次强调了:坚持人人尽责、人人享有,坚守底线、突出重点、完善制度、引导预期,完善公共服务体系,保障群众基本生活,不断满足人民日益增长的美好生活需要,不断促进社会公平正义,形成有效的社会治理、良好的社会秩序,使人民获得感、幸福感、安全感更加充实、更有保障、更可持续的理念。

"服务型政府",是指"在公民本位、社会本位理念指导下,在整个社会民主秩序的框架下,通过法定程序,按照公民意志组建起来的以为公民服务为宗旨并承担着服务责任的政府"。② 服务型政府的本质属性,是以公民权利为本位,以提供服务为宗旨。"服务型政府"具有以下特征:一是政府的行政理念是"服务"而非"管制";二是政府的组织结构体现自治、合作、精简、便民的弹性原则;三是政府行为方式必须公开透明;四是政府决策必须通过公众和社会组织的广泛参与、对话、协商形成;五是公民有主人意识和积极态度,而不是被动接受服务的消极顾客;六是政府公务员角色定位必须是服务者,并具体扮演好组织者、引导者、倾听者、阐释者、仲裁者和行动者的角色。③ 可见,"服务型政府"这一政府模式具有丰富的内涵。但同时应当注意的是,这一概念阐述的内容具有高度的概括性和抽象性,缺乏配套的实施制度和机制。因此,在行政实践中"服务型政府"主要体现为一种价值导向理念,对我国行政法治建设以及行政管理体制改革的总体思路进行引导。

纵然行文至此,我们尚未对行政服务的现象及其概念作出明确把握和科学界定,但作为行政法治建设中的重要一环,其必然受到"服务型政府"这一理念的深刻浸染和影响,甚至仅从其名称中的"服务"二字就可初步观察到该理念对此类行为的引导痕迹。故

① 杨建顺:《论"服务型政府"在行政法上的定位》,载《河南省政法管理干部学院学报》2009年第1期。

② 刘熙瑞:《"服务型政府"——经济全球化背景下中国政府改革的目标选择》,载《中国行政管理》2002年第7期。由于该概念的内容广泛,几乎囊括了现代政府所必需的一切特点和要素,故此种界定被政府官员和学者们所认同。

③ 参见宋昌斌:《我们需要建设什么样的政府——"法治政府"与"服务型政府"关系探讨》,载陕西省政府法制公众信息网:http://www.sxzffz.gov.cn/News_View.asp? NewsID=57,最后访问日期:2020年1月20日。

而,在此我们可以捕捉到行政服务现象的核心价值特征,即应当充分体现“服务型政府”的宗旨和理念。

(二)行政管理体制改革的推动——以行政审批制度改革实践为重点①

在“服务型政府”理念的引导下,我国开始在行政领域进行全面和广泛的管理体制改革探索,行政审批制度改革即是其中的重要组成部分。随着行政审批制度改革的步步深入,一种颇具创新内容的新型实体——行政服务中心②于21世纪初在全国各地纷纷成立。由于行政服务中心在我国的建立首先是从一些地方探索开始,进而在全国推广开来的。因此,各地、各级政府所设立的行政服务中心并没有完全统一的模式和设立标准,其既有相互借鉴的相同做法,又有因地制宜的不同之处。为准确把握行政服务中心的外延,有学者分别以行政服务中心是否直接享有行政审批权、行政服务中心的业务范围和功能、设立行政服务中心的政府层级、行政服务中心的机构性质、设立行政服务中心的主体等为标准对其进行了详细分类③,在此笔者仅选取与行政服务有关的一种分类进行介绍。该学者认为,如果以行政服务中心的业务范围和功能为分类标准,目前我国的行政服务中心可分为:行政审批型行政服务中心、行政事务型行政服务中心和综合服务型行政服务中心。所谓行政审批型行政服务中心,是指其业务范围全部围绕行政许可展开,其基本功能完全服务于行政审批活动。即虽以行政服务中心命名,但中心的业务仅限于行政审批事项。所谓行政事务型行政服务中心,是指其业务范围主要涉及便民服务,其基本功能是提供公共服务,④而不直接受理行政许可和行政审批。这类行政服务中心主要是指乡镇级行政服务中心,因为乡镇级基本上没有行政审批权力,不可能设立集中审批权的行政服务中心。而所谓综合服务型行政服务中心,是指其业务范围不仅包括行政审批,还包括各类社会性便民服务项目;其功能不仅是完善行政审批制度,而且旨在提高公共服务质量。在我国目前已设的行政服务中心中,绝大多数属于此类。之所以选取这一分类标准,笔者的考虑在于,关于行政审批、行政许可等行政行为,国家和许多地方都

---

① 20世纪90年代以来,我国政府应对现实需求提出和持续开展了“削减行政审批”活动,《行政许可法》即这一改革过程的阶段性成果。严格来说,行政审批与行政许可是两个不同的概念,应当说,行政审批较之行政许可而言是一个更大的范畴。客观上我国的行政审批行为存在着行政许可与非许可的其他审批、登记。本书所称行政许可仅取其狭义。

② 在名称上,各地叫法不一,除“行政服务中心”外,尚有如“政务服务中心”“行政审批(服务)中心”“政务大厅”“便民服务中心”“政务超市”“社会服务中心”等多种名称,据有关学者统计有不下20种之多。

③ 参见赵永伟、唐璨:《行政服务中心理论与实践》,企业管理出版社2006年版,第45~50页。

④ 笔者认为,此处所称“公共服务”有不妥之处。通常所称“公共服务”是社会主义市场经济条件下除国防、外交等以外政府的四项基本职能(经济调节、市场监管、社会管理、公共服务)之一,包括加强城乡公共设施建设,发展教育、科技、文化、卫生、体育等公共事业,为社会公众参与社会经济、政治、文化活动等提供保障,对于公民的普通需求而言具有一定的非特定性和间接性。而此处所指的服务应该是指行政服务中心提供的一种满足公民的某种具体的、直接的需求的行为。

已有相关的法律或规章加以规范。但是,关于前述所称的便民服务,目前国家和绝大多数地方尚无相应立法,①且鉴于此类现象存在的广泛性及其内涵、外延的模糊性,为加强行政法治建设、深化行政管理体制改革,笔者认为,理论界和实务界均应尽快展开规范此类现象的法制探索。

如前所述,这一问题已被我国法制建设"排头兵"的深圳市,在行政审批改革的实践中发现并颁布政府规章——《深圳市行政服务管理规定》(以下简称《规定》)②对此类现象进行了统一规范。起草《规定》的原深圳市政府法制办在研究中发现,在深圳市的历次行政审批制度改革中,行政机关应公民、法人或者其他组织申请或者要求而办理的事项,有相当大一部分既不属于行政审批类的事项,也不属于行政救济类(包括行政复议申请、行政赔偿申请等)的事项,而是属于纯粹提供帮助类的服务事项。这类服务事项如提供政府信息、对流浪乞讨人员提供救助、办理各种备案(如建设合同备案、建筑工程竣工验收备案、物业服务合同备案、经济执业人员备案、市外设立分公司备案等)、有关担保物权登记、补发或换发有关证照(如身份证、驾照、营业执照等)、出具有关证明(如居住证明、无犯罪证明、家庭生活困难证明)等。而且,随着行政审批制度改革的不断深化和服务型政府的逐步建立,这类事项在行政机关办理的事项中不断增多,涉及人民群众的生活、生产等方方面面。据初步统计,在深圳市第四轮行政审批制度改革(非行政许可审批制度改革)中,经清理,市政府37个部门共有78个事项被确定为一般服务事项(非审批类行政服务事项)。目前,在市政府行政服务大厅办理的事项共约408项,其中属于行政审批的事项225项,其余的183项(约占45%)属于非审批类行政服务事项。在最近新一轮政府机构改革中,被清理减少的152项行政审批事项中有相当一部分转为非审批类行政服务。③ 由此可见,与前述分类所称一致,当前行政审批改革实践中的确存在大量缺少相应规范的非审批类一般服务事项。④ 深圳市《规定》的重大意义,不仅在于其弥补了我国在该领域的立法空白,对于行政法学的发展而言,而且在于其对完善我国行政法关于行政行为分类所作出的积极探索。至此,行政服务现象的轮廓已初步呈现。虽然我们的目光仅投放在行政管理体制改革进程中的一部分——行政审批制度的改革实践,但由于其在

① 2010年3月19日,一向处于我国法制建设前沿的深圳市继续领跑全国,率先通过立法(《深圳市行政服务管理规定》)对行政服务进行了界定和规范,填补了我国相关法律的空白。

② 《规定》将行政机关办理的不属于行政审批而是提供服务和帮助类的事项设定为行政服务,并对行政服务项目的设定、提供方式、服务程序、监督检查等进行了明确规定,要求行政机关在设定和提供行政服务时贯彻以民为本的宗旨,遵循便民、优质、高效的原则,积极推进服务型政府建设。该规定自2010年5月1日起正式实施。

③ 在此衷心感谢参与《规定》起草的、原深圳市政府法制办副主任黎军教授在相关研究资料提供上的无私帮助。

④ 笔者认为,此处所称"非审批类一般服务事项"与前述"便民服务""公共服务"在实质内容上并无二致,均指当前行政审批改革实践中存在的一些提供帮助性质的便民服务项目。

行政机关活动中的典型性、重要性及各地行政服务中心实践的高度实证性，行政服务的部分重要外部特征——非审批类、提供帮助、便民服务等仍已被零碎捕捉。

（三）公众参与意识的渗透

服务是指为他人做事，并使他人从中受益的一种有偿或无偿的活动。服务活动中的双方主体在地位上平等，无高低之分。在行政服务活动中，至少涉及两方主体——服务提供主体和服务接受主体，一般来说即行政机关①和请求服务的社会公众。因此，即使在行政领域，根据服务的基本概念，二者的地位也应当是平等的。行政服务不应当仅被视为“弱势”的社会公众向“强势”的行政机关请求帮助的行为，而应当在“服务型政府”理念的导引下自觉转化为行政机关的职责，基于公众的需求在平等的地位上向其提供服务。事实上，随着公众行政参与意识的增强，公共服务的内容的含义也已得到丰富和提升。

随着20世纪下半叶世界范围内民主化潮流的出现，现代行政管理和行政法制实践中越来越多地增加了直接民主因素，公众的行政参与成为新的制度价值追求和民主判断标准。所谓公众参与，是指社会公众在行政机关行使国家权力，从事国家事务和社会公共事务管理的过程中，充分发挥自身在行政管理过程中的主体性、自主性和创造性，明确自身参与行政的权利和行政机关的责任和义务，广泛地参与到行政决策、行政计划、行政立法、行政执行、行政裁决、行政指导、行政契约、行政服务、行政给付等行政过程中，共同创造互动、协调、协商、对话、合作的新型行政法律制度。其核心就是通过将公众和各类社会成员纳入行政过程，促进行政的民主化、理性化、科学化和规范化，提升行政活动的公开、公平、公正和效率。

当前中国市场经济和民主政治的发展增强了公民的自主意识和行政效能感，也逐渐激发出了公众行政参与的热情。事实上，公众勇于和乐于在行政活动中发出自己的声音，已经成为当代中国行政领域的一大特色。在行政活动中，行政机关通过允许、鼓励行政相对人、利害关系人和一般社会公众参与行政活动过程，提升行政活动的公开性、公正性、正当性与合理性，达成政府与社会公众关系的良性互动，已经成为现代行政的一种发展趋势和正当性标准。

对于公共服务而言，纯粹请求行政机关帮助性的服务已不能完全涵盖公共服务的全部内容，当前，一种体现公众参与精神的行政服务要求正在悄然发生。其中，公众对于某些具有行政参与意义的行政信息的公开的要求最具代表意义。随着公众行政参与意识的增强，公共行政过程的透明度和行政信息的充分开放是非常必要的。理由很简单，公众在信息匮乏或信息不完全的情形下是难以有效参与行政过程的。因此，作为满足公民

① 应当说，行政机关只是行政服务的一般和重要的提供主体，在行政服务现象中，也存在其他服务提供主体。这一问题会在“行政服务的提供主体”部分论及。

知情权、落实公民言论自由权的重要制度设计，行政信息公开制度也应充分体现在行政服务实践中。通过行政机关的优质、高效的信息服务，公众一方面可以在满足知情权的基础上作出有效的行政参与，充分保障自身权益；另一方面也可以加强对行政活动的监督，促使行政机关提高工作透明度和工作效率，减少“暗箱操作”的可能性。

故而，在把握公共服务现象的前述特征之后，我们还应该捕捉到当今行政民主化潮流给行政服务现象带来的新气息，即公众行政参与意识的渗透。这对我们深刻认识行政服务的性质、全面了解行政服务的内容、完整抽象行政服务的概念以及端正对待行政服务的态度有着重大的理论意义和实践意义。

二、行政服务基础理论的探析

（一）行政服务的行政行为属性

通过前述三个角度对行政服务现象的捕捉，我们已经能够获得一些行政服务行为本质或外在的一些特征。这种类型的行为是否属于行政行为呢？

行政行为是行政法学研究中的核心概念，一般认为，行政行为是享有行政权能的组织或个人运用行政权对行政相对人所做的法律行为。不具有行政权能的组织或个人所做的行为，具有行政权能的组织或个人没有运用行政权所做的行为，没有针对行政相对人所做的行为，不具有法律意义的事实行为，都不是行政行为。① 这种见解虽然比较能反映行政行为的特殊性质及其使用的特殊法规范，但应当注意的是，它实际上将相对抽象的行政立法行为也纳入其中，对此，有学者认为这样的界定方式不符合确立行政行为概念的初衷，也不利于行政诉讼受案范围的扩大。故而，该学者提出了自己的见解，即“行政行为，是指行政主体为实现国家行政管理目标而依法行使国家行政权，针对具体事项或者事实，对外部采取的能产生直接行政法律效果，使具体事实规则化的行为”。② 该见解排除了行政主体的抽象行为和内部行为，与我国实定法上的“具体行政行为”概念基本重合。由于该见解更好地反映了确立行政行为概念的初衷，其正在被越来越多的年轻学者所主张和支持，笔者在此亦采用此见解。

依照此见解，笔者认为行政行为应当包含以下要素：(1)主体要素：行政行为是行政主体所做的行为；(2)目的要素：行政行为的目的在于实现国家行政管理目标；(3)行为要素：行政行为的核心在于行政主体依法行使国家行政权；(4)效果要素：行政行为能产生具体的、直接的、外部的行政法律效果。对于行政服务而言，其主体要素、目的要素及效果要素都是明显具备的，因此，讨论的重点即在于其行为要素，即行政服务是否是行政主体依法行使国家行政权的行为。

---

① 参见姜明安主编：《行政法与行政诉讼法》(第2版)，北京大学出版社、高等教育出版社2005年版，第175页。

② 参见杨建顺：《行政规制与权利保障》，中国人民大学出版社2007年版，第281～282页。

行政权是法律上确认的国家权力之一，传统行政法学认为行政权具有单方性、强制性以及非对等性等特征，那么，以帮助、参与、平等为行为特征的行政服务是否不属于行政主体行使行政权的行为？随着社会的发展，国家行政权是否又增添了新的内涵？答案毋庸置疑是肯定的。事实上，随着市场经济体制的发展和不断完善，在此基础上建立的现代行政法学理论以及由此形成的现代行政法学精神与传统行政法学的理论和精神已发生了相当的转变。现代行政理念更加强调行政主体的服务意识，社会公众的广泛参与，以及行政行为实施过程中与行政相对人之间平等、自由地协商与合作。据此可见，行政行为已绝非执行僵硬化、单方意志化的强制行政，行政服务与现代行政法学中的行政权特征存在高度契合。因而，行政服务具备行政行为的行为要素，其当然属于行政主体依法行使国家行政权的行为。而至此，行政服务的行政行为属性也已得到充分肯定。

（二）行政服务的概念和范围

由于行政服务事项具体类型多，覆盖范围广，因此必须明确其概念和范围，以便在实践中辨认。以深圳市为例，《规定》即同时采用了抽象概括、反向排除以及概要列举等三种形式对其进行了描述和限定。《规定》第 2 条把行政服务的概念定义为："是指行政机关履行法定职责，根据公民、法人或者其他组织的要求，为其提供帮助或者办理有关事务的行为。"为与行政机关的其他行为作以区别，《规定》又同时规定："但行政机关的下列行为除外：（一）根据公民、法人或者其他组织申请办理的行政审批（含行政许可和非行政许可审批、登记，下同）、行政复议、行政赔偿；（二）根据法定职责为不特定对象提供的城市管理、环境保护、医疗卫生等公共服务。"同时，《规定》第 6 条又列举了常见的行政服务事项，从而大致确定了行政服务的范围。

1. 行政服务的概念

应当说，作为行政服务立法的重要研究范本，《规定》给我们提供了一套较为成熟、可行的认知行政服务行为的方式，但由于立法者的身份立场、职业偏向、代表范围等多种因素的差异，难免使其认知带有一定的局限性。因此，在此仍需我们从行政法学的角度进行一次力图更加客观、全面和规范的思考。就行政服务的概念而言，笔者认为应该从以下几个方面进行思考：

首先，行政服务的主体。如前所述，在行政服务活动中，至少涉及两方主体——服务提供主体和服务接受主体。就服务提供主体而言，根据行政行为的主体要素标准，即行政行为是否是行政主体①所做的行为、提供者是否具备行政主体资格，又可将其分为一般服务提供主体和其他服务提供主体两类。从范围上看，前者通常涉及行政机关以及法

① 所谓行政主体，是指根据有关法律规定的条件和程序设立的，享有国家行政权，并能以自己的名义实施行政权，承担因此而产生的法律责任的行政机关以及接受法定授权的组织。参见杨建顺：《行政规制与权利保障》，中国人民大学出版社 2007 年版，第 282 页。

律、法规授权的具有管理公共事务职能的法人或者组织，后者则涉及基于行政主体的委托、购买以及其他形式而参与到行政服务活动中的符合相关条件的法人或者其他组织。由此可见，对行政服务提供主体在概念中仅采“行政机关”的表述是有失偏颇的，采用“行政主体”的表述则更为适宜，其不仅明确反映了行政服务行为的主体要素，而且也间接地将其他符合相关条件的法人或者其他组织纳入行政服务提供主体的视野。就服务接受主体而言，其主体范围相对固定，即申请和要求行政服务的公民、法人或者其他组织。

其次，行政服务的内容。如前所述，随着行政民主化的不断推进，公众行政参与意识的增强，行政服务的内容不再局限于纯粹的提供帮助性质的项目，一些具有行政参与意义的服务要求在不断地被提出。因此，行政服务的概念也应充分体现这一变化和要求，增加相关内容。

再次，行政服务的程序。在行政法治的视野里，程序不仅是保障实体公平正义的制度选择，而且其本身也蕴含着相当的价值，程序建设的程度是一项制度法制化程度的重要标尺。因此，我们不仅要在实践中突出程序的价值、加强程序的建设，这一内涵也应充分反映在事物的概念当中。故而，在概念中增加如“依照法定程序”等相关表述更为适宜。

最后，行政服务的性质。这一问题不仅是理论研究的需要，而且是分析行政服务行为是否合法、有效，以及确定行政救济机制的现实需要。前述笔者已经明确了行政服务的行政行为性质，且具体而言，其是一种具体的、依申请的、外部的行政行为。笔者认为，在概念中明示公共服务的行政行为性质更为适宜。

综合以上几点思考，结合《规定》已有表述，我们可以将行政服务的概念表述为，“是指行政主体根据公民、法人或者其他组织的申请和要求，依照法定条件和程序为其提供帮助、答复质询①或者办理其他一般行政事项的行政行为”。实际上，由于笔者认识的局限性，这一略作完善的概念所作出的判断也并非完全周延，甚至用语仍带有一定的模糊性（如“一般行政事项”），因此，我们仍应当在行政服务法治化的建设中继续对其进行深入的研究和探索，从而不断丰富其内涵、拓展其外延。

2. 行政服务的范围

行政服务内容丰富，若仅从抽象的概念去正面判断何种行为是公共服务行为，进而确定其范围难免会有疏漏，况且概念的提出还只是在初步探索阶段，尚缺乏多次否定之否定的完善过程。故而，若换个角度，从公共服务的角度来思考这个问题，将更有助于明确行政性质公共服务的范围。例如，深圳市的《规定》就将行政审批、行政复议、行政赔

① 质询的本意即质疑、询问，对此处“质询”的理解应取其本意，即公众对于特定行政事项的质疑或询问，故应与作为代议机关监督权的“质询”进行区别。

偿、政府购买服务等行为明确排除在外。

在此,结合《规定》进行分析,笔者认为公共服务范围的排除标准应当有二:其一,排除具有独立性和自我封闭性的行为。就《规定》中排除的行政审批而言,(1)在于行政审批与行政服务表面上的冲突性。传统认为,行政审批是典型的运用行政权进行行政管理的行政行为之一,这一突出的"管理"特性与行政服务的"服务"精神在表面上存在较为明显的冲突。即使在一定程度上行政审批为适应形势发展的需要已作出了一定调整,但其较为明显的"管理"色彩仍然与行政服务存在罅隙。(2)行政审批在整个行政行为系统中的重要性——行政审批制度改革是行政管理体制改革的重点以及当前行政活动的很大一部分发生在基于行政审批制度改革而催生设立的行政服务中心的客观现实——使公众的目光聚焦在这种行为之上。(3)由于行政审批行为的独特特征,在法律规范方面国家和该市已专门作出相关规定。① 因而这也构成了该行为的独立性和自我封闭性,而该项也是其中最重要的考虑因素。对于作为行政救济手段的行政复议、行政赔偿的排除,也主要是考虑二者的特殊性且已有相关法律规范,故而也具有相当的独立性和自我封闭性。《规定》列举式的排除尽管可以将那些不具独立性和自我封闭性的行政行为尽可能纳入行政服务的范围,但由于认识的局限性,其难免有所疏漏,从而可能导致由于行政服务的展开而使某些行政行为独立性和自我封闭性被逐步消解。其二,排除不具有具体性和直接满足性的行为。由于行政服务旨在使公众的某种具体的直接需求得到满足。但如前所称,政府的公共服务是政府的基本职能之一,其对于公众普通需求的实现而言具有一定的非特定性和间接性,因而不属于行政服务的范畴。

此外,《规定》第6条又从正面列举了几类常见的行政服务事项,这也使行政服务的范围更加容易得到确定,行政服务行为在实践中更加容易得到辨认,因而不失为一种值得广泛推行的立法方式。

(三)行政服务的设定依据

行政服务的设定依据涉及公共服务行为的合法性,因此,我们首先要对行政合法性原则中"法"的范围及由此延伸的行政服务设定依据的效力层级问题进行认真探讨,继而对行政服务设定依据的现实依托展开必要阐述。

1. 行政服务设定依据的效力层级

合法性原则是行政法治原则的重要组成部分,其无疑也是行政服务应该遵从的基本原则。合法性原则亦称"依法行政原则",是指行政权力的存在、运用必须依据法规范、符合法规范,不得与法规范相抵触。其与传统"依法律行政原则"有密切的联系,但又有很大的不同。依法律行政的原理,最初产生于19世纪的德国,后来被引进到日本。"依法

---

① 国家层面的法律规范如《行政许可法》,地方层面的法律规范如《深圳市实施行政许可若干规定》《深圳市非行政许可审批和登记若干规定》(该规章是国内第一部专门规范非行政许可审批的地方政府规章)等。

律行政原则”具体体现为法律所内在的“法规范创造力”“法律的优位”“法律的保留”。但由于该原则只重视行政是否依据法律，而不注重法律的内容如何，因此只能实现形式上的法治主义，并不能够实现对公民权利的实质保障。故而，以追求公共利益为己任的行政应当积极探求其所依据的法律内容以及法律之下的行政的实质内容，甚至在某些法律空白或法律规范本身存在矛盾的领域中，主动推行创造性的行政，从而使“依法律行政”的理念真正成为国民权利的保障。这样的“依法律行政”才更接近现代国家法治行政的原理。合法性原则中的“法”原来就仅指议会制定的法律，随着“委任立法”的推进，人们逐步改变了依“法律”行政的观念。① 2000 年我国《立法法》的规定明确了行政机关在行政活动中应当遵循从宪法至规章层级的“法”，这也基本构成了当前行政合法性原则中的“法”的范围。之所以说“基本构成”，笔者认为还有例外，某些规章以下层级的行政规范性文件、甚至法的基本精神和宗旨，同样构成合法性原则中的“法”，而据其作出的行政行为也同样具有行政合法性。这实际是在行政能动性和现代行政理念共同作用下产生的结果。

对于行政服务而言，行政主体即不必过多地拘泥于所谓“法”的规定，在行政规范性文件规范下，甚至无任何法律规定的情况下也可以从事某些行政服务行为，因为为公众提供福祉，多做一件服务总是胜于少做一件。对此，笔者赞同《规定》的做法，即从法律规范的多层级性着眼，将公共服务的设定依据放宽到行政机关的规范性文件，其第 7 条第 1 款明确规定，行政服务由法律、法规、规章或者行政机关的规范性文件设定。此外，《规定》还“鼓励行政机关提供更多的公共服务”“行政机关在法定职责之外应公民、法人或者其他组织的要求自愿为其提供相关服务，可以不适用本规定”。当然，这样的服务行为也不是毫无限制，其同样也需要受到法律精神、原则和规则的指引和约束。正如有的学者所言，“由于‘服务行政’的出现，当人民有所请求时，即使法律、法规没有明确授权而又未明文禁止或限制的行为，政府也应当根据法的基本精神与宗旨和法定的行政自由裁量权，主动作为，积极为人民谋福利”。②

2. 行政服务设定依据的现实依托

如前所述，《规定》为鼓励设定公共服务，将“其他规范性文件”纳入设定依据当中。笔者认为，这一规定反映了立法者对公共服务行为精神的充分理解，不仅从最大限度上保证了公共服务的有法可依，而且其在实践中的现实依托也保证了《规定》的可行性。

以行政服务中心的建设为例，当前我国实践中建立了省、市、县、乡镇四个层级的行政服务中心框架体系。四级行政服务中心的职能各不相同，如行政审批权主要集中于

① 参见杨建顺：《行政规制与权利保障》，中国人民大学出版社 2007 年版，第 97 ~ 103 页、第 115 页。

② 莫于川、郭庆珠：《论现代服务行政与服务行政法——以我国服务行政法律体系建构为重点》，载《法学杂志》2007 年第 2 期。

省、市、县三级政府,而乡镇行政服务中心最贴近基层群众,主要的工作就是便民服务。对此,许多地方也有清醒的认识,在认清各级行政服务中心职能的基础上使行政(便民)服务不断向基层延伸。以河南省焦作市为例,2001 年 3 月,焦作市成立行政服务中心;同年 6 月 30 日前,全市六县四区行政服务中心全部建立;2002 年 7 月,全市 29 个办事处建立便民服务中心;9 月全市 85 个乡镇也全部建立,也就是 2002 年 9 月,全市 114 个乡镇办事处全部建立起便民服务中心。2005 年 8 月底前,又在各村(街)建立了便民服务代理站,挑选热心为群众服务、有能力为群众办事的人担任村(街)代理站代办员,也允许乡镇包村干部以协办员的身份参与代办,使公共服务更加贴近了基层,至此焦作市形成了市、县、乡、村四级服务体系。对于各级行政服务中心的职能,焦作市行政服务中心在一些会议上就曾鲜明地指出,市县乡村四级服务职能各不相同,市行政服务中心的主要职能是行政审批,县级行政服务中心的主要职能是行政审批加便民服务,乡镇和办事处便民服务中心的主要职能是便民服务,村街则是乡镇"中心"的代理站。① 由此可见,如今的公共服务已越来越深入基层,因而从一定程度上这也使效力层级较低的法律在规范和引导具体行政行为时能起到更大的作用。笔者认为,正是基于这样的现实依托,行政服务的设定依据才能逐步扩展到"其他规范性文件"。

三、行政服务法治化的现实构建

如果前述对行政服务基本理论的探析,可以视为对行政服务行为的静态考察,那么从动态运行的角度,公共服务的法治化构建主要包括如下几个方面:

(一)行政服务的提供主体及提供方式

随着现代行政法学精神的转变和行政权的内涵在新时期的新发展,行政权的行使主体与行使方式也出现了多元化和多样化的发展趋势。与此相应,行政服务的提供主体和提供方式也出现了类似的发展趋势。如前所述,行政机关已不是提供行政服务的唯一主体,法律、法规授权的组织以及具有管理公共事务职能的法人或者组织基于行政主体的委托也可以成为行政服务的提供主体,且随着行政分权的深入,为充分利用非政府组织的有效资源,发挥社会的力量,越来越多符合相关条件的法人或者其他组织也会通过多种形式成为行政服务的提供主体。

1. 行政服务的提供主体多元化和提供方式多样化的原因

近代意义的行政权始于资本主义初期的三权分立。综观行政权产生以来的资本主义国家的行政权发展历程,其大体经历了限权、授权、控权、分权等四个阶段。其中所谓"分权"是指在政府职能改革中,将原属政府享有的部分国家行政权,通过授权或者委托的方式转移给非政府组织行使。分权阶段始于 20 世纪中期以后,其主要动因在于现代行政的民主化。现代行政民主化要求在行政管理过程中加强政府与社会的合作,充分利

① 参见赵永伟、唐璨:《行政服务中心理论与实践》,企业管理出版社 2006 年版,第 13 ~ 14 页。

用各种社会主体资源,进行民主行政。我国的行政管理体制改革也要求实行行政分权,将一部分行政权转移给非政府组织行使,这一方面可以把有限的政府资源用于最必需的方面,提高工作质量和效率;另一方面也可以充分发挥非政府组织在社会生活中的作用,更好地实现行政目标。分权产生的直接原因在于:一是行政管理内容的扩张与发展;二是行政管理内容的日益专业化、复杂化。① 这些变化都使传统的行政管理颇感力不从心,从而也直接激发了行政权多元行使主体和多样行使方式的出现。

对于行政服务而言,一方面,突出的服务性和非强制性特征使其区别于传统的具有明显管理色彩的行政行为,因而也使行政主体以外的行政服务提供主体能够打破过去的垄断的局面,与行政主体一道为社会公众提供行政服务,因其不以国家强制力为后盾,因而也更具简便性、温和性。另一方面,由于行政服务具体类型多,覆盖范围广,而行政主体服务范围又有相当的局限性,因此,一些专业、复杂的行政服务类型由其他符合相关条件的法人或者其他组织来承担更为适宜。例如,由于政府难以做到某些服务,深圳市一位老人,于2009年4月28日成立了一家名为“深圳市市民情感护理中心”的非营利性社会组织,旨在为市民提供心理咨询服务。情感中心成立1年3个月以来,共得到了深圳市民政部门的百万元资助,这笔钱被称为“政府购买服务”的费用。② 如今,在政府职能转移的大背景下,深圳市以清晰的政府定位、开放的政府思维以及先进的资源配置意识,将政府、市场、社会三者关系重新定位,通过向社会输出越来越多的公共事务资源,其也成为中国政府与社会组织良性互动及政府公共职能转型的最佳样本。

2. 行政服务提供主体和提供方式的主要类型

根据我国现状以及各种具体法律、法规的规定,行政服务的提供主体主要包括:(1)中央和地方各级行政机关以及法律、法规授权的组织;(2)其他具有公共管理职能的组织以及行业协会、非营利性公益性组织;(3)符合相关条件的法人或者其他组织;等等。一般地,③行政服务的提供方式也相应包括:(1)行政主体自己提供。行政主体自己提供服务时,行政机关应在法定职责范围内依法提供,法律、法规授权的具有管理公共事务职能的组织,在法定授权范围内,以自己的名义提供行政服务。(2)行政主体委托提供。委托提供一般着眼于社会能够自主解决、行业组织能够自律解决的事项。行政主体委托提供行政服务,应当与受委托单位订立委托协议,规定委托的服务项目、服务内容和委托期限等,并应将受委托单位和受委托提供行政服务的内容及时公开和备案。受委托单位在

---

① 参见黎军:《行政分权与行政主体多元化》,载《深圳大学学报》(人文社会科学版)2002年第4期。

② 参见李亮:《“官退民进”:政府职能转型深圳样本》,载法制周末:http://www.legaldaily.com.cn/zmbm/content/2010-07/29/content_2211546.htm?node=7567,最后访问日期:2020年1月20日。

③ 由于实践的复杂性,只能从一般的角度进行归纳,如前述“深圳市市民情感护理中心”的例子,虽然是非营利性社会公益组织,但民政部门又将其资助称为“政府购买服务”的费用。可见,提供主体与提供方式的划分具有相对性,在本例中,非营利性社会公益组织的服务并非不得通过政府购买的方式获得。

委托范围内，以委托行政主体名义提供行政服务；未经委托行政主体同意，受委托单位不得再行委托。（3）行政主体购买提供。购买提供将重点放在市场机制能够自行调节的服务项目上，如行政主体可以通过招标采购指定社工机构为特殊人群提供专业社工服务。行政主体通过购买服务的方式提供行政服务的，应当与被购买单位签订购买提供行政服务合同，对被购买单位应当提供的服务项目、期限、质量、购买价款及支付、服务对象和方式、违约责任等作出规定。被购买单位以自己名义提供购买服务合同约定的服务，并对该行为的后果依法承担相应的民事责任。未经购买行政主体同意，被购买单位不得将购买服务合同约定的服务委托、指定或者转让给其他组织或者个人提供。被购买单位提供购买合同约定的服务，应当注明该服务属于有关行政主体购买提供的行政服务。[①] 笔者认为，由于服务的多样性、广泛性和便捷性，购买提供或将成为我国行政管理体制改革的一个重要突破口。以深圳市为例，中共深圳市委、深圳市人民政府《关于加强社会工作人才队伍建设推进社会工作发展的意见》（2007 年 10 月 25 日）提出“建立以‘政府购买’社会工作服务为主要形式的财政支持机制”的要求，《深圳市推进政府职能和工作事项转移委托工作实施方案》（2010 年 3 月 17 日）都已明确表示，鼓励通过政府采购等法定方式，向符合条件的社会组织购买行政服务。此外，还可以通过特许经营、政府补贴、政府奖励等方式，组织、支持和引导社会力量提供行政服务。

在此，笔者还想着重强调一下委托基层群众自治组织提供行政服务。根据我国宪法和有关法律的规定，在城市和农村按居民居住地区设立居民群众自我教育、自我管理、自我服务的基层群众性自治组织，即城市居民委员会和农村村民委员会。居民委员会和村民委员会不是一级政权组织，其工作在区县或乡镇人民政府的指导下进行。前述已经提到当前我国行政服务中心在实践中已形成了省、市、县、乡镇四级框架体系，很多地方还将行政服务中心建设不断向基层延伸。之所以强调这一类型，是由于基层群众自治组织更加接近公众生活，更能及时地解决公众的问题，更能便捷地为公众提供服务，因此，应当予以重视和鼓励。在具体操作上，可以基层行政服务中心的建设为依托，向其委托如开展促进就业、临时社会救助、代办各种证照和证明等多种服务。

（二）行政服务的程序

行政服务具体类型多，覆盖范围广，因此在实施具体的行政服务之前，各行政机关[②] 应当首先展开本机关的行政服务项目清理工作，对清理后确定的行政服务项目向社会公布，同时对各项行政服务进行规定，将其作为提供行政服务的具体依据。行政服务项目

---

① 参见《规定》第三章“行政服务的提供机关及方式”。

② 在此首先，应当明确的是，行政主体通过购买提供行政服务的程序不属于本部分的内容。被购买单位应当制定相关服务提供办法，报购买服务的行政主体备案并通过一定途径向社会公布。被购买单位应当按照公布的服务提供办法提供服务。其次，在行政服务程序的操作和监督救济机制的应用上，行政机关的行为更具代表性和参考性，故本部分以及后一部分“行政服务的监督和救济”的论述中主要采用“行政机关”的表述。

的清理与法定化是行政服务实施前的准备工作。

行政服务的程序,是指行政主体在作出行政服务行为过程中所应遵循的步骤、顺序、方法、方式及时限的总和。在此,我们分别从申请与受理、核查与决定、听证、时限等几个方面来认知行政服务的程序。

1. 申请与受理

(1)行政服务是依申请行政行为,因此,行政服务程序的启动以公民、法人或者其他组织提出申请为必要。申请人既可以亲自提出行政服务申请,也可以委托代理人代为提出。但是,依法应当由申请人亲自提出申请的除外。

(2)申请人提出行政服务申请,应当提交行政服务申请书。申请人书写申请书确有困难的,可以口头申请。口头申请应当记入笔录。

(3)申请人提出行政服务申请可以通过多种途径,如通过信函、电报、电传、传真、电子数据交换和电子邮件等方式。

(4)申请人具有如实提供材料的义务。申请人申请行政服务,应当如实向行政机关提供情况,需要提供书面申请材料的,应当对申请材料实质内容的真实性负责。

(5)行政机关的禁止性义务。行政机关提供的申请书格式文本中不得包含与申请行政服务事项没有直接关系的内容。行政机关不得要求申请人提交与其申请的行政服务事项无关的材料。

(6)对申请人提出的申请的处理。对申请人提出的行政服务申请,行政机关应当根据情况作出不同处理:申请事项不属于本机关职责范围的,应当即时告知申请人不予受理,并告知其应当受理的机关;特殊情况下,行政机关应当帮助申请人向应当受理的机关办理申请。申请事项属于本机关职责范围,不需要提交申请材料的,或者申请材料齐全的,应当受理。申请材料存在可以当场更正的错误的,应当允许申请人当场更正,并在更正后受理。申请材料不齐全或者不符合法定形式的,应当当场或者在法定期限内一次告知申请人需要补正的全部内容,逾期不告知的,自收到申请材料之日起即为受理。

2. 核查与决定

受理申请人的行政服务申请之后,应当对行政服务的申请材料进行核查并根据实际情况作出是否给予行政服务的决定。根据作出决定的时间可分为当场作出决定和法定期限内决定。

(1)当场作出决定。申请人的申请符合行政服务提供办法规定的,行政机关应当当场作出是否提供行政服务的决定。

(2)法定期限内决定。不能当场作出决定的,行政机关应当在法定期限内按照规定程序作出。

在此基础上,行政机关作出提供行政服务的决定的,应当及时提供行政服务;作出不提供行政服务的决定的,应当出具书面决定并说明理由,并告知申请人享有投诉、依法申请行政复议或者提起行政诉讼的权利。

3. 听证

现代行政程序法确立的听证制度是平等原则的具体体现,也是实现行政相对人参与行政过程的权利,最终达致公正的有力保障。听证程序在作出行政行为过程中的具体适用,对于行政主体而言,有利于行政主体直接听取当事人的意见,甚至广泛听取各方面的意见,从而作出更加合法、公正的行政处理决定;对于行政相对人而言,有利于促进公众的行政参与,且客观上能够形成良好的监督机制,有效避免权力滥用。①

行政服务听证程序的启动可分为行政机关主动举行听证和申请人申请举行听证两种。前者是指对于一些涉及公共利益的重大事项,行政机关认为需要听证的,应当及时向社会公告,并举行听证。例如,行政机关提供公共服务,原则上应当是无偿的,但在法律、法规、规章另有规定的情形下,则按照有关行政事业性收费管理的规定办理。故而,有关行政机关在确定涉及公众利益的行政事业性收费标准时,就应当依法举行听证。行政机关在设定政府服务项目、确定行政服务对象时,根据需要也可以主动举行听证会,广泛听取公众和社会各界的意见和建议。后者是指对于涉及自身利益的重大事项,申请人认为需要听证的,应当及时向行政机关申请,并举行听证。行政机关在作出行政服务决定前,认为该项行政服务直接涉及申请人与他人之间重大利益关系的,应当及时告知申请人、利害关系人享有要求听证的权利。申请人、利害关系人不承担行政机关组织听证的费用。行政服务听证的一般程序如下:

(1)在行政机关主动举行听证的情况下,行政机关应当于举行听证的法定期限前将听证的基本内容、时间、地点以及听证主持人的姓名进行公告;在申请人申请举行听证的情况下,应当于举行听证的法定期限前将当事人的姓名、名称及其住所、案件的基本内容、听证的时间、地点、听证主持人的姓名等进行通知,必要时予以公告。听证的时间和地点的选择,应当遵循便民原则,充分考虑当事人或其代理人的方便和需要。

(2)当事人可以亲自参加听证,也可委托代理人代为参加听证,只能由当事人亲自参见的情形除外;当事人未参加听证但提出意见书的,应视其出席并陈述相关内容。

(3)听证原则上应当公开举行,但涉及国家秘密、商业秘密或个人隐私时应当不予公开。此外,如果当事人申请不公开听证,或者行政机关认为公开听证难以达成听证目的,又或听证公开将严重影响公共利益或第三人的正当利益时,一般也应当不予公开。

(4)行政机关应当指定核查该行政服务申请的工作人员以外的人员为听证主持人,当事人认为主持人与该行政服务事项有直接利害关系的,有权申请回避。此外,当事人认为听证记录员与本案有利害关系的,有权申请回避;是否回避,由听证主持人依照法律的规定决定。

---

① 参见杨建顺:《行政规制与权利保障》,中国人民大学出版社 2007 年版,第 789~790 页。

(5)举行听证时,核查该行政服务申请的工作人员应当提供核查意见的证据、理由,当事人可以提出证据,并进行申辩和质证。为保障听证程序的顺利进行,应明确听证主持人享有的权力,如有权要求有关行政机关提出必要的文书或陈述意见,有权限制当事人发表与行政服务事项无关联的言论等。

(6)听证应当制作笔录,听证笔录应当交听证参加人确认无误后签字或者盖章。听证结束以后,行政机关应当根据听证笔录,作出行政服务决定;在听证结束以后,正式行政服务决定作出之前,行政机关如果发现新情况,认为有必要重新听证的,应当重新组织听证,行政机关的服务决定书应当载明听证笔录所反映的事实。

4. 时限

行政程序表现为对每种步骤、方法、方式等的时间限制。① 法律对行政行为时限的规定,主要目的是保障行政效率。行政行为如果没有法定时限,就有可能造成拖延耽搁,给国家、社会利益造成严重损害,也会给公民、法人或者其他组织的权益造成损害。因此,对行政行为坚持法定时限的要求是非常必要的。对于行政服务而言,其获取帮助的迫切性、行政参与的及时性以及其他需求满足的快捷性更加强调坚持法定时限的必要性和严格性。违反法定时限的行政服务行为是违法行政行为,相对人对违反法定时限的行政服务行为可请求撤销,如相应行为已给相对人造成损失,相对人还可申请行政赔偿。

(三)行政服务的监督与救济

行政主体能否依法实施行政服务,与人民群众利益密切相关。因此,一方面,必须建立健全行政服务的监督和制约机制,严格规范行政服务行为;另一方面,还须完善行政服务的救济机制,使公民、法人或者其他组织在合法权益受到损害时能够得到及时有效的救济。

1. 行政服务的法律监督

行政服务的法律监督可作广义、狭义两种理解。狭义的行政服务法律监督仅指国家监察机关依照法定职权和程序,对行政服务活动进行的监察和督促。广义的行政服务法律监督则指由所有的国家机关、社会组织和公民对行政服务活动所进行的监察和督促。在此对其作广义理解。

行政服务的法律监督主要有以下类型:

(1)国家权力机关的监督。在我国,国家权力机关是指各级人民代表大会及其常务委员会。人民代表大会及其常务委员会的监督权是宪法和法律赋予的一项重要职权。公民、法人和其他组织对行政机关及其工作人员在行政服务活动中的不法和侵权行为,可向各级国家权力机关进行投诉,寻求救济。

(2)行政监察机关的监督。各级监察部门应将本级行政机关提供行政服务的活动纳

① 参见杨建顺:《行政规制与权利保障》,中国人民大学出版社 2007 年版,第 770 页。

入监察范围,对行政机关及其工作人员是否依法实施行政服务进行监督检查并作出处理。当事人对行政机关及其工作人员实施行政许可中的违法、违纪行为,可向各级监察部门投诉。

(3)审计机关的监督。政府审计部门应当对行政机关在实施行政服务过程中的收费及所收费使用情况进行监督。此外,审计部门还应加强对行政机关购买提供行政服务经费使用情况的监督。

(4)上级行政机关对下级行政机关的监督。这种监督属于行政机关系统内部的监督。这是由我国行政机关上下级之间的领导体制决定的,具有广泛性、及时性和直接性的特点,但由于是系统内部监督,其仍不可避免地存在“互相礼让”“官官相护”等局限性,因此,有必要加强相关制度建设,使其成为行政服务监督的重要类型之一。这种监督包含了一种重要的救济方式——行政复议,笔者在本书中将其列为法律救济的内容进行考虑。

(5)司法机关的监督。这是指国家司法机关通过司法程序和司法手段对国家行政机关及其工作人员的行政服务行为所实施的监督。在我国,行政服务的司法监督主要是指检察机关和审判机关针对国家行政机关及其工作人员的违法行政服务行为所进行的侦查、审判等活动。对于公民、法人或者其他组织认为自己的合法权益因行政机关的不当行政服务行为受到侵害而提起的诉讼,笔者在本书中也将其列为法律救济的内容进行考虑。

(6)社会组织的监督。这是指各政党、社会团体、群众组织和企业、事业单位对行政服务的监督。这种监督具有组织性和广泛的代表性,是行政服务法律监督体系中的重要力量。

(7)公民的监督。按照人民主权原则,每个公民都是政治权利的主体和国家的主人,因而每个人都可以成为行政服务的监督主体。舆论监督作为公民监督的重要形式,通过社会舆论、新闻媒体对行政机关及其工作人员实施行政行为过程中的一些不良行为揭露和曝光,近年来在公民政治生活中发挥着越来越重要的作用。这种监督广泛、直接而具体,是行政服务法律监督体系的基础。

2. 行政服务的法律救济

行政服务的法律救济是指公民、法人或者其他组织认为自己的合法权益因行政主体的不当行政服务行为受到侵害,依照法律规定向有权受理的国家机关告诉并要求解决,予以补救,有关国家机关受理并作出具有法律效力的行为的活动。实际上,救济包含于广义的监督之中,前述行政服务的监督已有述及。综上,行政服务法律救济的类型主要有:

(1)投诉。行政机关不依法提供行政服务,公民、法人或者其他组织有权向本行政机关的有关机构或者其他有权机关投诉,受理投诉的有关机构和机关应当对案件进行调查,依法及时处理。

(2)行政仲裁。即行政机关依法律、法规授权,对当事人之间发生的,与行政管理活动、行政合同有关的民事纠纷进行审查,并作出裁决的行为。行政仲裁是指纠纷双方当事人按事先或事后达成的协议,自愿将有关争议提交仲裁机构,仲裁机构以第三者的身份对争议的事实和权利义务作出判断和裁决,以解决争议,维护正当权益,当事人有义务履行裁决的一种制度。

(3)行政复议。行政复议是指公民、法人或者其他组织,认为行政机关的行政服务行为不具合法性,侵犯其合法权益,依法向作出该行为的上一级行政机关申请复议,要求复查并作出决定的活动。如前所述,行政复议也是行政机关内部自我纠正错误的一种监督形式。

(4)行政诉讼。行政诉讼是对行政机关实施行政服务救济的基本的法律途径,它独立于行政机关之外,属于外部救济,因此更有利于保障公民、法人或者其他组织的合法权益。此外,如果行政机关的行政服务行为已给公民、法人或者其他组织的合法权益造成损害,其还有权要求行政赔偿,可以一并或单独提起行政赔偿之诉。

第八章　行政给付及其法治化

一、行政给付概述

行政给付是行政主体以公共财政为基础，依据法律规定对社会弱势者实施的授益性行政行为。作为现代重要的行政活动，行政给付兴起于现代国家对传统行政法的改造。从历史发展看，行政给付不是传统行政行为，而是随着福利国家、社会福利等兴起的背景下出现的人权保护的行政法理论构建。[①] 在西方，传统行政法中的“守夜人式国家”奉行“管得最少的政府是最好的政府”，国家的职能仅限于治安、税收、国防、邮政等有限领域。20 世纪初，随着“市场失灵”所带来的诸如经济危机、通货膨胀、失业、贫富差距悬殊等诸多社会问题，同时由于社会发展所带来的公民权利意识的提高、社会财富的积累以及行政管理理念与水平的提高等原因，国家行政的任务不再限于以秩序行政为主，秩序行政与服务行政应当在政府职能的发挥中起到同样的作用。政府对公民进行生存照顾维持基本生存，已是现代政府不可推卸的政治责任和法律责任。除此以外，政府逐渐开始采取各种法律手段帮助公民、组织追求幸福和发展。

（一）行政给付的界定

“行政给付”已经成为我国行政法学中被普遍使用的基本范畴。但我国对行政给付的研究起步较晚，对于行政给付的理解也不尽统一。我国学者对行政给付的研究大约始于 20 世纪 90 年代中期，但在最初的几年，关注这一问题的学者和研究成果都很少，尚未引起学界的重视。[②] 直到 21 世纪初以来，随着经济和社会的发展，从增强政府服务职能到建设服务型政府，[③]行政给付在行政活动中的比重日益增加，对行政给付的论述也日渐增多。目前，学术界使用的类似的概念有：给付行政、行政救助、行政物质帮助、行政扶持、行政发放、行政服务等。在我国，作为行政权的主要外在表现形式的行政行为，“在行

---

① 参见黎远松：《论行政给付的转向：社会福利给付》，载《广西社会科学》2013 年第 11 期。

② 参见龚燕：《服务型政府背景下的我国行政给付研究述评》，载《四川行政学院学报》2015 年第 3 期。

③ 党的十六届三中全会通过的《中共中央关于完善社会主义市场经济体制若干问题的决定》提出了建设服务型政府的要求；党的十六届六中全会也明确指出要强化政府社会服务职能；党的十七届二中全会及十八大相继明确了实现政府职能向创造良好发展环境、提高优质公共服务、维护社会公平正义的根本转变，行政给付由此逐渐为学界所关注。

政法和行政法学中的核心地位始终就没有动摇过”。① 从具体行政行为角度界定行政给付,是迄今为止诸多行政给付概念的普遍性共识,也是行政给付区分于给付行政的关键所在。

我国行政给付的概念起源于物质帮助的宪法规定,最先指实施物质帮助的具体行政行为。王连昌教授对“行政救助”概念的使用,②引发了学者对行政救助的关注。后来有学者根据我国《宪法》第45条规定的物质帮助权开始使用“行政物质帮助”的概念。③ 在研究初始阶段,中国行政法学者一般都将行政给付等同于行政物质帮助,限于保障公民物质生活的行政行为。其认为:“行政给付又称行政救助或行政物质帮助,是指行政主体基于法定职责或服务的要求,在特定相对人处于失业、年老、疾病或丧失劳动能力及其他法定的情况下,按照法律、法规、规章和其他有关行政规范的规定,对上述相对人无偿提供物质帮助或其他优待的具体行政行为。”④将行政给付定位为特定物质帮助的行政行为,是行政法制管理理念的体现。在这样的行政给付关系中,行政主体具有行政高权,往往以高高在上的管理者身份出现,提供恩赐色彩的给付和家长式服务,虽然有利于行政相对人生活境况的改善,但主要目的在于服从和服务于社会稳定和必要的发展秩序的管控需要,严重制约了行政给付制度在我国的深入发展。

民生建设发展促推行政模式转变,行政给付已经不能简单定位于行政救助或者行政物质帮助,正经历着从传统到现代的结构性转变。⑤ 随着国家体制改革和社会转型,中国行政法治实践在其行政理念、行为主体、行政手段以及行政评价等方面都已经发生了深刻的变革。⑥ 民生建设过程中对服务型政府的强调,契合了由“秩序行政”向“给付行政”、“政府管理”向“公共治理”(合作治理)转变之理念,政府以给付形式体现的服务职能和授益功能逐渐增强。再以狭义的物质帮助定义行政给付,显然“抹煞了行政给付应有的授益功能,克减了国家与政府的义务,使受益对象及其权利范围变得极其狭窄,与现

---

① 章剑生:《现代行政法基本理论》,法律出版社2008年版,第126页。

② 参见王连昌主编:《行政法学》(修订版),中国政法大学出版社1997年版,第177~182页。

③ 例如,应松年教授认为,行政物质帮助,是指有关行政机关依照有关法律、法规的规定,对公民、法人或者其他组织提供一定的物质利益或与物质有关的权益的行为。参见应松年主编:《行政法学新论》,中国方正出版社1998年版,第290~291页。类似观点还可参见胡锦光、罗杰编著:《行政法与行政诉讼法》,中国人民大学出版社2003年版,第127页。

④ 应松年主编:《行政法与行政诉讼法学》,法律出版社2005年版,第200页。类似的观点参见叶必丰主编:《行政法与行政诉讼法》,中国人民大学出版社2003年版,第154页;方世荣主编:《行政法与行政诉讼法学》,人民法院出版社、中国人民公安大学出版社2003年版,第214页;方世荣、石佑启主编:《行政法与行政诉讼法》,北京大学出版社2005年版,第232页。

⑤ 参见崔卓兰、周隆基:《社会管理创新与行政给付新发展》,载《当代法学》2013年第1期。

⑥ 参见江国华:《从行政行为到行政方式:中国行政法学立论中心的挪移》,载《当代法学》2015年第4期。

代福利国家、积极国家和给付行政模式和理念极不相称”。[①] 因此,行政给付的范围不断扩展,除行政物质帮助之外,行政供给和行政补贴纳入了行政给付的范围。杨解君教授认为:“行政给付是行政主体为实现特定的公共目的,为一定的个人或者组织提供支持或补助(社会救济金、助学金、扶贫款、补贴)、建设公共设施或者为公众提供其他服务或利益,从而保障和改善公民生活条件的行政活动。”[②]柳砚涛教授更是认为:“行政给付是行政主体为保障个人和组织的生存权和受益权,维持和促进国家与社会的稳定和发展,依照法律规定和相关政策向个人和组织,尤其是出现生存困难并符合法定保障条件的个人和组织,提供物质、安全、环境、精神等各方面保障的行政活动及相关制度。”[③]

经历着从传统到现代结构性转变的行政给付概念,[④]给付范围扩大增加了行政相对人的受益性,受益性本身彰显了行政相对人的主体性,但这一变化同时增加了行政给付概念的不确定性。范围越广,争议越大。首先,传统行政给付概念在给付目的、内容、对象方面严格限制了给付范围,行政给付确定为保障基本生存而为特定弱势者提供物质帮助的具体行政行为。现代行政给付概念呈现出将给付范围无限扩大的趋势,以行政相对人受益性为标准,凡是对行政相对人有利的行政行为都属于行政给付的范畴。如此,行政给付在内容上不仅包括给付行政所包含的公共给付、保障给付、资助给付、信息行政等,甚至涵盖授益性的行政许可。这种仅从给付行为特征角度界定行政给付范围,模糊了给付行政理念下的行政给付与秩序行政方式的区别。其次,现代行政给付尤其强调公民的主体性,即在行政给付关系中,政府给付行为是确保和维护相对人权利的手段,明确行政给付的义务性质和服务角色。“服务是一种基于行政主体履行服务义务而进行的能动的行政活动,这就要求行政主体及其公务人员在切实履行自己的法定职责的同时,还要根据社会发展和人民的需求而不断调整自身的功能定位,以更好地扮演服务者的角色。”[⑤]行政给付在行政主体方面体现为授益,在行政相对人方面体现为受益,这样一种授益和受益的辩证关系,顺应了民主法治发展潮流。然而,随着人权理论的不断拓展,人权主体已不再限于公民,还包括组织在内。对行政相对人主体性的片面强调,促使给付对象的扩大化,即除公民之外,法人也被纳入行政给付对象的范围。可见,行政给付概念

---

① 柳砚涛:《行政给付研究》,山东人民出版社 2006 年版,第 13 页。

② 杨解君主编:《行政法学》,中国方正出版社 2002 年版,第 382 页;另参见杨解君、肖泽晟:《行政法学》,法律出版社 2000 年版,第 350 页。

③ 柳砚涛:《行政给付研究》,山东人民出版社 2006 年版,第 13 页。

④ 我国传统的行政给付概念类似于一种干预行政模式之下的行政给付,而学者对我国行政给付概念的新解读则更倾向于是给付行政模式之下的行政给付。干预行政模式下的行政给付以国家与社会的秩序、稳定为目的,以保障公民的生存权为权利基础,以处于危难情景之下的公民为给付对象。而给付行政模式之下的行政给付以社会成员的权利、福利、人类幸福为行政目的,以生存权和发展权为权利基础,是公民基于服务政府理念所享有的一种权利。

⑤ 李彬、汪自成:《“双服务”理念:行政观念与制度》,载《行政法学研究》2004 年第 3 期。

的拓展,不仅超越了援助市场竞争中的弱势者应对社会风险确保其人之为人的尊严的制度初衷,而且导致了给付范围的不明确,还弱化了行政给付区别于其他行政行为的特征。

因此,对行政给付的界定应从政府目的和能力的角度,提取传统和现代概念的最大公约数,进行以人为本和符合行政法发展趋势的概括。传统行政给付概念通过给付条件和对象的限定,凸显出行政给付目的,使行政给付概念具有明确的内涵和外延。但以保障公民最基本生存权的传统行政给付目的,难以适应社会发展需求,现代给付行政不仅要"兜底"——保障基本生存,而且要维护和促进人们对美好生活需求的实现。从保障和维护人性尊严的制度目的出发,行政给付的对象只能是公民,而不包括组织(法人)。在此基础上,笔者认为,行政给付是行政主体为保障和维护人性尊严,对市场竞争失败者提供保障基本生存或提升生存能力的基本生活资料给付与公共服务给付的行政活动。

(二)行政给付的特征

对现代国家行政给付的特征的概括,是正确认识给付行政理念下行政给付的关键。笔者认为,从行为结果来说,它是一种授益性行政行为;从行为性质来说,它是一种柔性行政行为;从行为能力来说,它是依赖财政基础的行政行为。

1. 行政给付是一种授益性行政行为

根据学界通说,"行政行为以其内容对相对人是否有利为标准,可以分为授益行政行为和不利行政行为。授益行政行为是指行政主体为行政相对人设定权益或免除其义务的行政行为。不利行政行为是指行政主体为行政相对人设定义务或剥夺、限制其权益的行政行为,又称负担性行政行为"。[①] 行政给付是一种典型的授益性行政行为,其旨在向相对人提供公共设施和服务供给、生存保障以及资金补助等物质和非物质利益。无论行政给付的内容是物质的还是非物质的,给付的形式是积极的还是消极的,它都是通过为给付对象提供利益而实现行政目的,是授益性行政行为。

值得注意的是,行政给付的授益性并不是绝对的,而只是问题的主要方面,或者制度的价值要求。"任何负担处分,从另一角度看,其实也都具授益处分效果,同样地,任何授益处分,在另一方面也都同时具负担处分效果。"[②]行政给付的负担处分效果主要体现在两个方面:首先,对于行政相对人而言,行政给付可能具有双重效果,受益人取得行政给付的同时也相应地负有了与给付相关联的义务。[③] 如附条件给付,在给付过程中必须接受调查、信息披露等权利限制等。其次,对于行政给付之外的第三人而言,行政给付关系

① 姜明安主编:《行政法与行政诉讼法》(第2版),北京大学出版社、高等教育出版社2005年版,第180页。

② 相对应的行政给付方式也应由单一趋向多元,因地制宜,为不同的给付对象选择最佳的给付方式,以保证行政给付的科学性和效率性,使其符合比例原则的要求。在行政给付实践中,诸如特许经营、行政委托、合同外包、行政助手等给付方式被广泛应用于城市公交、供水、供热、供气等给付领域。

③ 参见方世荣:《论具体行政行为》,武汉大学出版社1996年版,第38页。

中对给付对象的增益,可能恰恰源于对其他人的损益。比如,为了提高行政给付能力,势必提高对其他人税费的征缴。

2. 行政给付是柔性行政行为

柔性行政行为通常指采取非强制性、非命令性的手段,而以诱导性、指引性为主要方式进行的行政活动。有学者认为:"纯赋予权利、能力和减免义务的具体行政行为从本意上讲是有利于相对人的,但对相对人并无强制,即不能强制对方服从。"[①]对行政给付来说,相对人对授益行为一般会自愿接受,强制的手段往往成为不必要,行政主体不能强制相对人提出或者不提出、接受或者不接受某种给付。相比其他行政行为来说,在行政给付中,给付对象的权利居于主导地位,而给付主体的公权力则处于从属地位。

行政给付的柔性化,即行政给付的方式从权力行政转向非权力行政,既与行政给付的本质有关,也受实质行政法理论发展的影响。在行政给付关系中,双方并不像侵害行政一样处于对立状态,更多地体现为理解和信任,并且以金钱或非金钱利益给付为内容,本质上不需要命令、强制等"高权型"刚性行政手段,而采取资讯公开、咨询、建议、协助、协调等柔性化手段,通过发挥沟通功能解决信息不对称问题,就能达到很好的行政效果。而实质上行政法理论的发展,正好为行政给付的柔性化实践提供了理论依据和指引。实质行政法认为,行政权的特性在于为实现行政目的而作出行政活动时必须得到授权或者受到统制。至于行政主体是选择权力性手段还是非权力性手段,只要不影响行政目的的实现,都是可行的。正如田中二郎所言,给付行政是一种以直接增进公共利益为目的的非权力行政,其目的具有公法的性质而在行为形式上则表现为私法的特征。[②]

行政给付柔性化,导致了行政给付方式的多样化。由于行政给付实践中并不必然选择"高权型"行政手段以强制方式进行,可以面对具体对象、情形,在保证行政给付目的和行政给付的科学性和效率性的基础上,因事制宜,为不同的给付对象选择最佳的给付方式。行政给付活动也因此表现出灵活性、能动性和扩张性,使行政给付方式呈现多样化特征。在行政给付实践中,如特许经营、行政委托、合同外包、行政助手等给付方式被广泛应用于行政给付领域。甚至因此对公共行政进行理论反思,认为其并不仅限于国家行政,而是指一切"不以营利为目的。旨在有效地增进与公平的分配社会公共利益而进行的组织、管理与调控活动"。[③]

3. 行政给付必须以公共财政为基础

行政给付是授益性行政行为,并且该所授之益直接源于政府财政,这是行政给付更典型的特征,能将行政给付与行政授益行为做进一步区分。

---

① 方世荣:《论具体行政行为》,武汉大学出版社 1996 年版,第 38 页。

② 参见江利红:《日本行政法学基础理论》,知识产权出版社 2008 年版,第 112 页。

③ 余凌云:《行政法讲义》,清华大学出版社 2010 年版,第 3 ~4 页。

在行政关系中，行政主体的授益转化为行政相对人的受益。依据行政给付前后，相对人所持利益的数量变化，可将相对人利益数量增加的受益情形称为积极受益，而将相对人已经被侵犯的利益在数量上得到恢复或将受到侵犯的利益免于损失的情形——利益数量维持的受益称为消极受益。行政给付是授益行政行为，意味着相对人因此积极受益。按照积极受益情形中所增加利益的来源考察，行政给付关系中的利益源于政府财政，而行政许可关系中利益源于经营活动。并且行政给付关系中的行政相对人从行政给付中直接受益，而行政许可只是确立行政相对人获取利益的资格，是间接受益。

行政给付的授益性源于政府财政，因此行政给付必须坚持适度原则。行政给付的根本目的在于通过保障基本生存和提升生存能力的方式维护和促进人性尊严。生命乃是生存权的自然形式，财产是生存权实现的物质条件，劳动是实现生存权的一般手段，社会保障是生存权的救济方式。生存权的性质、内容、形式和实现手段决定了对于生存权的救助行为的经济属性。行政给付所需的资金来源于国家的税收，而基于资源和财富的有限性，过度的行政给付必然会导致国家税收的增加，这对于纳税者无异于是另一种不公平。基于行政给付是依赖政府财政的行政行为，行政给付的最佳供应的均衡位置应当位于行政给付的边际成本等于边际效益的水平。①

（三）行政给付的功能

1. 保障和维护人性尊严

行政给付的瞄准对象，一般应定性为市场竞争中的失败者。个人的基本生存和幸福生活主要靠个人努力在市场中实现，由于个人的生理和社会因素，总存在一部分弱势者无论如何努力也不能满足美好生活需求甚至基本生存，从而危及或者影响其人性尊严。在行政给付关系中，给付主体将在市场竞争中失败而陷入生活困境达到相关法律标准的弱势者作为行政相对人，提供基本生活给付。政府通过行政给付，对达到法定标准的一切生活贫困的国民，相应其贫困程度实施必要的保护，在保障其基本生存的同时提升其生存和自立能力。社会弱势者得以免予以有辱人性尊严的方式生活，或者通过有辱尊严的方式获取生活资料。“让能工作的有工作，让不能工作的有保障”“工作当作为那些有能力工作者摆脱贫困的最佳道路”，②是行政给付保障基本生存与提升生存能力维护人性尊严的基本方略。

2. 维持社会安全与稳定

俾斯麦在谈到《社会保险法》的意图时，曾经直言不讳地说：“一个期待领取养老金

① 参见何洪全：《行政给付平衡论——精准扶贫背后的法经济学逻辑》，载《齐齐哈尔大学学报》（哲学社会科学版）2017 年第 9 期。

② 裘援平等：《当代社会民主主义与“第三条道路”》，当代世界出版社 2004 年版，第 131 页。

的人,是最守本分的,也是最容易驯服的。”[①]可见,行政给付制度在维持社会稳定方面有着重要意义。社会个体相对平等地占有财产和利益,从而实现利益平衡,是维持社会稳定的基础。行政给付制度有助于构建公平的利益再分配机制,从而在物质上为弱势群体提供公平占有财产和利益的机会,缩小贫富差距,同时在心理上消除了弱势群体的相对剥夺感,缓和社会矛盾,从而实现了社会稳定。

3. 促进公平正义

公平正义是现代法治社会追求的终极价值取向,简单来说,公平正义就意味着使个体在发展机会的获得上受到公正对待。而在现代社会,由于家庭出身、社会教育、物质条件的不同,每个人之间都不可避免地存在差距。现代国家虽然在制度上确立了公民之间的自由平等地位,但“富者在权利的实现方面具有优势,而穷者则处于劣势”。[②] 这就必须借助于政府“有形的手”通过行政给付制度使不同出身的人获得正常水平的成长教育和生活状况,从而获得公正的发展机会。直观地来看,行政给付的直接目的就是维护社会正义,无论是通过基础设施供给将公共利益和公共财产普遍地分配给不特定的社会个体,还是通过拯救和帮助生存困难者和资金资助将公共财产倾斜性地分配给符合法定条件的社会个体,行政给付都体现出了公平的利益再分配机制,为社会成员提供了更好的生存和发展的机会。因此,行政给付制度被称为社会公平的调节器。

二、行政给付法治需求及我国历史经验

授益性的行政给付,相对侵害行政行为具有明显的可接受性,往往导致行政权力的进一步扩张。对行政给付是否需要进行控制,如何控制,成为行政法发展亟待解决的问题。行政给付具有阶段性和地域性,不同国家的不同发展时期,行政给付表现出不同的特征,这取决于国家观念、经济状况、国民素质等因素。现代国家行政给付的实践效果,是政府治理能力的重要表现,行政给付治理应在理论和历史考察的基础上进行方向确定。

(一)行政给付的治理需求

尽管“公共服务的概念已经逐渐取代主权的概念而成为公法的基础”,[③]但对公共服务供给方式之一的行政给付的法律治理仍然是不可或缺的。

1. 行政给付保障与逆向刺激之平衡

行政给付的授益性在保障和促进人性尊严的同时,也可能诱发人性的缺陷,产生对个人和社会发展的逆向刺激,而违背行政给付的制度目的。由于行政给付的授益性,受益相对人仅仅付出极小代价甚至不付出代价便能获得一定利益。如果行政给付过度,极

① 柳砚涛:《行政给付研究》,山东人民出版社 2006 年版,第 46 页。

② 郝铁川:《权利实现的差序格局》,载《中国社会科学》2002 年第 5 期。

③ [法]狄骥:《公法的变迁:法律与国家》,郑戈译,中国法制出版社 2010 年版,第 33 页。

易造成受益人对行政给付的不正当期待或者恶意依赖，进而不利于发挥社会成员的积极性和创造力，形成"懒汉社会"。以瑞典为例，根据林德伯克的分析，过度的疾病福利、工伤福利、住房补贴、退休补贴等，都容易引发"福利诈骗"和"福利依赖"。瑞典的疾病福利制度就造成了"泡病号"而不上班，甚至一方面享受疾病支付金、失业补偿金等福利，另一方面却在黑市上打工的情况。1955 年每人因病请假的天数为 14 天，到 20 世纪 80 年代则达到了 26 天。①

行政给付的逆向刺激不仅表现为道德风险，而且表现为对行政权力的腐蚀。随着行政给付范围的扩大，尤其是社会在个人和社会道德风险形成的情况下，行政给付将沦陷在无休止的需求之中。而行政给付必须依赖一定的财政资源，将给政府财政带来沉重负担，甚至将其推向危机。同时，行政给付还依赖一定的组织和人力推行。为了应付不断膨胀的给付需求，一方面将使行政机构扩大，另一方面促涨官僚作风。而在给付效果上也势必无法反映和满足个体的特殊偏好与需求，其最终结果将导致行政给付成本增加、权力滥用、低效等。

由于行政给付本质地存在逆向刺激的风险，必须对行政给付进行有效的治理。由于行政给付具有目的的正当性和过程的可接受性，其潜在的道德风险和对行政的腐蚀作用往往以一种逐渐渗透的形式影响社会。"时间一长社会习惯就形成了，人们又以此去界定什么是正常的。"②为了避免行政给付逆向刺激的潜滋暗长，关键在于行政给付授益性与逆向刺激的平衡。首先，要坚持对行政给付进行全面的、辩证的认识，做好制度体系的顶层设计。其次，要选择最先进的治理方式进行系统应对，法治作为制度之治和民主之治，是人类文明的结晶，是行政给付治理的当然选择。

2. 行政给付的授益与干预的矛盾

在效果上，行政给付与侵害行政之分别并非泾渭分明，往往相互掺杂。③ 这是必须对行政给付进行治理的重要原因，也是对行政给付进行治理的重要方面。国家的正当性在于保护个人权利，正义的国家是最少干预个人事务、只有保护功能的"最小国家"或者"最弱意义"上的国家。④ 行政给付的侵害性，主要体现在行政权力的扩大和行政权力对个人生活的干预两方面。

自由主义者认为，国家是公民权利潜在的最大的敌人，是必不可少的恶。因此必须将国家限制在最小范围。在宏观层面，通过社会契约论，确定了国家对于公民的手段性

---

① 参见赵人伟：《以瑞典为代表的福利国家的转型及其对中国的启示》，载中国社会保障网：http://www.cnss.cn/new/bjzm/xjj/200912/20091211_244543.htm，最后访问日期：2017 年 8 月 10 日。

② 柳砚涛、刘宏渭：《行政给付的功能》，载《行政与法》2006 年第 2 期。

③ 参见杨东升：《给付行政限度论》，载《法治论丛》(上海政法学院学报)2015 年第 1 期。

④ 参见[美]罗伯特·诺齐克：《无政府、国家与乌托邦》，何怀宏等译，中国社会科学出版社 1991 年版，第 31 页。

价值地位，规定了国家存在和运行的目的在于保障公民权利。在中观层面，通过分权制衡，实现对权力的弱化和内部消耗，为公民权利提供缓冲和救济机制。在微观层面，重点应对与公民权利关系最密切的行政权，要求权力行使必须遵循合法性原则，坚持法律优先和法律保留。行政给付必将带来行政职能的扩张和行政权力的膨胀，使国家权力对公民的潜在威胁增大。

行政给付在行政授益的同时，必然加强对个人生活的干预，并进而拓展行政控制空间，挤压个人权利与自由。工业化提升了社会风险的危害性和普遍性，社会事物日渐复杂，市场失灵常态化，“积极国家”的思想渐受欢迎。“积极国家”意味着“不仅存在国家所不能做的事情，而且还存在国家所必须做的事情”。① “早期按照我们大家都知道的区分方法，公民权利和政治权利是‘对抗国家的权利’，而其他权利都是向国家要求的权利。前者的作用首先是保护个人以对抗国家的专断行为（但不是反对国家）；而后者则相反，它要求国家干预，甚至干预公民的私生活，以便保障公民的社会安全，保障他们的子女能够受教育，等等。”②

行政权力扩张，对社会生活干预增强，势必形成强权力弱权利的不利格局。“一个纯粹行政统治的国家不会对人格给予应有的尊重。”③对行政给付的治理，必须确保行政权力对个人和社会生活干预的限度。

3. 行政给付控权与增能之悖论

对行政给付的治理不能回避行政权力扩大、对个人和社会生活干预过深等潜在威胁，最直接面对的问题便是滥用职权、消极怠工等不当给付的问题。不当给付将产生包括但不限于如下几方面负面影响：第一，危及社会弱者人性尊严的实现，社会竞争的弱势者注定不能通过自身努力确保自身的基本生存，不当给付将剥夺其通过获得行政给付抵御社会风险的机会。第二，行政给付具有再分配效应，具有平衡社会差距的作用。不当给付使应当受给付者得不到给付，或者不应当受给付者获得给付，要么无益于社会公平，要么对社会公平形成二次伤害。第三，影响给付目的，损害政府公信力。行政给付有利于改善政府形象，增强政府公信力，不当给付将以切身体验或感知的形式击溃民众对政府信任的最后防线。第四，由权力寻租或勾兑引起的不当给付，将刺激破坏规则，影响社会正义和社会风气。因此，在行政给付过程中必须加强行政权力的规范化，以确保行政给付的正位运行。

加强对行政给付的运行规范，势必影响行政给付的积极性和能动性，制约行政给付

---

① ［法］莱昂·狄骥：《宪法学教程》，王文利等译，辽海出版社、春风文艺出版社1999年版，第240页。

② ［法］米海依尔·戴尔玛斯－马蒂：《世界法的三个挑战》，罗结珍等译，法律出版社2001年版，第38～39页。

③ ［美］E. 博登海默：《法理学：法律哲学与法律方法》，邓正来译，中国政法大学出版社1999年版，第369页。

效率。在侵害行政中,行政权处于主动地位,并且具有强制性,乡镇相对人处于弱势地位。通过法律优先、法律保留、正当程序等手段严格控制行政权行使的恣意性和随意性,确保行政给付合法性和合目的性。同时,在一定程度上抵消行政管理关系中行政主体与行政相对人不平衡的法律地位,有利于相对人对行政行为的监督和对相应权利的救济。在行政给付关系中,行政主体在地位上并不具有绝对优势,也不一定具有强制性,法律上也不可能对各种给付情形作出明确规定,行政给付任务的完成、效率的提高,很大程度上依赖于行政给付主体主观能动的发挥。行政给付的保障效果,与行政给付的保障能力,即行政给付权力的范围和权能的大小休戚相关。在行政给付过程中,不仅不赋予足够的权限和自由裁量范围、依据具体情况的变化增加给付权能,而且把重心放在权力控制上,时时处处对行政给付权力行使进行牵制,行政给付效果将大打折扣。

不确定行政给付权限、制约行政权力运行,行政给付权力难以正位运行,行政给付目的难以保证。对行政给付的治理,其核心在于确保给付权能的同时有效规制权力运行。

(二)我国绝对公有化、过度市场化与民生建设时代的行政给付实践

社会主义注重权利的真实性和现实性。作为社会主义国家,在社会主义建设过程中,我国政府对满足人们物质文化需要、保证真实和现实的权利方面在不同历史时期作出了不同的努力。在行政给付方面表现为一个从理想到现实、从绝对到相对的实践过程。受行政法理论发展的影响,行政给付的概念表述不一,在事实形态上,公有化和市场化时代的行政给付呈现理想化与绝对化两种截然相反的样态,而民生建设时期的行政给付具有现实性和相对性。

绝对公有化时代,全能政府坚持全面给付。中华人民共和国初期,国内一穷二白,在国际上又遭到帝国主义围堵,坚持共产主义理想、借助苏联经验,以高度集中的计划模式集中资源进行社会主义建设是当时主客观条件的必然结果。计划经济时代,以政府计划进行资源配置。行政化的"单位"在人们的经济生活、政治生活、精神文化生活和社会生活等各个方面取得支配地位。主要表现为行政权力绝对化,不受法律和社会的有效制约;行政权力深入纯粹的个人生活领域,个人生活资料由行政分配,个人权利和自由的空间越来越小。全能政府的全面给付严重挫伤了个体积极性,吃"大锅饭",出工不出力,同时通过各种办法享受社会福利。

市场化时代,政府撤退下的严格救助给付。党的十一届三中全会以后,为提高生产力和改善生活水平,吸取计划经济的经验教训,坚持以经济建设为中心,并实施对外开放和社会主义市场化经济体制改革。基于对计划经济的反思和受同期新自由主义思想的影响,市场经济体制改革过程中体现出两个倾向:首先,实现从"无限政府""大政府"向"有限政府""小政府"的转变,经过 30 多年的发展,国务院组成部门从 30 多年前的 100 个减少到了 25 个。其次,逐渐肯定和实施以市场为手段的资源配置,政府的经济职能转移到宏观调控和社会管理,社会服务、社会保障也从单位剥离出来。在市场经济改革的

过程中,政府从全能的经济和社会生活干预中解放出来,是符合人类文明进步趋势的,但在这一个过程中又出现了过度市场的问题。例如,在国有企业改革过程中大量国有企业的廉价出售和大量的工人失业。同时,企业(无论是国有企业还是民营企业)改制忽视了企业的社会责任。更为不幸的是,新自由主义经济学进入了中国的社会领域,包括医疗和教育,造成了社会领域的过度市场化。① 对市场化的过度推崇体现在行政给付中,便是坚持严格的救助给付。结果,社会大变革的成本和风险主要由个人承担,经济增长越快,民生问题越是突出。

民生建设时代,服务型政府的积极给付。由于在市场经济改革过程中,经济建设与社会建设并没能协同发展,民生问题逐渐成为社会的主要矛盾,保障和改善民生也逐渐成为社会的强势话语。2000 年以后,转变政府职能,建设法治政府、服务型政府被确认为政府改革的主要目标。② 民生建设逐渐成为与经济建设比肩的时代主题。与此同时,行政给付职能不断得到强化,范围不断得到拓展。以医疗领域为例,据 2016 年《国务院深化医药卫生体制改革领导小组关于进一步推广深化医药卫生体制改革经验的若干意见》表明:全民医保制度基本建立,基本医疗保险参保率稳固在 95% 以上,覆盖人口超过 13 亿人,2016 年城乡居民医保财政补助标准达到人均 420 元,城乡居民大病保险全面推开,保障水平大幅提升。个人卫生支出占卫生总费用比重持续下降,由 2008 年的 40.4% 下降到 30% 以下。政府加大投入力度,2016 年城乡居民基本医保财政补助人均新增 40 元中的 10 元用于大病保险。民生建设时代的行政给付当前仍面临如下主要问题:第一,给付效率问题,如政府在医改方面作出很多努力、投入大量财政,人们看病贵、看病难的体验并没有获得多大改善。第二,给付监管问题,如最低生活保障领域大量存在的人情保、关系保等。第三,给付能力问题,行政给付的体制机制有待于进一步理顺,如低保中的资格审查和基本医疗保险经办困境。

(三)行政给付的实质法治方向

行政给付法治化是必然趋势。在全面深化改革的过程中,作为先进治理方式的法治不断得到强调。③ 法治不仅是治国理政的基本方式,而且是实现经济社会全面协调可持

---

① 参见郑永年:《再塑意识形态》,东方出版社 2016 年版,第 49 页。

② 党的十六届三中全会通过的《中共中央关于完善社会主义市场经济体制若干问题的决定》提出了建设服务型政府的要求;党的十六届六中全会也明确指出要强化政府社会服务职能;党的十八大报告再次明确要建设人民满意的服务型政府,并提出了建设人民满意的服务型政府的总体目标。

③ 党的十八大报告指出,更加注重发挥法治在国家治理和社会管理中的重要作用;提高领导干部运用法治思维和法治方式深化改革、推动发展、化解矛盾、维护稳定能力。党的十八届三中全会《中共中央关于全面深化改革若干重大问题的决定》提出,加强法治保障,运用法治思维和法治方式化解社会矛盾。此后党的多次重要会议对此继续明确地提出了要求。

续发展的重要法宝。[①] 习近平总书记强调,我国社会主要矛盾已经转化为人民日益增长的美好生活需要和不平衡不充分的发展之间的矛盾。实质上就是民生问题。基于民生问题而生,在民生建设中迅速发展的行政给付实践,必须坚持法治思维和法治方式。同时,行政给付是行政权力行使的方式和过程,其本身就是法治的重要对象。

通过对中华人民共和国成立以来行政给付事实形态的历史考察,不同历史时期法律对行政给付的治理呈现不同样态。在计划经济时代,全能行政主义的给付政府是不受法律制约的,当时也不具备法治的社会环境。在市场经济改革的过程中,法律受到重视,但主要目的在于创造良好的市场环境和为市场经济保驾护航,法律对权力的规范和控制作用有限。这一时期行政给付从全面给付转向严格限制的救助给付,体现了个人通过市场竞争确保生存,国家不轻易干预个人生活的自由法治国思想,在实质上坚持了形式法治理念。随着依法治国、国家尊重和保障人权等内容先后写进宪法,法治已成为我国治国理政的基本方略,民生建设时代的行政给付范围的扩大,有效地保障和改善了市场竞争失败者的基本生存环境,并且对再分配和社会平衡具有积极意义,体现了实质法治要求。但是在民生建设过程中,以行政给付作为行政管理和解决特定问题手段的问题也广泛存在,如在拆迁中为将低保资格作为谈判筹码,或为鼓励拆迁对拆迁户都确认低保资格。

由于行政给付直接关系到社会弱者的人性尊严和社会稳定,必须在形式法治的基础上坚持实质法治,注重对行政给付的合目的性和效果考察。针对我国行政权力运行的特点,对行政给付的实质性法治,必须克服我们将社会管理视作政府的独占领地与当然职能的惯性思维。

三、行政给付中国特色法治化路径

法治的精髓在于控权。控权对于权利保障而言视权利属性或基本权利功能不同而具有双重价值取向。对于自由权抑或基本权利防御功能而言,控权本身就是一种目的性价值。而对于社会权抑或基本权利受益权功能而言,控权只是一种手段,目的是让权力更有效地确保权利主体受益。行政给付对应社会权或者基本权利受益功能。中国特色社会主义法治体系是国家治理体系的重要组成部分,建设中国特色社会主义法治体系、建设社会主义法治国家是全面推进依法治国的总目标。[②] 社会主义法治国家坚持形式法治与实质法治相统一的法治模式,既要促进和谐稳定的秩序,保障改革发展,又要尊重保障人权、维护公平正义。因此,行政给付的法治化,应在确保行政给付权能的基础上,对行政给付行为进行程序性和实体性制约,并畅通对应权利的救济途径。

---

① 参见吴汉民:《提高运用法治思维和法治方式能力》,载《人民日报》2013 年 12 月 24 日,第 7 版。

② 参见莫纪宏、翟国强:《中国特色社会主义法治理论的新发展(深入学习贯彻习近平新时代中国特色社会主义思想)》,载《人民日报》2018 年 3 月 5 日,第 7 版。

（一）优化行政给付运行体制机制

任何行政目的或行政任务贯彻落实的效果，都受行政体制机制状态的制约。科学合理的行政给付组织体系和行政给付制度体系，是行政给付效果的基础和保证，也是行政给付法治化的基础和重要内容。

1. 坚持政事分开，厘清行政给付关系、范围，提高行政给付效能

行政给付体制就是行政给付的组织架构，即行政给付组织的机构设置和管理权限划分及其相应关系的制度。其核心是行政给付权如何配置和如何运行的问题。从整体看，我国行政执法体制依然存在多头执法、重复执法等问题，权责不一、相互推诿，力量分散、监管缺位等现象还比较突出。① 这些共性问题或多或少地存在于行政给付体制之中，但行政给付面临最大的体制问题是政事不分。行政给付不同于秩序行政行为，存在于简单的行政管理关系中，行政给付涉及社会事业，存在行政部门与事业单位、管理与经办的多头关系。随着行政给付中政府购买、服务外包等多元给付方式的出现，又增加了公法与私法关系问题，使行政给付体制变得更加错综复杂。

依据行政管理学观点，政事分开即"彻底改变事业单位作为政府附属物的状态和以政代事的局面，将政府承担的具体的技术性、服务性的社会职能剥离出来，同时将事业单位承担的行政职能回归到政府部门。简言之，政事分开就是指政府作为提供公共服务的'政治决定'的提供者与事业单位作为提供公共服务的具体事务的承担者分开。"②政事不分是造成行政给付领域多头执法、权责不一、相互推诿，力量分散、监管缺位的根本原因，只有先理顺行政给付中政治决定和技术性、事务性工作内容，再明确相关参与主体的法律地位，才能厘清行政给付关系，明确行政给付职责，提高行政给付效能。

对于政府购买等多元化行政给付中法律关系的性质问题，可以通过双阶层理论进行确定。按照行政行为所适用的法规性质的不同，可以把行政分为公权力行政和私经济行政两种，前者是以公法方式从事行政活动，后者则本于私法的规定，遂行行政任务。③ 政府购买类似的多元方式进行的行政给付，是行政主体以私法方式直接达到行政任务，即以私法方式达成行政任务的行为。依据双阶理论，可以将私经济行政分为两个阶段，前一阶段"是否"进行私经济行政属于公法问题，受公法调整；后一阶段"如何"进行私经济行政属于私法问题，受私法调整。④

2. 坚持制度管权、管事、管人

根据亚里士多德对法治的经典阐述："已成立的法律获得普遍的服从，而大家所服从

① 参见宋大涵主编：《建设法治政府总蓝图——深度解读〈法治政府建设实施纲要（2015—2020年）〉》，中国法制出版社2016年版，第112页。

② 于德刚、张玉强：《政事分开的必要性及实施原则探讨》，载《前沿》2003年第12期。

③ 参见翁岳生编：《行政法》（上册），中国法制出版社2002年版，第22~23页。

④ 参见王锴：《政府采购中双阶理论的运用》，载《云南行政学院学报》2010年第5期。

的法律又应该本身是制定得良好的法律。"①可以看到,法治的前提首先是完备且良好的法律,完备的法律使公民生活有法可依,良好的法律能够保障人权且促进建立合于正义和善德的政体。② 行政给付应当符合宪法精神,在附条件给付和不平等给付等方面适用法律保留原则,意味着给付申请者具有不利影响的给付行为应当有法律依据,其法治化首先就需要完善相应法律制度,使给付行为有法可依。

我国行政给付方面的法律规范并不少,③但现行行政给付规定大多散见于社会保障法律体系中,缺少单独的行政给付领域的法律规范载体,即统一的"行政给付法",缺少统一的原则性和程序性规定,不利于行政给付的法治化。"行政给付法"应当对行政给付的内涵、行为种类、基本原则、依据、程序、救济制度等予以统一规定,在规定各类给付行为共性的同时,更要为其差异性预留一定的运行空间,这样既能克服散乱的规范性文件的程序不严格性、随意性和变动性,实现行政给付制度的规范性和权威性,更能灵活适应行政给付行为的多样性。

(二)突出行政给付的程序性和合目的性控制

基于行政给付的实质法治要求,行政给付运行过程中必须在坚持正当程序的基础上进行合目的性考察。

1. 行政给付的程序性控制

行政程序被认为具有实体目的以外的独立价值,"程序的控制之所以重要就是因为在实体上不得不赋予行政机关很大的权力"。④ 毋庸置疑,从现代行政程序的起源可知,其核心是对强大的行政权力的规范和控制。行政给付应当遵循法定程序,主要环节有申请、受理、审查、决定、监督检查,在这些环节中应当贯彻以下几个制度:

第一,听证制度。行政主体在作出涉及公民、法人或其他组织利益的重大事项或重大决定之前,依照公平、公正、公开的原则充分听取公民、法人或其他组织的意见并据以作出行政决定。在行政给付中,听证作为民主的程序化或制度化,可以有效地在行政程序中整合公众的需求和意见,从而为公众的利益表达提供一个制度化的机制,同时也是防止行政主体专制、规范行政主体行为、节省救济成本的有效手段。

---

① [古希腊]亚里士多德:《政治学》,吴寿彭译,商务印书馆 1983 年版,第 167 ~ 168 页。

② 参见方卫军:《亚里士多德的法治思想》,载中国社会科学院:http://www.cass.net.cn/file/200308198148.html,最后访问日期:2017 年 8 月 20 日。

③ 主要有:《残疾人保障法》《老年人权益保障法》《防震减灾法》《民办教育促进法》《中小企业促进法》《城市居民最低生活保障条例》《农村五保供养条例》《军人抚恤优待条例》《烈士褒扬条例》《法律援助条例》《经济适用住房管理办法》《城镇最低收入家庭廉租住房管理办法》《退役士兵安置条例》《伤残抚恤管理办法》《优抚对象及其子女教育优待暂行办法》《农村敬老院管理暂行办法》等。除法律、法规、规章之外,我国行政给付领域中还存在数量极为庞大的其他行政规范性文件和政策性文件。

④ 王名扬:《英国行政法》,中国政法大学出版社 1987 年版,第 62 ~ 64 页。

第二,信息公开制度。"没有公开则无所谓正义",[①]公开的主旨在于避免"暗箱操作",使正义以看得见的方式得以实现。信息公开是行政相对人实现知情权的有效途径。从广义上来说,查阅卷宗、表明身份、告知和送达、说明理由等都是信息公开的具体体现。根据信息公开制度,行政机关应当及时主动公开或经申请公开行政给付的依据、内容、方式、时限、救济等相关事项。

第三,时效制度。时效制度要求行政机关和行政相对人在一定期限内作出一定行为,否则将要承担一定后果。这是出于对行政程序效率的考虑,如果允许其无休止地拖沓延迟,非但不利于行政管理对效率的需求,而且使行政相对人的权利义务状态处于长时间的不确定状态,不利于相对人权利的实现。法律应当规定行政给付受理、审查、提出异议、提起复议和诉讼的期限,否则对行政机关来说就是不作为,对相对人来说就意味着权利的失效。

2. 行政给付的合目的性控制

对行政给付的合目的性控制,体现了对行政给付的实质正义要求,主要通过比例原则实现。比例原则既能从利益衡量角度为自由裁量权设定实质标准,避免行政恣意,同时也具备开放性和灵活性,便于行政主体能动性的发挥,符合给付行为的扩张性要求。通过比例原则对行政给付进行合目的性控制,主要通过综合考量以下三个维度进行:

第一,通过比例原则确定是否给付。比例原则指行政机关实施行政行为应兼顾行政目标的实现和保护相对人的权益,如果为了实现行政目标可能对相对人的权益造成某种不利影响时,应使这种不利影响限制在尽可能小的范围和限度内,使二者处于适度的比例。行政给付的授益性固然能保障基本生存和提升生存能力,但存在干预个人生活、产生逆向刺激、加重纳税人负担等负面效应,对某一情形是否进行行政给付,必须对行政给付的正负效应进行综合衡量,当正效应大于负效应时才确定给付。行政给付依赖于政府财政,局限于社会资源的有限性和确保有限资源的社会效益,必须对行政给付对象进行甄别,在不同情形的给付对象中利用比例原则综合权衡。

第二,通过比例原则确定给付到什么程度。行政给付是有成本的,行政给付的限度并不在于其绝对数值的大小,而是在于给付成本与给付效益的比值。当比值等于1,行政给付发挥了最大的效用;当比值小于1时,行政给付是失衡的,即应当停止给付,此时行政给付是无效的,因为其负效用大于正效用。[②]

第三,通过比例原则确定采取什么方式给付。"在合理正当之行政目的追求下,行政

① [美]哈罗德·J. 伯尔曼:《法律与宗教》,梁治平译,三联书店1991年版,第48页。

② 参见何洪全:《行政给付平衡论——精准扶贫背后的法经济学逻辑》,载《齐齐哈尔大学学报》(哲学社会科学版)2017年第9期。

得就其作为形式做最适当、最合目的性之考量。”①当完成某一行政给付任务，存在多种可能的给付方式时，必须通过比例原则合理确定给付方式。当各种给付方式给付成本相同，选择给付效益最大的方式。当各种给付方式达到的给付效益一致，选择给付成本较低的方式。当各种行政给付方式的给付成本和给付效益各不相同，选择给付效益与给付成本比值最大的给付方式。

（三）强化行政给付的法律救济

权利的实现需要救济制度的支撑，尤其当公民面对强势地位的权力时，完备的救济制度就显得尤为重要。行政给付涉及权力的运行，且其覆盖面广，与个人的生存与发展息息相关，当行政给付行为对公民产生不利影响时，应当允许其通过救济制度予以弥补。现行法律救济制度主要有行政救济和司法救济。

1. 行政救济

行政救济是行政机关的内部纠错机制，当事人不服行政决定时，可以向行政机关提出予以撤销或变更的请求。我国行政救济的主要方式是行政复议，行政相对人如果对行政主体作出的行政给付行为或不予给付、拒绝给付等行为不服，可以向行政主体或其上级部门提起行政复议。

以英美为例，其社会保障争议处理有单独的程序和办法。美国有社会保障申诉委员会制度，对决定不服的申请人可以启动与初步申请相同的“再考量”（reconsideration）程序，但再考量程序的审查人实行回避原则，当“再考量”申请被驳回后，申诉人接下来可以启动由联邦行政法官主持的重新听证，在听证后根据具体情形交由申诉委员会作出裁决，对此裁决不服者可以向联邦地方法院起诉；②英国有两级上诉体制（也称为“三级裁决体制”），其中一级裁决为行政裁决，二级裁决向上诉仲裁庭提出，申请人若对二次裁决不服还有权向社会保障专员继续上诉即三级裁决。③ 我国可以借鉴此类办法，在行政复议的基础上建立独立的申诉委员会或社会保障专员制度。以社会保障金的发放为例，对贫困程度和伤残程度等事实问题的审查通常涉及医学等方面的专业知识，因此，强调发挥独立的委员会的作用，就更具有现实意义。

2. 司法救济

行政相对人认为行政给付义务机关没有依法履行给付职责，侵犯其合法权益时，可以向人民法院起诉。司法作为社会公正和权利保障的最后屏障，行政给付行为同样应当纳入司法救济机制中，行政给付“从表面上看是纯粹的服务性活动，但它们事实上

① 城仲模：《论行政目的》，载城仲模主编：《行政法之一般法律原则》（二），台北，三民书局股份有限公司1997年版，第44页。

② 参见宋华琳：《美国的社会保障申诉委员会制度》，载《环球法律评论》2004年第1期。

③ 参见刘黎民、刘庚华：《英国的社会保障争议处理程序》，载《中国社会保障》2006年第3期。

却构成了对政府的强制性权力的实施,并且是以宣称其在某些领域拥有排他性权利为基础的”。[①] 因此,作为一种具体行政行为,将其纳入行政诉讼的受案范围是理所当然的。

(1)扩大受案范围。对行政给付提起诉讼的依据,主要是我国《行政诉讼法》第12条第1款第10项的规定,公民认为行政机关没有依法发给抚恤金而起诉的,人民法院应当受理。笔者认为,该条中的抚恤金的范围应当做扩大理解,应当包括其他行政给付标的,有学者认为:“抚恤金是国家给生活面临困难的公民发放的救助费用,其范围包括行政机关应当发放的救济金、福利金、保险金等。”[②]当然,行政给付标的还包括一些非物质利益,因此将行政给付纳入司法救济中还需要行政诉讼受案范围的进一步扩大。

(2)完善行政给付诉讼。不作为行为在行政给付侵权案件中极为普遍,如对行政相对人申请行政给付不予答复、不予给付、不按标准给付等行为。这就要求完善针对行政不作为行为的行政给付诉讼,这是相对于撤销之诉的一种诉讼类型,即相对人请求法院判决行政主体履行法定职责的诉讼类型。目前,我国《行政诉讼法》对于财产上的行政给付之诉是有所体现的,如该法第12条第1款第10项,但是其范围仅限于特定的几种具体行政行为,而行政给付行为的发展要求突破这种局限性。首先,行政给付中存在大量的通过行政合同进行的行为,应当将行政合同的履行纳入行政给付之诉,有学者认为,“除了请求支付抚恤金及行政赔偿金等传统类型的财产给付诉讼之外,我国未来财产给付之诉的新动向将表现为行政补偿之诉和合同给付诉讼”。[③] 其次,行政给付过程中存在大量的事实行为,如行政供给中公共设施的修建、管理、维护等,“将请求作出事实行为之诉纳入行政给付诉讼的范围无疑能够进一步强化行政诉讼制度对行政相对人合法权益的司法保障功能”。[④] 德国法律就赋予了行政事实行为的相对人以排除请求权和作为请求权。前者是指行政相对人要求行政主体停止侵害状态的请求权,后者是指行政相对人要求行政主体履行法定职责的请求权。[⑤]

(3)建立行政公益诉讼。行政给付通常具备公益色彩,尤其是以不特定人为给付对象的行政供给涉及的都是不特定的公众的利益,若行政主体以给付之名而滥用权力,通常会损害公共利益。建立行政公益诉讼便是对传统“权利受到侵害”的原告资格的扩展。允许无直接利害关系的人起诉侵犯国家利益、社会公共利益的行为,是行政公益诉讼的直接目的,有利于提高行政给付行为的法治化程度,进而保护行政相对人的利益。

---

① [英]弗里德利希·冯·哈耶克:《自由秩序原理》(下),邓正来译,三联书店1997年版,第10页。

② 杨海坤、黄学贤:《行政诉讼:基本原理与制度完善》,中国人事出版社2005年版,第78页。

③ 章志远:《给付行政与行政诉讼法的新发展——以行政给付诉讼为例》,载《法商研究》2008年第4期。

④ 同上。

⑤ 参见沈开举、王红建:《论行政事实行为》,载《中国法学》2002年增刊(郑州大学法学院专辑)。

仅有法规范并不必然导致法治，行政给付的法治化也需要观念的转变，“给付行政模式下，行政给付不再是国家与政府对人民的恩赐，而是人民基于社会契约理论、公权利理论和服务政府理念所享有的权利”。[①] 柔性行政方式的兴起是对高权行政的重大挑战，建立服务型政府需要改变根深蒂固的封建观念。行政给付行为应当以新的行政法治观念为指导，以最大限度服务于行政相对人的生存和发展为基本价值导向，充分体现行政主体“为人民服务”的行政理念。

① 柳砚涛：《行政给付研究》，山东人民出版社2006年版，第2页。

第九章　行政资助及其法治化

行政资助是柔性行政方式的一种表现形态，是市场经济规律与现代行政发展相结合的产物。行政资助具有授益性、非强制性、激励性、灵活性、可兼容性等明显特征。认清行政资助的本质和功能，是将其纳入依法行政轨道的关键。行政资助的权利义务安排虽然是以行政目的的实现为优先考虑的，但资助目的的实现也离不开相对方的积极配合。实践中，很多国家一方面对行政资助进行专项立法以规范行政机关的资助行为，另一方面注意在司法救济和非司法救济方面为相对人的利益实现拓展救济空间，这种两方面并举的经验值得借鉴。

改革开放以来，我国的综合实力不断提升，政府在管理领域采取了种种激励经济和社会发展的措施。例如，对外资企业的税收减免政策吸引了众多国家的投资，使我国成为一个引进外资的大国；对科技领域的科研资助政策，使我国的自然科学和社会科学研究成果突飞猛进；对农业的财政补贴、扶贫专项基金、技术资助使更多的农民脱贫致富、实现小康。在现有的34部有关行政资助的法律以及政策文件中，有26部法律及政策文件是在2000年以后制定颁布的。① 党的十九大提出“新发展理念”，实现“两个一百年”奋斗目标，“实现中华民族伟大复兴的中国梦，坚持解放和发展社会生产力，坚持社会主义市场经济改革方向，推动经济持续健康发展”。在如此宏大的发展背景下，行政资助这种特殊的行政方式有了更好的发展机遇，将其纳入法治轨道也成为重大课题。

一、行政资助的理论研讨

（一）行政资助的概念

从学理的历史发展角度来看，对行政资助的认识存在几种学说，主要有：

1. 补贴说。德国行政法中将行政资助视为补贴，是指“国家或其他行政主体，为了实现特定的公共利益目的，给私人发放财产性资助的行为”。②

2. 援助说。法国行政法中将行政资助视为“援助私人的公益事业”的一种行政活动，其对象包括：第一，政府无力举办的、但又符合公共利益的活动。第二，对社会秩序不可缺少的非公共利益活动。③ 但是，非公共利益活动终究对公共利益有促进作用，且此种援

---

① 参见张千帆等：《比较行政法——体系、制度与过程》，法律出版社2008年版，第527页。

② ［德］哈特穆特·毛雷尔：《行政法学总论》，高家伟译，法律出版社2000年版，第424页。

③ 参见王名扬：《法国行政法》，中国政法大学出版社1988年版，第529～530页。

助在行政资助中渐成主流。

3. 助成说。有学者认为，行政资助是一种旨在激励的促进(助长)行政，“系经措施促进个别生活领域结构上之改善，譬如以经济资助方式达成促进经济、文化或艺术之发展，因此又称为资金助成行政”。① 该说在日本学界也受到承认。

由于我国行政资助的领域异常广泛，使行政资助这种行政行为方式覆盖诸多的形式，包括对新能源车辆购置资助、大学生创新创业资助，大学科研项目资助，中小学贫困生助学金资助、高校贫困生助学贷款贴息、对品学兼优的高校学生提供助学奖学金，博士后科研项目资助，法律援助服务，法律义务服务资助，中小企业的贴息贷款，特定产品的出口退税等。需要强调的是，资助行政并非法律术语，亦非我国行政法成熟之学理概念，单单由于政府部门长期、广泛使用该种行为，并逐渐形成制度，因而值得加以关注，分析其行政法内涵。

综上认知，本书将行政资助定义为：行政资助(administrative subsidy)，也称行政补贴或行政补助，是行政主体为实现公共目的，为相对方提供资金或物质帮助，从而使相对方在获得物质支持或政策支持的条件下，去实现自己的利益需求，同时满足政府调控社会之目的的行政行为方式。对于这个概念，特别要把握以下几点：

首先，从目的来说，行政资助虽然只是使一部分相对人获益，但其出发点却是为公共目的而设立的，亦即行政资助的终极目的是为增进国家整体的福利。

其次，从依据上看，实施行政资助也是宪法规定的政府权力之一，更为重要的是受到行政资助也是公民的基本权利之一，行政资助的基本原理来自宪法的民主原则、社会原则以及人权保障原则。

最后，就方式而言，行政资助的种类很多，传统的行政法意义的行政资助是以物质方式为主的，但随着现代行政理念的发展和各国行政改革的趋势，行政资助越来越突破原来的物质形式，转而以政府政策优惠、行政优质服务的形式出现，资助从资金形式发展到行政资源利用的形式。

对于行政资助的特点，一般认为行政资助具有授益性、非强制性、激励性、灵活性和可兼容性。所谓授益性指行政资助可以为相对方带来直接或间接的利益，非强制性指行政资助一般是应申请的一种行政行为，而且在接受资助时，行政相对方具有的拒绝的权利，亦即行政资助是一种基于同意而不是基于强制的行政行为。激励性是指行政资助的目的不在于抑制或规制，而是鼓励、促进相对方在自己的权利范围内去积极地实现自己的利益。灵活性是指相对于其他行政行为方式，行政资助的手段、方法和途径很多，由于行政资助的实质内容是不同性质的利益的给予或让渡，其灵活性的内容是十分丰富的。可兼容性是指行政资助可以与其他行政行为共同使用，特别是行政指导、行政合同、行政

① 李震山：《行政法导论》，台北，三民书局股份有限公司2007年版，第6页。

计划等方式非强制行为。

1. 行政资助与行政给付

一般认为,政府资助团体与私人的行为属于给付行政的范畴,把给付行政看作资助行政的上位概念。给付行政是由德国行政法学者福斯多夫(Ernst Forsthoff)在1938年发表的《作为给付主体的行政》一文中首先提出的。他提倡现代国家,尤其是行政权,应当负担起对全民"生存照顾"的义务。我国有学者认为,"行政资助属于行政给付的一个领域,总体上接受给付行政法基本原则的控制。行政资助在某些方面还是有其自身特色的,而之前的研究多数是将行政给付等同于社会保障,但将社会保障的理论基础完全适用于行政资助是不妥当的。社会保障主要是从人的生存权角度出发,维护人的基本生活水准;而行政资助则主要是从社会发展的角度出发,提高一定事业成功的可能性,扩大事业效果的社会受益程度"。① 但值得注意的是,我国现实中一些行政资助背后的"生存权"或"发展权"理念之间的界限已经相当模糊,如"五险一金"制度的设计理念既包含公民的生存权又包含发展权,法律义务援助资助的目标既包括给予贫困当事人的生存救济,也包括了对律师事务所的发展激励。

2. 行政资助与行政计划

行政资助与行政计划之间有一定的交叉,特别是涉及一些特殊区域、特殊产业及特殊人群的资助问题上,这些资助基本上是以行政计划的方式推行,即首先政府先以行政计划的形式纳入预算,在预算得到批准之后再实施。而在具体的行政资助完成之后,行政机关还要根据具体的执行情况进行决算。可见,行政资助经常与行政计划相联系,在具体的运作过程中二者之间是互相配合的。从形式意义上讲,行政资助经常成为行政计划的一个组成部分,因为行政资助能够集中体现行政主体的公法意志。

3. 行政资助与行政合同

行政资助与行政合同同样有一定的交叉,在行政资助的计划得到批准之后,往往在行政主体与行政相对人之间形成某种形式的行政合同或契约关系。在现实当中,通过合同的方式进行行政资助已经成为各国政府普遍采用的行政手段,因为行政合同不但可以增进行政资助的效果,同时也有利于政府对行政资助进行监督和调整。

4. 行政资助与行政指导

行政资助与行政指导在行为方式上亦有一定的重合,但是行政资助更侧重于用切实的方式对相对人进行具体的帮助,大有"扶上马再送一程"的味道。这里反映出行政主体以公共资源对行政相对人私人事务的参与和支持。而行政指导则主要是以政府所掌握的信息资源对相对人进行指导和建议,至于相对人是否采用其指导意见,则要看相对人的自我判断能力,行政指导以相对人的经济自立和自我实现为重要特征。

---

① 王贵松:《行政资助裁量的正当化规制》,载《学习与探索》2008年第6期。

（二）行政资助的分类

在理论上对行政资助做分类，其意义在于：（1）从不同侧面和角度了解行政资助，揭示行政资助存在领域的广泛性；（2）对不同种类的行政资助，在法律上应进行必要的区别并予以规范和控制；（3）在运用于所涉个案之中时，自觉地根据不同种类行政资助的特性，有选择地适用。

1. 行政供给、行政保障与行政发展资助

以行政资助的性质作为划分标准，可以将行政资助分为行政供给资助、行政保障资助和行政发展资助。这种分类以现代国家的基本职能为依据。

行政供给资助，是指提供公民日常生活必不可少的公共设施、公共企业、公共服务等行政资助。由于这些设施的目的乃是为公共利益而安排，因此理应由国家提供资金来源。由政府直接投资、自行管理的公共设施和公共企业是政府向社会提供的最全面、最普遍的行政资助形式。这可以看作国家所提供的普遍的福利设施。

行政保障资助，是指政府为公民依据宪法所享有的受社会保障的权利而提供的资金支持。在行政保障的领域里，公民享有养老、失业、疾病、工伤、生育、社会福利、社会优抚等不同内容的行政资助。

行政发展资助，是指行政主体为实现某些特殊行业、特殊领域、特殊地域的发展而提供的资助、补贴、补助等各种形式的物质帮助或政策支持。发展资助主要包括三种形式：一是直接物质资助；二是优惠政策资助；三是优质服务资助。在这一类行政资助中，政府只提供部分资金支持，或者只提供有利的外部环境，来激发行政相对方自己的创造能力实现自己的利益。虽然这种形式的资助相对于供给资助来说，资助的数量少、直接受益性差，但是这种资助却激发相对人的内在活力，实践中效果却很明显。

这种分类的法律意义在于：行政资助是实现国家目的的一个重要方面。从宏观上看，国家应当对普遍的公共生活提供物质保障，因此以公共开支去满足社会的需要，因而公共设施和公共企业就是实现国家最基本职能的重要方面。从微观上来看，从国家的共同发展和社会秩序的安定上来讲，国家同样需要对弱势群体提供特殊的福利和保障，以保障公民享有尊严、体面而文明的生活标准。而从国家经济发展来看，国家同样应当考虑不同的行业和不同的地区所需要的，不同的政策措施和法律资源。这种分类有利于国家进行宏观调控时，根据不同的行政资助类别进行统筹，对财政预算作出合理的安排。

2. 给付性资助和影响性资助

给付性资助是指采用资金、借款、担保等方式对相对方进行物质帮助，这种资助方式可以使相对方的利益产生积极而直观的作用。给付性资助又分为两种形式：一是经济援助；二是经济促进。前者的具体的方式包括：对失去的部分进行补贴或补助，奖励和奖金、利率优惠贷款、提供贷款担保、实物援助、优先委托、减价、优先使用等，而后者的具体方式则包括税收优惠、交费优惠和收费优惠等。

影响性资助是指建立有利于相对方的外部整体环境,改善公共服务的质量,为相对方提供创业和发展的机会。具体包括提供各种高效的审批手续、提供咨询服务等。

这种分类的法律意义在于:根据政府可能提供的不同种类的公共产品,来满足不同的需要,走出狭隘的物质帮助的观念,在保持传统的行政作用的同时,转而利用政府的信息和资源优势,为相对人提供优质服务。这样不但节约了公共资金,同时也起到提高国家整体竞争能力的作用。这种分类有利于行政主体深化政府意识,整合行政资源,为社会提供更为长远、更为公平的新型公共产品。

3. 积极性资助和消极性资助

积极性资助是指以提高个人发展和经济发展而设立的行政资助。这种资助的目的是提高个人或经济实体的竞争能力,其设计原理是促进生存权或发展权。如科技企业资助、自然科学基金项目资助等,相对人在得到行政资助之后,多数会用来进行社会财富的再生产。简言之,这是以发展为导向的行政资助。因此,这种行政资助的实施原则以择优为主。

消极性资助则是指以提供个人或企业需要的基本生活保障费用,体现人类共同生活的人道主义原则。这种制度的设计目的是提供基本生存条件,保障人作为人而存在的基本尊严和价值。例如,工伤、失业、疾病保险等方式的行政资助,相对人在得到资助之后,往往会进行一种单纯的生活上的消费,没有再进行进一步的价值创造。虽然如此,这种具有安抚和救济功能的行政资助也是整个国家宏观管理和宏观调整的一个重要组成部分。可见,从这种制度的设计目的上来说,消极性资助以济困和扶贫为主要实施原则。

这种分类的法律意义在于:积极性行政资助和消极性的行政资助是两个不同目的、体现不同原则、产生不同效果的资助制度。这种区分有利于政府矫正单一的资助观念,在区分行政资助不同性质的基础上,建立两种有所区别的制度体系:对于前者,政府以鼓励竞争、促进自由为基本导向;而对于后者,政府则以限制过度竞争、保护平等、维持秩序为基本导向。

二、行政资助的发展历程

(一)行政资助在公法领域的勃兴

1. 现代公法的产生是行政资助制度确立和发展的基础

近代西方的市民革命使国家和社会的二元格局初步形成,而与这种社会形态的更替相对应的是法律体系的进化:过去传统的私法体系之上出现了以宪法和行政法为核心的公法体系,这样就使过去的以民商法为中心的一元体系成为公法和私法并存的二元格局。由于传统的立宪思想是对国家和政府所具有的"必要的恶"(necessary evil)的限制,因此政府采取了一种消极无为的方式。但随着资本主义的发展,自由竞争的缺陷逐渐显露出来,而国家在社会生活中的作用日益显著,政府对经济的调控手段不断更新。特别是自德国《魏玛宪法》以来,公民的社会权利确立之后,使国家承担了保障和促进公民福利的义务。与此相应的是,国家的职能需要进行实质性的转变,从过去的消极无为到积极所为。在这一过程中,首先,是国家承担了提供社会所需公共产品和公共服务的职能,公共企业、公共设施等公共福利项目的建设成为行政资助的主要方式;其次,是国家承担了公民社会、经济和文化权利的保障和促进义务,公民的受教育权、劳动权、社会保障权成为国家进行资助的重要领域。行政资助的立法在各个国家的法律体系当中,以劳动法、教育法、保险法、救济法、工业促进法、企业法等纷纷确立。随着现代政府改革浪潮的不断兴起,各国政府越来越重视用行政激励、提供优惠政策的方式,为社会提供更加公平、更加富有效率的新型的公共产品,高科技产业政策、吸引投资等优惠政策不断以行政资助的方式推陈出新。

2. 私法与公法的互相融合渗透是行政资助制度完善的途径

政府对经济的直接的、大规模的参与导致了市场经济的萎缩,在世界范围内,以苏联为代表的计划经济国家,由于政府承担了几乎全部的投资而导致经济活力的丧失,而以美国、英国、法国和德国为代表的市场经济国家则由于建设福利国家的目标使自由竞争受到压抑。面对市场与政府的关系的调整之必要,各个国家纷纷对政府参与经济的限度和方式进行深入探索。总体而言,各国经济学家探索的结果是将市场优势与政府的优势结合起来。市场与政府相结合的理念在法律层面的反映就是私法理念向公法渗透,同时公法理念向私法反渗透,进而形成在"公法基础上的私法",以国家不断以公法手段对私法关系进行深度调整。① 在公法与私法日益融合借鉴的背景下,行政资助呈现向三个方向的发展趋势:一是私法的核心理念不断渗入行政资助过程。市场经济中自由平等、公平竞争、等价有偿的基本原则被行政资助的制度吸收进来。例如,过去由政府全部投资经营的国有企业实行市场化以后,行政资助的资金从过去完全由政府负责到政府只出一部分、企业负责一部分,再发展到政府不出资金,而只提供优惠政策的间接资助。社会保障制度的改革也通过政府的示范性投资而吸引更多的民间机构和社会力量提供资金来源,各种保险形式的保险基金也通过商业化的运作减少政府负担。总之,行政资助借助市场机制的结果就是使政府资金能够在自由竞争的格局下发挥更大的作用。二是公法理念全面渗透行政资助的全过程。民主原则、平等原则、法治原则成为行政资助制度的基础,同时比例原则、信赖保护原则等行政法原则也受到重视。这些公法理念的渗入使行政资助能够在更大的范围内发挥政府对经济的调整和控制作用。三是行政资助的程序化理念不断彰显。第二次世界大战前行政资助只是政府手中的权柄,政府有完全的资助决定权和执行权,相对人被排斥在政府决策之外。在行政资助的执行过程中,由于资助的标准、范围、程序不公开,造成大量的相对人受到不公平的待遇,但由于当时学界和司法界普遍认为政府资助是授益性的,因而即使得不到政府资助也不能得到救济。第二

① 参见[日]美浓部达吉:《公法与私法》,黄冯明译,中国政法大学出版社2003年版,第35页。

次世界大战之后,行政程序法普遍制定和颁行使程序正义的理念深入人心。在行政程序法治的背景下,行政资助的法治化进程不断加快,行政资助的科学化、规范化程度也不断提高。

行政资助之所以备受青睐,是因为行政资助具有一些特殊性质的功能,这些功能可以概括为:

首先,行政资助可以保证社会基本需求,提高社会稳定和繁荣程度。总体而言,行政资助对于公平正义和稳定繁荣有如下几个方面的贡献:一是提供普遍的公共产品,满足人民日常所需,稳定人民生活基本秩序。二是对自由竞争的结果进行一定程度的修正,使竞争的"失败者"也得到一定利益,与竞争"胜利者"共享竞争成果,维持竞争规则的持久性。三是通过对某些特殊行业和前沿行业进行制度激励,增加企业和个人的竞争能力,提高经济生产效率,促进社会和谐繁荣程度。

其次,行政资助可以保障公民基本权利,实现国家目的。公民的基本权利体系经历了三次大的历史性嬗变,总体上呈现不断提升的趋势,衔接得有点儿突兀。第一代人权是以近代西方市民革命中所确立的人身自由、精神自由和经济自由为中心,统称为"三大自由";第二代人权是指 19 世纪末 20 世纪初社会主义运动所提倡的社会权利,以《魏玛宪法》所确立的社会经济、社会和文化权利为中心;第三代人权则是第二次世界大战之后反对殖民主义压迫的民族解放运动中所提倡的各种权利,其中包括各个国家或民族的生存权、发展权和民族自决权等所谓的"集体权利"。① 在第一代人权的发展过程中,行政资助还处于萌芽状态。但自进入第二代人权历程,行政资助就成为一种重要的政府职能,从保证社会公共产品的供应,到提供教育资助、企业信贷支持及残疾扶助,在与公民社会权利相关的每一个领域,几乎都可以见到不同形式的行政资助。而进入第三代人权发展的时代,行政资助的形式更加多样化。由于行政资助方式的不断改进,使行政资助与自由竞争和市场规律结合更加紧密,其成果和效率也不断提高。

再次,行政资助可以调整社会结构,激发经济活力。社会和经济的发展常会因历史和自然原因而造成不平衡的结果,而这种不平衡会影响社会的整体发展。例如,我国东北地区的大型工业和农业基地由于国家结构性的调整而呈现的不平衡态势,需要国家从政策和法律层面给予关注。国家借助进行宏观经济管理的权力,可以制定产业促进政策,倡导符合发展前景的新兴行业。可见,行政资助作为一种行为方式,能够起到对不同地区、不同行业给予扶持、帮助的作用。

最后,行政资助可以提高政府公信力,建立政府权威。一个现代政府的权威不但在于合法性,而且更在于正当性。而所谓的正当性在行政管理中一般体现为行政行为的民主性、科学性和合理性。行政资助对于建设现代政府提供了一种重要的手段和途径:一

---

① 参见韩大元等:《宪法学专题研究》,中国人民大学出版社 2004 年版,第 270 页。

是行政资助可以给人民带来普遍的福利,有利于树立政府在社会中的权威地位;二是行政资助的效果可以证明政府的科学决策和管理水平,通过行政资助为人民带来更大的利益;三是行政资助可以成为推动改善政府服务质量的动力,树立政府在人民心中的公仆形象。

(二)行政资助与自由主义和法治主义的紧张关系

这方面的挑战有三个:

第一个挑战是,在依法行政的理念下,行政资助是一种实质性的资助行为,政府资助的直接结果就是使市场中的某些企业和公民获得了比较优势,这就使自由竞争、机会均等的秩序发生一定的"变异"。如何认识行政资助对自由秩序的干扰?在竞争不充分的情况下,行政资助会不会造成一种经济惰性,从而使自由竞争的生机受到减损?

笔者认为,行政资助与自由主义从长远上来看,是一种相互补充和相互协调的关系,因为一则自由竞争的法治基础是平等竞争,亦即在市场当中双方的主体平等和机会平等是自由竞争制度的前提条件。政府以社会公共利益代表者的身份对自由原则之基础加以调整,这对自由竞争本身也是一种促进,这样就可以使自由竞争更加充分有效。二则自由竞争虽是个体之间的行为,但就人类社会的整体而言,很多利益(如环境利益)是可以共享的。因此,从整体的角度来看,对个别竞争主体进行资助并不违背自由原则,而且在更深的层面来看,行政资助反而会使社会更加平等,在平等的基础上的竞争则会更加自由。三则行政资助所资助的范围、对象以及资助的程序既是行政权力的实施过程,也是行政权与行政相对方权利的互动过程,因而在公开、平等的博弈过程中自由也是有广阔的发展空间的。可见,行政资助与自由竞争的关系并不像人们表面上理解的那样,我们更需要关注的是社会的、公共的和整体的自由。从长远角度、更深的层面和行政资助的公共性方面反而可以求得自由的正解。当然,在现实中,有很多的行政资助由于制度设计的不合理,造成资助过于泛滥,过于迁就。例如,美国和英国的一些高"福利病"制度,造成很多不劳动而只靠吃救济的现象。但这种现象只能说明行政资助的科学性的问题,而不能说明其对于自由价值的贬损。

第二个挑战是,政府在援用行政资助手段的实践中,以何种方式实施资助?这是一个与行政资助的性质紧密相关的问题。是以私法还是以公法原则处理?对此问题,在德国曾经有过两阶段理论,认为行政资助可分为两个不同的阶段。第一阶段:决定行政资助是否批准,具有公法性质,是行政行为。第二阶段:如何发放行政资助,具有私法性质,是以贷款合同的形式推行。这种理论一方面试图保持法治国家的约束;另一方面又试图保持成熟而又实用的私法法律形式,将私法与公法在行政资助的过程当中有机地结合起来。但由于这种分割有些过于机械,于实践中可操作性不强,因而又有三种替代方案产生。第一种替代方案是将行政资助定位于一种行政行为,而将金钱的给付视为该行政行为的附款行为,这样政府与被资助方就形成一种持续的公法关系,从而具有公法贷款关系的特征。第二种替代方案是将行政资助与行政合同相结合,将行政资助的内容以合同的形式确定下来,形成公法合同关系。第三种替代方案是将行政资助定位于私法合同(行政私法)而受公法约束。从上述德国的行政资助理论变迁的过程来看,行政资助处于公法与私法交界处,行政资助的目的和资金来源虽然都具有明显的公法性质,但其操作过程却在很多方面具有私法属性。因此,不能将行政资助做片面理解,而应该以现实中各个国家的法治体系为背景,联系行政执法和司法理念来进行分析。但从总的趋势上讲,私法与公法之间没有一条明显的界限,而且两种法治理念也日益融合,公法与私法中很多法律行为可以互相借鉴。因此,在这样的前提下,法治的理念就是一个综合的、整体的理念,既有公法理念,也有私法理念;既有实体法原则,也有程序法原则。可见,政府于行政资助中所奉行的法律是一个综合而全面的法律体系,这个体系的合法性和有效性有赖于制度的设计者、执行者和参与者的三方博弈。

第三个挑战是,行政资助是否能够纳入法治轨道?得不到行政资助的相对方在多大程度上得到救济?从行政资助的历史来看,行政资助常在以下几个方面表现出难以控制的特征:一是行政资助经常是以政策的形式出台,而不是以法律的形式出台,对于政策的合法性、规范性、公平性等问题没有可以提出质疑的有效机制,因而使很多政策游离于法律监督之外。二是由于行政资助的范围十分广泛,资助的前提条件及申报程序也大相径庭,因而缺少有力的程序控制,民主参与和民主监督被隔绝在外。三是对于没有得到行政资助以及得到资助后又被剥夺资助的相对人,各个国家的司法体系提供了不同的保护范围,但总的来讲是不足的。行政特权在行政资助的问题上大量存在,腐败问题也多与资助监督乏力相伴而生。

行政资助与依法行政关系的再认识以及互动适应过程可以概括为:

首先,对行政资助概念的内涵、外延进行深入的研究的探索,廓清行政资助的范围和种类,找出行政资助的共性,总结行政资助中所涉及的法治原理和经济原理,按照公平、科学、法治的原则去进行制度的设计,使行政资助成为政府手中管理社会、服务社会的利器。

其次,对行政资助的性质进行全面的研究,将行政资助作为一种正式的非强制行政行为,吸收经济学、行政管理学中的宏观经济管理、行政补贴、政策制定等经济的、行政的知识,扩大行政资助的关涉面。同时注意不但从行政法的角度来看待行政资助,而且要从公法、私法以及法治统一的角度来重新认识和重新解释,发掘行政资助行为中的基本原理和基本价值,提高行政资助的科学化和法治化程度。

最后,加强对行政资助行为规范与程序规范的立法,尽量将行政资助的实践纳入依法行政理念的支配与控制之下,同时通过将行政资助纠纷纳入司法审查范围,以保证行政资助符合法治主义的要求。

三、行政资助中的权利义务(职权职责)配置

(一)权利义务(职权职责)配置的机理

1. 行政资助所涉及的基础原理

现代各国的行政资助中多涉及国家与公民之间的关系,很多国家在宪法中以国家最高法的形式确立起行政资助的基本原则。具体而言,行政资助主要以下面几个原理为主要支撑:

第一,社会国家原理。例如,《德意志联邦基本法》即采用了社会国家原理,在第20条第1款规定:“德意志联邦共和国是一个民主的、社会合作的联邦国家。”①同时该法第1条第1款还规定,人的尊严不可侵犯。尊重和保护人的尊严是全部国家权力的义务。这里揭示了公民与国家之间的关系的基本原理:国家基于人民主权而产生,国家对公民的基本权利负有保护义务。

第二,法治主义原理。在行政资助中,法治主义原理体现为行政资助必须遵守行政组织法、行政实体法和行政程序法的规定。特别是行政法的比例原则、信赖利益保护原则也是在进行制度设计时必须考虑的。

第三,平等原则。宪法所规定的平等原则适用于行政资助。行政资助应当进行科学的规制,在资助的对象上不得有歧视,不得设定不合理的差别待遇。

第四,补充性原则。行政资助不能过多、过滥,不能造成不必要资金和资源的浪费。只有在有“必要”的资助前提下才能进行资助,否则就会伤害自由竞争的价值,损害公共利益。

2. 行政资助中的权利义务(职权职责)基本设计原理

行政资助作为行政法上的手段,是为政府推行行政政策、实现行政目的服务的。因此,我们考虑行政资助中实体权利义务(职权职责)的配置模式时应将基点确定为:既能有效地促成行政资助所预期的特定行政目的的实现,同时又以实现特定行政目的必需为限度,禁止在权利义务上的不合理联结。而特定行政目的能否顺利实现,涉及资助中相对人对资助履行的态度及行动。为促成行政机关所预期的行政目标的完成,就必须赋予行政机关在资助中适度的主导性权力,同时积极发挥相对一方对行政机关履行义务的监督作用。

但是,行政资助中实体权利义务(职权职责)要按照保证特定行政目的优先实现的原则来配置,并不等于否定在资助当事人之间具有反向性目的追求的行政资助中,还应该存在以保证相对一方参与资助,所预期的利益实现为目的的权利义务配置。基于行政资助的根本目的,为实现特定行政目的的认识,在层次上我们可以将以确保特定行政目的优先实现的权利义务配置作为第一层次,而将保证相对一方利益实现的权利义务配置作

① 萧榕主编:《世界著名法典选编》(宪法卷),中国民主法制出版社1997年版,第147页。

为第二层次。这种层次的划分,只是我们在制度设计上考虑问题的先后次序,以及在这两种权利义务配置所代表的公共利益与私人利益发生冲突时的价值选择趋向,并不意味着后者无关紧要。

(二)行政机关适度的主导性职权以及相应职责

1.必要性

由于行政资助往往以特殊公共事由为基本出发点,因此以确保行政资助所预期的特定目的实现为原则的权利义务配置,首先要求在行政资助中赋予行政机关主导性职权。这是因为行政资助所预期的行政目的为行政机关的职责范围,并由其所拟定,赋予其主导性职权,能够使行政机关引导行政资助的执行,并保证行政资助的结果符合行政机关的预期发展目标。

赋予行政机关在资助中主导性职权,已成为现代行政资助理论和制度发展的趋势,同时由于行政资助中政府掌握资助的决定和发放的权力,使行政机关的主导地位更成为一种不争的事实。其理为:一是在法律上,政府是公共利益的代表,政府的主导地位是与其合法地位相一致的。二是在事实上,行政资助的发放必须按照既定的法律程序实施,政府的执法自然要求与其相一致的制度保证,否则行政资助的公共性目的难以保证。

2.主导性职权

主导性职权在行政资助过程当中,一般是作为接受资助的前提,相对方要得到行政资助,就必须接受行政机关的决定权和发放权。因为,行政资助行为多由行政主体单方支出资金或物质支持,而相对方则只是接受帮助,对于行政资助所带来的巨大利益也会促使其接受这样的要求。

(1)对行政资助的审查决定权

行政机关所掌握的审查决定权,是其主导性职权的具体表现。一般而言,行政机关从程序要件和实质要件两个方面进行审查和决定。程序要件是指相对方所申报的程序性资料,实质要件则是指行政相对人所提出的申请条件,行政机关的主要任务就是审查相对方的资格、能力等具体条件是否与行政机关预期的设定条件相符合。

(2)对资助履行的指导与监督权

赋予行政机关对资助履行的指导与监督权,对于督促相对一方切实履行其所承担的义务,减少因履行而产生的纠纷,保证行政资助的执行向着行政机关所预期的方向发展,具有极其重大的意义。一般来讲,行政机关对于资助的执行采取两种态度进行指导和监督:一是宽松的态度;二是严格的态度。前者一般发生在失业、救济等社会保障方面,行政机关对于相对方如何消费只进行结果的监督。而对于后者,行政机关则是结合资助目的进行用途监督或者专项监督。这种监督更加注重资金的使用过程。例如,美国政府对国家科学基金会的项目就实行严格的评审制度。①

(3)发放行政资助的执行权

行政资助是通过发放资金、给予补贴、拨款、实行优惠政策等方式执行的,这是与行政机关所享有的审查决定权相一致的权力形态,资金发放的渠道、方式、数额等具体的形式都是行政机关在给予行政资助时应当考虑的重要内容。

(4)行政资助解除权

行政资助解除权是一项由行政机关基于行政资助的审查决定、执行权而当然享有的一项权力。由于行政资助虽然是应相对人申请的一种权力,但从整体过程来看,行政机关显然具有相当的主导性。因此,在行政机关发放资助过程中,如果发现相对方申请材料不实,或者不具有获得行政资助的资格或条件,行政机关就可以行使单方解除权,而且可以收回相对方不应当获得的资金或收益。行政机关在行使资助解除权时要向相对方说明理由,听取相对方的申辩意见,同时还要注意信赖利益保护的原则。

(5)对行政资助的解释权

在行政资助的过程中,有可能发生双方对原订资助条款理解分歧或条款规定不明确的问题,这就必须解决对资助解释权的配置问题。基于行政资助是基于公共利益的考量,可以考虑将解释权赋予行政机关。但与此同时,为保障相对人合法权益不致因为行政机关滥用解释权而受到侵害,应允许相对人申请行政救济。

(三)受资助相对一方的配合性权利并非可有可无

一般而言,行政资助的相对方虽然只表现为一种申请或接受和领取的权利,但这项权利却是受国家宪法和法律特殊保护的。作为一个主权国家的公民,理所应当享有国家资助的权利,这是现代国家基本人权保障的一个重要方面,对公民而言,享受国家资助也是追求幸福生活、享有人格尊严、实现个性发展的重要条件。

1. 受资助方的权利是一项基本权利

公民享有行政资助的权利是一项基本权利的理念最初在德国《魏玛宪法》中得到确认,如该法第 119 条第 2 款、第 3 款规定:“家族之清洁康健及社会之改良,为国家与公共团体之任务,其有儿童众多之家庭,得享受相当之扶助以轻负担。产妇得要求保护及扶助之。”在公民的社会权利不断扩大的趋势下,《经济、社会及文化权利国际公约》中更是广泛地规定了社会保障和社会保险权;家庭、母亲、儿童和少年受保护和协助权;获得相当的生活水准权;达到最高的体质和心理健康标准的权利;受教育权;参加文化生活权;享受科学进步及其所产生的利益权等形式的权利。

2. 受资助方的权利是一项积极的权利

行政资助的相对方在享受资助或扶助时,并不是处于消极被动状态,与人们日常理

① 参见范英等编:《海外科学基金评审方法与实践》,科学出版社 2004 年版,第 40 ~ 54 页。

解有所不同的是,行政资助有很多是应申请的行政行为,没有相对方的主动申报行政资助就不可能发生。例如,教育资助是以相对人积极申请为启动条件的。同时,有的行政资助在相对方接受资助之后,还需要以积极的方式去实现资助的目的,如高科技项目资助,国家一般只负责项目启动经费,而其他配资则需要企业自己解决,这样相对方单纯地被动接受就是不可能的。

(1)行政资助申请权

行政相对方行使申请权或曰申请决定权,需要从两个方面着手:一是自己决定是否申请,这是相对方自我意志的体现,任何国家机关不得强制和压迫;二是相对方自己负责申报相关的材料,并对申报材料的真实性负责。

(2)行政资助获得权

在获得行政机关的批准之后,相对方在法律上就获得了受到资助的权利,可以接受资金、补贴和拨款,或者享受优惠政策。

(3)行政资助未获得的申辩权

当行政机关没有批准相对方的申请,或者行政机关撤销资助时,相对方有权利将自己的意见和主张向行政机关表达,行政机关应当受理,并记入档案。

(4)行政资助未获得的寻求救济权

对于应当获得而未获得,或者获得的数额不符合法律规定,相对方可以认为行政机关侵犯其基本权利,故可采取申诉、复议、行政诉讼等方式寻求救济。

综上,在行政资助中,行政机关与行政相对方的权力和权利的配置是互相配合、互相对应的。由于行政资助的特殊公共目的,必然内在地决定资助的法律关系中双方的权利义务配置是不均衡的,表现为支配权力的重心向行政机关一方倾斜。但是,这种倾斜的程度应当有一定限度,也就是应以实现特定行政目的所必需为衡量与判断标准,不得施加给相对一方与实现特定行政目的无关或不必要的义务或权利,行政机关更不能以资助为条件强迫相对方支付法律之外的不正当利益。

四、行政资助的程序规制

尽管我国目前存在大量的行政资助制度实践,也有大量的行政资助方面的制度规范,但这些制度规范都是散见于各个法律体系之中,以政策、社会法、内部规范等形式出现,而非以作为传统公法的行政法的形式出现。同时,由于行政资助的类型多样、名目繁多、形式各异,统一规范难度很大。可见,需要尽快制定一部“行政资助法”,或者制定统一的“行政程序法”时内设“行政资助”一章,为行政主体在实施行政资助行为过程中提供必要的依据和标准。特别值得注意的是,行政资助中存在大量的自由裁量空间,行政主体在实施行政资助行为时,享有较大的自由裁量权。如果不对这种自由裁量权进行规范和控制,其势必会侵害公民的福利与社会权,进而阻碍国家设定行政资助的目的的实现。对裁量权进行控制的重要方式之一是法律程序的保障。因此,从这种意义上看,为控制自由裁量权,有必要在行政资助中构建正当的行政程序。

(一)行政资助的政府内部运作方式

1. 制订资助计划

由于行政资助主要是来自政府的预算内资金,因此将行政资助纳入政府财政计划是十分必要的。这是行政资助的开始程序,也是最为关键的程序。资助的范围、资助的方式、资助的数额、资助的效果预测等,都需要政府从宏观的视角出发,根据经济和社会的发展需要进行统筹安排。资助计划的制定机关一般是政府的计划部门。国外许多国家的行政资助计划都有相对人参与制定政策的程序,这既是行政民主的具体体现,同时也可以提高资金的使用效率,有利于提高政府的公信力。

2. 资助资金到位

这是用于行政资助的资金在政府不同的职能部门之间的流动过程。一般最主要的方式是政府间转移支付,即资金从不同的渠道,汇聚到行政资助的具体实施部门。在实践中很多资助资金由政府发放,也有通过银行或其他委托机构发放的。由政府委托的资金发放通常采用委托合同的形式确定双方的权利义务关系。

(二)相对方的申请及批准

1. 申请

行政资助多数是一种授益性和应申请的行政行为,因此,一般是由行政相对方向行政机关提出申请。申请的形式有口头申请和书面申请两种形式,申请资料的主要内容有:申请人身份事项、申请人的资格事项(是否属于资助范围)、申请人申请意向表达(是否愿意接受资助)等。

2. 听证

为保证行政资助的公平和公开,在程序上设计了行政资助的听证程序,但这并不意味着每一件资助案例都要进行听证,为保证行政机关考量公共利益而及时行使主导性权利,要尽量避免行政程序上的过分牵制,仅在涉及相对人重大利益时,要求行政机关必须举行听证;在其他情况下则由行政机关自由斟酌是举行听证会,还是用说明理由方式来替代。

3. 公开、回避、平等竞争原则

为保证行政资助目的的实现,在资助的申请过程中要特别注意行政法的基本原则的适用:公开原则、回避原则及平等竞争原则。

公开原则的价值在于增加程序参加人参与程序活动的目的性和针对性,使资助活动在整个过程中出现的错误容易被发现和及时纠正。在行政资助的过程中,除公开会损害公共利益的情况外,行政机关有义务将所有与资助有关的情况予以公开,包括对可能接受行政资助相对人的基本情况、参加竞争的条件、资格的审查及甄选的结果等,以接受来自公众的监督,防止与杜绝“黑箱操作”。

回避原则通过相对一方对执法主体中立性态度的挑剔,与执法人员的自我回避,来维护行政资助权行使的权威性和客观公正性。需要回避的情况包括:(1)行政机关工作人员和行政资助的结果有着个人的利害关系;(2)行政机关工作人员与参加竞争的相对人之间存在利害关系;(3)行政机关工作人员与受行政资助的第三人有利害关系。

平等竞争原则是保障最有适格条件的相对人得到行政资助的制度性措施。在行政资助中,经常有很多相对方提出申请,因此行政机关就应当有一种遴选或选择机制。行政机关所设计的遴选标准就应当符合平等原则和竞争原则的规定,一方面,不得限制相对方依宪法所享有的平等权;另一方面,要对相对方进行比较,保证最符合资助条件的相对方得到资助。

4. 批准或驳回及说明理由

批准符合条件的资助申请,驳回不符合条件的资助申请,是行政机关行使行政权力的主要方式。但无论批准或驳回都应当证明行政机关已经作了审慎的考量。因此,行政机关应当将这一考量过程向相对方进行说明。说明理由是法治原理和民主原理在行政资助中的具体体现,法治原理要求行政机关的行政行为符合法律规定,同时行政资助也必须体现对公民基本权利的尊重和保护。因此,行政机关对相对方资助申请的批准或驳回都需要说明理由。要求行政机关承担这种义务,能够使行政机关在作出决定时更加审慎,同时也便于对决定的正确性进行事后的审查和判断,为相对人申请救济程序打下良好的证据基础。

5. 参与保留①

参与保留的原则同样适用于行政资助,因为现代行政资助的内容和方式往往具有一种开放的多元结构,批准机关、发放机关、监督机关的不一致性要求对行政资助进行全面的控制,因此建立合理而高效的参与保留机制就是现代行政资助的特色之一。

(三)行政资助的程序

1. 签订行政合同

行政资助通常以行政合同的形式付诸实施,合同的核心内容是关涉接受行政资助一方的权利和义务及资助方的权利和义务。关于行政合同的知识另请参见本书相关章节。

2. 行政资助的资助方式

行政资助的相对方通常以资金的方式得到行政资助,行政机关通常以拨款的方式进行支付,但也有影响性资助是通过直接享受行政机关提供的优质服务的方式得到的。

3. 行政资助的协调与咨询

由于相对方所得到的行政资助具有公共目的,因此项目的进行也通常需要以符合公

---

① 在缔结行政资助时必须征得其他行政机关(多为上级行政机关)的核准、同意或会同办理的程序,也能在一定程度上抑制行政恣意,增加决定的正确性。这在行政法理论上称为“参与保留”。

共目的的方式进行,但同时行政相对方也有自己的经济利益目标,公与私之间的矛盾经常存在。另外,在资金的运用方面也会出现各种各样的问题,因此对于项目的咨询和指导就必不可少。例如,德国在科学研究的资助中就专门设立了具有这种功能的机构对政府资助项目进行协调和咨询。①

4. 行政资助的监督和审查

相对方在得到行政资助之后应当按照资助合同的要求去实施受资助的项目,因此行政机关的监督和审查机制就是必要的。实践中的监督和审查一般有两种方式:一是受资助方定期向资助方提供书面报告,说明项目的进展情况;二是资助方主动对项目进展情况进行视察或调查。

5. 行政资助的完成

行政资助的完成是指相对方在得到行政资助之后按照资助合同的要求全部实施了受资助的项目,资助进行到最后阶段,一般由资助方组织验收。验收的方式有两种:一种是自行验收,由行政机关在自己的职权和专业范围内进行;另一种是委托验收,由行政机关委托中介组织或专业组织代为验收。

五、行政资助的法律救济

(一)非司法救济途径

由于行政资助的特殊属性,即授益性、非强制性、单方决定性、灵活性、可兼容性,属于一种积极的行政作用,它与强制行政行为如行政处罚、行政命令等消极的、侵害式的行政行为的救济方式有很大的不同。从各国的实践来看,非诉讼救济已经成为非常重要的救济方式。

1. 沟通、协商或者由政府出面调处

由行政机关和行政相对人就行政资助的分歧意见进行沟通和协商,是一种非常见效的纠纷解决机制。双方通过非正式的谈判与意见交流来消弭彼此对资助理解的差异以及有关纷争,是诸种解决方法中成本最低且效益最高的解决方式,在我国传统文化背景下对于处理当事人彼此间存在隶属关系的资助争议极具价值。

2. 申诉

目前为解决特定行政资助纠纷,行政机关在行政体系内部专门设立了独立的处理机构,欧盟的监督专员委员会、日本的苦情处理机构、中国的信访机构以及我国香港特别行政区的申诉专员公署,都是受理对行政资助不满的专门机关。从实践来看,这些机构一般采用灵活而积极的方式进行多方面的协调和斡旋,争取在行政体系内解决问题和争议。

① 参见《德意志研究联合会科学研究资助任务和财政计划》(第8卷),汪平忠等译,科学出版社1994年版。

3. 行政复议

我国《行政复议法》第6条第10项规定,申请行政机关依法发放抚恤金、社会保险金或者最低生活保障费,行政机关没有依法发放的,可以申请行政复议。但是由于行政资助的范围十分广泛,同时,又由于我国的行政复议采用列举式的复议范围,就使大量的行政资助行为成为不可复议的事项,其结果往往造成行政资助纠纷不能在行政机构内得到解决。

英国的行政复议采取了三种方式:一是公共当局自己的救济(原级复议);二是行政系统上下级之间的救济(层级复议);三是公共当局以外非法院的其他公共机构实施救济,主要是向行政裁判所提出救济(裁判所复议)。[①] 由于这三种方式在受理范围上没有太大的差别,就可以使行政资助的纠纷在不同的层级之间和不同的救济方式之间进行流动,大大方便了相对方的权利的实现。这种宽泛的、全面的救济制度值得我们借鉴。

(二)司法救济途径

1. 外国行政资助诉讼救济的特点

在美国和日本,以普通法院受理行政诉讼案件的体制下行政资助被作为行政诉讼案件受理。由于现代民主法治的理念,行政机关的行为被纳入司法审查的范围之内。由于行政资助也通常是行政机关所为,或者遵循了行政程序而成为一种行政诉讼类型。美国《联邦行政程序法》第702节明确规定了申请司法审查的权利:“任何人由于机关的行为而受到不法的侵害,或者在某一有关法律意义内的不利影响或侵害时,有权对该行为请求司法审查。美国法院受理的诉讼不是寻求金钱赔偿,而是控告行政机关或其官员或职员,以官方身份的、或在法律权力掩饰下的作为或不作为时,不得以该诉讼反对美国或美国是必不可少的当事人为理由而驳回或拒绝给予救济。美国在这类诉讼中可以被指名作为被告,也可以针对美国作出判决或命令。”美国行政程序法这样的规定,就给予了相对人进行救济的可能性。这是一种典型的广泛式行政救济。与此类似,《日本国宪法》第76条第2款规定:“行政机关不能作为终审机关进行审判。”显然,该法的这一规定为行政诉讼范围的广泛性提供了前提和条件。

以法国和德国为代表的大陆法系国家,行政案件通常由行政法院或专门的法院审理。在法国,由于存在普通法院和行政法院两套系统,因而案件的性质判断就成为影响案件结果的关键性因素。在此问题上,法国司法实践经历了主体标准、公务标准和多元标准几个阶段,用上述标准将行政案件与民事案件相区别。行政资助案件一般多在行政法院系统中得到解决。德国《行政法院法》第40条第1款规定:“一切未被联邦法律划归为属其他法院管辖的非宪法性质的公法上争议,对之均可提起行政诉讼,州法律范畴的公法争议,也可由州法律划归其他法院管辖。”同时,德国在行政法院之外,还设立财政法

① 参见张越编著:《英国行政法》,中国政法大学出版社2004年版,第599页。

院、劳动法院和社会法院等专门的法院系统来解决具有高度专业技术的各类纠纷。[①] 在这样的司法体系下，受行政资助的相对人就可以根据不同的案件性质选择不同的法院受理。总体而言，德国的行政诉讼制度体现了如下的理念：一是广泛救济原则，这与宪法规定的国家尊重和保护公民的基本权利相一致；二是专业化救济原则，将宪法诉讼、行政诉讼、财政诉讼、劳动诉讼及社会诉讼做科学的划分，为公民基本权利的实现提供更为积极的保障方式。

2. 我国目前行政资助诉讼救济的特点

受我国行政组织法及《行政诉讼法》所规定的受案范围的影响，行政资助案件目前还不能得到充分的救济。具体表现在如下几个方面：

首先，行政诉讼范围受行政行为的限制。与有些国家从行政行为出发确定行政诉讼范围的做法不同，我国《行政诉讼法》第 12 条规定，行政诉讼范围仅限于列举的、有限的几种具体行政行为，行政资助行为不在列举的行政行为之内。而抽象行政行为被完全排除在此条行政诉讼范围之外。而行政资助案件经常涉及资助的规范性文件本身就有不合法的情况，由于属于抽象行政行为之故，因而不能得到有效的司法救济。

其次，人身权、财产权的限制。依照《行政诉讼法》第 12 条的规定，人民法院只受理公民、法人或者其他组织因行政机关和行政机关工作人员侵犯其人身权、财产权提起诉讼的行政案件，公民所享有的其他权利受到行政机关行政行为的侵犯，不属于人民法院行政诉讼受案范围。在行政资助中，政府没有批准的行政资助一般不认为是公民的财产权，可能性的财产收益是否是公民法定财产权也还需要进一步界定和解释。

再次，对行政资助理论缺乏全面科学的论证。由于我国行政资助目前并没有成为一种确切的行政法概念，因而其内涵、外延及其范围都存在着很大的不确定性。在行政管理当中，行政资助的方式、名目灵活多样，其实施的机关也各不相同，实施程序更是大相径庭。同时行政资助本身也与行政给付、行政指导、行政计划和政府采购联系在一起，更增加了对行政资助进行科学规范的难度。

最后，行政组织法的落后和行政程序法的不发达也造成了对行政资助行为进行规制的低效。行政资助所要求的行政主体在各自职权范围内进行资助，但行政组织法通常没有对行政机关职权的科学规定，现实中造成很多越权和空权的现象。同时由于统一的行政程序法尚未出台，同样使行政资助行为游离于法律规范之外。

【案例研究】

根据德国电影资助法的有关规定，行政机关可以对值得资助的电影项目提供奖励。在电影项目没有在合理期限内完成，补贴目的没有实现的情况下，才可以要求返还。

① 参见韩大元主编：《外国宪法》，中国人民大学出版社 2000 年版，第 136 页。

【研究分析】

该案例中有四个问题值得特别注意:一是拍摄电影的性质。拍摄电影一般是私法行为,是行政相对人自己募集资金、自行组织拍摄、自行承担后果的行为方式,但由于电影的放映效果会在公众中间产生一定的影响,可能与国家所倡导的价值观相一致,从而使国家认为电影是可以资助的对象。二是国家对哪些电影项目进行资助。在不同的电影剧本和不同的电影厂家之间进行选择,就需要在公开的前提下,以公平竞争的方式进行筛选。这一过程中,行政程序无疑是重要的。三是国家对某些电影进行资助的方式,经常以奖励、补贴的方式进行,这种奖励和补贴通常以合同的方式加以确定,德国公法理论上是将其作为一种附条件的行政行为,即只有在电影厂家达到双方在合同中所规定的条件时,相对方才有资格享有行政资助。四是如果电影厂家按期完成拍摄,而行政机关不能给予行政奖励和行政资助,则电影厂家可以通过诉讼和非诉讼的方式进行救济。

【阅读与思考】

阅读材料:公交财政补贴的立法和税收保障①

由于小汽车交通所带来的各种交通问题,世界很多国家和城市都制定了"优先发展公共交通"的城市交通发展策略,并且对公共交通发展给予大量的财政补贴。为保障政府公交财政补贴的顺利实现,很多国家和地区先后制定了多种有关公共交通的法律法规及税收政策,从而确保了对公交财政补贴的实现及部分补贴资金的来源。

从20世纪60年代开始,美国政府就颁布了一系列的法律法规保证对公共交通的财政补贴,体现了对公共交通的扶持。1964年,美国通过了《城市公共交通法》,目的是要维护已有的城市公共交通系统,并改善和扩大其服务。据此,美国各个城市的公共交通计划项目,只要属于地区交通规划的就可以获得联邦政府的拨款,并且政府拨款高达项目总费用的2/3。1970年,美国又通过《城市公共交通扶持法》,明确规定了公共交通获得道路权、开辟公共汽车专用道路或优先通行道路。此后,联邦政府对公共交通的资助范围进一步扩大,并且将联邦公路基金的一部分用于公共交通项目。1991年,美国《综合地面交通效率法》提出限制私人小汽车并鼓励发展公共交通的政策;1992年《国家能源政策法》规定,企业雇主可以向职工提供每月60美元的免税福利,用于支付公共交通的费用。1998年,美国签署的《21世纪交通平衡法》在《综合地面交通效率法》的基础上,增加了许多有利于公共交通的内容。为了鼓励和引导人们乘坐公交车,美国州、市政府加收小汽车牌照税、驾驶执照税和停车费,每一加仑汽油多收0.18美元,其中的0.06美元作为公共交通建设基金,企业凡职工人数超过100人均需制订减少小汽车使用数量的计划,并要采用通勤班车的办法解决25%以上职工上下班交通或租用公共交通工具。

① 参见李瑞敏等:《国外城市公共交通财政补贴政策研究》,载《城市发展研究》2002年第3期。

洛杉矶市还专设了0.5%的零售税用于公共交通。

问题：材料中的公交财政补贴是不是行政资助？这种资助方式需要从哪几个主要方面进行立法规制？行政资助和科学性和规范性之间的关系？这样的行政资助方式在我国可行吗？

第十章 行政协助及其法治化

行政协助具有促进行政一体化、提高行政效率等功能。我国现行法律规范对行政主体间的相互协助作出了一些规定,但多数规定较为原则,可操作性不强,在实践中没有得到很好的遵守和执行。我国需要构建统一的行政协助法律体系;培育行政一体化观念,促进行政协助顺畅开展;要在行政协助制度中设置行政相对人权益保障机制。

随着改革开放的不断深入,我国社会结构已经发生了深刻变化。相应地,行政主体面对的行政事务也日益复杂,很多问题仅依靠一个行政主体的力量难以有效地解决。尽管我国既有法律规范对行政主体间的相互协调、协助作出了一些规定,但多数规定较为原则,缺乏可操作性,在实践中没有得到很好的遵守和执行。由于行政主体间协调配合的缺乏,行政主体职权的单一性和管理事项的复杂性之间的矛盾日益凸显,行政管理目标的实现经常遇到困难。为加强行政主体的协调与配合,促进行政管理目标的顺利实现,应进一步完善行政协助制度。

一、行政协助的内涵及特征

(一)行政协助的内涵

行政协助是指行政机关和法律、法规、规章授权的组织(以下简称行政机关)因行使行政职权或履行行政职责的需要,向无隶属关系的行政机关提出协助请求,被请求的机关依法行使职权,提供相关帮助的行为。为了行文方便,我们将因需要协助而主动与其他行政主体沟通、协调的行政主体简称为请求机关,将行政协助的另一方简称为被请求机关。我们可以从以下几个方面来理解这一制度:第一,从行为主体角度看,行政协助的行为主体通常为行政主体,即行政机关及法律、法规、规章授权的组织。受委托组织在获得委托机关同意后也可以以委托机关名义通过与其他行政主体的沟通、协调获得协助。在行政协助主体间的关系上,双方应无隶属关系。之所以强调双方之间无隶属关系,是因为存在隶属关系的双方主体可以直接通过命令或请示的方式完成有关行政任务,而无须借助行政协助这一制度形式。第二,从请求协助的动因角度来看,行政协助的发生往往是由于请求机关因自身条件的限制无法完成某项公务或亲自完成会造成行为的不经济。也就是说,请求机关行政职权行使障碍的存在是行政协助发生的动因。第三,从职权角度看,行政协助关系的双方均应在各自的职权范围内作出行为。这是职权法定原则对行政协助双方的要求。

(二)行政协助的特征

1. 行政协助启动的主动性

行政主体在行政管理活动过程中应采取各种合理合法的措施实现行政目标。通常情况下,行政主体通过自身职权的行使就能实现行政目标。然而,行政主体在行使行政职权过程中,难免遇到因自身条件的限制无法完成某项公务或亲自完成会造成行为不经济的情况,此时行政主体若勉强为之,其结果必然是行政目标无法实现或是造成行政资源的浪费。在这种情况下,行政主体的最佳选择就是通过主动与其他行政主体的沟通与协调,获得对方的协助,以便顺利实现行政目标。在这个过程中,行政主体积极主动地启动行政协助就显得十分重要。

2. 协助请求方式的多样性

行政协助通常应采用提交书面请求的方式。在紧急情况下,也可采用口头、电话、电子邮件等方式。例如,《上海市行政协助管理办法(试行)》第9条规定:“请求机关请求协助,应当提交行政协助的书面请求,附有协助所必需的相关文件、实物、图片等资料。紧急情形下,协助请求可以以口头、电话、传真、电子邮件等方式提出;紧急情形消失后,应当补办有关手续。”

3. 行政协助内容的公务性

行政协助发生在行政主体履行行政管理职责的过程中。行政协助的双方均为行政主体。请求机关启动行政协助的目的在于排除行政职权行使障碍,实现行政目标。被请求机关接受请求机关的协助请求后,应在其职权范围内对请求机关给予人力、物资或信息等方面的帮助,最终协助其实现既定的行政目标。上述行政协助的目的以及过程均是围绕“行政公务”展开的。这说明行政协助具有明显的公务性。

(三)行政协助制度与相近制度的比较

1. 行政协助与行政委托

行政委托是指“行政主体在其职权和职责范围内,根据行政管理的实际需要自行决定将其行政职权或行政事务委托给另一行政主体或其他组织,以及特殊情况下委托给个人,受委托者以委托者的名义行使行政职权、实施行政管理行为,并由委托者承担法律后果”。[①] 行政协助与行政委托都是行政主体为了实现自己职权范围内的行政目标而寻求外部力量过程中作出的行政行为,这使得二者极易发生混淆。对于二者,我们可以从以下几个方面进行区分:

(1)主体不同。行政协助的主体通常限于行政主体,即行政机关和法律、法规、规章授权的组织。行政委托则既可以发生在行政主体之间,也可以发生在行政主体与其他组织或个人之间。

① 莫于川:《行政职权的行政法解析与建构》,载《重庆社会科学》2004年第1期。

(2)行为实施名义不同。在行政协助关系中,被请求机关以自己的名义实施协助行为;受委托组织则必须以委托机关的名义行使有关行政职权。

(3)法律责任归属不同。被请求机关是在自身职权范围内为请求机关提供帮助,并独自或与请求机关共同承担相应的法律责任;受委托组织只是委托机关行政职权的行为主体,其行为的法律责任由委托机关承担。

2. 行政协助与联合执法

联合执法是指"两个或两个以上相关联、相交叉的行政主体分别派出一定数量的人员组成跨部门执法队伍,以共同的名义或新的行政主体名义进行行政管理或行政处罚的活动"。① 联合执法是行政合作、行政协作的一种形式,而行政协助同样涉及行政协作,这使二者具有一定的相似性。不过,行政协助与联合执法还是存在较大区别的。二者的主要区别有:

(1)产生依据不同。在一般情况下,行政协助启动的前提是有关法律规范规定了被请求机关对请求机关的协助义务。比如,《上海市城市管理行政执法条例》(2018 年修正)第 30 条规定:"在城市管理中开展重大专项执法行动时,城管执法部门以及乡、镇人民政府需要有关行政管理部门协助的,有关行政管理部门应当在职责范围内依法协助;有关行政管理部门需要城管执法部门以及乡、镇人民政府协助的,城管执法部门以及乡、镇人民政府应当在职责范围内依法协助。"联合执法是适应市场经济和社会发展的需要而出现的一种执法现象。我国目前并没有完整地形成关于联合执法的具体法律制度。实践中,明确授权作出组建联合执法机构决定的行政主体本身,大多不具有行政规章的制定权。②

(2)各主体作用不同。在行政协助关系中,请求机关始终起主导作用,被请求机关起辅助作用。而在联合执法中,各主体作用平等,以共同的名义或新行政主体名义进行行政管理。

(3)法律责任承担方式不同。在行政协助过程中,一般情况下由请求机关对相应行政行为给行政相对人造成的损失承担法律责任,被请求机关则对协助行为承担法律责任。而在联合执法中,法律责任由在相应行政决定中署名的行政主体承担。

二、行政协助的制度功能

(一)促进行政一体化

行政一体化大体包括两层含义:第一层是指在一个行政辖区内,尽可能将所有之权限集中于一个机关或者集中由统一的一位首长所指挥的行政机关群中;第二层是指所有

---

① 雷新明、杨临宏:《关于行政综合执法几个理论问题的研讨》,载《河北法学》2000 年第 4 期。

② 参见李延:《我国行政协助法制化研究》,广西师范大学 2006 年硕士学位论文,第 31 页。

国家机关应该以相同的思考对外做成决定。① 虽然行政一体化只是一个学术性概念而非实定法概念，但它所体现的将行政系统视为一体而进行必要的指挥和监督的机制却值得肯定，因为它"不仅保证了行政管理的权威性和效率性，也保证了从国家意志到社会意志的顺利实现"。② 然而，现代的行政事务越来越繁杂，越来越多样化，这就在客观上使行政系统的分工越来越细致，职能也越来越独立。不过，行政系统这种细化分工的趋势与行政一体化并不矛盾。分工并不意味着各自为政，更不意味着对立，行政权从宏观上来讲仍然是一体的。不过，在我国的行政实践中，却在一定范围内出现了部门保护主义和地方保护主义问题。这些错误的倾向严重阻碍了行政一体化的实现。行政协助制度的建立和完善将为各级各类行政机关设定法定的协助义务，有利于增进行政系统在部门间、地域间的配合协作，促进行政一体化。

（二）提高行政效率

行政效率是指行政产出与行政投入之比。这里所说的行政产出是指行政活动的成果和效益，包括各种有形的物质成果、无形的精神成果以及直接的、间接的经济和社会效益；行政投入，是指行政主体在履行行政职能过程中"包括资金、土地资源、人力资源、公共信息资源以及其他社会资源的耗费"。③ "在一个特定的社会历史时期，政府能够获取的社会资源是有限的，同时，行政手段、行政方法，包括行政管理体制等制度性行政资源也具有稀缺性。"④在这种情况下，行政主体应采取积极措施节约行政资源、降低行政投入，以提高行政效率。行政协助恰恰是行政主体提高行政效率的一种重要手段。它发生在行政主体因自身条件的限制无法完成某项公务或亲自完成会造成行为不经济的情况下。此时，行政主体通过积极主动地开展行政协助充分发掘行政系统内部现有资源，将促进行政资源的整合及合理利用，进而顺利实现行政管理目标。

（三）保障行政相对人权益

从表面来看，行政协助容易被认为仅是一种内部行政行为，和行政相对人没有任何关系。其实，行政协助包含着若干行为：请求机关与被请求机关之间的请求以及被请求机关的协助行为。其中被请求机关的协助行为很有可能是一个具体行政行为，会涉及行政相对人的权益。再者，行政协助的启动出于排除行政职权障碍以实现行政目标的需要。而这里的行政目标则与行政相对人的合法权益有关。如果相应的行政目标因行政主体难以获得协助未能实现，势必会影响行政相对人的权益。行政协助制度的确立则可以较好地促进行政主体间的配合协助，及时排除行政障碍，顺利实现行政目标，使行政相

---

① 参见翁岳生编：《行政法》（上册），中国法制出版社 2000 年版，第 282 页。

② 郑悦琛：《行政协助制度研究》，中国政法大学 2007 年硕士学位论文，第 15 页。

③ 包国宪、张竦：《转型期政府行政成本问题初探》，载《甘肃社会科学》2007 年第 3 期。

④ 王麟：《行政协助论纲——兼评〈中华人民共和国行政程序法（试拟稿）〉的相关规定》，载《法商研究》2006 年第 1 期。

对人的合法权益得到有效保护。

三、国外或其他地区行政协助制度考察①

从世界范围来看，对行政协助制度规定较为完善的是大陆法系国家和地区。这与大陆法系国家和地区将制定法作为主要法律渊源有密切关系。由于英美法系国家有浓厚的判例法传统，因此这些国家主要是通过判例或法理来规制行政协助关系，缺乏关于行政协助统一的立法规定。正因如此，笔者对国外行政协助制度的考察将主要围绕大陆法系国家展开。

（一）立法概况

1. 德国

德国在其宪法及行政程序法中均规定了行政协助制度。《德意志联邦国基本法》第35条第12项规定："联邦与各邦之一切行政机关应互为法律上及职务上协助。"本项规定为德国行政协助制度的产生奠定了坚实基础。在具体法律制度上，1966年的《西德行政程序法标准草案》（又称《慕尼黑草案》）第3～7条规定了公务协助（行政协助）的有关内容。1976年的《联邦德国行政程序法》基本上沿袭了《慕尼黑草案》关于行政协助的内容，在第4～8条规定公务协助（行政协助），对行政协助的定位、事项范围、被请求机关的选择、争议的处理、法律责任的承担以及协助费用的负担等内容都作了详细规定。可以说，《联邦德国行政程序法》对行政协助的规定是比较完备的。

2. 韩国

韩国最早的关于行政协助的规定出现在《韩国行政程序法草案》（1987年）中，该草案第7条对行政协助作出了规定。《韩国行政程序法》（1996年）则在总则中对行政协助作出了进一步的规定。该法第一章总则的第二节的标题就是"行政机关之管辖与协调"。其中第7条规定："行政机关为圆满履行行政事务，应相互协调。"该条可谓行政协助的一般原则。第8条则对行政协助的事项范围、被请求机关拒绝协助的情形、请求机关对被请求机关所派人员的指挥权、协助费用的负担等内容作了规定。与德国的有关规定相比，《韩国行政程序法》对行政协助的规定略显单薄。当然，韩国的规定也有一定特色，这主要体现在以下两个方面：一是关于请求机关对被请求机关所派人员指挥权的规定。该法第8条第5项规定："为行政协助而被派遣之职员接受请求协助之行政机关之指挥监督。但对该职员之服务，如其他法令等有特殊规定时，依其他法令。"②二是在协助费用的负担上不同于德国，即由请求机关负担协助费用，而《联邦德国行政程序法》第8条第1款则规定："提出请求的当局不必向被请求当局缴纳行政费。"③

---

① 对于行政协助，有的国家将其称为公务协助。

② 车美玉：《韩国行政程序法》（1996年），载《行政法学研究》1997年第3期。

③ 于安编：《德国行政法》，清华大学出版社1999年版，第196页。

3. 西班牙

西班牙于1992年颁布的《公共行政机关及共同的行政程序法》在序编和第一编对行政协助的原则和具体要求作出了规定。① 该法于1999年被修订,此次修订使该法关于行政协助的规定更加完善。该法第3条第2款对行政协助作出了一般性的规定:"公共行政机关根据合作和协作原则处理相互间的关系,并按照效率及服务于公民的原则进行活动。"②第4条则规定了行政协助的事项范围、被请求机关拒绝协助的事由及说明义务等内容。与德国行政程序法的相关规定相比,该法对行政协助制度的规定比较简略,缺乏系统性。

(二)对我国的启示

从上述大陆法系国家或地区有关法律对行政协助的规定,我们可以获得以下几点启示:

1. 应由《行政程序法》对行政协助作统一规定

虽然在内容的繁简上不尽相同,但上述国家或地区均存在关于行政协助的统一规定。这就为行政协助提供了统一的法律依据,有利于促进行政协助在实践中的规范运作。而我国大陆至今尚无关于行政协助的统一规定。已有法律规范对行政协助的规定多数都比较原则化,没有对行政协助的事项范围、具体程序、争议处理、法律责任承担等问题作出具体规定。而这种原则化的规定难以对行政主体起到清晰明确的指导作用,严重影响了行政协助制度价值的发挥。为此,我国可以借鉴上述国家的立法经验,在未来的"行政程序法"中对行政协助作出统一规定。

2. "行政程序法"对行政协助的规定应具体明确

在上述国家中,德国、韩国关于行政协助的规定较为详尽,西班牙的有关规定则较为简略,仅涉及行政协助的事项范围、被请求机关拒绝协助的事由及说明义务等内容。在这两种立法模式上,我国应选择前者,即"行政程序法"应对行政协助作具体明确的规定。这是因为只有法律规定的具体、明确才能较好地发挥对有关实践的指引和规范作用。而我国现行行政协助法律规范的主要问题就是比较原则化,难以有效指引行政协助实践。具体来说,我国未来的"行政程序法"应对行政协助的程序、事项范围、争议的处理、法律责任的承担以及协助费用的负担等内容作出具体规定。

3. 行政协助立法中应注重保障行政相对人权益

尽管上述国家或地区均存在关于行政协助的统一规定,但这些规定均从行政主体的角度展开,而未涉及行政相对人在行政协助过程中的权益保障问题。如前所述,行政协助包含若干行为,即请求机关与被请求机关之间的请求行为以及被请求机关的协助行

① 参见王麟:《比较行政协助制度研究》,载《法律科学》(西北政法学院学报)2005年第5期。

② 应松年主编:《外国行政程序法汇编》,中国法制出版社2004年版,第302页。

为。其中,被请求机关的协助行为完全可能是一个具体行政行为。如协助行为是具体行政行为,该行为的作出就必将涉及行政相对人的权益。为了保障行政协助过程中行政相对人的权益,今后的行政协助立法可考虑设计表明身份、告知、陈述或申辩等程序。

四、我国现行行政协助制度存在的问题

(一)立法层面存在的问题

1. 缺乏关于行政协助的统一规定

目前,我国没有行政协助单行立法,也没有对行政协助作出统一规定的"行政程序法",这使我国缺乏关于行政协助的统一规定。尽管某些法律、法规和规章对行政协助作了个别规定,如《审计法》《铁路法》等,但这些规定往往局限于某一部门、某一领域,不具有普遍的指导作用。统一行政协助制度的缺乏使实践中行政协助的运作缺乏应有的强制力,行政主体的协助请求容易受到被请求机关的拒绝、推诿。这不仅影响了行政活动的效率,也直接或间接地损害了行政相对人的权益。值得一提的是,湖南省政府于2008年4月颁布了《湖南省行政程序规定》。该规定的第17条对行政协助的事项范围、被请求机关拒绝协助的告知义务、争议的处理、法律责任的承担等内容作了规定。2017年3月30日,上海市政府以沪府发〔2017〕17号文印发了《上海市行政协助管理办法(试行)》。虽然该办法仅属于其他行政规范性文件,但它对协助目录、请求协助义务、请求对象、请求方式、协助形式、协助情形、争议解决和法律责任承担等问题作了较为全面的规定。这些有益尝试为今后的行政协助立法积累了一定经验。

2. 现有相关规定缺乏可操作性

我国现有法律规范对行政协助的规定多数都比较原则化,缺乏可操作性。例如,《审计法》第37条规定:"审计机关履行审计监督职责,可以提请公安、监察、财政、税务、海关、价格、工商行政管理等机关予以协助。"《铁路法》第56条第1款规定:"在车站和旅客列车内,发生法律规定需要检疫的传染病时,由铁路卫生检疫机构进行检疫;根据铁路卫生检疫机构的请求,地方卫生检疫机构应予协助。"这两部法律的有关条款均未对行政协助的具体程序、争议处理、法律责任承担等问题作出规定。这可以说是现有行政协助法律规范的通病。而这种原则化的规定使行政协助未能受到法律的有效规制,实际运作效果不佳,严重影响了行政协助制度功能的发挥。

(二)实践层面存在的问题

1. 行政协助过多倚重法律制度外因素

由于我国缺乏关于行政协助的统一规定,现有相关规定又缺乏可操作性,这使行政协助的运作过多地倚重行政首长个人威望、行政惯例等法律制度外因素。实践中,行政协助关系基本上是靠两个部门间的感情来维系,关系好的往往给予协助,关系一般的需要给一定的利益作为回报，有些还要看被请求机关的脸色。[①] 行政协助的这种非制度化运作存在弊端：其一，过多借助制度外因素将增加行政成本，降低行政效率；其二，易出现超越权限现象，进而侵害行政相对人权益；其三，导致行政协助的运作不稳定、无秩序。

2. 行政协助受到保护主义阻碍

行政一体化的意义在于“分工基础上的共同合作”，[②]亦即行政主体应在坚持分工的前提下密切配合、相互协作。然而，我国行政主体间的协调与协作受到了部门保护主义和地方保护主义的阻碍。部门保护主义和地方保护主义使行政主体仅注重维护本部门或本地区的利益，对其他行政主体采取不合作、不协助的消极态度，降低了行政效率。更有甚者，行政主体不仅不协助其他行政主体，“而且在执法中袒护自己主管的企业、组织”。[③] 这种利益驱动下的保护主义将本部门、本地区的行政权从国家整体行政权中割裂出来，已成为行政协助顺利实施的障碍。

3. 行政相对人权益没有得到有效保障

如前所述，行政协助除了涉及请求机关和被请求机关之外，还将直接关涉行政相对人的权益，因此行政相对人也是行政协助法律关系的主体，但这一事实尚未受到现有有关法律规范的确认。有关法律规范未对行政协助过程中行政相对人的权利及权利受损时的救济渠道作出规定。这使行政相对人在行政协助过程中不了解自己是否享有知情权、申辩权等权利，也不知道自己因协助行为权益受损时应如何寻求法律救济。与此同时，硬性法律规定的缺乏使得行政主体对行政相对人在行政协助过程中的权利未给予充分重视。因此可以说，目前行政相对人在行政协助过程中的权益未能得到有效保障。

五、完善我国行政协助制度的总体思路及具体构想

（一）完善我国行政协助制度的总体思路

1. 构建统一的行政协助法律体系

由于我国现行行政协助制度的最大问题是缺乏关于行政协助的统一规定，因此完善我国行政协助制度的重中之重就是构建统一的行政协助法律体系。大陆法系国家一般是在行政程序法中对行政协助作出通则性规定，再由单行法律对具体领域的行政协助进行规定。我国行政协助制度的构建也可遵循这一思路，即以制定统一的行政程序法为契机，将行政协助制度纳入其中，构建一套以行政程序法为核心的行政协助法律体系。截至目前，应松年、姜明安、马怀德等专家学者分别领衔提出了《中华人民共和国行政程序法（专家建议稿）》［以下简称《行政程序法（专家建议稿）》］或《行政程序立法试拟稿》

① 参见金国坤：《行政协作机制研究》，载《广西政法管理干部学院学报》2007 年第 4 期。

② 韩若楠：《行政协助制度探析》，中国政法大学 2009 年硕士学位论文，第 3 页。

③ 李延、练琪：《论建立我国行政协助制度的困难和意义》，载《太原师范学院学报》（社会科学版）2006 年第 1 期。

(以下简称《试拟稿》)。这些《行政程序法(专家建议稿)》或《试拟稿》都规定了行政协助制度。应教授主持的《行政程序法(专家建议稿)》(2004 年 11 月)的第 14 条和第 15 条对行政协助的事项范围、被请求机关拒绝协助时的通知义务、争议的处理等行政协助制度主要内容作出了规定。在当时来说,该版本最为详尽。2015 年 10 月,姜明安教授带领的课题组发布了《行政程序法(专家建议稿)》(北大版)。姜教授课题组在 2002 年《试拟稿》的基础上,广泛吸收了近年来国家层面和地方层面的行政立法程序,草拟了《行政程序法专家建议稿》(以下简称北大版《专家建议稿》)。该稿相对于 2002 年的《试拟稿》,增加了 118 条。该稿第 23 ~ 25 条对行政协助的适用情形、程序及责任与费用承担问题作出了较为详细的规定。该建议稿对行政协助制度的设定思路是值得肯定的,不过该稿未规定被请求机关拒绝的事由,且现有规定亦存在可商榷之处,笔者将在下文中对有关内容进行详细分析。

除了把行政协助纳入将要制定的“行政程序法”之外,构建统一的行政协助法律体系还需要做以下工作:其一,完善行政组织立法。行政组织法具有设定权力的功能,即“行政组织法可以对行政组织的权限作出统一明确的规定”。[①] 合理、规范的职权设定是行政协助制度得以有效实行的前提。然而,我国现有的行政组织立法未能对中央到地方各级政府的机构设置、职能权限和运行原则等问题作出明确、科学的界定。这使实践中常常出现职权交叉、职权真空等问题,影响了行政协助制度的顺畅运作。在完善行政组织法的过程中,除了要更为规范、合理地设定职权外,还要确立行政主体相互协助的理念。其二,修订现行有关法律规范,即在总结行政协助实践经验的基础上修订现行法律规范的有关规定。其三,制定某些特殊领域的法律规范。相对于一般行政协助来说,涉外协作、紧急状态下的行政协助等都具有各自的特殊性,因此应当就这些特殊领域的行政协助制定相应的法律规范。

2. 培育行政一体化观念,促进行政协助顺畅开展

我国行政协助制度运行不畅的原因除了立法上的不足外,还包括行政主体及行政执法人员较为缺乏行政一体化观念。行政一体化观念较为缺乏的突出表现就是在一定范围内存在的部门保护主义和地方保护主义。而这些保护主义已经成为行政协助顺畅运行的严重障碍。由于行政一体化强调行政系统的一体性及行政主体在坚持分工前提下的密切配合、相互协作,因此培育行政执法人员的行政一体化观念对于弱化部门保护主义和地方保护主义,促进行政协助的顺畅运作具有十分积极的意义。行政一体化观念的培育可通过举办专题讲座、组织专门培训等方式进行。相应的教育培训活动要使行政执法人员明白行政系统是一体的,行政协助是其法定的职责。在这个过程中,行政主体的负责人树立行政一体化观念尤为重要。当然,行政一体化观念的培育还应辅以相应的法

① 应松年、薛纲凌:《行政组织法与依法行政》,载《行政法学研究》1998 年第 1 期。

律制度,特别是应予协助而拒绝协助或延迟协助等情况下的法律责任制度。

3. 在行政协助制度中设置行政相对人权益保障机制

保障行政相对人合法权益是行政法的一个重要功能,各项行政法律制度均应注重这一功能的发挥。目前,我国行政协助制度却未对行政相对人权益保护问题给予足够关注,致使行政相对人在行政协助过程中的权益未能得到有效保障。为此,在行政协助制度中设置行政相对人权益保障机制就十分必要。这一机制的构建可从两个方面入手:一是保障行政相对人在行政协助过程中的知情权、参与权,为此可考虑设计告知、陈述申辩或提出异议等程序;二是明确规定行政相对人权益受损时的救济途径,即行政相对人以何种方式就何主体向何机构提出救济。

(二)我国行政协助制度的具体构建

1. 行政协助的主体

由于行政协助是行政主体之间在行使职权过程中发生的一种关系,因此请求机关与被请求机关均应为行政主体,即行政机关及法律、法规、规章授权的组织。行政主体可以同没有隶属关系的行政机关发生行政协助关系。例如,西班牙《公共行政机关及共同的行政程序法》(1999 年)第 3 条第 2 款就规定:"公共行政机关根据合作和协作原则处理相互间的关系,并按照效率及服务于公民的原则进行活动。"在具体的行政协助过程中,还有一个相关的问题值得关注,即请求机关和被请求机关是否都须对协助事项有相应的行政职权。学界对此有一定的分歧。有的学者认为,请求机关对协助事项应有管辖权,被请求机关则无管辖权。① 有的学者则认为,行政协助的双方主体对协助事项均应有管辖权。② 多数学者则认为,请求机关对于协助事项可以有相应的行政职权,也可以没有相应的行政职权,但被请求机关必须执掌处理协助事项的职权。③ 笔者赞同多数学者的观点。行政协助发生的一种情形是请求机关因自身条件的限制无法完成某项公务,而其常见的理由就是该主体对具体事项没有行政权限。例如,《突发公共卫生事件应急条例》第 44 条规定:"在突发事件中需要接受隔离治疗、医学观察措施的病人、疑似病人和传染病病人密切接触者在卫生行政主管部门或者有关机构采取医学措施时应当予以配合;拒绝配合的,由公安机关依法协助强制执行。"在本条中,卫生行政主管部门或者有关机构对于拒绝配合的病人、疑似病人等就没有强制隔离权。而被请求机关对于协助事项必须具有行政职权,否则其协助行为就属于超越职权行为。

2. 行政协助的事项范围

行政协助的事项范围即行政主体可以就哪些事项提起行政协助。这是行政协助发

① 参见叶必丰:《行政法学》,武汉大学出版社 1996 年版,第 152 页。

② 参见阮钧:《论查控工作的性质定位及其制度的进一步完善》,载《武警学院学报》2002 年第 5 期。

③ 参见杨临宏、王志华:《论行政协助制度》,载《学术探索》2004 年第 3 期。

生的前提,德国、韩国的行政程序法都对此作出了规定。《联邦德国行政程序法》第5条第1款规定:“有以下情形的,当局可以特别请求公务协助:(1)由于法律原因,当局不能自行实施公务的;(2)由于事实原因,尤其是缺乏实施公务所必需的人员或机构,当局不能自行实施公务的;(3)任务的完成依赖于对事实的了解,当局对其不了解而且当局自己不能查明的;(4)完成任务所必需的文书或其他证明资料,为被请求当局拥有的;(5)当局自己实施公务比请求协助需要支付更多费用的。”①《韩国行政程序法》第8条第1项除了在具体措辞上与德国不同外,实际上是对其规定的重述。依据上述立法例,行政协助发生的事项范围可被概括为因法律或事实原因造成的不能自行执行公务、事实调查困难、他方占有文书资料、他方实施更为经济等。

北大版《专家建议稿》第13条规定:有下列情形之一的,行政主体可以请求其他行政主体提供协助:(1)因人员、技术等原因,本机关执行公务发生困难,需要其他行政机关协助的;(2)本机关单独行使职权难以达到相应行政目的的;(3)行政行为需要采取某种本机关依法无权采取的行政措施的;(4)执行公务所必需的文书、资料、信息为其他行政主体所掌握,难以自行收集的;(5)其他需要请求行政协助的情形。该规定基本囊括了行政协助的事项范围,不过未规定他方实施更为经济的情形,而该情形其实是行政协助发生的一个重要事由。该规定的另外一个缺陷是其第2项表述比较抽象,不够明确。为此,笔者建议将该条修改为:有下列情形之一的,行政机关可以请求其他行政机关协助:(1)由于法律上的原因,行政机关无法自行执行公务的;(2)由于缺乏人员、设备等事实原因,行政机关无法自行执行公务的;(3)执行公务需要的事实资料不得由行政机关自行调查的;(4)执行公务所必需的文书或其他资料为其他行政机关所掌握,难以自行收集的;(5)由其他行政机关协助执行,费用更低的;(6)其他职务上有正当理由需请求协助的。

3. 被请求机关拒绝协助的事由

对于请求机关提出的协助请求,被请求机关既可能接受,也可能拒绝。为了防止被请求机关随意拒绝协助请求,有必要对被请求机关拒绝协助的事由作出规定。德国、韩国等国家的行政程序法对此均作了规定。《联邦德国行政程序法》第5条第2款规定:“在下列情况下,被请求机关不允许提供协助:(1)因法定原因,不能提供协助;(2)如提供协助,会严重损害联邦或州的利益……如有关档案依法或依性质应予以保密时,被请求机关尤其不得提供相应的书证、案卷或有关咨询。”该法第5条第3款规定:“在下列情况下,被请求机关无须提供协助:(1)其他机关较为方便或较小花费即可提供协助;(2)被请求机关须支出极不相称的巨大开支方可提供协助;(3)考虑到请求协助机关的职能,被请求机关如提供协助即会严重损及自身职能。”《韩国行政程序法》第8条第2项

① 于安编著:《德国行政法》,清华大学出版社1999年版,第194页。

规定:“依第一项之规定,受请求行政协助之行政机关,有下列各款情形,可以拒绝。(1)有明显理由认为受请求机关以外之行政机关能为较有效率且经济之协助时。(2)有明显理由认为行政协助将显然阻碍受请求之行政机关执行固有职务时。”从上述规定来看,这些国家设定的必须拒绝的事由是基于合法性考虑,可以拒绝的事由则是基于合理性考虑。

关于被请求机关拒绝协助的事由,北大版《专家建议稿》第24条仅提到“被请求协助的行政机关没有正当理由的,不得拒绝协助”,并未对拒绝事由作出明确规定。为了避免被请求机关推脱属于自己职责范围内的协助义务,同时也为了使其拒绝提供不属于自己职权范围的协助事项有法律依据,使职权法定原则在行政协助法律关系中得以有效体现,①行政程序法应对被请求机关拒绝协助的事由作出明确规定。结合域外的相关规定,笔者认为,北大版《专家建议稿》应当增加以下内容:有下列情形之一的,被请求机关不得提供协助:(1)提供协助将会严重损害国家利益或社会公共利益的;(2)请求事项明显超出被请求主体权限范围的;(3)被请求机关对有关事实或信息,根据法律或依其性质应当保密的。有下列情形之一的,被请求机关可以拒绝协助:(1)有明显理由认为其他行政机关能提供较有效率且经济的协助的;(2)有明显理由认为提供协助将严重阻碍被请求机关执行固有职务的。

4. 行政协助方式

以行政协助行为产生的直接依据为标准,行政协助可以分为法定协助和任意协助。②法定协调的方式应以书面形式为主,具体来说就是出具《请求协助函》。若情况紧急的,行政协助则可以口头、电话、传真等形式提出,但应在事后补办有关手续。任意协调的方式则应以签订协助协议为主。协助协议的内容可包括协助事项、协助方式、费用负担、有效期限等。

5. 协助行为实施

在接受协助请求后,被请求机关就应积极实施协助行为。在协助行为实施过程中,需要注意三个问题:一是协助行为的法律依据问题。对此,《联邦德国行政程序法》第7条第1款规定:“通过公务协助实现的措施可得性,以对提出请求的当局有效的法律为依据;公务协助的实施以对被请求的当局有效的法律为依据。”该款规定明确了行政协助过程中各行为合法性的判断标准,可为我国今后的行政协助立法所借鉴。需要说明的是,如果被请求机关要与请求机关以共同名义作出行政决定,那么这个行政决定的作出及执行应当依据双方共同遵循的法律、法规、规章等。二是请求机关对被请求机关人员的指

① 参见周春华:《行政协助过程规制论》,苏州大学2008年硕士学位论文,第66页。

② 参见王麟:《行政协助论纲——兼评〈中华人民共和国行政程序法(试拟稿)〉的相关规定》,载《法商研究》2006年第1期。

挥权问题。关于这一问题,《韩国行政程序法》第 8 条第 5 项规定:“为行政协助而被派遣之职员接受请求协助的行政机关的指挥监督。但对该职员的服务,如其他法令等有特殊规定时,依其他法令。”该规定可概括为:有规定依照规定,无规定则服从请求机关指挥。三是协助的中止问题。“在执行过程中行政相对人或其他利害关系人对协助所依据的具体行政行为提出异议,协助主体应当对异议申请进行审查,认为异议成立的,可以中止协助执行,并将中止决定和中止理由书面递交请求主体。”①如果请求机关维持该具体行政行为的,被请求机关应当继续履行协助义务。

6. 行政协助中争议的处理

对于行政协助中双方主体间争议的处理,《联邦德国行政程序法》第 5 条第 5 款规定:“被请求的当局认为没有义务提供协助的,应当将这种意见通知提出请求的当局。提出请求的当局坚持公务协助的,由其共同的业务主管监督当局对公务协助的义务作出决定;如果没有这样的共同业务主管监督当局,由被请求当局的业务主管监督当局作出决定。”关于这一问题,北大版《专家建议稿》第 24 条第 2 款规定:“因行政协助发生争议的,由请求机关与协助机关的共同上级机关裁决。”可以说,该规定存在较大缺陷,因为它未能回答在双方没有共同上级机关时争议如何解决的问题。有的学者就此提出另外一种思路,即由被请求机关的上级机关作为初步的裁决机关,如果请求机关对其裁决没有异议的,初步裁决就是生效的裁决,但如果请求机关不服被请求机关上级机关的裁决的,可以请求其共同的上级机关作出最终的裁决。② 虽然该思路在一定程度上可以提高行政效率,但同样不能回答在双方没有共同上级机关时争议如何解决的问题。对此,我们可以借鉴《联邦德国行政程序法》的前述规定,因为其规定在逻辑上更为周延。

7. 行政协助费用负担

关于行政协助中协助费用的负担方式,有三种方案可供选择:第一,由请求机关负担全部的费用;第二,由被请求机关负担全部的费用;第三,由请求机关和被请求机关共同负担。韩国选择了第一种方案,德国则以第二种方案为主。《联邦德国行政程序法》第 8 条第 1 款规定:“提出请求的当局不必向被请求当局缴纳行政费。一个具体事项的费用超过 50 马克的,应当根据要求向被请求当局偿付所支出的费用。当局彼此提供公务协助同为债权人的,不再偿付费用。”该条款原则上规定协助费用由被请求机关负担,其中的例外规定则表示当被请求机关垫付的费用超过一定限额时,可要求请求机关偿还这笔费用。北大版《专家建议稿》第 25 条第 3 款规定:“行政协助所需费用由请求机关承担。”考虑到由请求机关承担协助费用可以鼓励被请求机关积极提供协助,笔者赞同这一思路。

---

① 张琨、沈刚伟:《论行政协助的程序》,载《安徽警官职业学院学报》2003 年第 S1 期。

② 参见杨临宏、王志华:《论行政协助制度》,载《学术探索》2004 年第 3 期。

8. 行政协助中法律责任的承担

关于行政协助中法律责任的承担问题,《联邦德国行政程序法》第 7 条第 2 款规定:"提出请求的当局对被请求当局承担有关措施合法性的责任,被请求的当局得对公务协助的实施承担责任。"换言之,请求机关就其已作出行为及请求事项的合法性承担责任,被请求机关对其协助行为承担责任。关于这个问题,北大版《专家建议稿》第 25 条第 1 款和第 2 款规定:"协助机关实施行政协助,其依法以自己名义作出相应行为,由其承担相应法律责任。协助机关根据请求机关的要求,配合请求机关作出的行为,由请求机关承担责任。"这两款规定主要规定了被请求机关的责任承担问题,对请求机关的责任规定存在一定欠缺。北大版《专家建议稿》应当明确规定由请求机关对其已作出行为及请求事项的合法性承担责任。此外,有一种具体情况也值得注意:被请求机关与请求机关以共同名义作出行政行为时,应当共同承担相应的法律责任,双方具体责任则应依据各自在行政行为作出过程中的作用程度进行划分。

第十一章　行政奖励及其法治化

行政奖励作为一种行政行为，也是一种特殊的柔性行政方式，它在现代社会发挥着越来越重要的作用，但学界对此较少进行研究，行政奖励的概念也未有明确定论。首先，本书对行政奖励的概念和性质予以明确；其次，在此基础上，分析行政奖励行为的合法要件及其运行过程；最后，论证行政奖励的法律救济途径，主要包括行政诉讼、行政复议以及国家赔偿三种途径。

引子：从一则案例说起

2005 年年初，深圳市龙岗区公安分局龙新派出所在其辖区怡丰路上悬挂"坚决打击河南籍敲诈勒索团伙"和"凡举报河南籍团伙敲诈勒索犯罪、破获案件的，奖励 500 元"的大横幅，此举引起了社会上的广泛争议，许多人质疑警方这种打击犯罪的方式存在地域歧视。①

2005 年 4 月 15 日，居住在郑州市的两位河南籍公民任某某、李某某，以龙岗公安分局的行为侵害了二人的名誉权为由起诉该局。原告二人在诉状中称，他们均是河南籍爱国守法公民。河南是中华文明的发祥地，二人从小在这块土地上生长，像爱护自己的生命一样热爱自己的家乡和家乡的声誉，并以自己是河南人而骄傲。二原告在郑州看到歧视河南人横幅的报道后，感觉受到极大侮辱。二人认为，龙新派出所对两人家乡的地域歧视和对整个河南籍人群的否定性社会评价，不仅严重违背了我国《宪法》第 33 条确立的"法律面前一律平等"原则，而且直接损害了二原告家乡及所有河南籍中国公民和河南籍侨民的声誉，粗暴伤害了二原告对家乡的感情及对家乡应有的荣誉感。因此，二人认为，龙新派出所的行为已侵害了他们作为公民所应享有的名誉权和精神健康权，故请求法院判令被告对二原告公开赔礼道歉，并将道歉内容在国家级新闻媒体上公开发表；同时判令被告承担本案受理费。郑州市高新区人民法院经研究决定，受理了该案。②

上述的深圳公安地域歧视案是 2005 年引起社会公众普遍关注的案件之一，各界人士、各种观点围绕此案的方方面面展开了激烈争论。就此案与行政法有关的内容来说，

---

① 参见秦鸿雁、李朝红：《深圳警方挂横幅打击"河南帮"专家称此为歧视》，载搜狐网：http://news.sohu.com/20050331/n224942782.shtml，最后访问日期：2020 年 5 月 6 日。

② 参见韩俊杰等：《歧视横幅惹怒河南人　两公民怒告深圳警方》，载人民网：http://legal.people.com.cn/GB/42733/3326052.html，最后访问日期：2020 年 5 月 6 日。

笔者认为,下列问题值得深入研究:

第一个问题是,此案中深圳警方的行为应当如何定性?

案中深圳警方悬挂的横幅内容有二:一为“坚决打击河南籍敲诈勒索团伙”;二为“凡举报河南籍团伙敲诈勒索犯罪、破获案件的,奖励500元”。前者在性质上属于行政机关的一种宣传口号,并没有确定任何法律上的权利义务关系,显然不属于具体行政行为之列。而后者就具有较为详细的内容了,主要是提出了对特定案件有效举报者的奖励,显然属于行政奖励的内容。但我们也应当注意到,就横幅的内容来看,它并非奖励的实施(不是宣告因某事对某一特定对象给予奖励),而是奖励的创设。当然,无论如何,有一点是可以肯定的,那就是深圳市警方悬挂横幅的行为均是其履行职权的行为,这种行为所可能引起的并非民事侵权纠纷,而只可能是行政侵权纠纷。①

第二个问题是,案中有关行政奖励的内容是否合法?

案中横幅所述第二项内容实际上设定了一个行政奖励事项,我们可以对这一事项略作分解。其一,该奖项的奖励主体是有关警方;其二,其奖励客体是举报河南籍团伙敲诈勒索犯罪并有助于破获案件的行为;其三,其奖励对象是实施被奖励行为的公民;其四,其奖励内容为500元,该奖项的其他要素,如奖励依据、奖励程序等则未见其详。那么,从这一奖项的已知要素来看,该奖项是否合法呢?其答案自然是否定的。这一奖项合法要件的缺失在于其奖励客体,即其鼓励公民实施的行为包含了不法内容,构成了对河南籍居民的歧视。因此,本案深圳警方所挂横幅中的行政奖励内容是违法的。最后的问题是,这一违法的行政奖励是否可诉呢?

首先应当指出,在本案中,郑州市高新区法院将其作为民事案件受理,是建立在对案件性质根本错误的判断之上的。行政机关因履行职权而造成的侵权,应当通过行政诉讼而非民事诉讼解决,因此,郑州市高新区人民法院以民事案件受理此案,属于明显错误。

既然如此,那么,这一案件是否可能作为行政诉讼受理呢?笔者认为不能。对照行政诉讼的基本受案要件,我们可以发现,尽管该案中深圳警方的行为具有履行职权的属性而符合行政诉讼受案的职权标准,但其在行为标准与结果标准上却均不符合有关要求。一方面,就行为标准而言,警方在横幅中表述的内容属于行政奖励的创设而非实施,是向非特定的公民发出的号召与鼓励,并可反复、多次地适用于符合横幅宣告条件的公民身上,故其性质应属抽象行政行为而非具体行政行为,尽管2015年我国《行政诉讼法》修改后将受案范围扩大至“行政行为”,但对抽象行政行为只能进行附带审查,不可单独对其提起行政诉讼。另一方面,就结果标准而言,警方悬挂横幅的行为并未确定地损害两位原告的利益,注意到横幅内容的指向并非所有的河南籍居民,而是处于龙新派出所

---

① 参见刘飞宇:《宪法事例05:对“河南地域歧视案”的规范分析》,载韩大元主编:《中国宪法事例研究(二)》,法律出版社2008年版,第61~67页。

辖区内并有敲诈勒索犯罪嫌疑的河南籍居民,而案件的原告任某某、李某某显然不在后者之列,其利益(依其主张为名誉权和精神健康权)与龙新派出所的行为并未构成足够的利害关系。因此,尽管案中深圳警方悬挂横幅中的奖励内容有违法之嫌,但依照我国有关制度的现行规定,此案尚不能够通过诉讼途径获得救济。

在本案中,深圳警方所采取的行政奖励手段,作为行政行为的一种方式,由于其明显的单方性特征而带有传统行政行为方式的浓厚痕迹。但与此同时,由于其具有弱强制性的特征,又与行政处罚、行政许可等其他传统行为方式有所不同。行政奖励是现代政府积极干预社会、配置资源的一种有效手段,但它在每个合法要件上的缺失都有可能给他人利益带来损害。因此,我们一方面要尽可能地在现行制度框架之内为行政奖励寻找救济途径,同时也要在整个行政救济制度的发展中谋求对行政奖励当事人更加充分、周全的保护。

一、行政奖励概说

在对各种行政行为的研究中,行政奖励这种行为向来较受冷落。目前学界对此问题虽有所著述,但数量不多,研究的深度、广度亦显不足。在不同时期研究行政奖励的著述中,对其定义前后变化较大。这既反映了人们对它的认识在不断深化,也反映出这些认识在大部分的时间里仅停留在比较初步的阶段。

比较多数主流行政法教材对行政奖励的定义,可以发现它们之间有明显的相互沿用的痕迹,或者说这只是"一种定义、各自表述",它们之间的分歧并未构成实质性的差别。这些定义多强调行政奖励的目的在于"表彰先进、激励后进"等,而奖励的主体乃是"行政机关"或"行政主体",奖励的客体是诸如"进行创造性劳动""为国家、人民和社会作出突出贡献""模范地遵纪守法""认真完成国家计划与任务"等某种先进行为,奖励的对象自然是实施了上述行为的"单位和个人"或称"行政相对人",奖励的形式则主要包括"物质奖励"和"精神奖励"。① 这些要素构成了主流的行政法教科书定义行政奖励的主要内容。

毫无疑问,这些政治教科书式的语言带有浓重的时代痕迹,并由于没有得到及时的革新而保留至今。正是这些因素所带来的约束,使此类定义下的行政奖励范围明显过于狭窄,且和现实脱节严重,因此有必要予以更新。这一方面的努力,在傅红伟的《行政奖励研究》一书中有集中的体现。通过其努力,最后将行政奖励归结为"行政主体为实现行政目标,通过赋予物质、精神及其他权益,引导、激励和支持行政相对人实施一定的符合

① 这些定义的出处,包括罗豪才主编:《行政法论》,光明日报出版社 1988 年版,第 215 页;罗豪才主编:《行政法学》,北京大学出版社 1996 年版,第 245 页;应松年主编:《行政法学新论》,中国方正出版社 1998 年版,第 285 页;杨海坤:《中国行政法基本理论》,南京大学出版社 1992 年版,第 369 页;姜明安主编:《行政法与行政诉讼法》,北京大学出版社、高等教育出版社 2015 年版,第 240 页。

政府施政意图行为的非强制行政行为”。[①] 姑且不论将行政奖励界定为非强制行为是否恰当,这一定义在努力拓展行政奖励外延的同时难免也显得有些矫枉过正,行政主体赋予相对人以利益以使其实施符合政府意图的行为者显然不应只有行政奖励一种,如行政指导——甚至包括行政许可中的某些部分似乎也可以被上述定义所概括,如此一来这样的定义就未免显得有些空洞。而且,这一定义也难以包括行政主体针对某些行为作出的带有事后追认性质的奖励。因此,这一定义仍然难以令人满意。

为了对行政奖励做一个更加准确的定义,我们不妨先对这一行为在行政法上的属性做一分析:

首先,行政奖励无疑是一种授益性行政行为。这一点是显而易见的,行政奖励给予相对人某种物质或精神上的权益,这便是它的内容。至于相对人为了获得奖励而作出贡献的行为,则是奖励的客体,相对人为此而进行的努力和付出并不能否定奖励行为的授益性特征。

其次,行政奖励可以是依申请的行为,也可以是依职权的行为。这一点也容易理解,行政奖励在设定之后,便可能产生符合奖励条件的人,行政主体既可能因相对人提出授奖申请而给予奖励,也可能在当事人没有申请的情况下主动给予奖励。当然,有很多行政奖励在设定的时候便要求以当事人的申请为前提,此时便排除了行政主体依职权授予该种奖励的可能。甚至可以说,这种依申请作出行政奖励行为是更主要的。

再次,行政奖励是一种单方行为。行政奖励的作出是由行政主体单方决定的,尽管行政奖励的作出必须以相对人实施了受奖行为,某些情况下还必须以相对人的申请为前提,但这并不影响它的单方性。必须注意,只要符合法定条件,行政主体在作出奖励决定的时候,是无须考虑相对人的意志也无须取得相对人合意的。这就如同行政许可一样,虽然相对人希望获得许可必须努力具备相关的许可条件并必须提出申请,但这并不影响行政机关在作出许可时单方决定的权力。对于行政奖励的这一属性,已有学者作出了分析与肯定。[②]

最后,行政奖励是一种弱强制性的行为。笔者以为,在行政奖励的诸多属性中,这一点最为值得关注。通说认为,行政奖励是一种非强制性的行为,主要是鉴于一方面相对人对受奖行为的实施是自愿的,另一方面其对奖励的接受与否也是自愿的。[③] 当然,已经有人对此提出过质疑,笔者认为这种怀疑不无道理。[④] 一方面,行政奖励包括了对某些义务性行为的奖励。这些行为是被奖励者原本就应当履行的义务,只不过因为其履行得较

---

① 傅红伟:《行政奖励研究》,北京大学出版社 2003 年版,第 33 ~ 34 页。

② 参见沈开举主编:《行政实体法与行政程序法学》,郑州大学出版社 2004 年版,第 317 页。

③ 参见熊文钊主编:《现代行政法原理》,法律出版社 2000 年版,第 320 页;傅红伟:《行政奖励研究》,北京大学出版社 2003 年版,第 45 页。以上著述均认为行政奖励是非强制的行为。

④ 参见沈开举主编:《行政实体法与行政程序法学》,郑州大学出版社 2004 年版,第 318 页注释之①。

为出色因此受到了奖励而已，当事人对于实施这种被奖励的行为并没有选择的余地。另一方面，许多依申请作出的行政奖励中（尤其是竞争性的奖励），授奖者为了维护其自身以及奖项的权威性，也不允许受奖者放弃奖励，否则受奖者便有可能遭受行政机关的不利对待。因此，行政奖励并非绝对地不具有强制力，严格地讲，只能称之为一种弱强制性的行为，而不是非强制性的行为。

此外，行政奖励还有其极为特殊之处，那就是行政奖励法律关系的主体有可能是不完整的。诸如，受奖者有可能已经因实施受奖励行为而死亡（如因见义勇为而身死、因忠于职守而殉职、因受奖人去世多年后其贡献始获肯定等），或受奖人在申请奖励之后、决定奖励之前已经死亡。但是，此时行政机关往往仍向死者颁发奖励，如追授各种荣誉称号。毫无疑问，自然人的死亡必然导致其作为法律关系的主体地位丧失，死者不能成为行政法律关系中的一方当事人。如行政处罚中，若应受罚者已经死亡，处罚便不应作出；又如行政许可中，若被许可人已经死亡，许可便应注销。行政奖励亦然，此时决不能认为死者仍是行政奖励关系的一方当事人，而应当认为此时的法律关系当事人只有一方，即这种奖励只有奖励人，而没有受奖人。

结合以上分析，笔者认为，行政奖励可以被定义为：对于公民、法人或其他组织实施的符合行政目标或行政意图的某种行为，行政主体为表示对该种行为的肯定、鼓励、支持与倡导，赋予行为人以某种物质或精神上的利益，以示表彰的行为。

二、行政奖励的合法要件

对一种行政行为做静态的分析，主要在于考察它的合法要件。一种行政行为的合法要件，是行政法治原则在这种行为中的具体体现。一种行政行为的合法要件有多少，就意味着这种行为必须在多少个方面上符合法的要求，只有这种行为的全部合法要件同时且完全地被满足，我们才可以将其称为一个合法的行为。

对于行政奖励的合法要件，许多著述都有所涉及，这些合法要件主要是通过套用行政行为的一般合法要件而得到的，从中难以发现行政奖励的特殊性。这些观点认为，一个行政奖励行为的合法主要应当满足这样一些条件，诸如，合法的奖励主体、合法的奖励权限、合法的奖励条件和标准、合法的奖励原因、合法的奖励形式、合法的奖励程序等。①

笔者认为，在现代行政活动中，行政行为的整个谱系是庞大而复杂的，每一种行为都有自己的特征与构成，则每一种行政行为的合法要件也就必然各不相同。行政奖励是行政主体通过奖赏的形式鼓励相对人去实施受奖行为，也就是说，这种行为实际上是行为人在鼓励别人从事另外一种行为。因此，分析行政奖励的合法要件，除了分析奖励行为

---

① 参见罗豪才主编：《行政法学》，北京大学出版社 1996 年版，第 246～247 页；皮纯协主编：《行政法学》，群众出版社 2000 年版，第 179 页；沈开举主编：《行政实体法与行政程序法学》，郑州大学出版社 2004 年版，第 318 页。

本身,还要关注奖励的客体——受奖行为的合法性。总的来讲,笔者认为行政奖励的合法要件至少应当包括以下几个方面:

第一,奖励的依据合法。行政奖励与许多其他行政行为一样,都包括设定与实施两个主要阶段,只有依法设定的奖励,才能够成为行政主体实施的合法依据。奖励依据的合法,主要指的是该奖励必须是由合法的主体通过法定程序以合法的形式(包括法律、法规、规章等)设定的,一项行政奖励的产生和存在必须符合奖励设定权的法定配置。作为一种纯粹授益性的行政行为,行政奖励的设定自然没有必要遵循严格的法律保留。但由于行政奖励同时又可能被政府作为一种重要的资源配置手段来使用,行政奖励实施的不当也极容易造成公民利益的损害,因此其设定权限也不应过宽、过滥。笔者认为,上至中央政府,下至乡镇政府,都应有设定必要之行政奖励事项的权力。但对于具有重大社会影响力的国家级、省部级奖项,则必须通过法律、法规、规章的方式加以设定。

第二,奖励的主体合法。奖励者应当是一个适格的行为主体,奖励的实施应当在实施者的法定权限之内。具体而言,奖励主体应当是有权的行政机关或者依法获得授权的社会组织。一般情况下,为了强调其权威性,行政奖励不应由奖励者委托其他机关、机构、组织或个人实施,除非其亲自实施在客观上存在困难。应当注意,某些在政府的倡导或支持下,由社会组织发起、设立并实施的奖励并非行政奖励,而属于社会奖励。

第三,奖励的客体合法。奖励的客体即受奖行为,行政主体通过奖赏方式鼓励、提倡或支持相对人实施的应当是合法的行为。即便有利于行政目的的实现,行政主体也绝不能奖励相对人从事犯罪、违法、侵犯他人合法权益或者违背社会善良风俗的行为。近年来,某些引起社会普遍关注的行政奖励案件,其主要争议多集中于奖励客体的合法性上。例如,2003 年 7 月,广州市公安局为加强道路交通管理发布《关于奖励市民拍摄交通违章的通告》,规定市民凡自行摄录下机动车辆违章行驶、停放的照片、录像资料,送经交通管理部门确认后,被采用并在当地电视台播出的,一律奖励人民币 200 ~ 300 元。此举使许多市民踊跃参与,积极举报违章车辆,当地的交通秩序一时间明显好转,但引发了一系列负面后果。有违章驾车者去往不愿被别人知道的地方,电视台将车辆及背景播出后,引起家庭关系、同事关系紧张,甚至影响了当事人此后的正常生活的;有乘车人以肖像权、名誉权受到侵害,把电视台、交管部门告上法庭的;有违章司机被单位开除,认为是交管部门超范围行使权力引起的;有抢拍者被违章车辆故意撞伤后,向交管部门索赔的;甚至有利用偷拍照片向驾车人索要高额"保密费"的。此事曾激起轩然大波,成为轰动当时的公共事件。

第四,奖励的对象合法。即受奖者合法,也就是说,受奖者应当是实施了符合奖励条件的行为的单位或个人。对不符合条件的相对人给予奖励,对符合条件的相对人不予奖励,由他人冒领奖励或参与接受奖励,遗漏对实施受奖行为的共同行为人的奖励,凡此种种均属奖励对象上的错误。

第五,奖励的内容合法。无论行政主体给予相对人的是物质利益、精神利益或者其他利益,这种作为奖励内容的利益必须是合法的。在物质奖励上,主要是禁止奖励者将不法财物作为奖励内容,如给提供违法行为线索者以罚款的提成;在精神奖励上,主要是防止因奖励行为而给他人带来已有荣誉的损害;在其他奖励上,如赋予受奖人某种资格或为其提供某种便利等,要特别注意不能因为对某个对象的奖励而影响了他人与受奖者的公平竞争权。

第六,奖励的等级和标准合法。即应当按照不同受奖者的条件高低给予正确等级和标准的奖励,如对条件较低者以高于条件较高者的奖励,对于条件相同者以不同等级标准的奖励,或者对于条件有差异的人以同等的奖励,均属奖励的等级和标准违法。

第七,奖励的程序合法。即应当根据合法程序作出奖励,较为完整的奖励程序应当包括申请(针对依申请的奖励)或提议(针对依职权的奖励)、受理(针对依申请的奖励)或接受(针对依职权的奖励)、审查、决定、公布、颁奖等步骤。较为重要的选项可能包括多轮评审,并有公告、处理异议等环节。未经合法程序而授予的奖励应视为违法。由于奖励属于授益性行为,且涉及受奖者与他人间重大利益的可能性较小,因此在程序上一般没有听证的必要。

三、行政奖励的运行过程

如果说分析一种行政行为的合法要件是对它做静态的考察,那么,研究它的运行过程就是对它做动态的考察。静态分析的重点在于关注这种行为如何方能合法,动态分析的重点则在于关注这种行为如何方能有效——通过何种运行方式,可以使它最有效地达到行政主体运用它的目的。对于柔性行政方式的行政奖励行为,需要进行静态和动态分析,更需要从现代行政法治视角加以透视。

(一)行政奖励的创设

一种行政行为的创设是它发生的逻辑起点。行政奖励的创设,主要指有权主体通过一定形式对奖励主体、奖励权限、奖励条件、奖励程序等方面作出的规定。有著作认为,行政奖励创设的可能途径主要有二:一是通过法律规范创设;二是通过行政合同约定,同时认为后者只是一种例外。[①] 笔者对此基本同意,但同时认为,以行政合同方式约定奖励不应当仅仅被视为例外,而应当成为其主要方式之一,这一点在行政机关对经济事务的管理中应用尤为突出,如地方政府对招商引资行为的奖励。与行政处罚、行政许可等行为强调其创设的集中、严格有所不同,行政奖励作为行政主体用于激励相对人的利益杠杆,其创设应当体现灵活、机动、多样的原则。

一方面,我们不应对创设行政奖励的法律规范层次要求过高。不但法律与行政法规这样较高位阶的规范有权创设行政奖励,即使是地方性法规、行政规章等较低位阶的规

① 参见傅红伟:《行政奖励研究》,北京大学出版社 2003 年版,第 182 页。

范也应当在上位法缺位的情况下享有行政奖励创设权,包括在没有正式法律规范的情况下,也应允许其他行政规范性文件创设行政奖励。不仅如此,较高位阶的规范可以只对奖励的创设做原则性的规定,由下位法进一步作出具体规范。当然,笔者并不同意在没有任何规范依据的情况下仍可创设行政奖励的观点。① 因为行政奖励实际上是一种国家资源或公共资源向个体分配的过程,如无任何规范依据便允许行政主体向他人分配这种资源,则极有可能损害其他社会成员的利益,为滥设奖励大开方便之门。

另一方面,应允许行政主体在不违背法律原则的前提下通过合同约定奖励。当然,以合同方式约定的奖励由于没有具体法律规范作为依据,往往较易导致纠纷,因此合同中对奖励条件、奖励程序、奖励内容等方面的约定应当更为详尽。如无法做详细约定,也可约定参照其他奖励的规定实施。

(二)行政奖励的实施

关于行政奖励的实施,多数观点认为主要包括提出奖励、审查批准、公布评议、授予奖励四个主要阶段。实际上,由于奖励类型的不同,其实施的阶段与步骤也不尽相同。行政奖励的实施过程可以大致归纳如下:

第一,奖励程序的启动。由于行政奖励包括了依申请的奖励与依职权的奖励,则奖励程序的启动必然有所不同。依申请的奖励,必然以当事人的申请为启动程序的必要条件,此时应当允许当事人使用灵活、多样的方式申请奖励,并严格设定行政主体受理申请的期限;依职权的奖励,则可以通过提名、推荐乃至实施机关自我发现等方式启动奖励程序;某些既可依申请也可依职权作出的奖励,则可以并采以上方式启动奖励程序。总之,奖励程序的启动应当不拘一格,以便利、高效为原则。

第二,对奖励的实质审查。奖励的授予者必须对当事人的有关材料进行真实性、有效性等方面的实质审查,为确保公正,审查应当由两名以上行政工作人员进行。审查完毕之后,必须作出审查结论,由审查人员签名盖章并报送决定者。

第三,奖励的决定与公布。奖励的决定应当由奖励主体的负责人作出,重大奖励的决定应当由其负责人集体讨论作出,对于奖励程序启动之后到作出奖励决定之间的期限应当有所限定。除非涉及国家秘密,否则行政奖励在决定之后,均应在一定期限内公布其内容。

第四,对奖励的公众评议(公众异议)。公众评议(公众异议)不是奖励的必经阶段,因为一般的奖励不至于对他人利益构成重大影响,但通过竞争决定的奖励在公布后应当接受评议,有关的利害关系人可提出异议。

第五,奖励的授予。奖励授予的形式应当多样化,颁发奖励证书或证明、奖状、奖金、奖品等固然是最为主要的授奖方式,但减免授奖人负担或义务、为受奖人提供便利等奖

---

① 参见胡芬:《行政奖励的创设权分析》,载《行政与法》(吉林省行政学院学报)2003年第8期。

励方式则往往不存在一个明显的授奖环节。

第六,特殊情况下的听证。奖励的实施一般没有听证的必要,但对于某些为多个申请人所竞争的重大奖励,在必要的情况下可以启动听证程序,作为一种例外。

四、行政奖励的法律救济

大部分著述在论及行政奖励的法律救济时,都无一例外地肯定它的可救济性并阐述了救济途径,尤以肯定行政奖励的可诉性为重点。① 对此,笔者不打算做应然层面上的分析,而是以我国现有的救济制度为前提,讨论行政奖励在现实条件下获取救济的可能。

(一)行政诉讼

对于行政奖励是否可诉的问题,笔者同样持肯定态度。同时认为,这一结论的得出并不需要其他论证,依据我国行政诉讼制度的现有规定便可当然得到。尽管我国《行政诉讼法》第 12 条第 1 款第 1 项到第 11 项中并未明确将行政奖励纳入其受案范围,但该法第 12 项作为兜底条款规定"认为行政机关侵犯其他人身权、财产权等合法权益的"行为同样可诉。那么行政奖励是否属于该项规定的范围之内,就应当根据《行政诉讼法》所规定的受案标准来加以判断。我国《行政诉讼法》第 2 条规定:"公民、法人或者其他组织认为行政机关和行政机关工作人员的行政行为侵犯其合法权益,有权依照本法向人民法院提起诉讼。前款所称行政行为,包括法律、法规、规章授权的组织作出的行政行为。"其第 6 条规定:"人民法院审理行政案件,对行政行为是否合法进行审查。"结合前述《行政诉讼法》第 12 条第 1 款第 12 项的规定,我们可以将行政诉讼的受案标准归结为以下几点:(1)职权标准,即被诉的行为必须是具有国家行政职权的机关和组织(包括法律、法规、规章授权的组织)及其工作人员实施的。(2)行为标准,主要包括两个方面:一方面,要求被诉的是一个具体行政行为,尽管 2014 年《行政诉讼法》修正后可以对部分抽象行政行为进行审查,但对抽象行政行为只能进行附带性审查,必须依附于对某一具体行政行为的起诉;另一方面,法院只受理因行为违法而引发的争议。(3)结果标准,被诉的行为必须侵犯了公民、法人或其他组织的合法权益,结合《行政诉讼法》第 12 条第 1 款第 12 项的规定,这种合法权益主要表现为人身权或财产权。那么,行政奖励是否符合上述的行政诉讼受案标准,我们不妨对此做一分析:

首先,行政奖励符合上述职权标准,这一点显而易见。行政奖励是行政主体履行职权的行为,自然符合有关规范在这一标准上的规定,对此无须赘言。

其次,行政奖励符合上述行为标准。毫无疑问,行政奖励是一种具体行政行为,即使套用最狭义的具体行政行为标准,也不能否认它作为一种具体行政行为的属性。最高人民法院《关于贯彻执行〈中华人民共和国行政诉讼法〉若干问题的意见(试行)》曾对具体

---

① 参见傅红伟:《行政奖励研究》,北京大学出版社 2003 年版,第 200 页以下;林莉红:《行政奖励诉讼初探》,载《法学杂志》2002 年第 2 期;等等。

行政行为作出如下定义:“具体行政行为”是指国家行政机关和行政机关工作人员、法律法规授权的组织、行政机关委托的组织或者个人在行政管理活动中行使行政职权,针对特定的公民、法人或者其他组织,就特定的具体事项,作出的有关该公民、法人或者其他组织权利义务的单方行为。[①] 笔者将这一定义概括为具体行政行为的四个属性:(1)处分性,即该行为应当能够引起公民、法人或者其他组织权利义务上的变动;(2)特定性,该行为是针对特定的公民、法人或者其他组织,就特定的具体事项作出的;(3)单方性,即该行为是一种单方行为,但目前该属性已为行政协议所突破;(4)外部性,即该行为是对行政组织外部实施的管理活动。很明显地,行政奖励完全符合上述性质,自然应当被认为是具体行政行为的一种。[②] 当然,就行为上的标准而言,必须是由于行政奖励的合法性方面引起的争议,方能属于行政诉讼受案范围。行政奖励的合法要件已如前述,其合法要件中的任何缺失都构成行政奖励的违法,当事人即可据此提起行政诉讼。而对于由行政奖励的合理性引起的争议,主要是行政主体裁量不当时引起的争议,一般不能被纳入行政诉讼之中。[③]

最后,行政奖励也符合上述的结果标准。如引起纠纷的行政奖励属于物质奖励或属于可以带来物质利益的其他奖励,则其违法便可能损害当事人的财产权;如引起纠纷的行政奖励属于精神奖励或属于可以带来精神利益的其他奖励,则其违法往往损害当事人的荣誉权,而荣誉权显然属于人身权。在这一方面,行政奖励与行政诉讼的受案标准也是相符的。

因此,根据现行规定,由于行政奖励违法而损害当事人合法权益的情形,当事人通过行政诉讼寻求救济是完全可能的,现实中也已有为数众多的案例发生并通过司法程序得到解决。

(二)行政复议

由于行政复议的受案标准较之行政诉讼更为宽松,行政复议理所当然成为行政奖励的法律救济途径之一。值得指出的是,由于行政复议不仅审查行政行为的合法性,还可以审查其合理性,因此对于因行政主体裁量失当而引起的行政奖励纠纷,虽不能提起行政诉讼,但可以通过行政复议加以解决。

---

① 尽管这一司法解释目前已经失效,但它对具体行政行为的这一定义却是目前公认的最为严格、狭窄的定义,由于对具体行政行为的界定多有争论,此处我们使用“官方”定义为准,因为即便如此,行政奖励也完全符合这一标准。

② 就行政奖励的“外部性”这一属性而言,必须明确我们这里所谈论的行政奖励,并不包括行政组织对其内部工作人员的奖励,因为这属于公务员管理的范畴,是行政学、组织学而非行政法学研究的对象。参见崔卓兰:《行政奖励若干问题初探》,载《吉林大学社会科学学报》1996 年第 5 期。

③ 参见林莉红:《行政奖励诉讼初探》,载《法学杂志》2002 年第 2 期。

（三）行政赔偿

通过法定途径被确认为违法的行政奖励行为，合法利益受到该行为损害的行政相关人均可申请国家赔偿。但必须指出，由于《国家赔偿法》规定国家赔偿的范围仅限于赔偿物质损失，以及因公民人身自由权、生命健康权被损害而同时发生的名誉、荣誉等精神损失，因此，在精神奖励中，由于行政主体的违法给当事人带来的精神损失，往往是无法获得国家赔偿的，所以这也是完善行政奖励这种特殊的柔性行政方式的救济渠道需要注意研究解决的问题。

第十二章　行政调解及其法治化

一、概述

(一)行政调解的概念

行政调解是指为了解决民事争议和部分行政争议,争议各方在国家行政主体的主持下,以国家的法律规范、原则和精神为依据,在自愿的基础上,通过友好协商达成协议,以解决争议的方法和活动,它也是一种典型的柔性行政方式。

行政调解具有以下特征:

1. 必须是在行政主体主持下进行的调解。行政调解的主持人必须是行政主体,司法机关如人民法院等和社会群体组织主持下所做的调解不属于行政调解。

2. 行政调解的对象是民事争议和部分行政争议。根据我国的法律规定和现实实践,行政调解的对象是民事争议和部分行政争议,并不是所有的行政争议都可以进行行政调解。因为行政法的一般理论认为法律规定的行政职权既是行政主体的职权也是其职责,未经法律的允许行政主体不得自由地处分。在绝大多数情况下,行政主体行使职权时不得与行政相对人自行和解,因此也不得接受调解。能够接受行政调解的只有行政赔偿争议,因为行政赔偿争议并不直接涉及法律规定的行政主体职权的行使,只是行政主体向当事人的财产赔偿,可以在有关行政主体的主持下进行调解。

3. 行政调解的对象一般是与主持调解的行政主体职权相关的争议。例如,交通事故造成的争议一般由交通管理部门主持调解;轻微的伤害事件造成的争议一般由治安管理部门主持调解等。1990 年司法部发布的《民间纠纷处理办法》把对民间纠纷的行政调解授予了对社会进行直接管理的基层人民政府。

4. 行政调解以自愿、平等为原则。主持行政调解的行政主体不得以行使行政职权为由进行强制调解。行政调解只能在争议双方自愿的基础上进行,强制调解无效。在调解的过程中,接受行政调解的双方地位是平等的,即使是关于行政赔偿争议的调解,也应当坚持平等的原则。

5. 除行政仲裁外,行政调解不发生强制执行的法律效力。根据我国的法律规定,除行政仲裁外,行政主体主持的行政调解没有强制双方当事人履行的法律效力。行政调解协议生效后一方当事人不得以另一方当事人不履行协议为由申请行政主体或人民法院强制执行。行政主体也不得主动强制一方或双方当事人履行行政调解协议。主持行政调解的行政主体也不会由于主持行政调解而成为行政诉讼的被告。根据最高人民法院《关于适用〈中华人民共和国行政诉讼法〉的解释》第 1 条第 2 款的规定,调解行为以及法律规定的仲裁行为不属于人民法院行政诉讼的受案范围。

6. 行政调解不影响当事人诉权的行使,也不影响法院的审理和判决。当事人争议的事项经过行政调解达成协议后,如果当事人不服,仍然可以向法院提起诉讼,法院不得以行政调解达成协议为由拒绝受理。例如,《道路交通安全法》第 74 条第 2 款规定:"经公安机关交通管理部门调解,当事人未达成协议或者调解书生效后不履行的,当事人可以向人民法院提起民事诉讼。"法院在审理争议事项的时候,在查清事实和作出判决时应当独立完成,不受行政调解协议的影响,因为调解协议可能是当事人在相互妥协的情况下达成的。当然在双方当事人完全认可的情况下,法院可以采信调解协议作为其查清事实的依据。

中国法律制度最引人注目的一个方面是调解在解决纠纷中有着重要地位,特别是行政调解制度作为一种"东方经验"在中国源远流长。近年来,随着包括一般意义上的非诉讼纠纷解决方式(Alternative Dispute Resolution, ADR)在内的许多欧美国家的调解再生运动,作为中国本土资源的调解更加受到各国关注。美国联邦最高法院的前任首席大法官沃伦·厄尔·伯格(Warren Barger)对中国的调解机制加以赞许,倡议西方国家应在这个方面向中国学习。[①] 深入研究中国的行政调解制度,无论在理论上还是在实践上都具有积极意义。2008 年 10 月 1 日起施行的《湖南省行政程序规定》对于行政调解作出了一系列规定,其立法建制的创新实践值得关注和推广。

(二)行政调解的范围

行政调解的对象是民事争议和部分行政争议。前文已经指出,部分行政争议是指行政赔偿争议。从实践中来看,行政调解主要是用来解决平等主体之间的民事争议的,那么,是否所有的民事争议都属于行政调解的对象呢?

从与行政机关职权行使关系的视角分析,民事争议可以分为两种:一是平等民事主体之间基于合意达成民事合同,在履行合同过程中所产生的民事纠纷,此类民事纠纷一般与行政机关职权的行使无直接的关联,纠纷的解决一般也与行政机关的行使无关;二是民事纠纷的形成与合同无关,纠纷的产生和解决会与行政机关职权的行使产生密切的关联。例如,两个公民因打架斗殴而产生的伤害赔偿纠纷,此纠纷产生的基础原因是打架斗殴,而打架斗殴涉及公安机关的社会治安管理职权。根据我国现有的法律规定,公安机关在进行社会治安管理的过程中,可以对当事人之间的伤害赔偿纠纷进行调解。此外,还有很多民事纠纷的产生基础与行政机关职权的行使存在密切的联系,如产品质量

---

① 参见《美国大法官在上海》,载 British Broadcasting Corporation, *Summary of World Broadcast*, *Part* 3: *The Far East I SWB/FEI*, Sept. 10, 1981, at A1/1。

侵害纠纷、卫生医疗事故损害赔偿纠纷等。

笔者认为,对于以上两类民事争议,第一类不宜列入行政调解的对象范畴,行政调解的民事争议对象应当仅仅包括第二类纠纷。因为根据传统的公权分设原则,立法、行政和司法有各自的职权领域和范围,相互之间不得僭越。随着社会的发展,虽然彼此之间的界限开始变得有些模糊,如行政机关拥有了行政立法权,也拥有了大量的准司法性的行政权力,如行政调解、行政裁决等权力,但是,对于民事纠纷的解决传统上是司法权的领域,即使行政机关现在可以从事某些准司法行为,也应当局限在与行政管理职权有关的领域,即仅仅可以解决第二类民事纠纷,因为这类纠纷毕竟与行政机关职权的行使相关。至于与行政机关职权行使没有关联的合同类的民事纠纷,应当由法院来进行处理,否则就是行政权超越了司法权的领域。

一般来讲,行政调解适用的民事争议主要包括:

1. 与治安管理有关的侵权损害赔偿纠纷。公安机关负有治安管理的职责,对于与治安管理有关的损害赔偿纠纷,公安机关可以进行调解。例如,我国《治安管理处罚法》第9条规定:“对于因民间纠纷引起的打架斗殴或者损毁他人财物等违反治安管理行为,情节较轻的,公安机关可以调解处理。经公安机关调解,当事人达成协议的,不予处罚。经调解未达成协议或者达成协议后不履行的,公安机关应当依照本法的规定对违反治安管理行为人给予处罚,并告知当事人可以就民事争议依法向人民法院提起民事诉讼。”

2. 与道路交通安全管理有关的侵权损害赔偿纠纷。公安交通管理部门负责道路交通安全的管理,对于与道路交通安全有关的损害赔偿纠纷,公安交通管理机构可以进行调解。例如,我国《道路交通安全法》第74条规定:“对交通事故损害赔偿的争议,当事人可以请求公安机关交通管理部门调解,也可以直接向人民法院提起民事诉讼。经公安机关交通管理部门调解,当事人未达成协议或者调解书生效后不履行的,当事人可以向人民法院提起民事诉讼。”

3. 与医疗卫生管理有关的侵权损害赔偿纠纷。卫生行政部门负责医疗卫生事业的管理,可以对因医疗事故而产生的损害赔偿纠纷进行调解。例如,《医疗事故处理条例》第48条规定:“已确定为医疗事故的,卫生行政部门应医疗事故争议双方当事人请求,可以进行医疗事故赔偿调解。调解时,应当遵循当事人双方自愿原则,并应当依据本条例的规定计算赔偿数额。经调解,双方当事人就赔偿数额达成协议的,制作调解书,双方当事人应当履行;调解不成或者经调解达成协议后一方反悔的,卫生行政部门不再调解。”

4. 与环境管理有关的侵权损害赔偿纠纷。环境行政管理部门可以对因环境侵权造成的损害赔偿纠纷进行调解。例如,我国《环境噪声污染防治法》第61条规定:“受到环境噪声污染危害的单位和个人,有权要求加害人赔偿危害;造成损失的,依法赔偿损失。赔偿责任和赔偿金额的纠纷,可以根据当事人的请求,由生态环境主管部门或者其他环境噪声污染防治工作的监督管理部门、机构调解处理;调解不成的,当事人可以向人民法院起诉。当事人也可以直接向人民法院起诉。”有学者认为,该条所说的“处理”就包括调解。[①] 我国《环境噪声污染防治法》第61条规定:“受到环境噪声污染危害的单位和个人,有权要求加害人排除危害;造成损失的,依法赔偿损失。赔偿责任和赔偿金额的纠纷,可以根据当事人的请求,由生态环境主管部门或者其他环境噪声污染防治工作的监督管理部门、机构调解处理;调解不成的,当事人可以向人民法院起诉。当事人也可以直接向人民法院起诉。”

5. 与知识产权管理有关的侵权损害赔偿纠纷。知识产权行政管理机关可以对知识产权侵权损害赔偿纠纷进行调节。例如,我国《专利法》第60条规定:“未经专利权人许可,实施其专利,即侵犯其专利权,引起纠纷的,由当事人协商解决;不愿协商或者协商不成的,专利权人或者利害关系人可以向人民法院起诉,也可以请求管理专利工作的部门处理。管理专利工作的部门处理时,认定侵权行为成立的,可以责令侵权人立即停止侵权行为,当事人不服的,可以自收到处理通知之日起十五日内依照《中华人民共和国行政诉讼法》向人民法院起诉;侵权人期满不起诉又不停止侵权行为的,管理专利工作的部门可以申请人民法院强制执行。进行处理的管理专利工作的部门应当事人的请求,可以就侵犯专利权的赔偿数额进行调解;调解不成的,当事人可以依照《中华人民共和国民事诉讼法》向人民法院起诉。”我国《商标法》第63条对于商标侵权纠纷的解决,作出了与《专利法》第60条大致相同的规定。我国《商标法》第63条第1款规定:“侵犯商标专用权的赔偿数额,按照权利人因被侵权所受到的实际损失确定;实际损失难以确定的,可以按照侵权人因侵权所获得的利益确定;权利人的损失或者侵权人获得的利益难以确定的,参照该商标许可使用费的倍数合理确定。对恶意侵犯商标专用权,情节严重的,可以在按照上述方法确定数额的一倍以上五倍以下确定赔偿数额。赔偿数额应当包括权利人为制止侵权行为所支付的合理开支。”我国《著作权法》第55条第1款规定:“著作权纠纷可以调解,也可以根据当事人达成的书面仲裁协议或者著作权合同中的仲裁条款,向仲裁机构申请仲裁。”

6. 与产品质量管理有关的侵权损害赔偿纠纷。产品质量行政管理机关可以对因产品质量引起的侵权损害赔偿纠纷进行调解。我国《产品质量法》第47条规定:“因产品质量发生民事纠纷时,当事人可以通过协商或者调解解决。当事人不愿通过协商、调解解决或者协商、调解不成的,可以根据当事人各方的协议向仲裁机构申请仲裁;当事人各方没有达成仲裁协议或者仲裁协议无效的,可以直接向人民法院起诉。”

7. 与土地行政管理有关的侵权纠纷。有土地行政管理职权的行政机关可以对土地侵权纠纷进行调解。例如,我国《农村土地承包经营纠纷调解仲裁法》第3条规定:“发生农村土地承包经营纠纷的,当事人可以自行和解,也可以请求村民委员会、乡(镇)人民政

① 参见湛中乐等:《行政调解、和解制度研究:和谐化解法律争议》,法律出版社2009年版,第85页。

府等调解。”

(三)行政调解的性质

从行政调解的相关理论研究来看,其进展明显滞后于制度的调整与实践。那么,行政调解究竟是一种什么行政的行为?

在行政法学界,对行政调解的行政性质有较大争议。有学者把行政调解当作具体行政行为,和行政许可、行政确认、行政裁决等并列。① 另有学者则认为,行政调解不属于具体行政行为,而是一种与行政相关的行为。② 也有学者认为,行政调解从本质上说不具有权力的性质,只要某种纠纷与其行政管理职权有一定程度的联系,不需要法律、法规的特别授权,该行政机关就可以对此纠纷进行调解。③ 还有学者认为,行政调解是行政指导行为。④ 其理由为:第一,行政调解属于一种非强制性行为。这是由调解的本质决定的,调解程序的启动、进行和终结取决于纠纷的双方当事人,调解者只是居间劝和。调解者所拥有的调解权力是一种合意性的权力,以合同关系为基础的权力,其特征类似于仲裁机构经仲裁协议而取得的对案件的仲裁权。而行政许可、行政裁决则更多地体现行政权的单方性和强制性,其行为在法律上被视为行政意志的最后决定。第二,行政调解作为行政指导活动需要法律授权。依法行政强调一切行政活动于法有据,并且行政调解不同于和解。和解属于当事人之间的一种合同,只要双方当事人约定让步以终止争执,或防止争执发生因而签订合同即可,原则上无须任何司法权或行政权的介入或协助,和解人员的资格、和解程序的进行、和解的内容,只要和解双方当事人均无异议,法律不必加以任何限制。但调解是一种法定机制,调解人员的资格、程序的进行、调解的内容,法律上均须作出一定的规定。

至于行政调解的性质,笔者认为,行政调解是一种较为典型的非强制性行政行为。强制性行政行为与非强制性行政行为是对行政行为的一种新的分类方式,这种分类方式的额度是以双方主体之间的意志强弱关系作为界分点,凡以行政主体的意思表示作为最终决断的行政行为,称为强制性行政行为,而以相对方主体的意思表示作为最终决断的行政行为,称为非强制性行政行为。从现实经验来看,强制性行政行为包括行政许可、行政命令、行政处罚、行政强制等方式,非强制性行政行为包括行政指导、行政合同、行政资助、行政调解、行政经营、行政服务等新型行政行为。

---

① 参见姜明安:《行政法与行政诉讼法》,北京大学出版社、高等教育出版社 1999 年版,第 177 页。

② 参见胡建淼主编:《行政法学》,法律出版社 2003 年版,第 368 页。

③ 参见应松年主编:《当代中国行政法》(下卷),中国方正出版社 2005 年版,第 1107 ~ 1108 页。

④ 参见喻少如:《多元纠纷解决机制中的行政调解》,载《学术界》2017 年第 6 期。

(四)行政调解与相关概念的关系

1.行政调解与行政裁决

对于行政裁决的定义,不同的人表述虽然有所差异,但是其实质内涵并没有太大的差异。一般认为,所谓行政裁决,是指行政主体依照法律授权,对平等主体之间发生的、与行政管理活动密切相关的、特定的民事纠纷进行审查并作出裁决的具体行政行为。① 行政裁决是行政机关裁决民事争议的行政司法制度。民事争议传统上应当由法院管辖,但是随着社会经济关系的迅速发展,特别是进入20世纪以后,各种社会关系和利益冲突变得越来越复杂。传统意义上消极国家的定位已经不能适应社会经济的发展,为保持社会经济生活的稳定和利益的协调与平衡,国家不得不对社会经济生活进行积极的干预。行政机关也开始适用准司法程序处理一些传统上由法院处理的民事争议,行政裁决制度逐步得以完善和发展。

行政裁决与行政调解既有联系也有区别。联系主要表现为:行政裁决与行政调解都可以用来解决民事争议,在解决争议时都由行政主体主持,程序都较为简便快捷。但两者的区别也是很明显的,主要表现为三个方面:

首先,行政调解解决争议的范围要比行政裁决广。行政调解解决的争议既包括民事争议也包括部分行政争议。而行政裁决解决的争议只是民事争议。

其次,两种行为体系的意志表示不同。行政裁决在意志表示上具有单方性,是行政机关运用职权根据自己单方意志而为的行为,是单方意志的结果,它不受纠纷双方当事人的意志的支配。而行政调解则建立在双方当事人自愿的基础之上,充分尊重并体现双方当事人的意愿,调解达成的协议是双方当事人合意的结果。而行政主体仅扮演居中主持调解的角色,其意志不能强加给当事人。

最后,法律效果不同。行政裁决在效果上具有强制性,行政裁决结果一经作出就具有法律效力,当事人若未经法定程序或未有法定事由不履行裁决结果确定的义务,有关行政机关可以通过法定程序强制当事人履行。行政调解达成的协议,除行政仲裁协议外,对当事人不具有强制约束力,在一方不履行协议时,另一方不得申请行政机关或人民法院强制执行,在当事人不履行协议时行政机关也不得主动强制当事人履行。

从总体上考量,行政调解与行政裁决相比,前者更好地体现了现代行政法民主法治的理念,通过相对人充分参与调解过程来体现相对人的意志,而政府仅承担居中主持协调工作。这样尽量少一些行政强制命令,多一些体现相对人意志的内容,会尽可能地减少行政主体与相对人之间的冲突。充分尊重相对人的意志,充分尊重相对人民主参与的权利是现代行政法的基本价值之一。行政调解正是顺应了这种价值理念的要求。

---

① 参见皮纯协主编:《行政法学》,群众出版社2000年版,第175页。

2. 行政调解与行政仲裁

行政仲裁是行政机关以第三者身份对当事人之间的民事纠纷，按照仲裁程序作出公断的制度。它是我国特有的一项行政司法制度。[①] 行政仲裁是行政调解的一种方式。在1994年我国《仲裁法》颁布之前，我国的行政仲裁包括经济合同行政仲裁和劳动争议仲裁等。在《仲裁法》颁布以后，诸如合同纠纷、产品质量纠纷等不再适用行政仲裁，而改为了民间仲裁。目前，只有劳动争议仲裁仍保留着行政仲裁的属性。在法律效果上，行政仲裁与其他行政调解不一样，行政仲裁具有强制执行的法律效力。我国《劳动法》第83条规定："劳动争议当事人对仲裁裁决不服的，可以自收到仲裁裁决书之日起十五日内向人民法院提起诉讼。一方当事人在法定期限内不起诉又不履行仲裁裁决的，另一方当事人可以申请人民法院强制执行。"

3. 行政调解与行政指导

行政指导的行为类型主要包括助成性行政指导、规制性行政指导、调停性行政指导、合作性行政指导等。行政调解在功能上虽然与调停性行政指导有很大的类似性，二者存在一些交叉，但毕竟有很多的不同。而且从我国目前行政指导的立法现实来看，还没有一部单独规范行政指导的规章以上的法律规范性文件，如果将行政调解归于行政指导，势必以降低行政调解这种制度的规范性为代价。特别值得我们注意的是，行政调解已经成为一种可以单独存在的行政行为制度了，如劳动争议调解、消费者纠纷的调解、交通事故处理及调解、土地和林木权属争议的调解、医疗纠纷协商与行政调解、知识产权纠纷的调解等。因此，从现实的角度看，不宜将行政调解归于行政指导。此外，从相互关系来看，由于行政指导行为过程中的法律关系或事实关系主要存在于行政主体与行政相对人之间，以线性结构为特征，而在行政调解过程中，有关法律关系主要存在于争议当事人之间，行政机关的职能是居间调解，三者之间呈等腰三角形结构。二者逻辑结构上的上述不同，也表明将行政调解简单地等同于调停性行政指导是不恰当的。

（五）新的历史条件下行政调解的作用

作为在我国由来已久的一种典型的"东方经验"，行政调解是一种独具特点的行政管理方式，而且随着现代市场经济的建立与发展和行政法治的不断深入，其被赋予了新的生机与活力，在更广泛、更深刻的意义上发挥着不可低估的作用。

第一，有利于树立正确的行政法理念，从管理、控权转向服务。包括有助于提高公民的权利意识，增强法制观念。[②]

第二，行政调解有助于政府转变行为方式，摒弃过去单纯依靠行政命令，动辄实施强

---

① 参见张尚鷟主编：《走出低谷的中国行政法——中国行政法学综述与评价》，中国政法大学出版社1991年版，第281页。

② 参见孙红梅、汪立艳：《行政调解初探》，载《长白学刊》2001年第5期。

制处罚的管理方式,向着更多依靠平等协商、说服教育的行为方式转变。

第三,行政调解有助于政府机关深入体察民情、社情,实施、改进工作,也有助于行政机关的积极行政。

第四,行政调解有利于提高行政效率,减少讼争发生,维护社会秩序,增进安定团结。行政调解不仅运用了法律手段,而且多用讲道理、说利弊的方式化解双方当事人的矛盾,使双方当事人明白事理,消除心中的芥蒂,这必将对稳定社会秩序产生积极的影响。

第五,行政调解有助于行政机关积极主动行政。行政调解不仅在最低要求上完成了对纠纷的解决,而且在更高层次上使行政机关脱离了单纯为维护既定秩序服务的行政目标,而是进一步采取积极主动的方式,创立一种即为法律所允许,又为当事人和其共同认可和赞同的更合理、更完善的社会关系,从而在更全面、更彻底的意义上履行自己的职责。这种由消极、被动行政向积极、主动行政的转变,恰恰反映了现代行政精神的基本要求。

二、行政调解的原则

(一)自愿原则

1. 程序意义上的自愿:双方当事人是否选择调解的自愿

选择行政调解是争议当事人的一种程序意义上的权利,当事人没有必须接受调解的义务。行政调解是否进行必须完全建立在当事人自愿的基础之上,如果有一方不同意,调解就不能开始。如果调解已经开始,但是有一方或者双方不同意继续进行调解的,行政机关就应当尊重当事人的意愿停止调解。

2. 实体意义上的自愿:双方当事人是否接受调解结果、达成协议的自愿

行政机关在行政调解中只是处于居中主持的地位,不能利用行政职权强迫当事人接受调解意见,调解协议应当由当事人协商达成,协议内容应当完全尊重当事人的意愿。

(二)合法原则

行政机关的调解活动和调解协议的内容必须在法律、法规许可的范围内,不得违背现有的法律、法规的规定、原则和法律的精神,否则调解协议无效。一般来讲,调解协议的达成需要当事人的妥协和让步,但是任何妥协和让步都不能违背法律的规定和法律的原则、精神,行政机关也不得强迫当事人接受违背法律精神的协议。

(三)公正原则

行政机关在调解的过程中,应当秉持公平、正义的理念,不能有偏私。若从事行政调解工作的公务人员与当事人有利害关系,应当主动回避,当事人也可以申请公务人员回避。

(四)平等原则

在行政调解的过程中,民事争议的双方当事人地位平等,在程序上平等地享有权利、承担义务,行政机关应当平等地对待双方当事人。

三、行政调解的程序

我国法律目前尚没有关于行政调解的统一的程序规定,从部分法律规定和法律实践上来看,行政调解一般包括以下程序。

(一)启动

行政机关在进行行政管理过程中发现与行政管理活动有关的民事纠纷,行政机关可以主动进行调解,若当事人明确表示无须调解的,调解活动应当及时终止。

行政调解一般需由当事人向有关的行政机关提出申请。申请行政调解一般采用书面形式,根据具体情况,也可以灵活地采用口头或其他形式。申请应当主要包括以下内容:申请人的基本情况、争议的事实及有关的证据、具体的请求、理由等。

(二)受理

有关行政机关在接到当事人行政调解的申请后,应当进行审查,若争议的各方当事人都同意以行政调解的方式解决行政争议,行政机关应当受理。若有一方当事人不同意进行调解或者有当事人已就该争议向人民法院起诉,行政机关应当告知申请调解的当事人不予受理。

(三)管辖

一般来讲,当事人应当向县级人民政府所属的相关执法部门或乡镇基层人民政府申请行政调解。"相关执法部门",是指与民事争议产生基础相关的行政管理部门。例如,因打架造成的侵权损害赔偿与治安管理相关,应当向县级人民政府所属的公安机关申请调解,为方便当事人,也可以向乡镇基层人民政府申请调解,基层人民政府认为存在技术或其他困难不宜由自己进行调解的,应当及时告知当事人向有关的执法部门申请调解。

(四)处理

行政机关受理调解申请后,应当及时、认真地审查有关的材料,组织当事人进行协商、调解。调解时,主持调解的人员应当认真听取当事人的意见,查证核实有关证据,进行必要的说服劝解,做好调解笔录,在符合法律、法规的前提下,促使当事人在平等协商的基础上达成调解协议。如果有当事人不再愿意进行调解,行政机关应当停止调解。若经调解达成协议,当事人应当签署协议书。

(五)调解协议书的效力

我国现有的实定法对行政调解协议并没有明确的规定。一般认为,行政调解协议书不具有强制执行的效力,当事人不可以申请行政机关强制执行行政调解协议的内容。从理论上讲,行政调解协议是平等的民事主体之间达成的协议,与一般的具体行政行为有本质的不同,不应赋予行政机关强制执行的效力。笔者认为,虽然行政调解协议不具有行政机关强制执行的效力,但是并非没有法律效力。正如有的学者所指出的,经当事人签字的行政调解协议书具有民事合同性质,当事人不得随便反悔,应当自觉履行;调解协议书不经人民法院按照法定程序的审查,不得撤销。①

对于行政调解协议书的效力,可以按以下两种方式进行处理:

一是把它视为民事主体之间达成的协议,双方当事人应当按协议的内容履行,一方不履行的,另一方可以要求对方承担违约责任,对方不承担的,可以向法院提起民事诉讼。

二是一方当事人可以向法院申请确认协议书的内容,另一方当事人若有正当理由可以主张该协议书无效,法院经审查认为当事人主张协议书无效的理由不成立,协议书的内容无违法、不当的,应当依法确认协议书的内容,对于确认后的协议书,当事人可以向法院申请强制执行。

2009 年最高人民法院发布的《关于建立健全诉讼与非诉讼相衔接的矛盾纠纷解决机制的若干意见》(以下简称《意见》)基本上认可了以上做法,《意见》第 8 条规定:“为有效化解行政管理活动中发生的各类矛盾纠纷,人民法院鼓励和支持行政机关依当事人申请或者依职权进行调解、裁决或者依法作出其他处理。调解、裁决或者依法作出的其他处理具有法律效力。当事人不服行政机关对平等主体之间民事争议所作的调解、裁决或者其他处理,以对方当事人为被告就原争议向人民法院起诉的,由人民法院作为民事案件受理。法律或司法解释明确规定作为行政案件受理的,人民法院在对行政行为进行审查时,可对其中的民事争议一并审理,并在作出行政判决的同时,依法对当事人之间的民事争议一并作出民事判决。行政机关依法对民事纠纷进行调处后达成的有民事权利义务内容的调解协议或者作出的其他不属于可诉具体行政行为的处理,经双方当事人签字或者盖章后,具有民事合同性质,法律另有规定的除外。”该意见第 20 条规定:“经行政机关、人民调解组织、商事调解组织、行业调解组织或者其他具有调解职能的组织调解达成的具有民事合同性质的协议,经调解组织和调解员签字盖章后,当事人可以申请有管辖权的人民法院确认其效力。当事人请求履行调解协议、请求变更、撤销调解协议或者请求确认调解协议无效的,可以向人民法院提起诉讼。”该意见第 25 条规定:“人民法院依法审查后,决定是否确认调解协议的效力。确认调解协议效力的决定送达双方当事人后发生法律效力,一方当事人拒绝履行的,另一方当事人可以依法申请人民法院强制执行。”最高人民法院发布的《意见》并非一个司法解释,而只是向全国各级法院发布的一个指导性文件。笔者揣度,最高人民法院之所以没有指定正式的司法解释,重要因素之一是当前理论界和实务界对行政调解协议效力的认知还不够成熟,仍需进一步研究和总结实践中的经验。尽管如此,《意见》对行政调解协议的效力已作出初步认同。笔者相信,随着实践的日益深入,立法上一定会对此有更明确的界定。

---

① 参见段守万:《行政调解和裁决的强化及法律控制的完善》,载《云南行政学院学报》2007 年第 6 期。

(六)行政调解与行政裁决、行政诉讼的衔接

行政调解虽然有利于化解社会矛盾,及时有效地解决纠纷,但是,在实践中要避免久调不决的问题出现,对于当事人拒绝调解或难以调解成功的,符合裁决条件的应当及时裁决,不符合裁决条件的应当告知当事人在法定期限内提起行政诉讼。

四、我国的行政调解制度及其完善

(一)我国行政调解制度的法律文化背景和历史发展

调解是我国古代社会解决社会纠纷的一个重要方式,也是我国古代传统法律文化的一个重要内容。在中国古代,经过调处而平息诉讼称为"和息""和对"。早在西周的铜器铭文中,已有调处的记载。① 我国漫长的封建社会法律思想、文化和制度是建立在儒家文化基础之上的,儒家文化强调礼治,主张息诉止争,以和为贵。孔子的著名政治理想"听讼,吾犹人也,必也使无讼乎"(《论语·颜渊》)被历代统治者所推崇,视为施政和社会秩序所能达到的最高境界,可以说也是调解所追求的理念。然而,理想和现实总是有一定的距离,在正常的社会生活中,纠纷毕竟是无法避免的,因此,以各种方式"息讼",就成为执政者的目标。其中,调解是最为普遍和有效的方式。汉代的调解已经十分发达;两宋时期,民间纠纷增多,调解开始制度化;至明清时期已臻于完备,调解基本上都是民间(诉讼外)调解与官府(诉讼中)调解同时并重,相辅相成,构成了一个相对严密的多元化纠纷解决机制。② 古代民间调解的方式主要有宗族调解、邻里调解等,国家不介入调解的过程,调解一般由宗族家长或地方乡绅、邻里等主持。官府调解主要是在诉讼中进行的调解,因此,以诉讼调解为主。但是,在中国古代由于行政权和司法权不分,地方官吏既是地方行政长官,又是司法审判官员,因此,古代的官府调解以司法调解为主,也包括部分"行政调解"。古代的"行政调解"与现代意义上的行政调解有很大的不同,古代官府在调解的过程中往往有更多的强制的成分,甚至强迫当事人达成和解。

在中华人民共和国成立以前,在革命根据地和解放区,行政调解就是解决纠纷的一种重要的制度和方式。早在第二次国内革命战争期间,1931 年 11 月中华苏维埃中央执行委员会第一次全体会议通过的《地方苏维埃政府暂行组织条例》第 17 条规定:"乡苏维埃有权解决未涉及犯罪行为的各种争执问题。"根据这一规定,川陕省苏维埃政府明确指出,作为政权基本单位的村苏维埃负责解决群众的纠纷,实行村、乡、区逐级调解制度,在调解纠纷的过程中,遇有重大问题,基层苏维埃政府有权向审判机关告发。③ 这儿所提到的调解是以基层政府的调解为主。调解在抗日战争时期的革命根据地发展到了一个新阶段,并形成制度化、法律化的系统,成为当时纠纷解决的主要方式。1937 年至 1941 年

① 参见张晋藩:《中国法律的传统与近代转型》,法律出版社 1997 年版,第 283 页。

② 参见范愉:《非诉讼纠纷解决机制研究》,中国人民大学出版社 2000 年版,第 66 ~ 67 页。

③ 参见江伟、杨荣新主编:《人民调解学概论》,法律出版社 1994 年版,第 26 ~ 27 页。

为调解制度发展的初期阶段,1941 年以后进入制度化、法律化阶段,各根据地政府相继制定了一系列有关调解的法规条例。此后,在经历了解放战争阶段后,这一制度被直接带入了中华人民共和国。①

中华人民共和国成立以后,调解制度得到了进一步的发展和完善,为解决纠纷,化解矛盾,维护社会的稳定发挥了积极的作用。行政调解作为调解制度的重要组成部分,在中华人民共和国成立后也得到了长足的进步和发展。一些法律法规规定了行政调解的内容,行政调解成为人民政府及其工作部门,特别是基层人民政府工作的重要内容。在建设法治政府、构建和谐社会的当今中国,应当进一步发挥行政调解的积极作用,探索进一步构建和完善行政调解制度的新途径,在当事人自愿的基础上充分发挥行政机关居中调处纠纷、维护社会和谐的职能。

(二)我国现行行政调解制度的不足与完善

我国行政调解制度存在很多的不足,有很大的完善余地。有人把我国行政调解制度的不足总结为以下几个方面:②

一是法律体系不健全。各种层次的法律文件中都能找到有关行政调解的零星规定,由于没有统一的制度设置,各种有关行政调解的规定难免存在冲突,无法形成有机统一的行政调解规范体系。二是调解的范围存在局限。适用范围比较模糊,自由度大。三是程序设置上存在不足。行政调解的规定散见于各种法律文件之中,程序性规定不统一,缺乏统一的标准,没有针对行政调解的特点设计相应的程序。实践中,行政机关往往参照行政程序和诉讼程序进行调解,随意性大,影响了调解的威信。四是调解的组织机构存在缺陷。目前,各级行政机关都能进行行政调解,缺乏管辖范围的划分,行政调解的主体存在职能上的交叉,容易造成实践中的混乱。五是调解人员素质参差不齐。由于调解人员多不是专职的调解人员,没有经过必要的培训,往往缺乏专业知识、经验和技巧。六是政府各职能部门缺少协同机制。实践中,行政调解存在"各自为政"的情况,职责范围的划分给各职能部门的协调带来一定的难度,难以形成解决纠纷的合力。七是对行政调解存在认识上的偏差。行政主体对于行政调解存在两种倾向,有的不够重视,对行政调解缺乏主动性;有的过于倚重,导致大量纠纷涌入行政部门。八是对行政调解的运用上存在偏差。有的行政机关在调解中存在片面强调分清是非、依法定责,将调解过程等同于行政执法过程,而不是寻求双方利益的平衡点,往往导致调解不能达成一致。有的行政机关在行政调解时功利性太强,急于求成,不惜放弃公平和正义,侵害当事人权益。九是与其他纠纷解决方式的衔接不够。

笔者认同以上对我国行政调解制度不足的分析。除此之外,还存在以下不足:

---

① 参见范愉:《非诉讼纠纷解决机制研究》,中国人民大学出版社 2000 年版,第 76 页。

② 参见吴志明主编:《大调解——应对社会矛盾凸显的东方经验》,法律出版社 2010 年版,第 98 ~ 101 页。

一是理论界和实务界对于行政调解的性质定位缺乏清晰的认识,给制度的实践带来诸多问题。比如,若把行政调解视为具体行政行为,则必然会面临诉讼等问题,行政机关可能成为被告,因此,行政机关难免会认为民事纠纷本来是司法解决的问题,现在一旦调解就有可能把民事纠纷变为行政纠纷,矛盾的焦点就会集中到行政机关身上,在实践中必然会能躲就躲。笔者认为,行政调解是一种非强制性行政行为,是柔性行政方式,其不具有法律上的强制力,行政机关只是居中进行疏导、说服当事人合理解决民事纠纷。因此,行政机关不应成为行政诉讼的被告,不应成为纠纷的焦点,这就有利于行政调解在行政实务中的运用。

二是对于行政调解协议的效力缺乏明确的界定,使在实践中行政调解的效果大打折扣。在现有的法律实践中,即使达成了调解协议,一般也不具有法律效力,在协议未履行的情况下,当事人可以随时撕毁协议,结果是很多情况下不仅大大浪费了行政资源,也使当事人对于行政调解的热情不高。

三是保证调解结果公正的制度设计不健全。比如,如何防止行政机关利用自身掌握的行政资源强迫调解,回避制度如何操作等都缺乏明确的规定,相对于司法调解的公正性明显让当事人存在疑惑。

目前,可以从以下几个方面对行政调解制度进行完善:

一是采取统一规定和单行立法相结合的方式加强行政调解的立法工作,明确一些最基本的制度和原则。行政调解涉及诸多领域,如公安、土地管理、知识产权管理、环境卫生管理、产品质量管理等,若要制定一个统一的立法囊括所有的行政调解领域是不现实的。可以制定一个统一的原则性较强的全国性立法,规定一些最基本的制度和原则,如基本的程序、调解的效力等,把具体的内容规定授权给各部门的单行立法去解决,这样既可以避免造成重大的震荡,又能保证统一性和灵活性的结合。

二是加强行政调解人员和行政调解组织的专业化建设。行政调解主要是用来解决民事纠纷的,和行政执法有根本性的不同。行政执法是行政机关高权型的活动,讲究权威性、强制性和单方性,而行政调解是非强制性行为,若仍沿用行政执法的理念和做法,利用行政机关的管理职能和对行政资源的垄断,有意或无意地迫使当事人接受调解,必然会引起当事人的不满。要破除行政机关工作人员以管理为先的思维来应对民事纠纷的解决不是一个简单的过程,需要专门的法律培训,建立专门的行政调解机构并配备专业的调解人员,才能保证行政调解的顺利进行。

第十三章 行政和解及其法治化

一、行政和解概念的引出

从最广泛的意义上来讲，和解，分为一般意义上的和解与法律意义上的和解。一般意义上的和解，主要包括日常生活中的和解、政治或民族中的和解与心理学意义上的和解等。法律意义上的和解，主要集中在私法、刑法等领域，如民事和解、刑事和解等。至于和解能否适用在行政法领域，可谓众说纷纭。最后，在行政法上，出现了行政复议和解、行政诉讼和解、行政执行和解、行政执法和解以及行政和解等诸多相近或相似的概念。

行政复议和解是指"有争执的当事人在复议机关面前，互相让步，就复议标的的全部或一部，以终结复议为目的的合意"。① 行政复议和解发生在行政复议过程中，针对的是已经发生法律效力的行政行为，解决的是行政纠纷。通过双方的妥协，达成行政和解协议，是一种终结行政复议程序的行为。

行政诉讼和解是指"在行政诉讼过程中，当事人双方通过自行协商或者在法院的引导和帮助下，为解决行政争议所涉及的权利义务关系，互相让步达成协议，以终结行政诉讼为目的的活动"。② 行政诉讼和解的对象是行政主体已经作出行政行为的合理性。行政诉讼和解是终结行政诉讼程序。从这个意义上来说，行政诉讼中的和解就是一种行政争议的纠纷解决机制。③

行政执行和解即行政强制执行过程中的和解。"行政机关强制执行的和解是指在行政强制执行阶段，行政机关及相对人双方就执行标的的全部或部分达成协议，从而使相对人切实履行义务以终结执行程序的行为。"④行政执行和解的标的是已经生效的行政行为。行政执行和解的作出意味着终止执行程序。

"行政执法和解，是在行政执法过程中，当事实、法律观点不明确且这种不确定状态不能查明或者非经重大支出不能查明时，行政主体与相对人就此不确定状态进行协商达

---

① 王锴：《论行政复议的和解制度》，载《暨南学报》(哲学社会科学版)2012 年第 4 期。

② 谭炜杰：《行政诉讼和解研究》，中国政法大学出版社 2012 年版，第 130 页。

③ 参见湛中乐等：《行政调解、和解制度研究：和谐化解法律争议》，法律出版社 2009 年版，第 138 页。

④ 莫于川主编：《行政强制操作规范与案例》，法律出版社 2011 年版，第 115 页。

成协议。”①这里提及的行政执法和解，是一种典型的柔性行政方式，在行政执法实务中的运用逐渐增多。

中国证监会制定的《行政和解试点实施办法》第2条所规定的行政和解是：“本办法所称行政和解，是指中国证券监督管理委员会（以下简称中国证监会）在对公民、法人或者其他组织（以下简称行政相对人）涉嫌违反证券期货法律、行政法规和相关监管规定行为进行调查执法过程中，根据行政相对人的申请，与其就改正涉嫌违法行为，消除涉嫌违法行为不良后果，交纳行政和解金补偿投资者损失等进行协商达成行政和解协议，并据此终止调查执法程序的行为。”

从上述诸多定义中，我们可以看出，行政复议和解、行政诉讼和解与行政执行和解可以归为一类，因为其和解对象都是行政主体已经作出的行政行为。而“行政执法和解”等于这里的“行政和解”。之所以使用行政和解而没有使用行政执法和解，主要基于以下考虑：

首先，使用“行政和解”作为命题关键要素能够明确研究的主题。以“行政和解”作为命题的关键要素，能够确定本书所使用的行政和解这一概念的基本定位为一种行政方式。

其次，使用“行政执法和解”这一概念可能造成误解和误用。从一般的意义上来理解，行政执法和解同作为一种行政方式意义上的行政和解差异不大，但容易造成行政执法和解与行政复议和解、行政执行和解概念之间的混淆。从某种意义上讲，行政复议以及行政执行也可以说是发生在行政执法过程中，那么是否就可以说行政复议和解、行政执行和解也就是行政执法和解呢？显然，这是不妥当的。所以，如果这样来理解“行政执法和解”就会与本书研究的作为一种行政方式意义上的行政和解产生一定的矛盾、冲突和混乱。

再次，“行政和解”有时被看成行政复议和解与行政诉讼和解的上位概念；有时被看成行政复议和解、行政诉讼和解与行政执法和解抽象出来的概念；有时单独作为行政执法和解的概念。实际上，早在2006年，中共中央办公厅、国务院办公厅《关于预防和化解行政争议健全行政争议解决机制的意见》就指出，要“积极探索和完善行政和解、行政诉讼和解制度”。② 行政和解与行政诉讼和解是并列的概念，行政和解不是行政复议和解、行政诉讼和解等其他概念抽象出来的上位概念，虽然学界尝试对其进行区分并明确“行政和解”的内涵与外延，但至今的模糊状态依然存在。笔者认为，不应当完全陷入文字表达的旋涡而不能自拔，无论是在理论研究还是实务操作中，都可以使用“行政和解”一词，

① 张红：《证券行政执法和解问题剖析》，载《行政管理改革》2015年第5期。

② 中共中央办公厅、国务院办公厅《关于预防和化解行政争议健全行政争议解决机制的意见》。转引自江凌、卢申伟：《和谐语境下的权力运作——行政和解制度探析》，载《行政法学研究》2012年第1期。

要做的就是在研究和适用时，明确这一概念在哪种意义上使用。

最后，在尊重现有研究和实践的基础上，本书以“行政和解”作为命题的核心要素之一，表达出了笔者所要试图研究的对象，也就是要探讨作为一种行政方式意义上的行政和解。

总的来说，行政法领域对和解的研究还处于起步阶段。原因是长期以来普遍认为行政权不能自由处分、公共利益不可让渡以及争议双方地位不平等。[①] 即便如此，还是有很多理论学者与实务专家从行政裁量等视角，来介绍和论证和解在行政法领域适用的正当性。专门以“行政和解”为主题的研究，其探讨的对象往往是行政复议和解、行政诉讼和解和行政执行和解，并且侧重于对行政复议和解以及行政诉讼和解的研究。[②] 分水岭出现在2015年2月，我国证监会制定了《行政和解试点实施办法》，这是我国第一次在制定法中规定“行政和解”制度，且《行政和解试点实施办法》第2条对行政和解进行了专门定义，突破了传统上对“行政和解”的认知。虽然行政复议和解、行政诉讼和解以及行政执行和解的研究依然继续，但一部分学者在注意到《行政和解试点实施办法》后，开始对“行政和解”重新进行关注和重视。

二、行政和解的概念与功能

（一）行政和解的概念

行政和解，是作为一种行政方式而存在的。行政和解这种行政方式除了可以适用于证券期货领域，还可以广泛适用于反垄断、反倾销、税务执法以及环保执法等其他经济性规制领域和社会性规制领域。

在综合分析上述内容的基础上，根据现代行政法理论与实践的发展趋势，结合国内外行政和解理论与实践，本书所研究的行政和解可以进行如下界定：行政和解是指行政主体在对公民、法人或者其他组织的违法违规行为进行行政调查的过程中，当出现事实不清、证据不明、法律关系不确定或者法律法规适用存在冲突的情形时，且这种不确定不能查明或者非经重大支出不能查明的，行政主体与行政相对人可以进行协商、沟通、让步和妥协，在意思表示一致和形成合意的基础上达成行政和解协议，明确双方主体之间的权利义务关系，从而结束行政调查、终结行政程序、替代行政处罚的作出以及最终实现治理的目标。从这个意义上来说，行政和解是应对和解决行政实践中存在的事实或法规范不确定时所能提供的一种具有法律意义的行政方式、规制工具、制度供给、程序选择及结案机制。

为了准确认识和把握行政和解的内涵，有以下几点需要特别说明：

首先，行政和解是一种新型的行政方式。行政和解既不同于刚性行政方式，也不同

---

① 参见刘和福：《行政执法和解研究》，广西师范大学2016年硕士学位论文，引言第2页。

② 参见湛中乐等：《行政调解、和解制度研究：和谐化解法律争议》，法律出版社2009年版，第98页。

于其他柔性行政方式。行政行为是一种单方和强制的执法手段,而行政和解是一种双方和柔性的行政方式。行政和解通过行政相对人交纳一定的行政和解金对其进行惩处,体现了行政和解刚性的一面。行政主体与行政相对人通过行政和解协议的形式来达成合意,又体现了柔性的一面。从某种意义上来说,行政和解是一种刚柔并济的行政方式,但主要以柔性为主,因为行政和解金条款也是双方主体合意的结果。

其次,行政和解有一定的适用条件。无论是传统的刚性行政方式,还是现代新型的柔性行政方式,其适用条件基本上都是事实清楚、证据确实充分以及法规范适用明确。而行政和解的适用条件则与此不同。行政和解的适用条件是事实不清、证据不明或法规范的适用存在不确定性。只有满足上述条件,行政和解才有可能被适用。由于行政和解适用条件的特殊性,这就导致行政和解与依法行政、职权法定原则以及行政权不得任意处分和让渡之间产生了一定的紧张关系,这也容易为社会公众所质疑。

再次,通过行政和解实现治理具有特殊性。行政和解是通过行政和解协议的形式来实现国家管理和社会治理的。行政和解协议是行政主体与行政相对人通过协商、让步和妥协所达成的合意,这与传统的单纯依靠行政主体的意志进行治理存在很大的不同。这充分体现了行政方式从单方命令型向契约合作型的转变,是行政民主化水平不断提高的表现,也是一种公私合作的新形态。

最后,行政和解能够产生一定的法律效果。行政和解是通过行政和解协议的形式来进行治理的。通过行政和解协议,明确了行政主体和行政相对人之间的权利义务关系,从而确保行政秩序和公共利益的实现。

(二)行政和解与相关概念辨析

为准确把握行政和解,全面理解行政和解的含义,需要对与行政和解有关或相近的概念进行对比,以便全面、系统和深入地认识行政和解。

1.行政和解与行政行为

本书所研究的行政和解是一种行政方式。行政行为也是一种行政方式,但行政和解这一行政方式不同于行政行为,两者之间既有联系也有区别。

前已述及,行政和解与行政行为都是一种行政方式。行政和解与行政行为一样,都是针对行政相对人的活动,都能起到一定的法律效果。当然,两者也存在较大的差别。这种不同主要为:行政行为是一种单方行为,适用条件是事实清楚、证据确实充分以及法规范适用明确。而行政和解是一种合意行为,适用条件是事实或法规范的不明确。可见,行政行为是一种单方、命令、强制和刚性的执法手段,而行政和解是一种双方、协商、合意与柔性的行政方式。

在成立方式上,两者还存在差异。行政行为具有单方性。行政行为的单方性是指行政行为可以依行政机关单方意思表示发生法律效力,不需要相对人的同意。依据行政行为的公定力,原则上推定其合法有效,具有拘束力和执行力,非依据合法途径不得随意撤销或变更。行政行为基于公权力故产生片面之权威性的羁束力,相对人应受行政机关此片面行为的约束,必要时行政机关尚得以强制手段实现行政处分所欲达成之目标。行政和解以双方当事人达成行政和解协议的形式实现行政目的。行政和解以双方达成一致的意思表示为行政和解协议的成立要件,这与行政行为依据单方意思表示而产生效力存在明显不同。

在强制执行方面,两者也存在较大差异。行政行为的强制性区别于行政和解的合意性。行政行为的强制性是指行政行为一经确定,除非遇到特殊情形,行政相对人必须履行行政行为所确定的义务,如拒绝履行或迟延履行,行政机关有权或者申请人民法院强制执行。而行政和解则一般不具有强制执行的效力,原因在于行政和解双方达成的行政和解协议是当事人意思表示协商一致的产物,其效力取决于双方当事人的自觉履行,如当事人双方或者一方不履行、不完全履行行政和解协议所确定的义务,行政和解的目的就无法实现、虽然双方可以约定自愿强制执行,但如果出现不履行的情况,当事人一方往往无权自行强制或者申请人民法院强制执行,只能在法规范的范围内寻求救济。行政相对人不履行的,行政主体有权决定撤销行政和解协议,重新启动行政调查程序。行政主体不履行的,行政相对人可以向人民法院提起行政诉讼。

同时,行政和解与行政行为的不同还体现在行政优先权的行使限度、行政诉讼审查结构等方面。

2. 行政和解与行政调解

在行政法领域,无论是理论界还是实务界,都没有对行政和解与行政调解的差异进行很好的区分,直接导致两者在大多数情况下都被混同或等同使用,而忽视了它们之间的差别。

行政和解与行政调解既有联系又有区别。相同点方面,行政和解与行政调解都注重当事人之间的协商、沟通和交流,通过信息的传递,可以缓和紧张的法律关系。行政和解与行政调解都遵循自愿原则,不能强制或者变相强制签订协议。当事人之间达成的协议一般不具有强制执行的效力,一方不履行协议或者拒绝履行协议的,只能按照协议规定或现有的救济途径寻求救济。

与此同时,两者的区别也非常大。首先,主体不同。行政和解协议的主体是行政主体和行政相对人。行政调解中民事纠纷调解协议主体是平等的民事主体,而行政争议调解协议的主体是行政主体和行政相对人。其次,适用条件和对象不同。行政和解的适用条件是事实不清、证据不明或法规范适用存在冲突的不确定情形。民事纠纷调解的对象是民事争议,行政争议调解的对象是已经发生的行政争议。再次,定位不同。行政和解一般没有独立的第三方参与和解过程。无论是行政调解中的民事纠纷调解还是行政争议的调解,一般都有第三方参与,第三方对双方当事人的纠纷或争议进行调处,这是行政调解与行政和解的最大区别。最后,目的不同。行政调解协议更多是从双方直接或隐含的利益角度解决纠纷，实现双赢，而行政和解协议的核心是从法律角度来分配权利义务关系。

3. 行政和解、行政和解协议与行政协议

行政和解与行政协议一样，都是现代治理的重要手段。在行政法理论和实践中，行政契约、行政协议、行政合同这三个词语存在不同程度的混用状况。在实践中主要使用行政协议或行政合同。在理论界，既有使用行政契约，也有使用行政合同或行政协议的情况，但这三个概念一般是在同一意义上使用。在我国，无论是在理论界还是实务界，无论是使用行政协议、行政合同还是行政契约，一般是指行政协议中的双务协议，对于行政协议中的和解协议则关注不多。

在我国行政协议的立法实践和研究中，多数学者研究的视野主要集中在行政协议中的双务协议领域，对于和解协议的关注和研究则明显不足。我国地方行政程序立法以及相关试拟稿中都规定了双务协议意义上的行政协议，对于和解协议弃之不顾，这对于行政和解制度的发展明显不利。

行政和解是通过行政和解协议的形式来替代行政行为的作出。行政和解协议是行政协议中隶属合同的一种。虽然最高人民法院《关于适用〈中华人民共和国行政诉讼法〉的解释》规定了行政协议是行政诉讼的受案范围，但这里的行政协议主要是指行政协议中的双务协议，对于是否包含本书意义上的行政和解协议则非常不明确。

实际上，行政和解、行政和解协议与行政协议既有联系又有区别。行政和解是通过行政主体与行政相对人签订行政和解协议的形式来替代行政行为的作出。行政和解协议是行政协议的一种类型。行政和解是一个动态的过程。而行政协议关注的是静态的内容，这不会导致行政和解研究意义的丧失。行政和解是运用过程论的视角，注重研究整个行政和解的运作过程。而行政和解协议只是行政和解的一个组成部分和表面化结果。行政和解有更加宽泛的意义。

4. 行政和解与行政指导

行政和解与行政指导既有联系也有区别。在相同点上，行政和解与行政指导都是一种符合现代行政法治理念的柔性行政方式，都不同于传统的刚性行政方式。行政和解与行政指导都是一种针对行政相对人的活动，都能够对行政相对人产生一定的影响。如果能够依法合理运用，都能够起到维护公共利益、行政相对人权益以及第三人等其他主体合法权益的目的，并能够达到一定的治理目标。两者的不同也是非常明显的。行政和解通过行政主体与行政相对人签订行政和解协议的形式来明确双方主体之间的权利义务关系。在行政指导中，行政主体与行政相对人之间的权利义务关系一般没有书面的协议来约束双方，行政相对人是否听从或服从行政主体的指导有很大的考虑空间。而行政和解协议签订后，任何一方都不能任意违反行政和解协议，否则就有可能构成违约，要承担一定的违约责任。

行政和解与行政指导在成立方式上还存在差异。行政和解是通过行政主体与行政相对人签订行政和解协议的形式来实现治理的。要签订行政和解协议,必须要经过行政主体与行政相对人的协商、沟通、交流、让步和妥协,以取得意思表示的一致。没有任何一方的同意,行政和解协议就无法成立。而在行政指导中,往往可以仅凭行政主体的单方意思表示即可作出行政指导行为,一般不需要行政相对人的同意,虽然行政主体作出行政指导前通常会征求行政相对人的意见和建议,但这并不构成对行政主体作出行政指导的根本限制。

行政和解与行政指导在法律效果上还存在一定的差异。按照莫于川教授的理解,在行政法范畴中,无论是狭义的行政指导,还是广义的行政指导,都不直接产生法律效果。行政和解通过行政主体与行政相对人签订行政和解协议的形式,明确了双方主体的权利义务关系,在当事人之间产生了一定的法律效果。所以,行政和解能够在双方主体之间引起一定的权利义务变动。

5. 行政复议和解、行政诉讼和解、行政执行和解与行政和解

行政方式意义上的行政和解既不同于行政复议和解、行政诉讼和解,也不同于行政执行和解。无论是行政复议和解、诉讼和解还是执行和解,其和解对象都是行政主体已经作出的行政行为,并且和解的范围也仅限于行政行为的合理性,对于行政行为的合法性问题一般不能和解。而作为一种行政方式意义上的行政和解,其和解的对象是与行政相对人有关的事实不清、证据不明或者法规范适用存在不确定的状态。从这个意义上来讲,行政复议和解、诉讼和解与执行和解中是存在行政行为的。而作为一种行政方式意义上的行政和解是替代行政行为的作出。在行政和解中是不存在行政行为的,这是两者最大的区别。

同时,发生的阶段也不同。行政诉讼和解发生在行政争议的解决和救济阶段,行政复议和解与行政执行和解也可以说是发生在争议的解决阶段。从更加严格的意义上来说,行政方式意义上的行政和解发生在行政主体作出最终行政行为决定前这一执法阶段,这就与发生在行政行为作出之后所出现的行政复议和解、诉讼和解以及执行和解存在根本的差别。

与此同时,行政方式意义上的行政和解发生争议后,除了传统的救济机制以外,行政复议和解、行政诉讼和解以及行政执行和解也是行政和解争议解决的路径之一。因此,本书所探讨的行政和解是一种行政方式意义上的制度,区别于作为一种纠纷解决机制的行政复议和解、诉讼和解以及执行和解,这是它们之间的最主要差异。

(三)行政和解的功能

一般认为,行政合同“具有扩大行政参与、实现行政民主、弥补立法不足、促进经济发

展等功能”。[1] 有学者主张行政和解有直接功能和间接功能。直接功能方面，行政和解等于避免了僵化的制度设计所带来的“零和”或“负和”的结果，而带来了一条通向“正和”局面的可能。在行政争议中，当事人双方都有某种行动选择的策略集。行政和解具有灵活性，使双方策略集及其交集的元素大为丰富。在双方的边际效用函数（对于离散的价值选择，属于回归方程）均非线性的情况下，存在符合“正和”结果的区域，而双方策略集交集的元素丰富起来时，能使现实可选择的策略交点出现在这一区域的概率增大。[2] 简言之，行政和解的直接功能，就是行政和解通过以一种较为温和以及多元而灵活的方式解决两造间的纠纷。对于行政主体和行政相对人而言，通过双方主体的交流互动可以起到信息交换的作用。通过行政和解解决行政案件具有降低成本和提高效率的功能。行政和解在这一层面上的功能和意义，已经为众多的学者所关注和重视。间接功能方面，行政和解是行政主体与行政相对人高度主体性的体现，当事人高度的主体性会激发其创造力。

与此同时，“行政和解的发展和完善，可以为行政带来一种新的风气，使行政主体行政方式趋向温和”。[3] 行政和解谈判过程中的协商、选择和达成合意的过程，相对于行政行为的单方强制性而言，增添了同意的要素。同意是对行政权的节制，使行政权变得更加温和，这正是建立现代行政的关键所在。[4] 行政和解更深远的意义还在于，其以和解结果的灵活性、创造性和实践需要的紧密扣合性，给公共行政方式以新的启发，带来新的行政精神，从而促进公共行政的革新。这一点对于研究行政法治理论创新具有重要的推动作用和启发意义，也是促使行政权力达到理性的途径之一，并且是一种通过更加柔和的方式取得共识和一致的过程。在这一过程中，双方主体的地位和权利都得以保存，实现了权益保护的最大化。这也是将行政和解称为柔性行政方式的重要原因。

此外，还有学者认为，行政和解的功能还表现在以下两个方面：第一，增强行政的可接受性，有利于实质性地化解纠纷。第二，行政和解还有助于降低行为成本，提升效能。[5] 但需要引起注意的是，上述学者所研究的行政和解功能是建立在行政和解作为行政执法和解、行政复议和解和行政诉讼和解的整体性与上位性概念基础上。其认为，行政和解能够增强行政行为可接受性的表达方式是存在较大问题的。因为在行政执法和解中，其法律效果是替代行政行为的作出。无论如何，也得不出行政和解能够起到增强行政行为的可接受性。因为本书所研究的行政和解是一种行政方式，是以行政和解协议的形式替代行政行为的作出。只有在这个基础上才能进一步厘清行政和解的功能。

---

① 张正钊、韩大元：《比较行政法》，中国人民大学出版社 1998 年版，第 427 页。

② 参见湛中乐等：《行政调解、和解制度研究：和谐化解法律争议》，法律出版社 2009 年版，第 124 页。

③ 同上书，第 125 页。

④ 同上。

⑤ 参见吕林：《行政和解研究》，西南师范大学出版社 2015 年版，第 94～99 页。

在现代行政执法中,行政和解在许多国家已经被较为广泛地采用,尤其是在社会性规制领域和经济性规制领域。行政和解基于其独特的法律结构具有相对稳定的功能。因此,行政和解在现代行政实践中发挥着越来越重要的作用。

1. 丰富行政执法手段

行政和解既不同于刚性行政手段,也不同于其他柔性行政方式。作为一种符合现代行政法治理念的行政方式,行政和解的出现,能够进一步丰富行政执法手段和提高治理能力。无论是刚性行政方式还是柔性行政方式,其都有严格的适用条件。一般都要求在事实清楚、证据确实充分且法规范适用不存在冲突的条件下才能作出一定的行政活动。但对于事实不清、证据不明或法规范适用存在冲突的情形,无论是刚性行政方式还是柔性行政方式,其适用的空间将明显受到局限。可以说,在我国现有的行政治理体系中,还没有如何应对事实不清、证据不明或法规范适用冲突时的行政方式。而行政和解就是适应这种不确定状态所产生的新型执法手段。

行政和解是国家治理体系中行政法制视角下的一种执法方式。"在行政法学的视野中,行政和解既是一种新型的行政执法手段、也是现代政府规制工具的新发展,更是公私合作形态的创新。"①行政和解符合现代行政法治的基本理念和价值取向,是一种监管执法的新模式。② 当行政主体进行一定的行政调查后,如果发现事实不清、证据不明或法规范适用存在冲突,对于这种不确定状态,行政主体难以查明或者非经重大支出不能查明时,行政主体经过裁量,在符合法规范的条件下,有权与行政相对人进行接触,通过沟通、交流和妥协,取得意思表示的一致,以达成行政和解协议的形式结束调查以及终结案件,可以说这是一种比较明智和经济的做法。通过行政和解这种执法手段可以弥补传统行政方式的弊端,补足行政执法中应对不确定局面的制度供给,可以进一步丰富和完善国家行政治理体系。因此,行政和解是国家治理体系和能力现代化的体现,也是行政法制领域执法监管的一种新模式。

2. 提高行政执法效率

在一个国家和社会中,除了要求公平和正义以外,还要求有效率。行政效率要求行政主体在行政活动中,必须遵守法定时限,积极履行法定职责,提高行政执法效率。提高行政执法效率是依法行政原则的要求之一。相对于国家的立法权、司法权以及监察权,行政权更需要效率。行政效率原则要求行政主体对于行政相对人的请求快速作出反应以及在行政执法中按照法定时间要求履行职责,不拖延、不迟延,对各种执法事项及时作出决定。"在此基础上,行政法上各种效能制度的建立和运行,均应受到行政效率原则的

① 谢小元:《行政和解法律属性之辨析》,载《福建行政学院学报》2016 年第 2 期。

② 参见肖钢:《积极探索监管执法的行政和解新模式》,载《行政管理改革》2014 年第 1 期。

指引和约束。”①提高行政执法效率建立在合法与合理的基础上，不能为了提高行政效率而作出违法违规的行为。

行政和解作为一种新型的行政方式，有利于提高行政执法效率。当行政主体进行一定的调查后，发现行政相对人涉嫌违法违规的行为存在事实不清、证据不明或法规范适用冲突的不确定时，行政主体难以查明或者非经重大行政成本的支出不能查明时，在现有的制度框架内，行政主体一般有两种选择。第一种选择是结束行政调查，不再对行政相对人涉嫌违法违规的行为进行调查，从而结束整个行政案件。第二种选择是继续对行政相对人进行调查，至于是否对调查结果有明确的期待则在所不问。按照依法行政原则的要求以及进行行政决定需要的条件，第一种路径选择是符合法治原则的，但这种路径在现代行政法治视野下也日渐不为公众所接受。对于事实上存在违法违规的行为，行政主体难以作出任何规制行动是不符合实际的。第二种路径选择虽然也符合行政法治的要求，但缺乏期待可能性，难以适应现代行政发展的要求。

为此，较多的国家采用行政和解的方式来应对这两种路径的弊端。一方面，行政和解可以结束不确定的状态，通过行政相对人交纳一定行政和解金来达到制裁的目的。另一方面，通过行政和解可以维护公共利益以及实现行政秩序。由此可见，通过行政和解的运用，可以提高行政执法效率，避免行政主体长时间陷于一个行政案件的程序中。其可以通过行政和解结束复杂的调查程序，以行政和解协议的形式终结整个案件，且实现了行政相对人权益、第三人利益及公共利益的全面关照。因此，行政和解是一种新型的行政方式。

3. 降低行政执法成本

行政和解对于行政主体而言，可以起到降低行政成本的功能。在传统行政执法模式中，行政主体要对行政相对人作出行政行为，必须建立在行政相对人违法违规行为事实清楚、证据确实充分和法规范适用不存在冲突的条件下。如果出现不确定的状态，行政主体要么选择放弃作出行政行为，要么继续进行行政调查，直到查清事实为止。在这样一种状态下，行政主体的责任和压力就显得异常巨大。行政主体往往还面临编制少和人员缺的现状，要作出一个完整的行政行为，难度可想而知。而现代社会是一个快速发展和变化的时代，行政主体与时俱进的步伐明显跟不上现实的变化。如何在这样的时代进行行政执法是摆在当前行政机关面前的一项重大和棘手的课题。由于行政执法成本高昂，行政机关必须创新监管模式和执法手段。

较多的国家采用行政和解的方式结束行政调查，终结整个案件，以此来实现行政目的和维护行政秩序。当出现事实不清、证据不明或法规范适用冲突时，行政主体不再选择对行政相对人进行继续调查，而是通过与行政相对人的沟通、协商、交流和合作，以行

① 林鸿潮：《政府绩效评估法律制度研究》，中国人民大学法学院2007年博士学位论文，第45页。

政和解协议的形式规定双方的权利义务关系,实现对行政相对人的制裁,以此来结束行政案件。这对于行政主体而言是一种优势选择。行政相对人的违法违规事实较为复杂,行政主体不易查明,且行政主体面对日益增多的行政案件,由于本身资源不足,查明所有案件将使行政主体支出重大成本,将耗费较长时间和较大精力,不利于及时恢复被破坏的社会秩序。因此,以行政和解协议的形式结案,既有利于维护公共利益,也有利于打击违法违规行为。因此,行政和解有利于降低行政执法成本。

4. 减轻行政执法张力

按照依法行政原则,行政主体对行政相对人作出行政行为,必须建立在事实清楚、证据确实充分以及法规范适用明确的基础上,其他柔性行政方式的作出也要求具备这样的条件。但随着市场经济的快速发展,行政主体对越来越多的经济性领域和社会性领域的规制日渐感到力不从心。原因是如果在这些领域中也要求行政主体达到绝对的事实清楚、证据确实充分以及法规范适用明确,行政主体往往是无法完全做到的。而对于已经涉嫌违法违规的行政相对人因无法完全达到法定的处罚标准而放弃规制,也不符合现代行政法治的要求。在这种情况下,寻找一种能够应对事实不清、证据不明以及法规范适用存在不确定的执法机制就成为必然,而行政和解就是这样一种规制方案和制度供给。

行政和解作为一种规制工具和监管模式,其特殊机制在于当存在事实不清、证据不明或者法规范适用存在冲突的不确定时,行政主体既不用继续调查,也不用完全放弃对行政相对人的规制,而是采取一种折中的处理方式,即行政主体与行政相对人通过达成行政和解协议的形式来明确双方主体之间的权利义务关系,从而达到对行政相对人的规制,也能实现行政相对人权益、第三人利益以及公共利益的全面关照。这就从根本上解决了行政主体在执法过程中所遇到的难题,减轻了行政主体执法的张力。

5. 增强行政裁量理性

虽然行政裁量广泛存在于行政行为、行政契约等领域中,并且行政裁量也已经是一个行政法学的核心概念。[①] 但在行政法上,行政裁量却是一个让人捉摸不定的概念。[②] 关于行政裁量的定义,"可以有种种界定,简单而言,即行政在法定限度内所享有的判断和行动的自由"。[③] 为了应对复杂的行政实践,行政主体享有必要的行政裁量权。行政裁量权是现代政府规制的必要权力,但行政裁量权的不规范运用将造成滥用。现代国家总是力图将其控制在一定的原则和框架之内,确保行政裁量的理性化。在行政实践中,当存在事实不清、证据不明或法规范适用冲突时,行政主体要么结束调查和终结案件,要

---

① 参见王贵松:《行政裁量的构造与审查》,中国人民大学出版社 2016 年版,绪言,第 1 页。

② 参见杨伟东:《行政行为司法审查强度研究——行政审判权纵向范围分析》,中国人民大学出版社 2003 年版,第 160 页。

③ 王贵松:《行政裁量的构造与审查》,中国人民大学出版社 2016 年版,绪言,第 1 页。

么继续进行调查,直到查明案件事实和证据为止。第一种选择有时是一种无奈,对行政秩序的实现是一种不利之举,虽符合依法行政原则,但问题是面对事实上违法违规的行为,却因证据的不足造成结案处理,所损害的是公共利益和其他主体的利益。第二种选择也是一种无奈之举。也许再经过一定的调查,行政主体能够查明事实和证据,但如果缺乏必要期待可能性的话,行政主体可能将行政资源集中于某一执法领域,从而造成行政资源的不合理配置。即使经过了较大行政成本的支出,最后没查明事实和证据,也没有达到法定要求的处罚标准,从而造成行政资源的浪费,这是一种不符合成本效益的选择。

在这种情况下,行政和解可以较好地解决这一问题。当出现不确定的状态或者非经重大支出不能查明时,行政主体经过行政裁量,在符合法定要求和条件的情况下,行政主体选择以行政和解协议的形式替代行政行为的作出,是一种符合成本效益的选择。在获得行政和解法律根据的前提下,行政主体有三种选择。第一种是直接停止调查,结束案件。第二种是继续调查,直至查明案件事实和证据,但也可能最终无法达到法定的处罚要件。第三种是以行政和解的方式结案。此三种行政执法选择,行政主体可以根据调查事实和现有证据情况,在综合平衡以后作出裁量。三种选择各有利弊,但行政和解对于疑难复杂案件具有特殊的优势。在有些情况下,行政主体不必对案件事实调查的水落石出,而需要行政主体做的就是对行政相对人进行一定的公权制裁以及维护公益。行政和解是一种最为经济的规制手段。其可以对复杂的行政实践作出裁断,避免行政主体陷入无穷无尽的调查程序中。通过行政主体与行政相对人的协商、沟通、交流和妥协,以行政和解协议的形式确定双方权利义务的内容,并通过行政相对人交纳行政和解金的形式进行一定的制裁,并将行政和解金用于第三人的损害填补等公益目的。因此,行政和解可以有效维护行政秩序,实现公共利益与其他主体利益的全面关照,是一种理性化的行政裁量。

6. 兼顾平衡各方利益

行政主体通过行使行政权作出行政行为。行政行为是行政主体单方意志的宣告。行政行为以维护公共利益这一目标为核心,对于其他主体的利益缺乏保护机制。行政和解则与此不同。“率先在我国证券领域兴起的行政和解制度潜藏着重大的行政执法优势,通过协商沟通的柔性方式实现了对行政相对人权益、第三人利益及公共利益的全面关照。”①行政和解在维护公共利益的基础上,实现了对其他主体的利益保护。

具体而言,对于国家公权代表的行政机关来说,行政主体享有行政权,其目的在于维护公共利益,保障行政秩序,行政和解通过行政和解协议确定行政相对人的义务和责任,即行政相对人主要通过交纳行政和解金的形式受到公权制裁,这就实现了法定的治理目

---

① 谢小元:《行政和解法律属性之辨析》,载《福建行政学院学报》2016 年第 2 期。

标,从而确保公共利益得以维护。对于行政相对人而言,其主体地位也得以进一步提升。在行政和解过程中,行政相对人有权提起行政和解要约,有权向行政主体表达自己的意见、建议和主张,其基于信息、科技优势而获得的“权力”对行政主体的判断和决定产生实质影响。行政相对人通过与行政主体的协商、沟通、交流和合作,实现信息传递,可以交换思想,符合现代行政法治的基本理念与价值,是效率行政、民主行政和合作行政的典型代表。这有利于提升现代行政法的品质,是一种新型的执法手段和行政方式,将行政相对人的权利保障提升到了新境界。

按照行政行为理论,行政主体作出行政行为后,行政相对人受到应有的制裁,但第三人的权利没有得到任何保护。根本原因在于第三人游离于现有行政法律关系之外,第三人只能继续通过民事诉讼等途径寻求赔偿或补偿,由于取证难、时间长等原因,第三人的权益往往难以得到应有的保护。行政和解则与此不同。行政相对人交纳的行政和解金可以弥补违法违规行为给第三人造成的损失,第三人的损害部分就可以通过行政和解金予以填补。有些国家和地区还规定,行政和解的前提是行政相对人与第三人先达成民事和解,只有当行政相对人对第三人进行赔偿或补偿后,其才可以与行政主体签订行政和解协议,这是一种保护第三人的制度设计。对于第三人或者其他利害关系人而言,其基于对行政主体或行政相对人所形成的信赖也得以因行政和解的执行而受到维持,有助于实现行政秩序。因此,行政和解不同于传统行政行为仅维护公共利益这一端,行政和解所追求的是行政相对人权益、第三人利益及公共利益的全面保护,体现为利益的聚合。

三、行政和解面临的风险

1. 形成利益输送的腐败链

行政和解发生在行政主体与行政相对人之间,行政主体通过与行政相对人谈判、协商和妥协,容易形成利益输送,并且行政和解能够替代行政行为的作出,行政相对人也更愿意以行政和解的方式结案,行政主体也能减少行政成本的支出,行政相对人基于免除行政行为惩处的考虑希望尽快结束调查。在这种情况下所达成的行政和解协议就容易成为权力寻租的平台,行政主体和行政相对人之间容易形成利益共同体,从而产生腐败。我国证监会制定的《行政和解试点实施办法》以及证监会、财政部共同颁布的《行政和解金管理暂行办法》虽然对行政和解金进行了较为细致的规定,并且财政部、国家税务总局也制定了《关于行政和解金有关税收政策问题的通知》,但总的来看,行政和解金的管理依然存在较大漏洞,对于行政主体来说,容易形成“小金库”和部门利益。因此,行政和解过程中首先要预防的就是因为行政和解所产生的利益输送。

2. 诱发行政主体形成怠于调查的惰性思维

综观国内外行政和解的适用条件,其中有一项内容,就是行政和解适用的前提是行政主体必须进行一定限度的调查,已经初步掌握了行政相对人涉嫌违法违规的事实和证据材料。关于行政和解启动前提中行政调查的限度问题,主要有适度调查模式和穷尽职权模式。但无论采取何种模式,行政和解在适用前,必须经过一定时间的调查。之所以将行政和解的启动前提设定在行政调查之后,是“因为在未进行调查之前,案件的具体情况、证据是否充分、违法程度是否严重等均难以判断,这时监管部门贸然接受和解申请,尽管能节约执法成本,但极有可能产生错误成本”。① 因此,行政和解的适用必须建立在必要的调查之上。

行政和解启动越晚,对于行政主体而言,行政调查就越深入,所耗费的行政成本也就越大,行政主体所要做的调查工作也就越多,行政和解的风险也就越小,对利害关系人的利益以及公共利益的保护就越充分。但对行政相对人而言,则稍显不利,原因在于调查越深入和持久,就容易降低行政相对人进行行政和解的积极性。行政和解启动越早,对于行政主体而言,其所耗费的行政成本就越低,行政主体所要做的调查工作也就越少,虽然对行政相对人更有利,但对第三人等其他主体的利益以及公共利益的保护就越不充分。

无论是自然人还是组织实体,都具有惰性思维,行政主体也不例外。为了尽可能提高执法效率和降低行政成本,行政主体希望越早进行行政和解的启动,行政相对人也渴望尽早签订行政和解协议,以结束行政调查和行政程序。在这种情况下,行政主体与行政相对人就容易进行“暗箱操作”,行政主体在没有进行调查或者只是进行很少的调查后就启动行政和解程序,这容易导致行政主体处于被动的地位,不利于在行政和解谈判中掌握主动权,并且行政和解还存在滥用的危险。在这种思维的影响下,第三人的权益以及公共利益必将沦为行政和解的牺牲品。

3. 行政主体执法公信力的丧失

公信力是行政权的生命,没有公信力将导致权威丧失。按照依法行政的原则,行政主体在事实清楚、证据确实充分的条件下作出行政行为,而行政和解适用的条件是事实或法律关系的不确定,行政和解作出后,行政主体不再作出行政行为,如果缺乏必要的实体和程序设计,就很有可能导致行政和解的滥用。行政和解作为一种具有高风险的行政方式,使用稍有不当,就会受到第三人以及社会公众的怀疑,很容易被认为是行政主体和行政相对人之间在进行“暗箱操作”和利益输送,导致行政执法公信力下降。因此,行政和解是一种容易陷入争议的制度,必须将其纳入法治化、制度化和规范化的轨道,并且注重构建行政和解的程序制度,确保行政主体执法公信力的稳固。

4. 行政主体有可能被行政相对人“俘获”

管制俘获是指监管部门依职权对某些行业和领域实施规制,但这些管制不但没有起到保护和促进公共利益的目的,反而管制机构常常被管理对象所“控制”,从而违背了管

① 王婷、张平:《论行政执法和解的风险控制——以反垄断法等特殊执法领域为视角》,载《政法学刊》2015 年第 6 期。

制的初衷。在行政行为中,监管部门被行政相对人所俘获的可能性较小,因为监管部门要按照依法行政原则与职权法定的要求进行行为,并受制于行政程序的约束和司法审查的监督。在这种情况下,监管部门一般不易被行政相对人控制。但在行政和解中,监管部门被行政相对人俘获的可能性就很大。因为在行政和解中,监管部门不再对行政相对人作出行政行为,从而免除了较重的行政处罚,这对行政相对人来说无疑具有很大的诱惑,为了达到行政和解的目的,行政相对人会“不择手段”,也会利用各种方式来引诱监管部门与其进行行政和解,并会考虑在行政和解谈判中给予监管机构一定的部门利益。在这种情况下,监管部门就容易陷入行政相对人所设计的“套路”中,在被行政相对人俘获后,第三人的权益无法保障,就连公共利益也将沦为行政和解的牺牲品。

5. 容易放任行政相对人的违法行为

监管部门对行政相对人进行调查后,初步掌握了行政相对人涉嫌违法违规的事实和证据,如继续调查有可能掌握行政相对人更多的事实和证据,但监管部门基于行政裁量权的判断,认为事实不清或法律关系不确定,就可以采用行政和解的方式结案。在这种情况下,就有可能放任行政相对人的违法违规行为,从而损害第三人的权益和公共利益。在行政和解以后,监管部门就不再对行政相对人作出行政行为,行政相对人基于行政和解所受到的损失一般也低于行政处罚。因此,就容易使行政相对人从事违法违规行为后变得更加有恃无恐和变本加厉,即使从事了违法违规行为,也可以通过行政和解的方式结案,这就会放任和激励行政相对人继续从事违法违规行为,从而违背了行政和解制度设计的初衷。

6. 降低行政相对人的违法成本

任何主体都是理性的“经济人”,行政相对人更不例外。行政相对人从事违法违规行为主要是为了追求经济利益。按照传统的依法行政原则,监管部门对行政相对人的违法违规行为作出行政处罚决定,才能对行政相对人起到惩罚和警示的效果。但如果依照行政和解的方式来对行政相对人进行监管,在行政和解谈判中,行政相对人所交纳的行政和解金就有可能低于行政处罚行为所确定的额度。在这种情况下,行政相对人依然获得了部分违法收入,这一部分违法收入因行政和解而没有被没收或处理,这就导致行政相对人降低了违法成本。通过行政和解,行政相对人获得了部分违法收益,也就使行政相对人继续心存侥幸,容易引起社会和公众的不满。

7. 行政和解失败的风险

行政和解作为一种新型的监管模式,无论是监管部门还是行政相对人,都想通过行政和解的方式结束行政程序和终结整个案件,监管部门渴望通过行政和解协议来实现行政目的,如果行政和解按照法定的程序进行,行政和解的成功也就成为可能。但在行政和解过程中,会有各种因素和各方主体的影响,从而可能造成行政和解失败。如果行政和解失败,也将面临一定的风险。

在行政和解过程中,行政相对人为了尽快与监管部门签订行政和解协议,在行政和解谈判中,行政相对人就会自认或承认一些监管部门所没有掌握的证据和事实。如果行政和解成功,这些证据材料就可能成为行政和解的内容被纳入保密的范围,从而不会有太大的问题和争议;但如果行政和解失败,这些证据材料的定位和使用就成为一个棘手的问题。因为行政和解失败,监管部门就要重新启动调查程序,直至作出行政行为,如果这些证据材料被当作重新调查的依据或证据来使用,则对行政相对人明显不利,也违背了行政和解的初衷,从而造成行政相对人信赖利益受损。所以,行政和解失败后如何面对行政相对人承认或自认的事实和证据,就成为行政和解的又一大风险。

由此可见,行政和解是一种典型的价值和风险共存体。实际上,行政和解也像行政法上的其他制度一样,存在正面价值与负面效应。行政权有滥用的危险,我们不能因为行政和解像其他制度一样都存在风险而拒绝运用,就像汽车可以为人们提供便利的同时,也可能存在发生交通事故的危险,我们所能做的就是对行政和解所产生的风险进行预防和控制,并通过一定的制度设计将风险降到最低,以便发挥行政和解制度的正面功能。

四、行政和解的法治化路径

(一)实体控制——明确行政和解的适用范围和条件

并不是所有的行政领域都可以适用行政和解。从现有的行政实践来看,行政和解的适用范围主要集中在证券期货、反垄断、反倾销、知识产权、税务、环境保护等经济性规制领域和社会性规制领域。因为在这些领域中,其存在事实不清、证据不明、法律关系不确定或者法律法规适用存在冲突的情形比其他领域更为严重。需要引起注意的是,并不是只要在上述经济性规制领域和社会性规制领域就可以在任何条件下适用行政和解制度以替代行政行为的作出。这是因为行政和解有着严格的适用条件。具体来说,行政和解的适用条件主要包括以下几个方面:

1. 行政主体经过必要调查及其存在不确定的状态。

"行政调查是行政执法工作的重心。"①按照职权法定以及依法行政原则,行政主体对行政相对人作出行政行为必须建立在行政调查的基础上,即经过行政调查,认为事实清楚、证据确实充分以及法规范适用不存在冲突。问题便是,如果行政主体不进行行政调查,又怎么能发现事实或法律存在不确定的状态呢?因此,行政和解的前提条件之一便是行政主体在行政和解前必须进行一定时间的调查。《行政和解试点实施办法》第18条规定了行政主体的调查必须满3个月,具体调查的时间长短,因不同国家对不同规制领域的认识差异而有不同。实际上,如果行政主体不经过一段时间的调查就与行政相对人进行和解,就存在很大的风险以及利益冲突。行政主体不仅有怠于行使职责的嫌疑,

① 陆伟明:《行政调查中心主义》,知识产权出版社2017年版,第46页。

还有可能放纵行政相对人的违法行为。

2. 经过让步和妥协以达成行政和解协议。

行政行为是行政主体以单方意思表示作出的,具有命令和强制的特征,行政相对人处于必须接受、服从和遵守的地位。行政和解是双方意思表示一致的产物,行政和解协议除了具有行政性的特点以外,还具有合意性。如果双方主体都欲通过行政和解的方式替代行政行为的作出,那么双方主体的意思表示就应当取得一致。行政和解不具有直接强制性,因为双方的意思表示具有同等的价值,合意的形成是双方意思表示一致的结果,而非行政主体单方的意思表示。因此,行政主体和行政相对人签订行政和解协议不能进行强制,行政主体不能强制或者变相强制行政相对人与其进行和解。《行政和解试点实施办法》第 4 条规定了行政和解必须遵循自愿原则。

3. 行政相对人附条件不承认违法或责任。

是否需要行政相对人承认违法和责任是行政和解的一个关键环节。基于不同国家的法治环境以及对行政和解的认知差异,对于行政和解过程中是否需要行政相对人承认违法或责任存在不同的规定。具体到我国,《行政和解试点实施办法》没有关于行政相对人在和解时是否需要承认过错或责任的条款。行政和解协议中也没有关于是否需要承认过错或责任的内容,至于是否需要约定,应该是基于双方主体的意思。从法治的视角来看,应当规定行政相对人是否需要承认违法或责任,并且在立法模式上应当考虑我国的实际。笔者认为,既可以承认过错进行和解,也可以采用不承认过错进行和解。但不承认违法的情况下进行和解,应当负担一定的条件,如征求第三人的同意或意见,以及听取受到行政和解影响的主体的意见等。通过自认或承认证据的排除规则,使其不能作为行政和解失败后继续调查的证据来源以及作为处罚的证据来使用。

(二)程序控制

1. 行政和解执法说明制度

"行政决定必须说明理由,已成为现代法治国家公认的一项原则。"①"原则上,任何行政决定的作出,行政机关都应该说明理由,使相对人和利害关系人知道决定作出的法律依据、决定的内容和决定过程中行政机关所考虑的各种因素,便于其寻求行政救济的时候能够有效地对行政行为的合法性和合理性提出质疑,以维护其权利。"②行政和解说明制度是指监管部门履行信息公开的义务以及为确保第三人等其他利害关系人的知情权而设立的制度。

在美国联邦贸易委员会的行政和解程序中,监管机构需要向社会公开说明的主要是:行政和解协议的主要条款、行政相对人涉嫌违法违规的情况、调查的情况、必须获得

---

① 高文英主编:《警察行政法》,中国政法大学出版社 2016 年版,第 223 页。

② 尤乐:《行政资助法治化研究》,知识产权出版社 2015 年版,第 125 页。

的救济以及有助于利害关系人理解和解契约的其他信息等。[①] 与此同时,在美国司法部反托拉斯局的行政和解程序中,行政和解过程中需要说明的事项还有:行政和解后对社会以及公众的影响、相关主体权益保护的方式以及对监管对象的其他制裁情况等。[②] 在欧盟反垄断行政和解中,委员会必须在官方杂志及其网站上公布该案的主要内容。[③]

通过行政和解执法说明制度,可以向社会公众传递行政和解的有关信息,避免因信息不对称所导致的"暗箱操作"。行政和解执法说明制度,为其他主体参与行政和解和掌握有关信息提供了一种途径,有助于增强行政和解程序的透明度,便于社会公众对行政和解的监督;对于第三人、利害关系人等其他主体而言,通过了解行政和解信息,能够参与到行政和解程序中来,进而可以有效保护其合法权益不受侵害。

2. 专家咨询制度

行政和解专家咨询是指监管部门在对行政相对人的行政和解申请进行最终决定接受或拒绝时,应当咨询相关领域的专家或学者的意见和建议,以确保行政和解决定的合理性与科学性。在适用行政和解监管模式的领域,由于这些领域中的案件相对比较专业和复杂,且涉及第三人等其他利害关系人的权益以及公共利益,为了避免行政和解的错误或失败所导致的风险,监管部门在作出行政和解决定之前,应当向有关专家或学者进行咨询,以确保行政和解适用的正确性,从而达到行政和解目标的实现。

在美国和欧盟的反垄断行政和解程序中都有关于专家咨询的规定。尤其是在欧盟的反垄断行政和解程序中,专门规定了反垄断行政和解决定作出前,必须咨询"限制做法及支配地位咨询委员会"的意见,并规定了咨询的两种程序,即"会议程序"和"书面程序",对于关键的咨询意见和建议,欧盟委员会对于咨询委员会提交的意见应当进行全面考虑,并对咨询委员会就其意见的采纳情况进行反馈,并将咨询委员会的书面意见作为承诺决定的附件。如果咨询委员会建议公布该意见,则应当在综合考量各种因素的基础上,在不违反相关法规范的前提下,予以公布。[④] 我国证监会制定的《行政和解试点实施办法》第28条也规定了行政和解咨询制度。行政和解咨询制度是保证行政和解顺利进行的关键环节,也是保护相关主体利益以及实现公共利益的主要机制,在行政和解咨询过程中,应当吸纳法学家在内的教授或学者参与,以提高行政和解咨询的实效。

3. 征询第三人等利害关系人的意见

征询意见是指监管部门与行政相对人在进行行政和解的过程中,应当征求第三人等

---

① See the U. S. 16 C. F. R. § 2. 34.

② See 15 U. S. C. § 16(b) - (d).

③ 参见殷继国:《反垄断执法和解制度——国家干预契约化之滥觞》,中国法制出版社2013年版,第200页。

④ 同上书,第202页。

利害关系人的意见,并将利害关系人的意见或建议作为行政和解的考量要素,以确保行政和解不损害利害关系人的权益。

行政和解主要发生在监管部门与行政相对人之间,在两者之间存在"暗箱操作"的空间,监管部门可以降低行政成本以及提高行政效率。对于行政相对人而言,可以避免行政行为的惩罚和制裁,有助于降低违法成本,但行政和解所面临的风险也是显而易见的,那就是监管部门与行政相对人所达成的行政和解协议会损害利害关系人的权益,并有可能损害公共利益。为了确保其他主体的利益不受损害,必须确保利害关系人能够参与行政和解程序,通过利害关系人的参与,并采取征求意见的制度以保护利害关系人的合法权益。同时,监管部门征求的意见或建议,应当作为行政和解决定的依据或参照,以发挥征询意见的功能。

4. 行政和解评估机制

行政和解评估既可以被称为预防评估,也可以被称为效果评估,也就是说,在整个行政和解过程中,监管部门采用行政和解的方式来进行执法,必须进行正反两方面的评价。当评估后发现不适合通过行政和解的方式结案或者有损公共利益时,行政和解程序应当被终止。

评估应当在合法与合理的原则下进行。合法性原则方面,主要考虑行政和解是否符合适用条件与适用领域,是否违反法规范的强制性规定,是否违反依法行政以及职权法定原则,通过行政和解结束行政程序是否损害利害关系人的权益以及是否危害公共利益。合理性审查主要考虑以行政和解的方式进行结案是否符合妥当性原则,是否能够达到行政监管的目标,是否能够达到对涉嫌违法违规行为的惩处目的,是否能够在监管部门、行政相对人以及第三人等其他主体之间维持一定的平衡。

在评估主体方面,既可以考虑由行政主体自行评估,也可以考虑由第三方进行评估。监管部门自行评估的,可以依照行政和解所处的阶段或承担不同职能的机构进行评估。

5. 民事和解程序的前置

民事和解前置是指在监管部门与行政相对人达成行政和解协议之前,行政相对人必须与第三人先达成民事和解,以民事和解协议作为行政和解的前置程序。为了避免监管部门与行政相对人签订行政和解协议损害第三人等其他主体的合法权益,可以采取行政相对人与第三人先达成民事和解协议作为行政和解协议签署的前置要件,以这种民事和解协议前置的方式来先行保护第三人权益不受侵害,可以有效避免行政主体和行政相对人借行政和解协议损害其他主体的合法权益。

6. 社会公众评议制度

社会公众评议是指监管部门将行政和解事项予以公告和公开后,接受一定期限的社会监督和公众评议,在评议结束后,监管部门应综合考量相关公众评议意见,再作出是否进行行政和解的决定。这一制度在美国被称为"公众评议制度",在欧盟被称为"市场测试制度”。[①]

具体来说,在行政和解制度中规定公众评议程序具有以下几个方面的功能:第一,公众评议体现行政参与,能够让相关主体参与到行政和解的过程中来,了解行政和解的情况,体现了行政民主;第二,公众评议能够让监管部门充分掌握不同信息,以便进行合理裁量,从而作出正确的决定;第三,公众评议制度将行政和解置于社会的监督之下,能够预防行政和解的“暗箱操作”。公众评议制度应当规定一定的期限,如不少于60日,以便公众能够有足够的时间进行全面的评议。与此同时,对于公众评议的意见,监管部门应当根据或参照公众评议的意见进行裁量,以便最终决定是采取行政和解的方式结案还是继续采取行政行为的方式作出决定。

7. 第三人同意制度

第三人同意制度,是指在行政和解过程中,如果行政和解侵害到第三人的利益,在进行行政和解前,必须征求第三人的意见,在第三人同意的基础上,才能签订行政和解协议,或者在行政和解协议签订前,以此作为行政和解的前提,这样才能保障第三人的利益不受行政和解的侵犯。通过第三人同意制度,能够较好地约束监管部门和行政相对人签订行政和解协议的行为,从而实现第三人权益的保护。

8. 利害关系人发表声明制度

利害关系人发表声明是指在行政和解过程中,与行政和解有利害关系的主体因某些特殊原因无法参与到行政和解程序中来,而采取的一种向社会公众、监管部门或其他主体提交或发表个人意见或观点的一种制度。如果监管部门没有征求相关利害关系人的意见或建议,或者也没有经过第三人等主体的同意就签订了行政和解协议,并且损害了相关主体的合法权益,在这种情况下,相关主体就可以发表声明,以表达自己的观点和看法,从而对监管部门等有关方面形成压力,以有效纠正行政和解过程中的违法或不当行为,这也是行政和解作为新型柔性行政方式的特殊法律规制要求。

---

① 参见殷继国:《反垄断执法和解制度——国家干预契约化之滥觞》,中国法制出版社2013年版,第200页。

第十四章　行政道歉及其法治化

一、行政道歉概念的引出

近年来，关于道歉的事例层出不穷，上至国家元首，下至个人，多层面、多类型的道歉已成为引人关注的社会热点。综观目前法学界的相关称谓，有国际法律关系领域的“国家道歉”、司法领域的“司法道歉”，国内刑事法律关系领域的“刑事道歉”以及民事法律关系领域的“民事道歉”，同时亦有“政府道歉”“官员道歉”的说法，但尚且没有“行政道歉”的提法。

国家道歉是指国家之间、国家对外国人（含组织）基于国际公法法律关系而进行的道歉。国际公法认为，道歉是从事国际不当行为的主体对受害方造成的损害予以精神上的赔偿所采取的法律责任形式，其具有国际法上的法律意义、且产生实际的法律效果，而不是一般政治意义上或者道义上的行为。就方式而言，“道歉可以是承认错误、口头道歉、书面正式道歉或其他合适的方式”。① 1970 年原联邦德国总理勃朗特出访波兰时，在华沙犹太人死难者纪念碑前下跪忏悔，即以行动来表达因第二次世界大战期间德国纳粹对于犹太人的杀戮行为而生的道歉之意。而且国家道歉这种责任形式可以适用于任何一种国际不当行为，特别是损害他国的荣誉、尊严的国际不当行为。② 可见，在国际公法中，国家道歉是国家承担责任的形式之一，而且适用范围非常广泛，可谓是“有损害，必有道歉”。

一国司法机关因司法审判而进行的道歉即为司法道歉，此类道歉相对少见。比较典型的一例是发生在 1700 年，曾经参与审判的美国马萨诸塞州法官萨缪尔·休厄尔站在教堂前就 1692 年“萨利姆镇审鬼案”的荒唐审判向公众正式道歉。

刑事道歉是被追究刑事责任的人向受害人予以的道歉。我国《刑法》第 37 条规定了若干非刑罚处罚的方法。具体指对于犯罪情节轻微不需要判处刑罚的，可以免予刑事处罚，但是可以根据案件的不同情况，予以训诫或者责令具结悔过、赔礼道歉、赔偿损失，或者由主管部门予以行政处罚或者行政处分。也就是说，人民法院在宣告被告人有罪的前提下，责令被告人公开向被害人当面承认罪错，表示歉意，并保证今后不再侵犯被害人的合法权益。刑事道歉应当公开进行，既可以在宣判时公开向被害人赔礼道歉，也可以专

① 邵津主编：《国际法》（第 2 版），北京大学出版社、高等教育出版社 2005 年版，第 420 页。

② 参见王献枢主编：《国际法》，中国政法大学出版社 1994 年版，第 134 页。

门召开有关人员参加的大会由被告人公开道歉；既可以通过口头方式进行，也可以以书面方式道歉。刑事道歉作为一种刑事责任，表明行为人的行为是犯罪行为，他所承担的是刑事责任。由于刑事道歉是人民法院责令被告人实行的，故仍然反映了国家对犯罪行为的否定评价和对被告人的谴责。“这种方式对于促使犯罪人悔过自新，平息被害人及周围群众的愤怒，促进犯罪人与被害人及周围群众的和解，具有重要意义。”①

民事道歉则是在民事法律关系中发生的道歉行为。“赔礼道歉早在中华人民共和国成立之前，在解放区司法调解中即是行之有效的方法，我国《民法通则》将赔礼道歉上升为民事责任，多年的实践证明受欢迎，效果好。”②民事道歉属于以恢复非财产权利损害为目的而以强制责任人承担非财产上的不利后果为内容的责任形式，且属于补救性的责任形式。③ 我国《民法通则》第 120 条规定，公民的姓名权、肖像权、名誉权、荣誉权受到侵害的，有权要求停止侵害，恢复名誉，消除影响，赔礼道歉，并可以要求赔偿损失。法人的名称权、名誉权、荣誉权受到侵害的，亦适用上述规定。该法第 134 条进一步说明，赔礼道歉是承担民事责任的主要方式之一，且可以单独适用，也可以合并适用。关于民事道歉在民事领域中的适用范围，有人主张仅适用于《民法通则》所规定的公民和法人的姓名权（名称权）、名誉权、荣誉权以及公民肖像权侵害案；④亦有人指出适用范围很广，只要行为人因为主观上的过错侵犯他人的财产权和人身权，都可责令行为人承担民事道歉的责任。⑤ 此外，最高人民法院《关于贯彻执行〈中华人民共和国民法通则〉若干问题的意见（试行）》第 162 条第 2 款、最高人民法院《关于审理名誉权案件若干问题的解答》第 10 条第 2 款、最高人民法院《关于确定民事侵权精神损害赔偿责任若干问题的解释》第 8 条、我国《消费者权益保护法》第 50 条和《著作权法》第 47 条、第 48 条均有关于民事道歉的规定。

而官员道歉是指“政府及其官员就自身的作为或不作为行为对社会所引起的不良后果，向社会公众表示承认错误、表达内疚、请求原谅的一种行为”。⑥ 政府道歉，即“政府及其成员就自身的作为或不作为行为所引起的对政治客体的不良后果，向政治客体公开表示歉意的行为”。⑦ 上述两种道歉就实质内涵而言，存在大幅度的交叉，重合的部分非常明显；就致歉主体而言，一个是“政府及其官员”，另一个是“政府及其成员”，那么何为

① 杜雪晶、刘亚娜：《我国非刑罚处罚的方法》，载《行政与法》（吉林省行政学院学报）2004 年第 11 期。

② 魏振瀛：《论请求权的性质与体系——未来我国民法典中的请求权》（上），载《中外法学》2003 年第 4 期。

③ 参见郑立、王作堂主编：《民法学》（第 2 版），北京大学出版社 1994 年版，第 548 ~ 549 页。

④ 参见丁建军：《浅谈民事责任中的赔礼道歉》，载《法律适用》1997 年第 2 期。

⑤ 参见魏振瀛主编：《民法》，北京大学出版社、高等教育出版社 2002 年版，第 721 页。

⑥ 周亚越：《官员道歉、问责及其制度安排》，载《云南社会科学》2009 年第 1 期。

⑦ 李秀秀、刘旭：《关于我国政府道歉及其制度化的几点思考》，载《法制与社会》2008 年第 10 期。

"官员"？何为"成员"？"官员"和"成员"似乎都不是法律用语，看似存在包含与被包含的关系。而无论是"政府及其官员"，还是"政府及其成员"，实际上都是行政机关及其工作人员，其代表的都是行政权，主要行使的是行政权，道歉的起因也是因为行政权的行使出现了问题抑或是其他影响了行政机关形象的情形，引起的不良后果都是社会公众或者特定行政相对人对行政机关的不满。此外，享有行政权的被授权组织也会因上述类似问题而道歉。因此，以更加突显行政主体身份和行政权性质的"行政道歉"一词来替代"官员道歉"和"政府道歉"、将二者予以统一，就显得更为贴切和顺理成章了。

于是，一个构建在"政府道歉""官员道歉"这两个常见但不够准确的概念基础上的新概念"行政道歉"产生了，它有广义和狭义之分。狭义的行政道歉是指行政主体及其工作人员因行政权的行使而损害了社会公众或者特定行政相对人的合法权益时，予以表达歉意的行政责任承担方式。广义的行政道歉是指行政主体及其工作人员向社会公众或者特定行政相对人表达歉意的行政责任承担方式。① 行政道歉是从大量类似行政现象中抽象出的一个法学概念，也是一种特殊的柔性行政方式。

二、行政道歉的特质及其功能

就性质而言，行政道歉是行政主体及其工作人员承担行政责任的方式之一。行政问责的方式包括诫勉谈话、通报批评、责令公开检讨、责令公开道歉、责令辞职、建议免职、纪律处分等。② 有学者更进一步明确，行政道歉是"行政主体所承担的补救性行政责任中最轻的一种"。③

行政道歉有着不同于其他类型道歉的特有品质——致歉主体恒定性、致歉对象多样性、非选择性、规范性、独立性、补充性等。从上述行政道歉的概念可见，第一，行政道歉是由行政主体及其工作人员作出的，且行政道歉的致歉方只能是行政主体及其工作人员，不可能是一般民事主体或者其他国家机关。此项特质将行政道歉与国家道歉、司法道歉、刑事道歉、民事道歉区别开来。第二，行政道歉的致歉对象不仅包括行政相对人，还包括社会公众；既可能是特定的一个人，也可能是不特定的多数人。这也是有别于其他类型的道歉的。第三，行政道歉并非基于行政主体或者其工作人员的自愿选择。在法定道歉的情形下，即使致歉主体不愿意，也必须要服从法规范而予以道歉。第四，无论形式还是实质，行政道歉都必须符合相应规范，严格按照要求行事，避免随意性。第五，行政道歉是独立的行政责任方式，不依附于其他责任方式，可以独立地行使和适用。同时，在诸多行政责任方式中，行政道歉只是处于辅助性地位，而非主要的责任方式，其往往是其他责任方式的补充。

---

① 参见王晨：《论行政道歉》，载《兰州学刊》2013 年第 6 期。

② 参见李军鹏：《责任政府与政府问责制》，人民出版社 2009 年版，第 221 页。

③ 崔卓兰、孙红梅：《行政法学》，吉林大学出版社 1997 年版，第 368 页。

拥有上述特质的行政道歉其功能也是不同于其他类型道歉的。行政道歉的功能即行政道歉在应然状态下的作用。政治家塞涅卡在《道德书简》中指出:“道歉既不伤害道歉者,也不伤害接受道歉的人。”道歉是一种美德,不仅能化解矛盾,而且会给自己及对方带来轻松和快乐。而行政道歉是处于优势地位的行政主体及其工作人员的示弱表现,其精神抚慰致歉对象、恢复客观的社会评价、警示其他行政主体、树立责任政府形象的功能更为突出。

在行政管理关系中,行政主体扮演着管理者的角色,与被管理者之间是领导与服从、主动与被动、优势与劣势的关系。再加上中国几千年的“官本位”思想的残余影响,哪怕是行政主体的点滴示弱表现都会令致歉对象受宠若惊,甚至是感激涕零。“虽然这对受损害者的物质损害没有补益,但使其精神得到安慰,能平息消除其不满情绪。”①而这种精神抚慰势必会使人们心理上得到某种满足,益于心情的舒畅和压力的释放,进而缓和了官民关系。司法裁判能带来公正,但带不来和解。“真正的道歉能够实现宽恕与和解,继续发展双方之间的关系。”②行政道歉促使致歉对象恢复对行政主体及其工作人员的客观评价,同时也恢复了社会对于受损害的致歉对象的原有正确评价,维护了个人尊严与公权力的权威。而且这种行政主体的示弱表现,对于其他行政主体而言,也是一种警示,警告其他行政主体不要犯类似的错误,不要重蹈覆辙,从而产生教育和告诫的作用。而这一切都为树立责任政府、亲民政府的良好形象奠定了基础,并最终促进了我国和谐社会的建设。

三、行政道歉的类型化分析

类型化的目的在于更好地理解行政道歉的内涵,以便更好地规范行政道歉行为。不同类型的行政道歉,有着不同的适用条件和操作要求。具体来说,根据致歉对象的性质,可以分为面向行政相对人的行政道歉和面向社会公众的行政道歉;以行政道歉形式的不同,可以分为口头道歉和书面道歉;以行政道歉规范的差异,有法定道歉和非法定道歉之别;从道歉关系的角度看,包括内部道歉和外部道歉;以道歉场合的不同,区分为私下道歉与公开道歉。

面向行政相对人的行政道歉往往适用于致歉主体侵害了特定行政相对人权益的情形。由于该类道歉涉及的是特定人的权益,因此常常要求在一定范围内当面向特定相对人表示歉意,与特定相对人密切沟通,争取谅解。面向社会公众的行政道歉通常适用于影响面较广、非针对特定相对人的情形,其道歉方式一般要求在公开媒体上致歉。

书面道歉是较为正式和庄重的道歉,通常是以道歉信为载体,便于留存;而口头道歉

---

① 崔卓兰、孙红梅:《行政法学》,吉林大学出版社 1997 年版,第 368 页。

② [美]盖瑞・查普曼、詹妮弗・托马斯:《道歉的五种语言》,吕海霞译,中国电影出版社 2007 年版,第 5 页。

则是通过口头语言予以致歉的形式，相对来说，固定性较差，但是操作便捷、灵活。很多的行政道歉是以书面形式作出的，而口头的行政道歉也并非罕见。

依法规范进行的行政道歉即为法定道歉。行政道歉应以法定道歉为主，因为致歉主体作为国家公权力的化身和代表，一言一行，都直接影响了政府的形象和公信力。尤其是作为承担行政责任的方式之一，行政道歉更应该以规范为本色，以法制度、法规范来约束自身的道歉行为，严格按照法定程序和法定标准来执行。但是，我们不得不承认的是，法并非万能，并不能预知所有的未来。所以还要留有余地，给予行政主体及其工作人员以道德层面道歉的空间，辅以非法定道歉，这似乎更能够体现责任政府的精神与理念。

基于内部关系而进行的行政道歉属于内部行政关系范畴，它是在行政系统内部基于隶属或者协作关系而产生的，如行政机关向公务员的道歉。外部行政道歉则是由于外部行政关系而形成的，属于行政管理关系、行政监督关系以及行政救济关系领域，绝大多数的行政道歉为外部行政道歉。

如果致歉对象或者道歉事项涉及国家秘密、商业秘密或者个人隐私，或者应致歉对象的要求，行政道歉可以以私下道歉的方式进行，否则行政道歉应该是公开进行的。这主要是考虑到一方面，要尊重致歉对象的感受，兼顾特定秘密的保护；另一方面，“阳光是最好的防腐剂”，同时也是最好的教育场所。所以，行政道歉应以公开道歉为原则，以私下道歉为特例。

四、行政道歉的异化现象及其成因

近年来，行政道歉事例大量涌现，但其中的异化现象屡见不鲜。总体来讲，可以分为内容和形式两大异化类型，具体包括拒不道歉的缺失型行政道歉、主体遗漏的缺位型行政道歉、对象错误的错位型行政道歉、因素含混的躲闪型行政道歉、内容不清的空泛型行政道歉、过于精炼的浓缩型行政道歉、措辞不当的语失型行政道歉、洗去铅华的洗责型行政道歉；力避公开的隐秘型行政道歉、重压之下的被迫型行政道歉、方式不当的自辱型行政道歉、路径欠妥的作秀型行政道歉、委托他人的委托型行政道歉、久拖不决的迟缓型行政道歉。①

究其原因，在于民主精神责任意识普遍淡薄、行政道歉基础研究严重不足以及现有行政道歉规范不尽合理。

（一）民主精神责任意识普遍淡薄

有学者经过实践研究发现，33%的中国上级领导在出现错误时不向下级道歉。② 也就是说，在中国社会地位高的人一般不会向社会地位低的人道歉，长辈通常不会向晚辈

① 参见王晨：《行政道歉异化现象的成因分析》，载《学理论》2016年第3期。

② 参见洪溪珧：《道歉语的跨文化研究》，载《湖南医科大学学报》（社会科学版）2008年第2期；赵亮：《英汉语交际中道歉行为与道歉策略探析》，载《长春金融高等专科学校学报》2009年第2期。

道歉。另有学者通过问卷调查发现,中国受试者把“面子”与道歉的必要性联系起来,如果他们认为某种道歉很丢“面子”,就会尽可能地想办法不道歉;而英国受试者并不认为“面子”问题与道歉之间存在必然的联系,在考虑是否道歉时并不考虑道歉是否会丢“面子”,因为他们更加注重评估情节的严重性。① 为什么会出现这些差别呢?

社会人文学博士吉尔特·霍夫斯坦德(Geert Hofstede)教授的权力差距理论②认为,中国是个大权力差距的文化国度,社会结构等级性以及人们头脑中的等级观念较强,人与人之间的不平等是人们认可并接受的。因此,人们在道歉的时候,因致歉对象不同,其道歉策略亦不同。“上对下、长对幼、尊对卑”的道歉策略可能就是根本不道歉,而“下对上、幼对长、卑对尊”的道歉策略可能是反反复复、一而再、再而三的道歉。行政道歉是权力向权利的道歉,属于所谓的“上对下、长对幼、尊对卑”的道歉,被认为是很伤面子的事情,所以行政道歉本身会令致歉主体感到非常难以接受。“这里既有他们放下身段的千般不愿,有他们面对民意的不适,和对上级领导压力的内心权衡,更有他们对如何承担政治和法律责任的复杂思虑。”③

这是上千年的习惯,既是习惯,就会有一定的惯性,且这种惯性伴随文化的传承一直延续至今。致歉主体不习惯行政道歉,致歉对象也不习惯被行政道歉。④ 即使官员做错事而道歉时,通常也只是向“上”道歉,而非向人民道歉。人们严重缺乏自我意识的觉醒,民主意识、权利意识、平等意识、参与意识普遍性匮乏,致使其政治参与意识淡薄,服从心理和政治冷漠心理占据主导地位。最终使整个社会“官本位”思想成为意识结构、政治伦理中的主流价值观。⑤ 可见,在我国传统政治伦理中,缺失“上对下、尊对卑”的道歉理念,缺乏行政道歉茂盛生长的土壤。因此,由上至下的行政道歉,要求“官老爷”向“平头百姓”低下头、承认自己错了的行政道歉,其难度可想而知。更何况权力的自我防御、逐利避害的本性,也会使他们自觉或者不自觉地对抗行政道歉的责任或者作出种种异化的行政道歉以规避和消减应负的法律责任。

(二)行政道歉基础研究严重不足

“行政道歉”这一概念在中国的正式提出始于王晨教授的博士学位论文《法治视野

---

① 参见王海萍、项骅:《中英道歉言语行为评价之比较研究》,载《外国语言文学》2009 年第 1 期。

② 参见[荷]G. 霍夫斯坦德:《跨越合作的障碍——多元文化与管理》,尹毅夫等译,科学出版社 1996 年版,第 36 ~ 45 页。

③ 柴会群:《官员道歉十年史》,载《共产党员》2010 年第 1 期。

④ 2010 年 5 月 11 日,当河南商丘市政法委书记王建民及相关法院院长向蒙受冤狱的赵某海鞠躬致歉时,从来没见过这么多大官的赵某海也对致歉者鞠躬,并一再表示感谢。当记者问赵某海“你要感谢谁”时,他说感谢法院,感谢党。法院是致害者,是致歉主体之一,赵某海对法院的感谢,显然从逻辑上看是不顺畅的。但确实是中国老百姓崇拜权力、依赖权力的例证。

⑤ 参见周亚越:《论中国问责文化的缺失与建构》,载《宁波大学学报》(人文科学版)2008 年第 3 期。

中的中国行政道歉制度研究》(中国人民大学,2011年),至今未获广泛共识和采用,相关基础性研究仅仅是建立在尚且不够发达的关于"官员道歉"和"政府道歉"的初级研究基础上,"行政道歉"的独立基础性研究从全国范围上看还是寥若晨星。笔者曾经分别于2013年12月28日9时49分[表14-1简称(1)]和2017年11月15日7时30分[表14-1简称(2)],通过哈尔滨理工大学图书馆进入"中国知网",以"政府道歉""官员道歉""行政道歉""道歉"为检索词,以题名、关键词、摘要、主题、全文为检索要求,不计年限,进行了初级检索,相关的论文数量见表14-1。

表14-1 "中国知网"中有关论文数量(篇)

检索词	政府道歉		官员道歉		行政道歉		道　歉	
检索时间	(1)	(2)	(1)	(2)	(1)	(2)	(1)	(2)
篇　名	4	16	12	43	7①	11	653	3182
关键词	5	9	3	4	6	10	96	147
摘　要	7	13	18	98	8	12	2656	6009
主　题	7	27	20	122	8	22	3128	8511
全　文	346	833	89	32,188	21	56	88,903	247,093

注:检索日期截至2017年11月16日。

虽然第(2)组数据比第(1)组数据好看一些,但我们仍然可以毫不夸张地说,关于行政道歉的搜寻结果近乎惨不忍睹,这直接反映了法学界对于行政道歉研究的淡漠。不仅数量少,经过仔细研读上述主要论文后发现,尽管涉及"道歉"的文章相对多些,但这些文章大多是从政治学、社会学角度对"道歉"进行诠释和分析,从法学角度进行论述的少之又少。在这些贫瘠的科研成果中,对于民事道歉的研究算是相对深入的,而对于"政府道歉""官员道歉"的研究大多只是停留在"就现象说现象",甚至是"就事例说事例"的初级研究阶段,深入分析和研究的文章并不多见。

行政道歉理论研究的严重匮乏使行政道歉的实践缺乏科学理论的指导,最终导致在具体操作中出现大量的异型行政道歉,从而损害了行政道歉的功能以及社会的秩序和稳定。因此,有必要在理论界率先确认并推行"行政道歉"这一概念,明确它与其他类型道歉之间的界限,做好相关的基础性研究工作,以便根源性地规范行政道歉,彻底解决行政道歉实践操作的混乱局面。

(三)现有行政道歉规范不尽合理

目前,我国只有4部法律涉及行政道歉:《国家赔偿法》《公务员法》《治安管理处罚

---

① 这里的7篇论文中,有6篇论文是王晨教授撰写。

法》《行政监察法》；只有一部行政法规提及行政道歉，即《行政监察法实施条例》；触及行政道歉的地方性法规较多，如《浙江省城市管理相对集中行政处罚权条例》《南京市城市治理条例》；关于行政道歉的部门规章和地方规章最为常见，如《办理户口、居民身份证工作规范》(公安部)、《苏州市企业信用信息管理办法》等。此外，还有诸多其他层面的规范也关乎行政道歉，如国务院先后下发的《全面推进依法行政实施纲要》、中共中央办公厅、国务院办公厅《关于实行党政领导干部问责的暂行规定》(以下简称《问责规定》)、国务院《关于加强法治政府建设的意见》等。另外，有两个专门规定行政道歉的法规范——《深圳市政府部门责任检讨及失职道歉暂行办法》(以下简称《深圳道歉办法》)和《眉山市政府部门决策失误检讨和公开道歉制度》(以下简称《眉山道歉制度》)。[①] 上述规范的出台及其实施，标志着中国行政道歉制度业已成型，并指导和规范了行政道歉的实践活动，但其中的既存问题也是不容忽视的：

1. 行政道歉的基本原则尚未统一，而基本原则是规则的根本，是制度的导向。根本不明、导向不明，相关的规则和制度自然就是混乱和无序的。

2. 行政道歉的致歉主体范围过窄，规定不统一。上至司局级，下至普通工作人员；仅限于行政机关，抑或包括企事业单位。当然还有个别法规范对具体的致歉主体没有规定。[②]

3. 行政道歉的致歉对象遗漏不全，《深圳道歉办法》和《问责规定》等规范只是将致歉对象列为公众，似乎他们都不需要向特定行政相对人致歉。

4. 行政道歉的致歉内容近乎空白，《深圳道歉办法》将行政道歉的致歉内容规定为履责不力的原因、整改的具体措施及进度安排，而《眉山道歉制度》以及其他规范，都没有具体规定行政道歉的致歉内容。

5. 行政道歉的致歉条件过高过严，很多是以造成严重后果为前提的，[③]而且涉及的范围也比较狭窄，大多局限于职务行为，且非全部职务行为，仅仅是一部分而已。这意味着行政道歉的启动标准比较高，启动的难度还是比较大的。

6. 行政道歉的致歉路径形式单一，通常局限于新闻发布会、报纸电视等新闻媒体，具体形式以书面道歉居多，缺乏对行政道歉致歉对象的意志和个性的尊重，缺乏人文关怀和互动性，不符合当今多样化时代的氛围和个性化需求。

7. 行政道歉的致歉类型划分不当，《行政监察法》《问责规定》《深圳问责办法》均强调“责令公开道歉”，即被动的行政道歉，而排除了主动型行政道歉。

---

① 参见王晨、杨宝成：《中国行政道歉制度的法规范梳理》，载《河南司法警官职业学院学报》2013 年第 2 期。

② 详尽的列表式介绍及其分析参见王晨：《法治视野中的中国行政道歉制度研究》，黑龙江大学出版社 2012 年版，第 75～78 页。本书限于篇幅，不再赘述。

③ 参见《问责规定》《深圳道歉办法》《眉山道歉制度》等规范的相关规定。

8. 行政道歉的致歉程序无规无矩，不仅《问责规定》，就连《国家赔偿法》《公务员法》等特别法，甚至是专门规定行政道歉的《深圳道歉办法》和《眉山道歉制度》均只字未提关于行政道歉的程序问题。

9. 行政道歉的后续责任严重缺失，现有的相关规范均没有提及行政道歉之后的进一步责任追究机制，这直接影响了致歉对象对于行政道歉的真诚度和存在意义的评价。

五、行政道歉法治化

(一)行政道歉法治化的理论基础

自古以来，我国行政道歉的事例就屡见不鲜。就形式而言，“从‘禹汤罪己’到清朝，史不绝书，并延续到近代，最后是袁世凯仿罪己诏形式的退位申令。”[①]罪己诏是我国古代史的一个特有现象，它是帝王公开承认错误、表达悔意、承担责任的一种方式，也就是古代行政道歉的方式之一。《左传》庄公十一年记载，“禹汤罪己，其兴也勃焉”。禹汤为何罪己，尚不得知，但可见的是其罪己的效果甚好，得以进一步兴旺和蓬勃发展。最早见于文字详细记载的是秦穆公的罪己诏。秦穆公利令智昏，盲目讨伐郑国，结果大败，其悔过作誓——“我心之忧日月逾迈……邦之杌陧，曰由一少；邦之荣怀，亦尚一人之庆。”[②]秦穆公坦诚承认国家的危难，在于君主用人不当；而国家的安宁，在于任用贤能。其悔改之情，日月可见，自誓改过。汉武帝作为“一代英主”，到了晚年也对自身的功过进行了深刻反省。“朕即位以来，所为狂悖，使天下愁苦，不可追悔。自今事有伤害百姓，靡费天下者，悉罢之。”“今又请远田轮台，欲超亭隧，是扰劳天下，非所以优民也，朕也忍闻？”“当今务在禁苛暴，止擅赋，为本农，号马复令以补缺，毋令乏武备而已。”[③]这就是历史上著名的“轮台罪己诏”，不仅被历代帝王和史学家奉为罪己典范，而且由于诚恳罪己之后的改正措施而颇得人心，巩固了汉武帝以及西汉王朝的地位。而唐德宗更是在执政失误、导致兵变的情况下，罪诏天下：“上累于祖宗，下负于蒸庶，痛心靦貌，罪实在予，永言愧悼，若坠泉谷。自今中外所上书奏，不得更言圣神文武之号……朕以不德自陷范亡，固其宜也。公辈无罪，宜早降以救室家。群臣皆顿首流涕，期尽死力。”[④]唐德宗以自责其罪、自贬其身的举动，赢得了大臣和将士的誓死效命，终将危机平息下去。元英宗面对奉元路行宫正殿和上都用监库的火灾，不仅直接命令卫士救火，还向群臣检讨自己的责任。[⑤]

在“王权至上”“君为臣纲”的封建社会，贵为帝王的国家最高行政长官，竟然可以屈尊公开自责道歉，这主要是源于作为中国封建时代文化思想主流的儒家伦理道德。孔子

---

① 张绪穗：《试论罪己诏》，载《玉林师专学报》1994 年第 2 期。

② (汉)孔安国传：《尚书·秦誓第三十二》，(唐)陆德明释文，上海函芬楼借吴兴刘氏嘉叶堂藏宋刊本。

③ (汉)班固：《前汉书·第九十六》，同治 8 年，金陵书局刊。

④ (宋)司马光：《资治通鉴》卷第 229，陈明卿太史评阅，康熙 35 年雕，金阊绿荫文雅堂藏板。

⑤ 参见如如：《“罪己诏”及其它》，载《浙江消防》2002 年第 7 期。

提出“善人为邦”“其身正,不令而行,其身不正,虽令不从”。[①]《荀子致士》也载明了荀子的主张,“君者仪也,民者景也,仪正则景正”。也就是说,作为君主一定要成为民众的榜样,起到表率作用。自然在做错的时候,就要彰显帝王风范,深表悔意,率先承认并改正错误,以图臣民的谅解,确保自己的江山社稷。这就是我国行政道歉法治化的传统文化基础。

而今日之中国,奉行的是人民主权思想,权力来源人民,要向人民负责。当权力侵害人民利益或者影响权力自身形象时,向人民道歉,就显得顺理成章了。更何况建立“责任政府、服务政府、亲民政府”已经成为当前的任务和使命,已成为现实的执政理念和社会氛围。“官民”不再是过去那种对立的状态,我们的政府是“为人民服务”的政府,是人民当家作主的政府,更应该是一个爱民、亲民、充分尊重和保障人权的政府。这是行政道歉法治化的现实思想基础。

赔礼道歉原本是一种道德责任,是行为人基于内心反省或者外界指引而为自己的错误行为向受害人承认错误,表示歉意。在现代社会里,“金钱不再是万能的”,人们更加重视精神上的感受和满足。有的受害人并不在乎金钱赔偿,而格外注重侵权人的赔礼道歉,甚至只要侵权人道歉,受害人就可以放弃索赔权而撤诉;而有的侵权人对金钱赔偿并不在意,但向受害人赔礼道歉,却是令其不愿意接受的。例如,在庄羽诉郭敬明抄袭案中,被告很快向原告支付了法院判定的赔偿金,但却坚持拒绝赔礼道歉。可见赔礼道歉往往能够起到“令受害者欣慰,令施害者痛苦”的作用。相对于普通民事侵权而言,行政侵权无论在性质上,还是在程度上都要严重得多,给受害人造成的损害也是更大的。另外,受中国传统文化的影响,我国人民乐于接受赔礼道歉,其作用往往是其他方式无法替代的。[②] 因此行政主体在为此承担行政责任时,必须以更具有人性化以及人文关怀精神的责任形式来满足受害人精神抚慰的要求。这是行政道歉法治化的道德基础。

而从法学的角度看,法理学确立的法的价值——正义、秩序、效率等,恰恰是行政主体向行政相对人或者全社会的行政道歉可以带给我们正义实现的成就感,从而赢得较为稳定的社会秩序。有了相对人和全社会的配合与支持,自然得以保证较高的行政效率。宪法是以尊重和保障人权为己任的,行政道歉正是尊重行政相对人、尊重社会成员的体现,且是以尊重为前提的,是对致歉对象的切身感受和实际权益的尊重。有了尊重,并通过行政道歉的后续责任追究制度和补救措施以实现进一步的人权保障。而行政法的实质是规范和控制行政权,行政主体及其工作人员作为监控对象,做了不应该做的,没做应该做的,因此承担最起码的道歉责任,这既是必然结果,恐怕又只是承担责任的“初级阶

---

① 夏延章等译注:《四书今译》,江西人民出版社 1986 年版,第 130 页。

② 参见郭川阳:《论国家赔偿之赔礼道歉》,载法律教育网:http://www.chinalawedu.com/news/2005/2/li6120475937182250021 7328.html,最后访问日期:2020 年 1 月 20 日。

段”。上述可见行政道歉法治化的法学基础。

总之，当今中国存在行政道歉法治化的传统文化基础、现实思想基础、道德基础以及法学理论基础，更有着迫在眉睫的实践需要。因此，选择一条正确的法治化路径以追求并实现行政道歉法治化就显得切实而必要了。

（二）行政道歉的法治化路径

1. 在立法方面，统一行政道歉规范，提高规范层次，制定统一的行政道歉法。

一要明确行政道歉的基本原则，应包括公开原则、主动原则、及时原则以及规范原则。行政道歉应以公开为原则，除非涉及国家秘密、商业秘密、个人隐私或者致歉对象主动要求不公开的情形。因为公开的行政道歉有利于恢复致歉对象的良好名誉或者声誉，有利于展现行政主体的责任形象。而如果要表现致歉主体的诚意，行政道歉就应当是主动且及时进行。而且行政道歉的具体实施一定要按照规范去做，致歉主体应当严肃且严格地履行自己的道歉责任，最终实现行政道歉的规范和示范功能。

二要规划行政道歉的实体规范，确定行政道歉的致歉主体、致歉对象、道歉条件、道歉内容以及道歉的后续责任。行政道歉是以行政责任的确定为前提的，行政责任通常意味着相应行为违法或者不当。而这种违法或者不当行为虽然是具体工作人员作出的，但由于大多系职务行为，理应由所属机关作为直接的责任主体。而所属机关是由其负责人作为法定代表人的，对外代表所属机关承担责任，履行义务。因此，行政道歉的致歉主体应当是违法机关的负责人及其具体办事人员。这样不仅从法理关系上讲是顺畅的，也是易于理解和接受的；而且，负责人出面道歉，有利于督促违法机关日后行为慎重与规范。同时，也是对相关行政主体负责人及具体办事人员一种行之有效的教育和惩戒。

引发行政道歉的违法或者不当行为直接侵害了行政相对人或者社会公众的利益，相应的行政相对人或者社会公众理所当然应该是赔礼道歉的对象。同时行政相对人的近亲属基于亲缘关系，也会因受害人所遭受到的损害而受到牵连或者是精神上、财产上受到损害，而且这种影响也属于“切肤之痛”，并不明显次于受害人本人。因此除了受害人以外，受害人的近亲属及其他受牵连人都属于行政道歉的致歉对象。

行政道歉的条件，即行政道歉的门槛宜低不宜高，且不应以行政权为限。行政主体及其工作人员违法行使行政权的行为，自然要导致行政责任的承担，其中最轻的责任方式即行政道歉。此外，与行政权无关、但损害了行政主体形象以及行政主体公信力的不当行为，亦应予以行政道歉。总之，行政违法或者不当行为均应引起行政道歉。

行政道歉的内容应完整，至少包括但不限于致歉原因、弥补措施等。有专家指出，一个完整的道歉应由五种语言组成——表达歉意、承认过错、弥补过失、真诚悔改和请求饶恕。[①]

---

① 参见[美]盖瑞·查普曼、詹妮弗·托马斯：《道歉的五种语言》，吕海霞译，中国电影出版社 2007 年版，第 2 页。

也就是说，行政道歉的致歉主体应当首先表示自己的深深歉意，说声“对不起”；然后承认己方的实际错误，并实事求是地分析并评价错误的原因；之后拿出行动和措施来，以弥补致歉对象的损失，挽救受损的行政主体形象；并承诺不会再犯类似错误；最后请求致歉对象的宽恕，取得其谅解，以达成双方的和解。

行政道歉只是承担行政责任的方式之一，而且是较轻的一种方式，并不能替代其他责任形式。因此道歉之后，还应当依法依规承担其他行政责任，甚至刑事责任。另外，对于应该道歉而不道歉或者道歉不规范的行为，应予进一步追究其责任，建立相应的责任制度以确保行政道歉的规范执行。

三要设计行政道歉的程序规范，包括行政道歉的时间、形式和场合等。古老的法谚告诉我们，迟到的正义非正义。道歉的时间宜早不宜迟，及时的道歉才能体现出致歉主体的诚意，拖延的道歉会使致歉对象的失落感、不公平感更多更强，所以应当在责任明确之时，致歉主体就要放下“架子”，基于真诚的悔悟，尽快履行行政道歉的法律责任。

行政道歉形式的选择要尊重受害人的主观愿望。正义不仅仅是一种法律价值，更是一种被老百姓广为接受和追求的目标，它直接决定着老百姓的心理感受。而“正义的客观标准是不存在的，因为说某些东西是公平的或不公平的，指的是对最后目的的‘价值判断’而言；而这些‘价值判断’就其性质来说，是主观的，它是建立在人们的思想、感觉和希望的情绪上面，既不能用事实来证明，又不能用逻辑来证明”。① 就受害人的主观感受而言，行政道歉致歉主体的致歉方式以及致歉内容与受害人的期望差距越小，受害人心理越易于接受，对所获赔偿的评价越高；差距越大，评价越低，甚至会更加激化矛盾。② 因此，行政道歉的致歉主体在选择行政道歉方式时，“应当适当考虑受害人的主观诉求，以防止通过个案的叠加来积累社会的怨气”。③ 有学者认为，行政道歉原则上应当采取书面方式，同时可以口头、新闻或电视公告的方式予以补充。④ 亦有人强调，口头道歉更为便捷易行，但应将口头道歉的内容记录在案。如果只适用书面道歉的方式，或者受害人更乐于接受书面道歉的形式，则由行政道歉致歉主体将道歉内容以书面的形式送交受害人。⑤ 基于上述认识，笔者认为，口头道歉不宜作为行政道歉的独立形式存在，而应以正式的书面道歉或者书面加口头的方式进行，以彰显致歉主体对相关问题的重视程度和反省的诚意。受传统文化的影响，人们更加愿意接受“面对面”的赔礼道歉，它使人们能够直接感受到精神上的抚慰；而书面道歉更加正式，具有一定的留存价值，是对受害人一个

① 此系美国法哲学及公法学家汉斯·凯尔森（Hans Keken，1881～1993 年，奥地利裔犹太人），转引自张文显：《二十世纪西方法哲学思潮研究》，法律出版社 1996 年版，第 574～589 页。

② 当然也要对受害人的诉求与期望进行引导，力促合法并合理。

③ 马怀德主编：《国家赔偿问题研究》，法律出版社 2006 年版，第 273 页。

④ 参见马怀德主编：《国家赔偿法学》（第 2 版），中国政法大学出版社 2007 年版，第 252 页。

⑤ 参见刘家琛主编：《国家赔偿法及配套规定新释新解》，人民法院出版社 2006 年版，第 881 页。

比较稳定长久并固化的抚慰。而且口头加书面的道歉,并没有过多地加重赔偿义务人的负担,社会成本也非常低廉,而效果是更加能够体现行政主体"知错必改"的诚意,更加易于得到受害人的谅解,使行政道歉的功能得以淋漓尽致地发挥。另外,泰州两级人民法院的做法也值得借鉴与学习:当地法院依据泰州市中级人民法院出台的《关于民事审判运用善良习俗的若干意见(试行)》,在判案中载明以放鞭炮、请茶酒的方式作为赔礼道歉的形式。这种道歉的形式因为原被告都乐于接受,最终双方握手言和。因此,在实际工作中,可以适当地运用当地的善良习俗、生活习惯等可操作性强、民众乐于接受的方式,使行政道歉更具个性化,以取得更好的效果。

湖南省桃江县大栗港镇花园楼农民肖某某被诬嫖娼,遭到湖南省桃江县公安民警的拷打,并被收容 22 天。几经努力,1999 年 8 月,益阳市公安局撤销了桃江县公安局的收容决定。在肖某某所有的申诉请求中,他始终将核心放在"公安局的公开赔礼道歉"上,而这一要求始终没有得到满足。之后,肖某某开始了漫漫上访之路。肖某某是一个有近 20 年党龄的老共产党员,他数年上访提出的条件只有一个:必须在桃江县公安局组织召开的、由花园楼全体共产党员和绝大部分群众参加的群众大会上,由桃江县公安局局长亲口说出 20 个字"肖某某,我们错了,我代表桃江县公安局向你道歉!"①桃江县公安局并非不愿意赔礼道歉,而是将道歉的地点局限于公安机关,参加人也只限于肖某某及其近亲属。但是我们都知道,在一个村里出了这样的事,其影响不仅限于一个家庭,至少是这个村的人全知道了,甚至邻村也是家喻户晓。肖某某要求在全村进行行政道歉,当着全村大多数村民的面,系没有超过公安机关违法行为的影响范围,实属合理,理应支持。因此,我们得出这样的结论,行政道歉原则上应该是公开进行的,在公众场合(除非涉及国家秘密、商业秘密、个人隐私或者受害人要求不公开),且必须是在侵权地,在侵权行为所影响的合理范围内进行。

2. 加大执法力度,严格执法程序,规范行政道歉行为。在行政道歉的操作层面,要求致歉主体严肃并严格地按照相关规范去做,加强行政监督和社会监督,并配以相关责任制度、救济制度,力戒任意性和随意性,以规范和控制行政道歉行为。

3. 建立切实完善的司法保障体系,进一步调整、理顺行政复议制度、行政诉讼制度以及行政赔偿制度,强化上述制度对于行政道歉的监督和救济,将行政道歉所引发的侵害行为纳入行政复议的可议范围、行政诉讼的受案范围以及行政赔偿的赔偿范围,对侵害结果予以物质和精神两方面的赔偿。如此,方能将行政道歉这一柔性行政方式带来的违法侵权后果降到最低并获得及时有效的法律救济。

---

① 晚伍、何宇翔:《上访 3 年,要求公安局长公开道歉》,载《法律与生活》2002 年第 8 期。

结　语　中国特色柔性行政方式法治体系建设任重而道远

国家治理体系和治理能力现代化是建设法治国家、法治政府和法治社会的重要目标,实现国家治理体系和治理能力现代化需要依法治国、依法执政和依法行政的共同推进。具体到行政管理和政府法制领域而言,需要通过创新行政管理方式实现有效治理。行政管理方式可分为两大基本类型:一类是传统的刚性管理方式;另一类是当代新型的柔性管理方式。其中,传统的刚性行政方式包括行政命令、行政征收、行政征用、行政许可、行政检查、行政处罚、行政强制等,此类刚性行政方式好似急救措施、重拳出击,或可立马见效、立显权威,也易于激化矛盾、小事变大,凸显和强化行政机关与行政相对人之间的对立和冲突。

柔性行政方式包括行政指导、行政合同、行政规划、行政资助、行政给付、行政奖励、行政调解、行政和解等,是随着经济与社会的复杂多样化和民主化潮流,在行政模式由高权行政、管理行政、秩序行政向民主行政、给付行政、服务行政转变过程中日益增多的新型行政方式,是现代行政法学的重要范畴,在当下行政监管执法和行政服务过程中运用得越来越多、越来越广,其品格鲜明、功用特殊、成效显著,但不规范、少依据、多争议等问题也较突出,故必须将其纳入法治轨道加以积极和规范地运用。对此,高层领导决策机关早已提出明确要求,如由中共中央、国务院颁布的《法治政府建设实施纲要(2015 ~ 2020 年)》(中发〔2015〕36 号文件)提出的完成第四项主要任务——坚持严格规范公正文明执法——的具体措施之一就是要“创新行政执法方式……推广运用说服教育、劝导示范、行政指导、行政奖励等非强制性执法手段”。

近年来,柔性行政方式在我国行政实务中运用得越来越多、越来越广,产生了有助于实现行政管理目标的积极效果,促进形成行政两造之间的和谐关系。但如认识不深、处理不好,也会表现出不自觉、不规范、正负面效应交织、法治化程度较低等问题,应将其纳入法治轨道并形成刚柔并济格局。迄今为止,国内外对此研究不多且权威成果少,亟须加大研究力度。本书首次进行了最多类型的柔性行政方式专题研究,是本领域的一个新探索、一项新成果。在此,本书主编要特别感谢参加此项研究和写作工作的中青年行政法学者们。

类型化的分类研究只是打下一个基础,本书主编带领研究团队下一步的主要研究课题是柔性行政方式及其法治化的理论基础、基本制度、运行机制和操作方式等基础性内容的理论研究。通过系统深入持续研究获得创新性、可靠性、可行性、可生长性强的成果,即理论与实践结合的学术专著和论文,以有助于更系统地提升柔性行政方式的认知运用水平,包括在常态下和非常态下(突发事件应对状态下)的柔性行政方式认知运用水平,改善行政监管执法工作,促进实现深入推进依法行政、加快建设法治政府的法治发展目标,使依法理性配套有效地建立和运用柔性行政方式体系,成为我国行政法制实务和行政法学研究的创新亮点,成为法治政府建设、服务型政府建设、行政法律制度文明发展进程的中国智慧和中国贡献,还期盼有更多的学者和实务工作者重视研究和积极运用柔性行政方式,这是时代课题,也是时代使命,可谓任重而道远。

参考文献

一、中文图书类

1. 莫于川:《行政指导与建设服务型政府——中国的行政指导理论发展与实践探索》,中国人民大学出版社 2015 年版。

2. 莫于川:《民主行政法要论——中国行政法的民主化发展趋势及其制度创新研究》,法律出版社 2015 年版。

3. 莫于川:《行政指导要论——以行政指导法治化为中心》,人民法院出版社 2002 年版。

4. 林纪东:《行政法》,台北,三民书局股份有限公司 1988 年版。

5. 应松年主编:《行政行为法:中国行政法律建设的理论与实践》,人民出版社 1993 年版。

6. 中央纪委外事局、监察部外事局编:《外国监督制度与实践——纪检监察机关国外考察报告专辑》,中国方正出版社 1995 年版。

7. 皮纯协、张成福主编:《行政法学》,中国人民大学出版社 2002 年版。

8. 蔡志方:《行政法三十六讲》,台北,成功大学法学研究所 1997 年版。

9. 莫于川主编:《行政规划法治论》,法律出版社 2016 年版。

10. 陈新民:《中国行政法学原理》,中国政法大学出版社 2002 年版。

11. 王克稳:《经济行政法基本论》,北京大学出版社 2004 年版。

12. 杨建顺:《行政规制和权利保障》,中国人民大学出版社 2007 年版。

13. 中国社会科学院语言研究所词典编辑室编:《现代汉语词典》(第 6 版),商务印书馆 2012 年版。

14. 朱最新、刘云甫:《行政备案制度研究》,知识产权出版社 2012 年版。

15. 曾令发:《探寻政府合作之路:英国布莱尔政府改革研究(1997—2007)》,人民出版社 2010 年版。

16. 王同亿主编:《现代汉语大词典》,海南出版社 1992 年版。

17. 罗竹风主编:《汉语大词典》(9),汉语大词典出版社 1992 年版。

18. 余凌云:《行政契约论》,中国人民大学出版社 2000 年版。

19. 胡家诗、杨志安:《政府采购研究》,辽宁大学出版社 2002 年版。

20. 王亚星:《政府采购制度创新》,中国时代经济出版社 2002 年版。

21. 宋冰:《程序、正义与现代化——外国法学家在华演讲录》,中国政法大学出版社 1998 年版。

22. 何红锋主编:《政府采购法详解》,知识产权出版社 2002 年版。

23. 罗昌发:《政府采购法与政府采购协定论析》,台北,元照出版公司 2008 年版。

24. 贾康:《贾康自选集——理论创新　制度变革　政策优化》(中卷),人民出版社 2013 年版。

25. 罗豪才主编:《现代行政法制的发展趋势》,法律出版社 2004 年版。

26. 杨灿明、李景友主持:《政府采购问题研究》,经济科学出版社 2004 年版。

27. 肖北庚:《国际组织政府采购规则比较研究》,中国方正出版社 2003 年版。

28. 王亚琴编著:《政府采购与行政权利救济》,人民法院出版社 2004 年版。

29. 张树义:《中国社会结构变迁的法学透视——行政法学背景分析》,中国政法大学出版社 2002 年版。

30. 王万华:《行政程序法研究》,中国法制出版社 2000 年版。

31. 赵永伟、唐璨:《行政服务中心理论与实践》,企业管理出版社 2006 年版。

32. 姜明安主编:《行政法与行政诉讼法》(第 2 版),北京大学出版社、高等教育出版社 2005 年版。

33. 章剑生:《现代行政法基本理论》,法律出版社 2008 年版。

34. 方世荣主编:《行政法与行政诉讼法学》,人民法院出版社、中国人民公安大学出版社 2003 年版。

35. 方世荣、石佑启主编:《行政法与行政诉讼法》,北京大学出版社 2005 年版。

36. 柳砚涛:《行政给付研究》,山东人民出版社 2006 年版。

37. 杨解君主编:《行政法学》,中国方正出版社 2002 年版。

38. 杨解君、肖泽晟:《行政法学》,法律出版社 2000 年版。

39. 方世荣:《论具体行政行为》,武汉大学出版社 1996 年版。

40. 江利红:《日本行政法学基础理论》,知识产权出版社 2008 年版。

41. 余凌云:《行政法讲义》,清华大学出版社 2010 年版。

42. 裘援平等:《当代社会民主主义与"第三条道路"》,当代世界出版社 2004 年版。

43. 郑永年:《再塑意识形态》,东方出版社 2016 年版。

44. 宋大涵主编:《建设法治政府总蓝图——深度解读〈法治政府建设实施纲要(2015—2020 年)〉》,中国法制出版社 2016 年版。

45. 王名扬:《英国行政法》,中国政法大学出版社 1987 年版。

46. 杨海坤、黄学贤:《行政诉讼:基本原理与制度完善》,中国人事出版社 2005 年版。

47. 张千帆等:《比较行政法——体系、制度与过程》,法律出版社 2008 年版。

48. 王名扬:《法国行政法》,中国政法大学出版社 1989 年版。

49. 李震山:《行政法导论》,台北,三民书局股份有限公司 2007 年版。

50. 韩大元等:《宪法学专题研究》,中国人民大学出版社 2004 年版。

51. 萧榕主编:《世界著名法典选编》(宪法卷),中国民主法制出版社 1997 年版。

52. 范英等编:《海外科学基金评审方法与实践》,科学出版社 2004 年版。

53.《德意志研究联合会科学研究资助任务和财政计划》(第 8 卷),汪平忠等译,科学出版社 1994 年版。

54. 张越编著:《英国行政法》,中国政法大学出版社 2004 年版。

55. 韩大元主编:《外国宪法》,中国人民大学出版社 2000 年版。

56. 翁岳生编:《行政法》(上册),中国法制出版社 2002 年版。

57. 于安编著:《德国行政法》,清华大学出版社 1999 年版。

58. 应松年主编:《外国行政程序法汇编》,中国法制出版社 2004 年版。

59. 元照编辑委员会编:《行政法规》,台北,元照出版公司 2003 年版。

60. 叶必丰:《行政法学》,武汉大学出版社 1996 年版。

61. 罗豪才主编:《行政法论》,光明日报出版社 1988 年版。

62. 罗豪才主编:《行政法学》,北京大学出版社 1996 年版。

63. 应松年主编:《行政法学新论》,中国方正出版社 1998 年版。

64. 杨海坤:《中国行政法基本理论》,南京大学出版社 1992 年版。

65. 姜明安主编:《行政法与行政诉讼法》,北京大学出版社、高等教育出版社 2015 年版。

66. 傅红伟:《行政奖励研究》,北京大学出版社 2003 年版。

67. 沈开举主编:《行政实体法与行政程序法学》,郑州大学出版社 2004 年版。

68. 熊文钊主编:《现代行政法原理》,法律出版社 2000 年版。

69. 皮纯协主编:《行政法学》,群众出版社 2000 年版。

70. 湛中乐等:《行政调解、和解制度研究:和谐化解法律争议》,法律出版社 2009 年版。

71. 胡建淼:《行政法学》,法律出版社 2003 年版。

72. 应松年主编:《当代中国行政法》(下卷),中国方正出版社 2005 年版。

73. 张尚鷟主编:《走出低谷的中国行政法——中国行政法学综述与评价》,中国政法大学出版社 1991 年版。

74. 张晋藩:《中国法律的传统与近代转型》,法律出版社 1997 年版。

75. 范愉:《非诉讼纠纷解决机制研究》,中国人民大学出版社 2000 年版。

76. 江伟、杨荣新主编:《人民调解学概论》,法律出版社 1994 年版。

77. 吴志明主编:《大调解——应对社会矛盾凸显的东方经验》,法律出版社 2010

年版。

78. 谭炜杰:《行政诉讼和解研究》,中国政法大学出版社 2012 年版。

79. 莫于川主编:《行政强制操作规范与案例》,法律出版社 2011 年版。

80. 张正钊、韩大元:《比较行政法》,中国人民大学出版社 1998 年版。

81. 吕林:《行政和解研究》,西南师范大学出版社 2015 年版。

82. 王贵松:《行政裁量的构造与审查》,中国人民大学出版社 2016 年版。

83. 杨伟东:《行政行为司法审查强度研究——行政审判权纵向范围分析》,中国人民大学出版社 2003 年版。

84. 陆伟明:《行政调查中心主义》,知识产权出版社 2017 年版。

85. 高文英主编:《警察行政法》,中国政法大学出版社 2016 年版。

86. 尤乐:《行政资助法治化研究》,知识产权出版社 2015 年版。

87. 殷继国:《反垄断执法和解制度——国家干预契约化之滥觞》,中国法制出版社 2013 年版。

88. 邵津主编:《国际法》(第 2 版),北京大学出版社、高等教育出版社 2005 年版。

89. 王献枢主编:《国际法》,中国政法大学出版社 1994 年版。

90. 郑立、王作堂主编:《民法学》(第 2 版),北京大学出版社 1994 年版。

91. 魏振瀛主编:《民法》,北京大学出版社、高等教育出版社 2002 年版。

92. 李军鹏:《责任政府与政府问责制》,人民出版社 2009 年版。

93. 崔卓兰、孙红梅:《行政法学》,吉林大学出版社 1997 年版。

94. 张文显:《二十世纪西方法哲学思潮研究》,法律出版社 1996 年版。

95. 马怀德主编:《国家赔偿法学》(第 2 版),中国政法大学出版社 2007 年版。

96. 刘家琛主编:《国家赔偿法及配套规定新释新解》,人民法院出版社 2006 年版。

二、论文类

1. 张康之:《限制政府规模的理念》,载《行政论坛》2000 年第 4 期。

2. 程倩:《“服务行政”:从概念到模式——考察当代中国“服务行政”理论的源头》,载《南京社会科学》2005 年第 5 期。

3. 张康之:《行政道德的制度保障》,载《浙江社会科学》1998 年第 4 期。

4. 刘熙瑞:《“服务型政府”——经济全球化背景下中国政府改革的目标选择》,载《中国行政管理》2002 年第 7 期。

5. 王一程、贠杰:《中国行政管理体制改革的进展与面临的挑战》,载《政治学研究》2006 年第 3 期。

6. 沈亚平、郭琦:《从“公共服务型政府”到“社会取向型政府”》,载《生产力研究》2006 年第 10 期。

7. 杨小军:《法治视野下的服务型政府建设——从法律视角看服务型政府》,载《法治论丛》(上海政法学院学报)2008 年第 6 期。

8. 程雁雷:《服务型政府的法治基础》,载《法治论丛》(上海政法学院学报)2008 年第 6 期。

9. [日]南博方:《日本行政法的现状与课题》,杨建顺译,载《行政法学研究》1996 年第 1 期。

10. 姜明安:《行政规划的法制化路径》,载《郑州大学学报》(哲学社会科学版)2006 第 1 期。

11. 应松年:《政府职能的演变与行政规划》,载《郑州大学学报》(哲学社会科学版)2006 年第 1 期。

12. 莫于川、郭庆珠:《我国行政法学界关于行政规划的理论研究现状分析》,载《南都学坛》2007 年第 1 期。

13. 叶必丰:《法学思潮与行政行为》,载《浙江社会科学》2000 年第 3 期。

14. 张剑寒、吴庚:《行政契约之理论与实际》(下),载《中山文化学术季刊》第 27 集。

15. 张红:《论行政备案的边界》,载《国家行政学院学报》2016 年第 3 期。

16. 梁光晨、廖军:《行政备案的误区与矫正》,载《成都行政学院学报》2009 年第 1 期。

17. 胡小飞:《关于加强和改进行政备案工作的调研报告》,载《机构与行政》2016 年第 6 期。

18. 曾令发:《论作为第三条道路的合作政府》,载《四川行政学院学报》2007 年第 5 期。

19. 曾令发:《嬗变中的新公共管理》,载《行政论坛》2008 年第 2 期。

20. 曾令发:《合作政府:后新公共管理时代英国政府改革模式探析》,载《国家行政学院学报》2008 年第 2 期。

21. 成晓叶、凌宁:《英国保守党语境中"大社会小政府"的特点、困局及与我国的对比》,载《天津行政学院学报》2013 年第 5 期。

22. 王楠、杨银付:《英国"开放公共服务"改革框架及启示——以卡梅伦政府〈开放公共服务白皮书〉为主要分析对象》,载《中国行政管理》2016 年第 3 期。

23. 禹竹蕊:《行政经营及其法治化》,载莫于川等:《柔性行政方式法治化研究——从建设法治政府、服务型政府的视角》,厦门大学出版社 2011 年版。

24. 刘文丽:《浅议提高地方政府的行政经营能力——兼论西部大开发中地方政府的经营能力问题》,载《中国行政管理》2001 年第 10 期。

25. 曾令发:《政策溪流:议程设立的多源流分析——约翰 · W. 金登的政策理论述评》,载《理论探讨》2007 年第 3 期。

26. 曾俊锋:《将经营理念引入行政管理的若干思考》,载《金融经济》2005 年第 6 期。

27. 曾令发:《任务型组织的发展:从新公共管理到整体型治理》,载《学海》2007 年第 4 期。

28. 柯世涛、冯艳婷:《关于完善我国政府采购制度的思考》,载《云南社会科学》2002 年第 2 期。

29. 杨劲松:《关于完善我国政府采购对于宏观经济调控功能的研究》,载《商业时代》2013 年第 6 期。

30. 孙宏英:《浅谈政府采购如何才能“真正”节约财政资金》,载《技术与市场》2014 年第 7 期。

31. 郑瑞志:《中国政府采购的特殊性及其影响——从经济和法律的视角》,载《社会科学》2002 年第 7 期。

32. 赵忠江:《论政府采购制度的法律特征》,载《大连理工大学学报》(社会科学版)2003 年第 1 期。

33. 史际春、邓锋:《经济(政府商事)合同研究——以政府采购合同为中心》,载《河南大学学报》(社会科学版)2000 年第 4 期。

34. 刘莘、邓毅:《行政法上之诚信原则刍议》,载《行政法学研究》2002 年第 4 期。

35. 张定安、刘杰:《我国政府集中采购体制对采购绩效的影响》,载《行政论坛》2010 年第 5 期。

36. 陈渊鑫:《〈中华人民共和国政府采购法实施条例〉的理解与适用(三)》,载《财政监督》2017 年第 17 期。

37. 刘燕:《政府采购合同的性质及其纠纷解决机制》,载《中国财政》2002 年第 10 期。

38. 李宁:《我国政府购买公共服务的纠纷解决机制及其完善》,载《山东大学学报》(哲学社会科学版)2015 年第 2 期。

39. 肖北庚:《政府采购法关于行政诉讼受案范围规定之缺失》,载《行政法学研究》2005 年第 2 期。

40. 刘燕:《政府采购合同的性质及其纠纷解决机制》,载《中国财政》2002 年第 10 期。

41. 田金莹、李羽飞:《我国政府采购中的问题及其治理》,载《中国市场》2017 年第 26 期。

42. 黄杰敏:《我国政府采购评价体系问题及对策分析》,载《内蒙古科技与经济》2016 年第 12 期。

43. 马海涛、王晨:《我国政府采购监督问题与建议》,载《财政监督》2017 年第 5 期。

44. 翟小武:《美英政府采购及启示》,载《中国物流与采购》2004 年第 3 期。

45. 李成钢:《基于美国政府采购制度的比较与借鉴》,载《中国发展观察》2010 年第

9 期。

46. 王治:《美、欧、韩与香港的政府采购特点与启示》,载《中国物流与采购》2004 年第 21 期。

47. 李成政、袁卫平、黄磊:《俄罗斯、日本政府采购概况及借鉴》,载《当代经济》2006 年第 12 期。

48. 白积洋:《香港特区政府采购制度的可取之处》,载《中国政府采购》2016 年第 3 期。

49. 李青:《从操作层面比较与借鉴台湾地区所谓"政府采购法"》,载《中国政府采购》2015 年第 5 期。

50. 金志刚:《我国政府采购管理问题及对策》,载《北方经贸》2016 年第 10 期。

51. 陈俊琦:《我国政府采购制度存在的问题及对策研究》,载《现代经济信息》2016 年第 7 期。

52. 王艳杰:《我国政府采购管理与监督问题研究》,载《时代金融》(下旬)2016 年第 6 期。

53. 杨建顺:《论"服务型政府"在行政法上的定位》,载《河南省政法管理干部学院学报》2009 年第 1 期。

54. 刘熙瑞:《"服务型政府"——经济全球化背景下中国政府改革的目标选择》,载《中国行政管理》2002 年第 7 期。

55. 郭道晖:《行政权的性质与依法行政原则》,载《河北法学》1999 年第 3 期。

56. 莫于川、郭庆珠:《论现代服务行政与服务行政法——以我国服务行政法律体系建构为重点》,载《法学杂志》2007 年第 2 期。

57. 黎军:《行政分权与行政主体多元化》,载《深圳大学学报》(人文社会科学版)2002 年第 4 期。

58. 黎远松:《论行政给付的转向:社会福利给付》,载《广西社会科学》2013 年第 11 期。

59. 龚燕:《服务型政府背景下的我国行政给付研究述评》,载《四川行政学院学报》2015 年第 3 期。

60. 崔卓兰、周隆基:《社会管理创新与行政给付新发展》,载《当代法学》2013 年第 1 期。

61. 江国华:《从行政行为到行政方式:中国行政法学立论中心的挪移》,载《当代法学》2015 年第 4 期。

62. 李彬、汪自成:《"双服务"理念:行政观念与制度》,载《行政法学研究》2004 年第 3 期。

63. 何洪全:《行政给付平衡论——精准扶贫背后的法经济学逻辑》,载《齐齐哈尔大学学报》(哲学社会科学版)2017 年第 9 期。

64. 郝铁川:《权利实现的差序格局》,载《中国社会科学》2002 年第 5 期。

65. 柳砚涛、刘宏渭:《行政给付的功能》,载《行政与法》2006 年第 2 期。

66. 杨东升:《给付行政限度论》,载《法治论丛》(上海政法学院学报)2015 年第 1 期。

67. 于德刚、张玉强:《政事分开的必要性及实施原则探讨》,载《前沿》2003 年第 12 期。

68. 殷守革:《行政和解的兴起及其法治化逻辑》,载《成都行政学院学报》2019 年第 3 期。

69. 王锴:《政府采购中双阶理论的运用》,载《云南行政学院学报》2010 年第 5 期。

70. 宋华琳:《美国的社会保障申诉委员会制度》,载《环球法律评论》2004 年第 1 期。

71. 刘黎民、刘庚华:《英国的社会保障争议处理程序》,载《中国社会保障》2006 年第 3 期。

72. 王贵松:《行政资助裁量的正当化规制》,载《学习与探索》2008 年第 6 期。

73. 李瑞敏、杨新苗、史其信:《国外城市公共交通财政补贴政策研究》,载《城市发展研究》2002 年第 3 期。

74. 莫于川:《行政职权的行政法解析与建构》,载《重庆社会科学》2004 年第 1 期。

75. 雷新明、杨临宏:《关于行政综合执法几个理论问题的研讨》,载《河北法学》2003 年第 4 期。

76. 包国宪、张竦:《转型期政府行政成本问题初探》,载《甘肃社会科学》2007 年第 3 期。

77. 王麟:《行政协助论纲——兼评〈中华人民共和国行政程序法(试拟稿)〉的相关规定》,载《法商研究》2006 年第 1 期。

78. 车美玉:《韩国行政程序法》(1996 年),载《行政法学研究》1997 年第 3 期。

79. 王麟:《比较行政协助制度研究》,载《法律科学》(西北政法学院学报)2005 年第 5 期。

80. 金国坤:《行政协作机制研究》,载《广西政法管理干部学院学报》2007 年第 4 期。

81. 李延、练琪:《论建立我国行政协助制度的困难和意义》,载《太原师范学院学报》(社会科学版)2006 年第 1 期。

82. 应松年、薛纲凌:《行政组织法与依法行政》,载《行政法学研究》1998 年第 1 期。

83. 阮钧:《论查控工作的性质定位及其制度的进一步完善》,载《武警学院学报》2002 年第 5 期。

84. 杨临宏、王志华:《论行政协助制度》,载《学术探索》2004 年第 3 期。

85. 张琨、沈刚伟:《论行政协助的程序》,载《安徽警官职业学院学报》2003 年第 S1 期。

86. 胡芬:《行政奖励的创设权分析》,载《行政与法》(吉林省行政学院学报)2003 年第 8 期。

87. 林莉红:《行政奖励诉讼初探》,载《法学杂志》2002 年第 2 期。

88. 崔卓兰:《行政奖励若干问题初探》,载《吉林大学社会科学学报》1996 年第 5 期。

89. 喻少如:《多元纠纷解决机制中的行政调解》,载《学术界》2007 年第 6 期。

90. 孙红梅、汪立艳:《行政调解初探》,载《长白学刊》2001 年第 5 期。

91. 段守万:《行政调解和裁决的强化及法律控制的完善》,载《云南行政学院学报》2007 年第 6 期。

92. 王锴:《论行政复议的和解制度》,载《暨南学报》(哲学社会科学版)2012 年第 4 期。

93. 张红:《证券行政执法和解问题剖析》,载《行政管理改革》2015 年第 5 期。

94. 江凌、卢申伟:《和谐语境下的权力运作——行政和解制度探析》,载《行政法学研究》2012 年第 1 期。

95. 谢小元:《行政和解法律属性之辨析》,载《福建行政学院学报》2016 年第 2 期。

96. 肖钢:《积极探索监管执法的行政和解新模式》,载《行政管理改革》2014 年第 1 期。

97. 王婷、张平:《论行政执法和解的风险控制——以反垄断法等特殊执法领域为视角》,载《政法学刊》2015 年第 6 期。

98. 杜雪晶、刘亚娜:《我国非刑罚处罚的方法》,载《行政与法》(吉林省行政学院学报)2004 年第 11 期。

99. 魏振瀛:《论请求权的性质与体系——未来我国民法典中的请求权》(上),载《中外法学》2003 年第 4 期。

100. 丁建军:《浅谈民事责任中的赔礼道歉》,载《法律适用》1997 年第 2 期。

101. 周亚越:《官员道歉、问责及其制度安排》,载《云南社会科学》2009 年第 1 期。

102. 李秀秀、刘旭:《关于我国政府道歉及其制度化的几点思考》,载《法制与社会》2008 年第 10 期。

103. 王晨:《论行政道歉》,载《兰州学刊》2013 年第 6 期。

104. 王晨:《行政道歉异化现象的成因分析》,载《学理论》2016 年第 3 期。

105. 洪溪珧:《道歉语的跨文化研究》,载《湖南医科大学学报》(社会科学版)2008 年第 2 期。

106. 赵亮:《英汉语交际中道歉行为与道歉策略探析》,载《长春金融高等专科学校学报》2009 年第 2 期。

107. 王海萍、项骅:《中英道歉言语行为评价之比较研究》,载《外国语言文学》2009 年第 1 期。

108. 柴会群:《官员道歉十年史》,载《共产党员》2010 年第 1 期。

109. 周亚越:《论中国问责文化的缺失与建构》,载《宁波大学学报》(人文科学版)2008 年第 3 期。

110. 王晨、杨宝成:《中国行政道歉制度的法规范梳理》,载《河南司法警官职业学院学报》2013 年第 2 期。

111. 张绪穗:《试论罪己诏》,载《玉林师专学报》1994 年第 2 期。

112. (汉)孔安国传:《尚书 · 秦誓第三十二》,(唐)陆德明释文,上海函芬楼借吴兴刘氏嘉叶堂藏宋刊本。

113. (汉)班固:《前汉书 · 第九十六》,同治 8 年,金陵书局刊。

114. (宋)司马光:《资治通鉴》卷第 229,陈明卿太史评阅,康熙 35 年雕,金阊绿荫文雅堂藏板。

115. 如如:《“罪己诏”及其它》,载《浙江消防》2002 年第 7 期。

116. 夏延章、唐满先、刘方元译注:《四书今译》,江西人民出版社 1986 年版。

117. 晚伍、何宇翔:《上访 3 年,要求公安局长公开道歉》,载《法律与生活》2002 年第 8 期。

118. 城仲模:《论行政目的》,载城仲模主编:《行政法之一般法律原则》(二),台北,三民书局股份有限公司 1997 年版。

三、中文译著类

1. [美]施瓦茨:《行政法》,徐炳译,群众出版社 1986 年版。

2. [日]和田英夫:《现代行政法》,倪建民等译,中国广播电视出版社 1993 年版。

3. [德]哈特穆特 · 毛雷尔:《行政法学总论》,高家伟译,法律出版社 2000 年版。

4. [日]南博方:《日本行政法》,杨建顺、周作彩译,中国人民大学出版社 1988 年版。

5. [日]山下淳、小幡纯子、桥本博之:《行政法》,有斐阁 2001 年版。

6. [德]马克斯 · 韦伯:《经济与社会》(下卷),阎克文译,商务印书馆 2004 年版。

7. [日]石井昇:《行政契约的理论和程序》,东京弘文堂 1998 年版。

8. [法]狄骥:《公法的变迁:法律与国家》,郑戈译,中国法制出版社 2010 年版。

9. [美]罗伯特 · 诺齐克:《无政府、国家与乌托邦》,何怀宏等译,中国社会科学出版社 1991 年版。

10. [法]莱昂 · 狄骥:《宪法学教程》,王文利等译,辽海出版社、春风文艺出版社 1999 年版。

11. [法]米海依尔 · 戴尔玛斯 – 马蒂:《世界法的三个挑战》,罗结珍等译,法律出版社 2001 年版。

12. [美]E. 博登海默:《法理学:法律哲学与法律方法》,邓正来译,中国政法大学出版社 1999 年版。

13. [古希腊]亚里士多德:《政治学》,吴寿彭译,商务印书馆 1983 年版。

14. [美]哈罗德·J. 伯尔曼:《法律与宗教》,梁治平译,三联书店 1991 年版。

15. [英]弗里德利希·冯·哈耶克:《自由秩序原理》(下),邓正来译,三联书店 1997 年版。

16. [日]美浓部达吉:《公法与私法》,黄冯明译,中国政法大学出版社 2003 年版。

17. [美]盖瑞·查普曼、詹妮弗·托马斯:《道歉的五种语言》,吕海霞译,中国电影出版社 2007 年版。

18. [荷]G. 霍夫斯坦德:《跨越合作的障碍——多元文化与管理》,尹毅夫等译,科学出版社 1996 年版。

四、报纸类

1. 莫于川:《行政程序约束:行政指导行为法治化的理性选择》,载《法制日报》2003 年 9 月 11 日,第 9 版。

2. 蒋德:《紫金山要建观景台——谁也无权破坏紫金山》,载《法制日报》2001 年 10 月 23 日,第 1 版。

3. 莫于川:《柔性行政方式是深化“放管服”改革的抓手》,载《法制日报》2017 年 3 月 29 日,第 12 版。

4. 于安:《政府采购合同》,载《法制日报》2002 年 7 月 7 日,第 3 版。

5. 吴汉民:《提高运用法治思维和法治方式能力》,载《人民日报》2013 年 12 月 24 日,第 7 版。

6. 莫纪宏、翟国强:《中国特色社会主义法治理论的新发展(深入学习贯彻习近平新时代中国特色社会主义思想)》,载《人民日报》2018 年 3 月 5 日,第 7 版。

五、外文文献

1. Charles K. Coe, *Public Financial Management*, Prentice-Hall lnc., 1989.

2. Steven Kelman Procurement and Public Management Publisher for American Enterprise institute Washington, D. C, 1996.

3. Mintzberg, H., *The Nature of Managerial Work*, Harper and Roe Press, 1973.

附　录：柔性行政方式研究与服务型政府、法治政府建设

——柔性行政方式类型化与法治化研讨会综述

由中国人民大学科学研究基金立项支持，中国人民大学国家发展与战略研究院社会转型与法治研究中心主办、中国人民大学法学院中国行政法研究所承办的“柔性行政方式类型化与法治化研讨会”，于2017年11月18日在中国人民大学汇贤大厦举行，来自校内外20余位专家学者参加了研讨会。

研讨会开始前，此次会议召集人、社会转型与法治研究中心研究员、中国人民大学法学院莫于川教授介绍了此次会议背景并介绍了参与此次会议的专家学者。之后，莫于川教授受社会转型与法治研究中心冯玉军委托代为宣读致辞。冯玉军教授在致辞中表示，对柔性行政方式类型化与法治化的研讨具有重要的现实意义和理论发展价值，有益于中国社会的现代化转型和依法治理，以及国家治理体系和治理能力的现代化、法治化和高效化。

中国人民大学法学院院长王轶教授在致辞中表示，一个学科所发挥的作用与该部门法的工具箱里面包含的工具的丰富度有着直接的联系，柔性行政方式会进一步丰富行政法工具箱里面的工具，意味着行政法发挥作用的领域一定会更加的广泛，行政法学研究的视野也一定更加开阔，而且柔性行政方式如行政指导、行政合同等与民法具有相通性。他还表示，日后有机会可筹划以人大法学院名义，以民法研究会为平台，举行行政法学和民法学的对话，对柔性行政方式再次进行深入研讨。

此次研讨会分设三个单元：受益性柔性行政方式、纠纷解决与柔性行政方式，以及行政管理与柔性行政方式。三个单元共讨论了13种柔性行政方式。

“受益性柔性行政方式”单元由北京大学宪法与行政法研究中心主任姜明安教授主持。

该单元第一位发言人为湖南大学法学院徐琳副教授，他向与会专家学者做了题为“行政服务及其法治化”的主题发言。徐琳副教授首先介绍了法国的公共服务，他讲道，法国行政法的核心内容即公共服务。换言之，法国行政法的首要目标之一是为了充分实现全民获得均等化、最优化的公共服务。接着他介绍了我国公共服务的发展过程，他认为2004年时任国务院总理温家宝提出了我国要建立服务型政府的目标。这是我国首次

提出公共服务概念的雏形。他认为,党的十九大中所提出的主要矛盾的转变意味着我们国家现在公共服务不平衡、不充分,老百姓对美好生活的向往也就是对基本公共服务需求的向往。然后,徐琳副教授对行政公共服务基础理论进行了探悉。首先,他认为我国现在对专门领域的行政公共服务研究得不够,需要对专门领域的行政服务如公共教育、公共医疗、公共能源、公共安全等进行系统化、规范化的研究。其次,他探讨了公共服务的原则,指出公共服务领域中不仅延续了行政法上的基本原则,还涉及平等原则和中立原则以及无偿原则。最后,徐琳副教授对公共服务的法治化构建作了报告,认为行政的仲裁是进行法治化构建的重要内容。他指出公共服务并不是完全排斥社会资本的参与,在公共服务法治中,应该以政府为主导,社会资本、民营资本共同参与进来。

该单元的第二位发言人为湖南工业大学刘耀辉副教授,他报告的题目是"行政给付及其法治化"。刘耀辉副教授主要讨论了三个问题。第一个问题是行政给付界定问题。他认为政府给付是给付行政的重要内容和表现方式之一。从概念来看他认为有两个:一个是传统概念,即物质帮助,主要依据为宪法的物质帮助条款。另一个是现代的概念,即把受益方式的行为都界定为行政给付。第二个问题是行政给付如何法治化。这个问题存在两个方面的争议:一种观点认为,法治目的是在于保护公民权益。而行政给付本身具有受益性,不需要对它进行控制,且过于规范化可能会影响行政效率。另一种观点认为,行政给付应该受到法律控制。刘教授赞同第二种观点,并从历史角度对原因进行了深刻的剖析。第三个问题是行政给付法治化的路径。他认为路径包括三个方面:一是优化行政法治化的体制机制;二是对行政给付进行程序性和目的性的控制;三是强化行政给付的法律主旨。

该单元的第三位发言人为河北工业大学田文利教授,她报告的题目为"行政资助及其法治化"。她以天津市中小企业局为天津市的律师事务所提供资助为例。谈到该事例中行政资助具有三个功能:一是政府引导的律师事务所的法律服务方向;二是为天津市的中小企业发展提供了法律服务;三是通过行政资助影响相对人,有助于实现政府治理国家的目标,有助于法治政府、法治国家、法治社会的一体化建设的发展。之后田教授对行政资助的未来进行了展望,她认为,在"一带一路"的政策下,会有越来越多的行政资助的内容和方式。要将柔性行政方式与我们国家目前的"一带一路"政策,还有京津冀协同一体化的政策联系起来。

本单元最后一位发言人为中国政法大学林鸿潮教授,他的报告题目为"行政奖励及其法治化"。他向与会专家学者汇报了他对此问题的三个思考:一是行政奖励范围和设定要求如何进行规制。林鸿潮教授认为行政奖励包括两种类型:一类是行政机关设立的奖励;另一类是行政机关予以认可的奖励。他认为,行政机关设立的奖励比较容易规范,但是行政机关认可他人设立的奖项是否属于行政奖励,是否应当进行规制还是有待讨论的问题。二是行政奖励的救济。没有给奖励、奖励不足、奖励延迟都是较为容易处理的。

在实践中较为困难的救济途径是行政奖励设立的目的不当的奖励。例如，行政奖励中涉及地域歧视，那么该地域的公民如何实现权利救济。三是需要进一步考虑行政奖励的设置内容。实践中的行政奖励包括金钱、物品等。但是是否可以把其他行为作为奖励内容是需要进一步研究探讨的问题。例如，出租司机向公安部门举报某一些违法行为是否可以以消除违章记录作为奖励。

姜明安教授在该单元发言结束时总结到，本单元探讨了受益性行政行为，但是行政服务、行政给付、行政资助之间是什么关系还有待厘清。可以结合党的十九大报告所提出的“幼有所育、学有所教、劳有所得、病有所医、老有所养、住有所居、弱有所扶”进行进一步的深化研究。

在该单元的点评环节，中国人民大学法学院莫于川教授指出，行政奖励的主体不仅要关注行政主体还要关注其他主体如行业协会等。他以行政指导为例讲到，大型卖场对商户的指导、对商户进行管理监督的行为比工商局直接指导的效果要好，并且工商局也认同了大型卖场的指导行为。大型卖场的这种行为为间接的行政指导，需要纳入行政指导的范围进行规范。行政奖励主体设定可以参照此例进行思考。

中国政法大学刘莘教授在点评中指出，行政给付、行政资助可以考虑放到行政服务的大类中进行思考。尽管三者有所区别，仍需遵守公平、公开、公正的原则。她同时针对林鸿潮教授的报告指出行政奖励的设定主体需要加以仔细考虑，需要区别民间奖励和行政奖励。

清华大学余凌云教授在点评中指出，随着治理理论的发展以及公法活动主体参与的多元化，公法已经不只是以行政机关行政为关注的核心焦点。在此种情况下，需要对行政行为重新加以界定，柔性行政行为是否能够纳入传统的行政行为中加以规制需要进行仔细考虑。

最高人民检察院民行厅胡卫列厅长在点评中表示，此次会议所探讨的柔性行政方式与目前的柔性执法、文明执法的执行实践有很大关联。柔性行政方式区别于传统行政方式的一个重要特征就在于它没有被严格地规制，使行政机关具有一定的创造空间。因此，在对柔性行政方式加以法治化时需要和传统的行政方式区别对待，从而可以保留柔性行政方式的优势。

北京第四中级人民法院程琥副院长在点评中提到，随着执法方式的变革，柔性执法方式应该是必然趋势。但是，需要对柔性执法方式的概念加以明确。他表示柔性行政方式至少包括两种类型：一种是与传统的命令控制型行政方式相对而言的，如行政奖励；另一种是强制性的行为的柔性化，如在行政处罚过程中的处罚与教育相结合。此外，程琥副院长针对报告的4篇文章指出其所涉主题有所交叉，需要明确概念的具体范围。

国家行政学院法学部主任胡建淼教授在点评中指出，柔性行政方式对传统的行政方式会有很大的冲击。具体明确柔性行政方式的概念有一定的难度，有些行为具有双重属性,如强制戒毒既有强制性,对于行政相对人来说又具有受益性。此外,不宜将行政行为的种类拓展的过于宽泛,如不宜将行政决策归为行政行为的一种。

天津师范大学法学院郭庆珠教授在点评中讲到,对于公共服务的界定可以参照我国《公共文化服务保障法》。他认为,行政行为是否具有柔性特征可以从当事人是否有权利接受和拒绝进行考虑。不能仅以是政府义务而否定行政服务是柔性行为。

中国人民大学法学院王贵松教授认为,首先,对于柔性行政行为的探讨还缺少总体的制度设计,对于现有的类型以及与传统行政法治的区别都需要在总体框架设计中体现出来;其次,此次会议所研讨的行政方式有些属于行政行为,有些属于行为形式;最后,对于柔性行政方式的监督救济等内容具有共性,可以单独进行总结。

“纠纷解决与柔性行政方式”单元主题报告环节由国家行政学院法学部主任胡建淼教授主持。

第二单元第一位发言人为中央司法警官学院曹海青副教授,他报告的题目为“行政协助及其法治化”。首先,他指出,行政协助的概念最早源于行政学,指的是行政主体在实施管理过程当中根据现实和公平需要,配合实施行政行为的一项制度。其次,他介绍了国外有关行政协助的制度,包括德国、韩国、西班牙等国家的做法,并在此基础上对完善我国行政协助制度提出了可以借鉴的经验。最后,曹海青副教授介绍了我国关于行政协助的现状及存在的问题,并提出了自己对于如何解决此问题的 8 个方法。

第二位发言人为天津师范大学郭庆珠教授,他报告的题目为“行政调解亟待解决的法律争议”。郭教授谈到,行政调解运用广泛的一个重要的背景是现代社会交往的方式、交往范围更广所导致的纠纷更复杂更加专业化。他报告的内容主要包括三个部分,即调解的范围、调解性质以及调解的制度设计。对于行政调解的范围,郭教授认为当前存在的比较突出的问题是关于民事纠纷的调解范围。对于调解的性质,他认为调解是不是行政行为还值得研究和商榷。关于行政调解的制度设计,郭教授谈及了调解协议是否可以推翻以及和人民调解的关系等,认为行政调解的法治化需要考虑调解的灵活性。

第三位发言人为中国人民大学博士研究生殷守革(现为山西大学讲师),他报告的题目为“行政和解及其法治化”。首先,他介绍了行政和解概念的来源。2015 年 2 月 17 日,中国证监会颁布了《行政和解试点实施办法》,这是行政和解首次出现在法规范中。其次,他向与会专家学者提出了尚待研究的议题,包括行政和解与行政协议之间的关系,行政和解与行政调解之间的关系,行政和解所存在的风险,行政和解协议的执行方式等。最后,他谈到了行政和解的定位问题。他谈到行政和解协议在我国台湾地区和德国的行政程序法中均有规定,而我国则欠缺相关的立法和实践,应加大研究力度,深化认识、确立共识。

第四位发言人为中国人民大学博士研究生王留一,他代哈尔滨工业大学王晨教授报告论文,王晨教授的论文题目为“行政道歉异化类型研究”。王留一博士指出,这篇文章基于实证研究,作者认为在实践中行政道歉从形式和内容两个方面出现了异化。王留一博士分三个部分报告了该论文。第一部分为提出问题。自 2003 年非典暴发以来,中国的行政问责制度全面启动,其中就包括政府道歉、官员道歉。行政道歉概念有广义和狭义之分。狭义的行政道歉,是指行政主体因行政权的行使而损害了公众或者行政相对人的合法权益时表达歉意的一种行政责任的道歉方式。广义的行政道歉,是指行政主体及其工作人员向社会公众或者特定相对人表达歉意、责任的承担方式。尽管现实中行政道歉开始有了运用,但依然是犹抱琵琶半遮面,没有很好地运用。第二个部分王晨教授归纳了行政道歉的异化类型,分为内容异化的行政道歉和形式化异化类的行政道歉。第三个部分王晨教授分析了行政道歉在实际中发生异化的原因。包括民主精神责任意识普遍淡薄、行政道歉的研究严重不足和现有的行政道歉规范不尽合理等原因。

该单元点评环节由最高人民检察院民行厅时任厅长胡卫列主持(胡卫列后任第八检察厅即公益诉讼检察厅厅长)。

苏州大学法学院杨海坤教授在点评中指出,研讨会的主题“柔性行政方式类型化与法治化”一方面突出了柔性的特征,另一方面又以类型化与法治化为抓手,是值得研究的重要议题。报告的内容各有重点但是相互之间又存在交叉,需要在分析基础上将来再进行综合研究。杨海坤教授还指出此次会议结合了十九大报告中所提到的新时代社会的转变是具有启发意义的,可以对新时代下的行政法发展进行深入探讨。

北京市第四中级人民法院程琥副院长在点评中指出,该单元的发言内容相近,需要对各自所涵括的范围进行进一步界定,特别是行政和解和行政调解需要进行划分。程琥副院长还指出该单元的主题为行政纠纷解决,这四种类型与其他纠纷解决方式的对接仍有待研究和深化。

四川省委党校(行政学院)禹竹蕊教授在点评中以“四川张大姐调解”为例,指出柔性行政方式在推广过程中,要提倡公共参与和合作共赢,这也符合十九大报告中提到的共建、共享、共赢。要建立大社会小政府,就需要考虑公众参与和政府行政行为之间的界限,需要明确各自的范围。

中国政法大学刘莘教授在点评中指出,行政协调运用的领域十分广泛,如在立法阶段就存在协调。而在具体执法中的互相协作则不同于其他领域中的协调,用行政协助则更加贴切。对于该单元报告的第三篇论文,刘教授指出行政调解与行政和解仍有所区分,进行讨论具有一定的理论价值。最后刘教授指出,政府如何利用柔性行政方式去回应公民的需求是值得肯定的方向。

西南政法大学谭宗泽教授在点评中讲到:行政法的研究已经进入精细化的阶段,但是部门行政法、特定领域的行政法的供给仍是不充分的。此次研讨将 13 种行政方式进行单独讨论是具有重要意义的。谭教授还指出,柔性行政方式应以公益性为标准。最后,谭教授针对行政道歉发表了自己的见解,指出行政道歉的范围还有待研究,如当庭道歉和登报道歉的影响范围不同,这是在行政道歉中需要考虑的问题。

中国政法大学刘飞教授在点评中指出,需要对柔性行政方式加以定义。他认为所有的行政方式都有一定的柔性化空间,如行政处罚中的以劝代罚也可以是一种柔性化的方式。刘飞教授还针对柔性行政方式法治化的问题发表了看法,他认为柔性行政方式存在一定的法律边界,但还要保留行政机关的选择自主权,要在此基础上对柔性行政方式进行进一步反思。

中国人民大学法学院莫于川教授在点评中指出,柔性行政方式所包括的对象,以及柔性行政方式与传统行政方式之间的关系需要进行进一步的研究。

"行政管理与柔性行政方式"单元由中国政法大学刘莘教授主持。

该单元的第一位发言人为四川省委党校和行政学院的禹竹蕊教授,她报告的题目为"行政经营法治化的几点思考——以英国近代政府改革的启示为视角"。她首先介绍了英国政府改革的过程,认为政府职能转变带来行政活动的转变,由以前传统的规制与管理慢慢地走向公共服务。在此背景下,行政经营被逐渐提上了日程,受到广泛关注。禹教授认为,行政经营是因为政府职能转向需要提供大量的公共服务,但是政府财政却不足以支撑大量的公共服务,因此利用公共资源来进行管理,从中获利,并将利润再次投放到公共服务中以提供优质的服务。禹教授认为当前最常见的错误是搞混了行政经营的价值取向,如果价值错位就会导致行政经营价值迷失。最后,禹教授提出了避免价值混乱的组织架构。

该单元的第二位发言人为黑龙江大学的哈书菊教授,她报告的题目为"政府采购及其法治化"。哈教授指出我国的政府采购发生于行政管理模式向积极行政、服务行政、民主行政的转变。也就是说,从刚性管理向刚柔相济,甚至是以柔性为主的管理模式下转变。之后,哈教授提出了两个有待思考的问题:一是当下政府采购制度中包含的当事人的范围比较狭窄;二是政府采购中的纠纷解决机制仍需健全;最后,哈教授结合英国的政府采购制度提出,英国政府采购的物有所值原则值得借鉴。

该单元的第三位发言人为中国人民大学法学院硕士研究生王嘉贤(现为清华大学法学院博士研究生),她报告的题目为"论混合契约的司法管辖"。首先王嘉贤同学对混合契约的范围进行了界定,指出混合契约是指既具有行政性质又具有司法性质的一类契约,这类契约在学术上归类于行政契约,但是实践中这类契约并非完全是由行政审判庭审理。接着她介绍了我国目前司法实践中对于混合型契约的审理现状。在介绍完审理现状后,王嘉贤同学提出了可以通过三个步骤来判断一个具体的混合契约的司法管辖权。第一步是根据契约标的;第二步是根据案件纠纷当中涉及的公法因素;第三步是从整体审判庭效果来进行判断。

该单元的第四位发言人为中国人民大学法学院莫于川教授,他报告的题目为"行政民主、服务型府与行政指导法治化"。莫教授首先介绍了题目的缘起为党的十八届五中全会公报中所提及的五大发展理念。接着通过具体的事例和案例，指出在行政公共治理过程中，行政主体一方大量运用了行政指导的行为方式，产生了非常好的效果，但是同时也产生了很多的争议，甚至偏差。他指出政府法治发展到今天，从过去单一的法治观，转变为今天的多主体、多机制、多方式、多依据、多关系的当代依法治理观。他认为，在行政指导中需要引入条理法的概念以解决行政指导的合法性、正当性、有效性不足的问题。他指出条理法包括立法、立法价值、法律原则、社会共识。此外，莫教授还分析了柔性行政方式的政策依据和法律依据等，认为这些规范的存在为研究柔性行政方式提供了研究基础。最后，莫教授提出了行政指导的法治化要求。他指出，至少如下三种情形可以被认为是具有明确的法律规范依据：一是有行为法的明确规定；二是有行为法的间接规定，即行为法已就同类事项的刚性行政行为作出了规定；三是有组织法关于职责主体、范围和问责的规定，必要时可以用于行为法的调整功能。

该单元的最后一位发言人是天津师范大学的郭庆珠教授，他针对行政备案中存在的突出问题作了报告。郭庆珠教授认为，当前行政备案中存在以下几个突出的问题：一是备案的种类和性质。在国家“放管服”背景之下，需要对备案的性质加以重新思考和定位。二是备案是否需要审查。需要讨论的问题是备案审查的内容、实质审查和形式审查的区别等。三是对于规范性文件的备案。涉及的问题包括规范性文件备案审查的意义为何，若不经过审查是否对外发生效力等。

在点评环节，中国政法大学刘莘教授指出，对于备案行为的研究要基于备案行为的分类包括抽象行政行为的备案和具体行政行为的备案。

林鸿潮教授在点评中针对混合契约的概念和行政备案提出了自己的看法，他认为几乎所有的行政契约都会表现出一定程度的混合性，之所以要对行政契约进行区别审查，除了考虑行政契约涉及的公法因素外，其中一个很重要的原因即保障审判结果的一致性，避免因不同审判庭审判而导致结果抵触。对于行政备案，林鸿潮教授认为，备案的实质在于便捷行政机关的管理。因此，没有经过备案，虽然是违法的，但是该违法性并不必然导致所实施的行为具有违法性。

中国政法大学刘飞教授提及德国民事审判中可以受理和审查一定的行政纠纷。他从德国法院审判角度来对我国目前法院审查行政协议进行了反思。

中国政法大学刘莘教授针对行政经营进行了点评，她提到概念的创新需小心谨慎，需要经过讨论和佐证。行政经营的概念容易引起读者的误解，容易理解为政府创办企业，行政主体和企业合二为一。因为早在20年前中央就要求党政机关与所办经济实体脱钩。此外，刘莘教授提出，英国行政改革和我国的国情不同。英国的行政改革是因为发现医院和国营企业低效而开始的，这和我国的行政改革是有非常大的区别的，需要在借鉴经验中加以注意。

湖南大学徐琳副教授针对行政契约的定性问题分享了自己的观点。他认为，合同的重要特征在于平等性。可以从平等性角度来对合同的性质加以把控。例如,在行政机关处于优势地位时合同由行政机关主导,可以在合同订立时决定以后的纠纷通过行政诉讼加以解决。他对于行政经营也提出了建议,他认为需要在讨论中界定公产的范围,只有厘清哪些属于公产,哪些属于私产才能更好地对行政经营加以分析。

河北工业大学田文利教授认为,现实中存在大量的行政经营,如国企的经营行为。她认为中石化、中海油的经营就关涉到行政经营。行政经营行为在我国发展过程中起到了非常大的促进和带动作用,通过对行政经营的研究有助于对经营中存在的问题建立法律机制,是具有前瞻性的议题。

中国政法大学林鸿潮教授针对田教授的点评补充到:文章需要对国家经营和行政经营加以区分,并不能当然地将国企的经营行为划分为行政经营。林鸿潮教授认为,除了特许经营,城市经营中也存在行政经营的发挥空间,此外他认为地方政府的融资平台和公有基金也带有一定的经营性质。

中国人民大学莫于川教授针对行政经营问题也分享了他的看法。国有资产保值增值是国家对国有资产管理部门提出的要求。莫教授认为,国有资产保值可以运用法律手段来保障它的安全性、利益的可靠性。但是增值部分如何通过法律的途径去实现仍需要进行探讨。例如,行政经营的主体等就亟须法律去加以界定和规范。最后,莫教授还提出了行政经营有待研究的问题包括行政经营的含义、经营和其他市场主体之间的关系等。

刘莘教授在最后点评中指出教育产业化不能等同于行政经营。她认为,教育分为义务教育和高等教育。义务教育属于国家责任和政府责任,不能用产业化的借口来逃避政府责任。她认为,禹教授所提到的行政经营要引入行政管理中实则是行政效率的一种体现,和原有概念没有冲突。最后,刘教授指出讨论行政经营一定要保持政企分开的底线,否则会产生与民争利的现象。

杨海坤教授在总结中提到,此次研讨会所讨论的 10 多种行政行为都有深化研究的空间。刚性行政行为和柔性行政行为的效力划分应该有一定的层级性,如刚性行政行为中既包括强制力又包括约束力。与此类似的柔性行为的效力也应该有所区分。同时,他还指出划分有相对的标准,但也不可以绝对化。

谭宗泽教授在总结中提到,行政经营与民营化有一定的关系,其中的很多精神和思想已经运用在管理手段中,所以对行政经营的研究还是具有现实意义的。谭教授针对政府采购提出了他自己的见解,他认为政府采购的一个重要问题在于适用法律的标准不统一,有些行为适用《政府采购法》,有些却适用《招标投标法》。针对混合契约的问题,谭教授指出我们现在公权契约以及政府投资行为大多数都是混合行为。在采取分类时,通过割裂方式来处理是不明智的选择。他认为,最重要的是分清合同的基础法律关系,从而决定合同纠纷的处理关系。对于行政备案,谭教授指出现在现实中存在以备案之名行审查之实的行为，需要对此现象加以关注，避免背离行政审批体制改革。

完成各项议程后，莫教授在总结中对参与此次研讨会的各位与会专家学者再次表示衷心感谢。他建议，此次研讨会后，可结合党的十八大以来关于公法制度建设相关方针以及党的十九大报告所论述的法治发展新要求进行进一步的深化研究，取得更多成果。研讨会在热烈的掌声中圆满结束。

后　　记

《法治政府建设实施纲要(2015—2020年)》强调要“创新行政执法方式。……推广运用说服教育、劝导示范、行政指导、行政奖励等非强制性执法手段”。十八届五中全会要求牢固树立并切实贯彻创新、协调、绿色、开放、共享的发展理念,呼唤更加民主、科学、高效的行政管理和服务。习近平总书记在党的十九大报告中明确提出,新的社会主要矛盾是人民日益增长的美好生活需要和不平衡不充分的发展之间的矛盾,故需推进“放管服”改革,转变政府职能,深化简政放权,创新监管方式。因此,关于柔性行政方式类型化与法治化的研讨具有重要现实意义和理论发展价值,它会进一步丰富行政法功能的工具箱,使行政法发挥作用领域更加广阔,行政法学研究视野更加开阔,有益于行政法制的转型发展,有助于推动国家治理体系和治理能力的现代化、法治化和高效化。在此背景下,为加强政府柔性行政方式理论化研究,提升对于柔性行政方式的重视,由中国人民大学科学研究基金立项支持、中国人民大学国家发展与战略研究院社会转型与法治研究中心主办、中国人民大学法学院中国行政法研究所承办的“柔性行政方式类型化与法治化研讨会”于2017年11月18日在中国人民大学举行。到会专家学者有:苏州大学法学院杨海坤教授,北京大学法学院姜明安教授,国家行政学院法学部胡建淼教授,中国政法大学法学院刘莘教授,清华大学法学院副院长余凌云教授,西南政法大学行政法学院院长谭宗泽教授,最高人民检察院民事行政检察厅厅长胡卫列教授,中国政法大学中欧法学院院长刘飞教授,北京市第四中级人民法院副院长程琥博士,中国人民大学法学院院长王轶教授、莫于川教授、王贵松教授,河北工业大学文法学院田文利教授,黑龙江大学法学院哈书菊教授,四川行政学院禹竹蕊教授,天津师范大学法学院郭庆珠教授,中国政法大学法治政府研究院林鸿潮教授,湖南大学法学院徐琳副教授,中央司法警官学院曹海青副教授,湖南工业大学法学院刘耀辉副教授等。

此次研讨会分设3个单元、研讨了13种柔性行政方式:受益性柔性行政方式单元具体研讨了行政服务、行政给付、行政资助、行政奖励等柔性行政方式;纠纷解决与柔性行政方式单元具体研讨了行政协助、行政调解、行政和解、行政道歉等柔性行政方式;行政管理与柔性行政方式单元具体研讨了行政经营、行政购买(政府采购)、行政契约、行政指导、行政备案等柔性行政方式。研讨会后,作者们采纳与会专家提出的分析评价意见和建议,结合党的十八大以来关于公法制度建设相关方针以及党的十九大政治报告所论述的法治发展新要求，做了深入研究和撰写修改，并由莫于川教授增写了一章（行政规划及其法治化），最终形成了本书 14 章的内容。

本书撰稿分工：引言、第一章、第二章、结语：莫于川教授；第三章：余凌云教授、王嘉贤博士研究生；第四章：郭庆珠教授；第五章：禹竹蕊教授；第六章：哈书菊教授；第七章：徐琳副教授、王宇飞助理研究员；第八章：刘耀辉副教授、康枫翔副教授；第九章：田文利教授；第十章：曹海青副教授；第十一章：林鸿潮教授；第十二章：郭庆珠教授；第十三章：殷守革讲师；第十四章：王晨教授；附录：任肖容博士研究生。最后由莫于川教授统稿，殷守革、王留一、任肖容、杨震等博士研究生协助。

在此，谨对参加专题研讨会和撰稿、统稿工作的公法学人和学子表示衷心感谢！谨对一直关心我成长进步的兄长、欣然为本书作序的姜明安教授表示衷心感谢！谨对热情细致的沈小英社长和刘晓萌编辑等朋友的大力支持表示衷心感谢！最后，还要对一直积极支持人大法学院、人大宪治与行政法治研究中心和我本人的工作，对本项研究也给予大力支持，曾长期担任人大中国行政法研究所副所长的已故的刘莘教授，表示深深敬意和谢意！相信莘姐在天堂能听到这感恩心声！

莫于川

2020 年 3 月 20 日于北京世纪城绿园

图书在版编目(CIP)数据

柔性行政方式类型化与法治化研究 / 莫于川等著
-- 北京 : 法律出版社, 2020
ISBN 978 - 7 - 5197 - 4467 - 0

Ⅰ. ①柔… Ⅱ. ①莫… Ⅲ. ①行政法学 - 研究 - 中国
Ⅳ. ①D922.104

中国版本图书馆 CIP 数据核字(2020)第 068808 号

柔性行政方式类型化与法治化研究
ROUXING XINGZHENG FANGSHI LEIXINGHUA YU FAZHIHUA YANJIU

莫于川 等著

策划编辑 沈小英
责任编辑 沈小英 刘晓萌
装帧设计 李 瞻

出版 法律出版社
总发行 中国法律图书有限公司
经销 新华书店
印刷 固安华明印业有限公司
责任校对 晁明慧
责任印制 吕亚莉

编辑统筹 法治与经济出版分社
开本 710 毫米×1000 毫米 1/16
印张 16.25
字数 338 千
版本 2020 年 6 月第 1 版
印次 2020 年 6 月第 1 次印刷

法律出版社/北京市丰台区莲花池西里 7 号(100073)
网址/www.lawpress.com.cn
投稿邮箱/info@lawpress.com.cn
举报维权邮箱/jbwq@lawpress.com.cn
销售热线/400 - 660 - 8393
咨询电话/010 - 63939796

中国法律图书有限公司/北京市丰台区莲花池西里 7 号(100073)
全国各地中法图分、子公司销售电话:
统一销售客服/400 - 660 - 8393/6393
第一法律书店/010 - 83938432/8433　西安分公司/029 - 85330678　重庆分公司/023 - 67453036
上海分公司/021 - 62071639/1636　深圳分公司/0755 - 83072995

书号:ISBN 978 - 7 - 5197 - 4467 - 0　**定价**:86.00 元
(如有缺页或倒装,中国法律图书有限公司负责退换)